VIE

DE

SŒUR MARIE DE JÉSUS CRUCIFIÉ

1846-1878

RELIGIEUSE CARMÉLITE CONVERSE

MORTE EN ODEUR DE SAINTETÉ AU CARMEL DE BETHLÉEM

ET

ENSEIGNEMENTS RECUEILLIS PENDANT SES EXTASES

par le R. P. ESTRATE

PRÊTRE DU SACRÉ-CŒUR DE BÉTHARRAM, SON DIRECTEUR.

PARIS
LIBRAIRIE VICTOR LECOFFRE
J. GABALDA, Éditeur
RUE BONAPARTE, 90

1913

VIE

DE

SŒUR MARIE DE JÉSUS CRUCIFIÉ

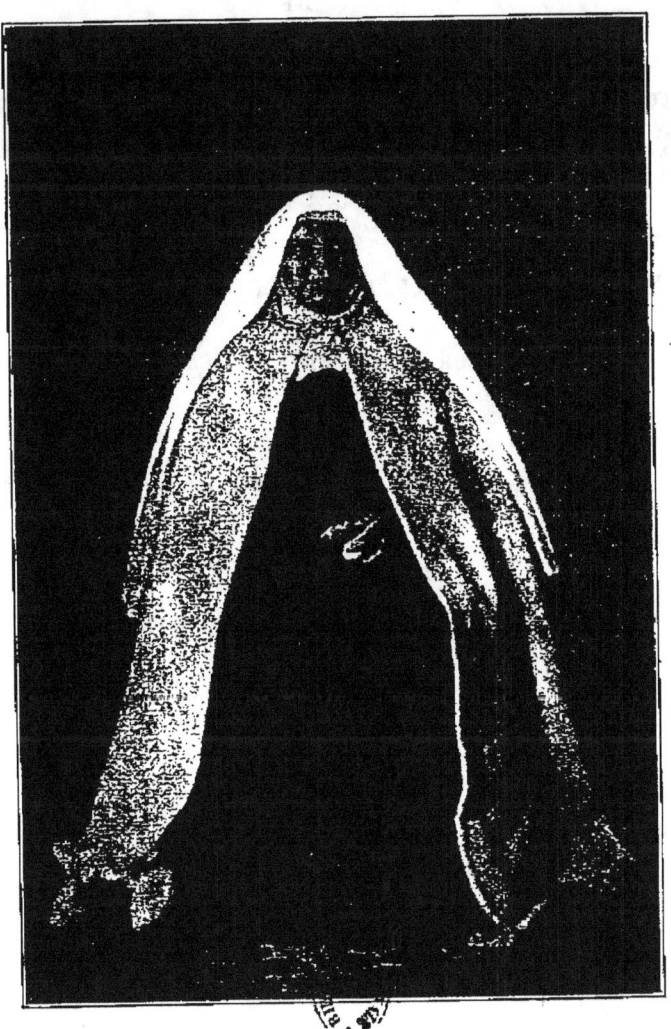

Sœur Marie de Jésus Crucifié en extase.

VIE

DE

SŒUR MARIE DE JÉSUS CRUCIFIÉ

1846-1878

RELIGIEUSE CARMÉLITE CONVERSE

MORTE EN ODEUR DE SAINTETÉ AU CARMEL DE BETHLÉEM

ET

ENSEIGNEMENTS RECUEILLIS PENDANT SES EXTASES

par le R. P. ESTRATE

PRÊTRE DU SACRÉ-CŒUR DE BÉTHARRAM, SON DIRECTEUR.

PARIS
LIBRAIRIE VICTOR LECOFFRE
J. GABALDA, Éditeur
RUE BONAPARTE, 90

1913

F. V. D.

Je déclare, avant de commencer cette vie, que si je me sers des termes de « sainte, miracle, surnaturel et autres semblables », ce n'est point que je veuille préjuger en rien la décision de la Sainte Église, mais uniquement parce que ces mots me semblent devoir mieux rendre ma pensée.

J'abandonne, du reste, *tout* au jugement de l'Ordinaire, et au jugement de l'Église que je me ferai toujours gloire de suivre, avec le secours de la grâce.

P. Estrate,
prêtre.

Bethléem, ce 10 février 1889.

PATRIARCAT LATIN
DE JÉRUSALEM

Jérusalem, 15 janvier 1913.

Révérende Mère Prieure,

J'ai parcouru page par page et avec beaucoup d'intérêt et consolation spirituelle, l'histoire de la Vie, vraiment extraordinaire, de votre sœur Marie de Jésus Crucifié. La divine Providence a voulu montrer, encore une fois, combien Jésus aime une âme religieuse qui possède en perfection la vertu d'humilité et la simplicité d'esprit. Sœur Marie est une vraie gloire du Carmel, une étoile brillante, d'où rayonne une vive lumière, de votre cher monastère de Bethléem. Je vous encourage donc à publier cette belle biographie et je pense qu'il sera beaucoup mieux de la laisser dans toute la simplicité monastique et selon les notes fournies avec tant de soin par ses compagnes carmélites, témoins de sa vie.

Agréez, ma Mère, l'expression de mes sentiments toujours dévoués en N.-S. avec ma bénédiction pastorale.

† Philippe M. Camassei, Patriarche.

Irún, 23 février 1913.

Ma Très Révérende Mère,

Je ne puis qu'applaudir à votre dessein de publier la vie de la sœur Marie de Jésus Crucifié, telle que l'avait tracée, pour vous, le T. R. P. Estrate, de vénérée mémoire.

Elle trouvera bon accueil, je l'espère, malgré sa simplicité ; car cette simplicité même semble plus propre à faire ressortir la physionomie de cette enfant, en qui Dieu n'a fait de si grandes choses que parce qu'elle a été simple, effacée, et qu'elle s'est toujours crue un « petit rien ».

La lecture de ces pages provoque dans l'âme des sentiments divers : tantôt c'est l'admiration la plus vive, à la vue de faveurs si étonnantes ; tantôt c'est le frisson de l'épouvante, au récit des phénomènes diaboliques dont la pauvre sœur est le théâtre. Et, n'était l'ensemble de témoignages si dignes de foi et des preuves si concluantes apportées à l'appui de tant de merveilles, on serait parfois tenté de se croire le jouet de l'illusion.

Mais, si l'âme se sent écrasée par tous ces prodiges surnaturels, combien, en revanche, n'est-elle pas consolée et encouragée par les torrents de lumière qui jaillissent, non seulement des lèvres, mais de tous les actes de cette enfant privilégiée ! C'est ici surtout qu'on est obligé de reconnaître le « doigt de Dieu ».

Ce qui éclate par-dessus tout dans cette merveilleuse existence, c'est la grande doctrine du souverain domaine de Dieu sur sa créature. On y voit, à chaque page, le désir de ce Dieu infiniment grand — désir qui semble poussé jusqu'à la passion — de se donner à sa créature, d'en rencontrer une assez soumise, assez vide d'elle-même, assez pénétrée du sentiment de sa misère et de son néant, pour Lui permettre de la remplir et de combler l'abîme de cette misère par l'abîme de ses perfections infinies. C'est une nouvelle confirmation de la parole du Maître : *Qui se humiliat, exaltabitur*. Ne semble-t-il pas, en effet, ce grand Dieu, s'appliquer à enfoncer la sœur Marie, sa petite créature, dans le mépris le plus profond d'elle-même? Il ne lui épargne, pour cela, ni souffrances physiques ni peines morales ; il va même, pour la mieux broyer, jusqu'à donner à Satan tout pouvoir sur elle. Quel abime de misères ! Mais, voici l'abime des miséricordes : ce Dieu de toute Majesté fait ses délices de s'entretenir avec ce « petit rien ». Il lui donne sa Mère pour Maîtresse toute spéciale; Il l'illumine de ses divines clartés, lui découvre l'avenir, lui permet de lire au fond des cœurs; Il la revêt de sa puissance, au point que les efforts de l'Enfer vont se briser devant ce grain de sable, devant ce « petit rien » ; Il l'inonde d'une telle suavité, au milieu de ses souffrances, qu'elle déclare trouver plus de miel dans les épines que dans les roses...

Oh! heureuse l'âme qui sait, à son exemple, trouver le secret de rester à sa place et de n'en jamais sortir! d'être la créature de Dieu, tout cela et rien que cela! de se montrer toujours parfaitement soumise à son Dieu, pleinement et amoureusement abandonnée à sa volonté souveraine! Quelle gloire ne procurera-t-elle pas à son souverain Maître! Quelle félicité n'en retirera-t-elle pas pour elle-même!

Voilà ce que malheureusement notre génération, ivre d'orgueil et d'indépendance, ne veut pas comprendre. La lecture de ces pages contribuera, je l'espère, à lui faire mieux apprécier cette doctrine si fondamentale et à lui en faire pratiquer les préceptes.

Votre religieusement dévoué en N.-S.

H. Paillas, S. C. J.,

Supérieur général des Prêtres du Sacré-Cœur de Jésus.

IMPRIMATUR.

Parisiis, die 13 Martii 1913.

E. Adam.

v. g.

PRÉFACE

Le 26 août 1878, au Carmel de Bethléem, mourait, en odeur de sainteté, à l'âge de trente-trois ans, une sœur converse, nommée sœur Marie de Jésus Crucifié. Toute sa vie, depuis sa naissance jusqu'à sa mort, n'avait été qu'un tissu de merveilles. Cette enfant, obtenue du ciel par la prière de ses parents, était née en Palestine, d'une famille de Grecs-unis; elle venait ainsi comme une fleur tardive sur le vieux sol de Palestine, qui, après la magnifique floraison du monachisme aux ve et vi^e siècles, semblait avoir épuisé sa sève de sainteté.

Or, après bien des péripéties, cette « petite Arabe », venue du fond de l'Orient, entrait à l'âge de vingt et un ans au Carmel de Pau. Tout de suite, à l'exemple de sainte Térèse, sa sainteté se distingua par un double caractère admirablement harmonisé de bon sens pratique et d'extraordinaire mysticisme. Loin de nous, certes, la pensée de vouloir comparer les œuvres de l'humble sœur converse à celles de la grande Réformatrice du Carmel. Le nom de sœur Marie de Jésus Crucifié restera cependant attaché à la fondation des trois Carmels de Mangalore (Indes), de Bethléem et de Nazareth ; et il est tel chapitre de sa vie qu'on prendrait sans peine pour un appendice au livre des « Fondations ».

Dans la tranquillité du cloître comme dans les occupations absorbantes des nouveaux monastères, sœur Marie de Jésus Crucifié restait toujours à sa place, remplissant ses modestes fonctions de converse, faisant intégralement son travail et, si elle le pouvait, celui des autres, active, industrieuse, infatigable. Si elle trouve caillé le lait de la communauté, elle a le recours des âmes toutes-puissantes : elle représente à son divin Maître qu'elle en a besoin pour les sœurs; là-dessus elle le fait cuire et toute la communauté le trouve excellent. Si l'extase la surprend à son fourneau, elle n'en interrompt pas un instant son office, comme si elle continuait à jouir d'une conscience parfaite d'elle-même, retournant les aliments et les retirant à point nommé. Un jour qu'elle se sent attirée par « l'Amour » au moment où elle portait à ses lèvres un bol rempli d'eau, la servante de Dieu s'élève de terre, étend les bras, et reste ainsi la tête inclinée, mais ne verse pas une goutte de liquide. Et n'est-ce pas aussi sainte Térèse qui fut aperçue un jour à la cuisine, légèrement élevée du sol, tenant toujours la poêle où cuisait le poisson de la communauté ?

Mais c'est surtout dans la vie contemplative que sœur Marie de Jésus Crucifié se montre la digne fille de sainte

Térèse. Il semble bien que les rapports mystiques de la
« petite Arabe » avec Jésus remontent à ses premières
années. Ils ne firent dès lors que croître en intimité et
en intensité. Ni Marie ne fut un instant infidèle à Jésus,
ni le divin Maître ne cessa de combler de ses largesses
sa dévouée servante. L'année de noviciat au Carmel de
Pau n'était pas encore écoulée, que sœur Marie de Jésus
Crucifié se sentait le cœur percé d'un dard mystérieux,
ainsi que sa séraphique Mère ; et la blessure ne fut pas
une vaine métaphore, puisque le chirurgien qui pratiqua après sa mort l'ablation de son cœur, y constata une
ouverture qui le traversait de part en part. Il vint
même une heure, où, après un commerce, pour ainsi
dire, ininterrompu d'extases, de ravissements, d'élans
surnaturels, de touches divines, l'heureuse carmélite
s'entendit appeler à l'honneur ineffable d'être l'épouse
du Christ. Sainte Térèse avait reçu un clou comme
gage de son mariage spirituel ; sœur Marie de Jésus Crucifié reçut un anneau que, dans son langage poétique,
elle appelait « la bague de l'alliance ». Au reste, elle
avait déjà plus et mieux, puisqu'elle avait dans sa chair
les stigmates sanglants des clous et de la lance du Sauveur. Pour achever de former son épouse à sa ressemblance, le divin Époux imprima sur son front une large
trace de sa couronne d'épines, d'où le sang jaillissait
par intervalles comme de la tête du divin Crucifié.

Qu'on essaie de se représenter, après ces faveurs extraordinaires, les incendies d'amour qui s'allumaient au cœur de la servante de Dieu! Comme sainte Marie-Madeleine de Pazzi, elle courait dans la clôture, au jardin, conviant toutes les créatures à cette fête de l'Amour, ivre de cette joie divine, littéralement insensée de ces transports surnaturels. Consumée par un feu dévorant, elle improvisait alors des hymnes à « l'Amour », dont quelques-uns rappellent les cantiques de sainte Térèse par leur véhémence, et ceux de saint Jean de la Croix par leur tendresse mystique.

Il est écrit que Dieu dispose tous les événements en vue de la sanctification des justes. Tantôt sous la forme de moyens, tantôt sous la forme d'obstacles, toutes les créatures viennent successivement les exciter à une plus grande vertu, et, pour ainsi dire, enchâsser chacune son joyau dans la couronne de leur sainteté. Dans la vie de sœur Marie de Jésus Crucifié, ce furent les créatures inanimées qui lui servirent de moyens pour s'élever à Dieu. Elle leur parlait, leur commandait, et elles lui obéissaient, comme si la sœur se fût trouvée dans un paradis terrestre, tant il est vrai que l'innocence baptismale, que cette vierge ne perdit jamais, nous rapproche de la justice originelle. Pourtant les obstacles ne pouvaient manquer de surgir. Ils lui vinrent de la part des hommes, pour qui elle fut longtemps un signe de contradiction, et de la part des démons, qui la molestèrent avec une violence inouïe. Elle ne fut pas seulement obsédée par ces derniers, ainsi que nous le lisons de sainte Marie-Madeleine de Pazzi;

elle en fut encore possédée dans toute la rigueur du terme, jusqu'à épuisement de la rage de Satan, s'il est possible de s'exprimer de la sorte. Les pages de ce livre qui racontent cette épreuve positivement voulue de Dieu, n'en seront pas les moins instructives. Dans toute l'hagiographie chrétienne, pourtant déjà si riche et si variée, peut-être ne trouve-t-on pas de tragédie plus poignante que ce combat singulier de quarante jours entre les puissances infernales et cette humble novice soutenue par son amour du Dieu anéanti. Pour récompenser l'héroïque victime de sa constance, la possession du démon fut suivie d'une véritable possession par le bon Esprit; et ceci encore est peut-être inouï dans les annales des saints.

Il est enfin dans la vertu de la servante de Dieu un dernier caractère que nous nous permettons de signaler dès à présent à l'attention de nos lecteurs : c'est sa profonde humilité et le soin jaloux de Dieu à prémunir une si haute vertu contre tout sentiment de vaine complaisance. Le bon ange qui, durant plusieurs jours, posséda toutes les facultés de sœur Marie de Jésus Crucifié, ne la désignait que sous le vocable de « petit rien ». Cette âme si pure et si ardente ne se croyait effectivement qu'un tout petit rien, dont il ne fallait tenir aucun compte, qui s'étonnait qu'on ne l'abandonnât pas à sa misère native et qu'on voulût bien la garder dans un coin du monastère. A plusieurs reprises, il lui fut donné de contempler dans les bras du Sauveur une « Petite » qui lui ressemblait beaucoup, disait-elle, mais qui était encore plus petite qu'elle : « Oh! que j'enviais son bonheur, répétait-elle, et comme cette « Petite » était chérie de Jésus! » Sœur Marie de Jésus Crucifié fut seule à ne pas se reconnaître dans cette bien-aimée du Sauveur. Pour tous les autres, la ressemblance était si frappante, qu'on prit dès lors l'habitude de la désigner familièrement sous le nom de « la Petite ». L'humilité de la jeune sœur se trouvait satisfaite de ce qualificatif, du reste pleinement justifié à ses yeux par le sentiment de sa misère profonde. Pour tous les autres, ce nom était un résumé et comme la caractéristique de sa vertu, car c'étaient bien son humilité et son innocence qui, après avoir ravi le cœur de l'Époux divin, la maintenaient elle-même abîmée dans la conviction de son indignité au milieu de cet océan de grâces. Cette « Petite » avait parfaitement réalisé l'idéal de simplicité et de candeur enfantines que le divin Maître nous propose dans le saint Évangile : *Nisi efficiamini sicut parvuli...* si vous ne devenez des tout petits, vous n'entrerez point au Royaume des cieux. Un jour, « la Petite » vit un géant qui ployait sous le poids de quelques pailles, tandis qu'une simple fourmi supportait allègrement le poids écrasant d'une maison. Cette fourmi était encore l'image de son humilité, sur les assises de laquelle s'élevait, inébranlable, l'édifice grandiose de ses grâces et de ses vertus.

L'histoire que nous présentons aujourd'hui au public est écrite depuis déjà plus de vingt ans par le Père Estrate, qui fut, durant trois ans, le directeur de sœur Marie de Jésus Crucifié. Mais, dans la pensée de leur auteur, ces pages n'étaient destinées qu'aux carmélites de Bethléem dans le but de leur rappeler les grâces extraordinaires et les vertus héroïques de celle qui repose à l'ombre de leur monastère. Le Père Estrate s'étant pieusement éteint à Bethléem, le 8 avril 1910, les sœurs carmélites ont cru devoir céder aux nombreuses instances qui leur étaient faites de ne plus garder pour elles seules ce qu'elles estimaient, à bon droit, un trésor de famille, convaincues que cette publication pourrait contribuer à la gloire de Dieu.

La rédaction du Père Estrate a été revisée par ses disciples, les aumôniers du Carmel; c'est ainsi que plusieurs détails ont été mis au point et qu'ont été ajoutés certains compléments jugés nécessaires ou utiles. Tel qu'elle est cependant, cette biographie reste encore l'œuvre du directeur de sœur Marie de Jésus Crucifié. La destination primitive de ces pages explique que l'auteur s'en tienne à peu près exclusivement à l'ordre chronologique, lequel, du reste, a ses avantages incontestés. Ceux de nos lecteurs qui préféreraient parfois quelques aperçus synthétiques, n'auront cependant pas de peine à se représenter la physionomie de la servante de Dieu dans sa beauté surnaturelle et sa suave candeur; car cette physionomie apparaît tout entière à chaque page de ce livre, comme nous voyons tout entier à chaque instant le visage des personnes qui, sous nos yeux, vivent, agissent, souffrent et prient. La même cause explique que l'auteur vénéré, dont la science théologique et mystique a reçu, au cours d'une longue carrière, les témoignages les plus flatteurs et les plus mérités, n'ait pas cru devoir encombrer son récit de démonstrations doctrinales. Il lui a du reste toujours semblé que la meilleure justification des voies de l'extatique était le simple exposé de ses paroles et de ses œuvres. Nous avons la ferme assurance que chacun de ses lecteurs partagera bientôt la même conviction. Nous croyons aussi que nul d'entre eux ne regrettera l'absence d'un étalage scientifique dont les incroyants n'ont que faire et dont les fidèles n'ont déjà plus besoin aujourd'hui, après tant de démonstrations décisives.

C'est sous le bénéfice de ces remarques que les éditeurs de l'ouvrage du Père Estrate le présentent avec confiance au public, dans la douce pensée qu'il fera mieux connaître ou qu'il divulguera de nouvelles profusions de la grâce divine dans une âme fidèle. Puisse ce livre être comme un hymne nouveau chanté à « l'Amour » Incréé ! Puisse-t-il décider des multitudes d'âmes à s'engager à la suite de la « petite » sœur converse dans les phalanges de ceux qui chantent l'Amour par la ferveur de leur charité et l'innocence de leur vie !

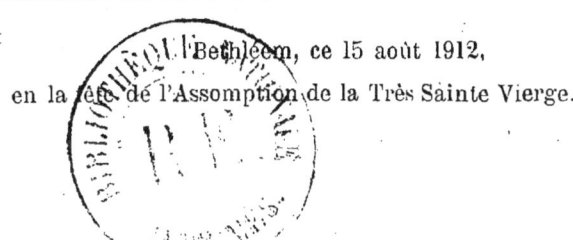

Bethléem, ce 15 août 1912,
en la fête de l'Assomption de la Très Sainte Vierge.

CHAPITRE PREMIER

Naissance et premières années de la Sœur Marie de Jésus Crucifié
(1846-1858).

L'enfant merveilleuse dont nous entreprenons de raconter l'histoire, naquit le 5 janvier 1846, à Abellin, petit village situé à une vingtaine de kilomètres au nord-ouest de Nazareth. Sa famille, originaire de Damas et du mont Liban, professait un attachement inviolable à la foi catholique. Plusieurs fois, les parents de cette enfant furent dépouillés de leurs biens par les ennemis de leur religion, jetés en prison et exilés. Dieu les éprouvait encore d'un autre côté. Georges Baouardi et Marie Chahyn (c'est le nom de ces deux justes) avaient vu mourir en bas âge douze fils, fruit de leur sainte union, et leur cœur avait été douze fois brisé. Durant un de leurs exils à Abellin, la mère eut l'inspiration de demander à Dieu une fille, et son mari ayant approuvé cette pensée : « Allons à pied à Bethléem, lui dit-elle, solliciter cette grâce de la très sainte Vierge ; promettons-lui, si elle nous exauce, de l'appeler Marie et d'offrir pour le service de Dieu une quantité de cire égale à son poids à l'âge de trois ans. » Les deux époux entreprennent ensemble ce pèlerinage, arrivent à Bethléem et descendent dans la grotte pour prier. La sainte Vierge entendit leur supplication et leur donna une fille, qui fut baptisée dans l'église d'Abellin, selon le rite grecc-catholique. Elle reçut le nom de Marie. Cette enfant, obtenue par l'intercession de la Mère de Dieu, nous la verrons, sur un appel de Jésus, venir à Bethléem pour y mourir en qualité de fille de sainte Térèse. — Quelques années après sa naissance, Dieu accordait encore à ses parents un fils qui fut appelé Paul.

La petite Marie n'avait pas trois ans, que déjà le Seigneur la prévenait de grâces singulières. Tout occupée de la pensée de Dieu, on la voyait s'éloigner du bruit des créatures et rechercher la solitude; elle soupirait comme une âme atteinte de la nostalgie du Ciel. Le Seigneur ne tarda pas à soumettre cette enfant si jeune à des épreuves bien douloureuses dont elle ne perdit jamais le souvenir. Son père tomba gravement malade. Pour le récompenser, Dieu voulut retirer à lui ce fidèle serviteur qui demanda et reçut les derniers sacrements avec la plus vive foi. Pleinement résigné à la volonté divine, il fit à Jésus le sacrifice de sa vie, celui de sa femme et de ses deux enfants. Quand il comprit que le dernier moment approchait, il appela Marie, la prit par le bras, et, tournant son regard mourant vers une image de saint Joseph : « Grand Saint, dit-il, voici mon enfant, la sainte Vierge est sa Mère, daignez veiller, vous aussi, sur elle; soyez son Père ». « Ces paroles, nous racontait les yeux pleins de larmes Marie, devenue religieuse, je les entends encore, et, quoique je fusse bien jeune, elles se sont gravées dans mon cœur. » Après les avoir prononcées, le père expira : c'était un samedi, jour consacré à la sainte Vierge. Son épouse ne survécut pas longtemps à cette perte douloureuse : elle mourut, elle aussi, un samedi. Marie pouvait dire désormais avec le Psalmiste : « Mon père et ma mère m'ont abandonnée, mais le Seigneur m'a prise sous sa protection ». Un oncle paternel la recueillit chez lui, à Abellin, et son frère fut confié à une tante maternelle qui habitait aux environs de ce même village.

Dans cette nouvelle famille, où rien ne lui manquait, Marie souffrait pourtant de se savoir orpheline, et elle enviait le sort de ses cousins qui pouvaient, en toute vérité, donner à leurs parents les doux noms de père et de mère. Pour la consoler, on lui rappelait fréquemment que la sainte Vierge était la mère de choix des orphelins. Aussi, la priait-elle souvent, lui disant avec une charmante naïveté qu'elle était deux fois sa Mère, puisqu'elle n'avait plus de mère ici-bas. Chaque samedi, dès l'âge de cinq ans, elle jeûnait en son honneur, ne prenant absolument aucune nourriture jusqu'au repas du soir ; et encore refusait-elle tous les plats délicats qui lui étaient présentés, assurant qu'ils lui faisaient mal (mal à l'âme, pensait-elle), et ses parents ne la pressaient pas, parce qu'ils la croyaient malade.

La Mère de Dieu prouva par un prodige combien cet acte de mortification lui plaisait. Marie aimait à déposer devant son image les fleurs les plus belles et les plus embaumées ; elle avait soin de les renouveler souvent, afin qu'elles fussent toujours fraîches. Un jour, elle s'aperçut que ces fleurs avaient pris racine, qu'elles avaient même grandi, et qu'elles répandaient un parfum très suave. Tout entière à sa joie et à sa reconnaissance, et ne soupçonnant nullement que le prodige était dû à sa mortification et à son innocence, elle court vers son oncle pour le lui annoncer. Profondément ému de cette marque de prédilection de la Vierge pour sa nièce, celui-ci s'empresse de réunir les personnes de sa maison, ainsi que quelques voisins : tous ensemble, un flambeau à la main, remercient Jésus et sa divine Mère. Le curé de la paroisse avait été convoqué avant tous les autres. Craignant que le démon de la vanité ne vînt à se glisser dans l'âme de la petite Marie, cet homme de Dieu lui adresse des reproches sévères et il lui déclare que ses péchés seuls ont pu occasionner un événement si singulier. On vit aussitôt cet ange, plus remarquable encore par son humilité que par son innocence, tomber à genoux en croisant ses mains et demander pardon, à la grande admiration de toute l'assistance.

Les créatures, qui sont souvent pour tant d'autres un rideau qui leur cache Dieu, quand elles ne deviennent pas une pierre d'achoppement, n'étaient, pour Marie, qu'un clair miroir qui lui montrait son Créateur, et une échelle dont les degrés la rapprochaient du Ciel. On eût dit qu'elle n'avait pas été touchée par la souillure originelle.

S'étant aperçue, dans son amour de la propreté, que des oiseaux, qu'on lui avait donnés pour la distraire, ne se lavaient jamais, elle voulut leur rendre ce service. Ils moururent tous. Désolée, elle alla les enterrer au fond du jardin. Pendant qu'elle était occupée à ce travail, elle entendit une voix lui dire : « C'est ainsi que tout passe! si tu veux me donner ton cœur, je te resterai toujours ». Cette sentence s'imprima dans son âme, et ce fut celle qu'elle aimait le plus à répéter dans la suite.

Ne nous étonnons pas si, depuis ce jour, Marie n'éprouvait que du dégoût pour toutes les vanités du monde. S'occuper de toilette lui était un supplice. Elle se disait avec tristesse, en considérant ses riches parures : « Pourquoi couvrir ainsi un corps qui doit devenir la pâture des vers? » Le souvenir de la mort ne la quittait pas. Sa meilleure récréation consistait à creuser de ses mains une fosse, où elle s'étendait, au risque de salir sa robe blanche, ce qui lui attirait les reproches de sa négresse.

Le désir de la souffrance s'éveilla en elle à l'âge de six ans. Nouvelle Térèse, elle eût voulu mourir martyre pour aller plus vite au Ciel. Obligée plus tard, par obéissance, de dire tout ce qui la concernait, elle confessait ingénument qu'elle avait eu la pensée de se jeter par la fenêtre, afin d'arriver plus promptement dans l'éternité : « Je ne savais pas, ajoutait-elle, que le bon Dieu le défend ».

Elle avait cru comprendre que Notre-Seigneur accorde, la nuit de Noël, tout ce qu'on lui demande. Elle se cacha donc, pendant cette nuit, dans le jardin, ne cessant de solliciter plusieurs grâces : celle surtout de mourir pour la foi.

Une vertu si rare devait la faire distinguer des enfants de son âge, ainsi que le trait suivant semble le prouver. Un ermite, que l'on ne connaissait pas et qu'on ne revit jamais depuis, avait reçu l'hospitalité dans sa famille. Avant de partir, on lui amena les enfants pour qu'il les bénît. A la vue de la petite Marie, il fut saisi d'une émotion indéfinissable. Il prit ses mains, les serra dans les siennes, et, après un moment de silence, il dit à son oncle : « Je vous en conjure, prenez un soin tout particulier de cette enfant » ; et, sans s'expliquer davantage, il sortit.

Dieu lui-même montrait par des prodiges combien elle était agréable à son cœur. Restée, un jour, seule dans sa chambre, où la négresse venait de lui servir un plat de crème, Marie était occupée des vérités éternelles en prenant son repas. Elle se disait à elle-même en pleurant : « Ah ! si j'étais morte comme mes petits frères, je serais au Ciel, au lieu que j'irai peut-être en enfer ». Pendant qu'elle était plongée dans ces pensées, un énorme serpent, attiré par l'odeur du lait, monte sur la table : « J'étais bien petite, racontait-elle, mais en même temps si enfoncée dans mes réflexions, que je n'éprouvai pas la moindre frayeur. Ne considérant dans cette bête qu'une créature du bon Dieu, je pris sa tête avec mes mains et je l'enfonçai dans mon plat de crème sans que la bête me fît aucun mal. » La vue du serpent fait pousser un cri d'épouvante à la négresse, revenue sur ces entrefaites. Tout le monde accourt, pendant que le serpent s'enfuit. L'enfant, seule tranquille, ne peut s'expliquer le saisissement des siens. Dieu permettait ainsi que le serpent, instrument de notre ruine, oubliât son venin en face de l'innocence.

Un autre fait nous prouvera comment le Seigneur, par cette même enfant, sauva la vie à toute sa famille. Laissons-la parler elle-même. « Pendant mon sommeil, racontait-elle, il me sembla voir entrer dans la maison de mon oncle un homme qui venait vendre un poisson ; il me fut dit que ce poisson était empoisonné et que tous ceux qui en mangeraient, mourraient. Jugez de mon étonnement, quand, le lendemain matin, j'aperçois ce même homme porteur d'un poisson absolument semblable à celui du rêve. Je raconte tout à mon oncle, qui ne tient aucun compte de cette imagination d'enfant, et qui achète le poisson avec ordre de le préparer. Je redouble d'instances et je demande avec larmes d'être la première à en goûter, espérant ainsi sauver les miens. Mon oncle finit par céder. Il fit examiner le poisson avec soin, et son empoisonnement fut clairement constaté. Au fond de mon cœur, je bénis Dieu d'avoir révélé à un petit rien comme moi le moyen de préserver ma famille d'une mort certaine. »

Marie avait atteint l'âge de huit ans. Depuis plus d'un an, elle se confessait tous les huit jours; mais son bonheur n'était pas complet : il lui fallait l'Eucharistie, et elle ne cessait de soupirer après l'heure bénie qui lui livrerait son Jésus. Portant une sainte envie aux âmes qui allaient recevoir leur Dieu, elle les suivait des yeux et du cœur et elle disait avec tristesse : « Quand est-ce que j'irai vers vous, ô mon Jésus? Quand pourrai-je vous introduire dans mon cœur! Hélas! je n'ai que huit ans et l'on ne communie pour la première fois qu'à douze. Quatre ans d'attente! c'est trop! Hâtez, hâtez cette heure, Jésus! Descendez vite dans mon âme. »

Chaque samedi, après la confession, elle demandait au prêtre la grâce de la communion, et, chaque fois, le prêtre lui répondait invariablement : « Je le veux bien, mon enfant, mais un peu plus tard ». Cette réponse, sans la satisfaire pleinement, lui laissait une espérance. Il a dit que ce serait un peu plus tard, se répétait-elle à elle-même, peut-être sera-ce samedi prochain. Pendant une semaine où elle avait plus d'espoir d'être exaucée, elle se prépara à ce grand acte par un redoublement de ferveur. Séparée le plus possible de ses cousins, elle vaquait à la prière, elle jeûnait; toute la nuit du vendredi fut consacrée à l'oraison. Mieux vêtue que de coutume, elle se rend à l'église, le lendemain matin, pour se confesser; comme toujours, elle réitère sa demande de la communion; son cœur battait bien fort : « Je le veux », lui dit le prêtre, oubliant d'ajouter : « Mais un peu plus tard ». Transportée de joie, elle court, le moment venu, à la sainte Table, sans être aperçue par sa négresse prosternée, et elle reçoit son Jésus sous la forme d'un enfant.

Les anges seuls pourraient nous expliquer ce premier embrassement du Sauveur et de cette âme. Marie était pleinement heureuse, mais il fallait que son bonheur pût se continuer. Le samedi suivant, elle demande à son confesseur de pouvoir communier encore. Le prêtre, étonné, lui dit d'un ton sévère : « Est-ce que vous l'avez déjà fait? » — « Oui, mon Père », répond la candide enfant. » — « Eh! qui vous l'a permis? » — « Vous-même, mon Père, samedi dernier. Je vous ai demandé cette grâce, comme je le faisais toujours, et vous m'avez répondu : « Je le veux bien, mon enfant », sans ajouter comme les autres fois : « Mais un peu plus tard. » J'ai donc cru que vous me le permettiez. De grâce, mon Père, à présent que j'ai reçu et goûté Jésus, ne me privez pas de Jésus, laissez-moi communier. » Ému d'un pareil langage chez une enfant qu'il savait si favorisée de Dieu, le prêtre lui accorda la communion tous les samedis, lui recommandant toutefois de n'en rien dire à personne, pas même à ses parents, qui auraient pu se scandaliser. Elle garda fidèlement son secret. Lorsque le temps ordinaire de la première communion vint, Marie se laissa fêter comme les autres enfants de son âge.

Son oncle, à cette époque, alla s'établir définitivement à Alexandrie avec toute sa famille.

CHAPITRE II

Marie refuse de se marier. — Persécutions qu'elle endure. — Son martyre. — Sa guérison miraculeuse. — Elle visite les Saints Lieux. — Elle se fait servante.

Lorsque Marie fut entrée dans sa treizième année, son oncle la fiança à un de ses parents ; mais la jeune fille avait depuis longtemps promis à Dieu sa virginité, et quand on lui eut appris que le mariage allait lui ravir cette fleur angélique, elle déclara fortement qu'elle voulait rester vierge. Prosternée contre terre pendant la nuit et versant un torrent de larmes, elle conjurait sa Mère du Ciel de la secourir. Tout à coup, elle entend une voix qui lui dit : « Marie, je suis toujours avec toi : suis l'inspiration que je te donne, je t'aiderai ». Elle se lève, pleine de courage, et elle coupe sa longue chevelure. Le voile qu'elle portait cacha cette action à ses parents. Un grand dîner eut lieu à l'occasion de la noce qui devait se faire prochainement. Il était d'usage dans cette circonstance que la fiancée, ornée de ses bijoux, présentât le café aux invités. Au lieu de café, Marie vint porter à son oncle, dans un grand plat, ses cheveux entremêlés de bijoux. L'oncle furieux la soufflette ; tous les invités, ne voyant dans cet acte qu'une ferveur passagère, l'exhortent à se montrer docile aux volontés de ses parents : elle demeure inflexible.

En vain son oncle la place-t-il au milieu des esclaves de sa maison, après avoir ordonné de la maltraiter ; en vain la tient-il éloignée de l'église et des sacrements : l'héroïque vierge résiste à tout, et elle souffre tout avec allégresse pour son Jésus : « Traitée, nous racontait-elle, comme la dernière des esclaves, soit pour le vêtement, soit pour la nourriture ; entièrement séparée des miens, occupée de travaux auxquels je n'avais jamais été habituée ; privée de la messe et des sacrements, blâmée même par mon confesseur, qui prenait ma résolution pour de l'entêtement ; abandonnée de tous, condamnée par tous, mon âme surabondait de joie ; mon courage grandissait dans la mesure de mes épreuves, parce que je me disais que mes souffrances n'étaient pas comparables à celles de Jésus. Il me semblait qu'un petit oiseau chantait toujours dans mon cœur. »

Après trois mois de cette vie humiliée, le désir de revoir son frère la pousse à lui écrire pour qu'il vienne la visiter. Elle fit faire la lettre et elle la porta à un Turc, ancien domestique de son oncle, qui demeurait non loin de la maison et qui devait se rendre au pays de Paul. Connaissant bien la mère et la femme de cet homme, Marie ne craignit pas d'aller le trouver seule. Après avoir remis sa lettre, la jeune fille voulut se retirer ; mais ces personnes l'invitèrent instamment à partager leur souper, et elle accepta pour leur faire plaisir[1]. C'était à l'entrée de la nuit. Naturellement, on parla du sort injuste et cruel fait à Marie par son oncle. Le Turc stigmatisa cette conduite avec force, et, par une pente insensible, il passa vite de ce blâme à celui de la religion chrétienne. « Marie, lui dit-il avec feu, pourquoi

---

1. Marie ne pouvait refuser l'invitation, un refus de ce genre étant contraire aux usages de la politesse orientale.

rester fidèle à une religion qui inspire de pareils sentiments? Embrassez plutôt la nôtre. » — « Jamais, s'écrie Marie avec une énergie surhumaine; je suis fille de l'Église catholique, apostolique et romaine, et j'espère, avec la grâce de Dieu, persévérer jusqu'à la mort dans ma religion qui est la seule vraie. » Blessé dans son fanatisme, le Turc écume de rage; d'un coup de pied il renverse Marie, et, saisissant son cimeterre, il lui coupe la gorge. Aidé de sa mère et de sa femme, le barbare enveloppe l'enfant dans son grand voile, et, l'ayant portée dehors, il la jette dans un lieu retiré, à la faveur des ténèbres. On était au 7 septembre 1858.

Pendant que ce crime se consommait sur le corps de Marie, son âme eut un ravissement : « Il me semblait, racontait-elle, être dans le Ciel : je voyais la sainte Vierge, les anges et les saints qui m'accueillaient avec une grande bonté; je voyais aussi mes parents au milieu d'eux. Je contemplais le trône éclatant de la Sainte Trinité, Jésus-Christ notre Seigneur dans son Humanité. Point de soleil, point de lampes, et tout cependant était brillant de clarté. Je jouissais de tout ce que je voyais, quand, tout à coup, quelqu'un vint à moi pour me dire : « Vous êtes vierge, il est vrai, mais votre livre n'est pas encore achevé ». Il avait à peine terminé ces paroles, que la vision disparut, et je revins à moi. Je me trouvai, sans savoir ni comment ni par qui j'y avais été transportée, dans une petite grotte solitaire. Couchée sur un pauvre lit, j'aperçus à mes côtés une religieuse, qui eut la charité de me coudre le cou. Je ne l'ai jamais vue ni manger ni dormir. Toujours debout à mon chevet, elle me soignait avec la plus grande affection et en silence. Elle était vêtue d'une belle robe bleu de ciel, transparente et comme moirée; son voile avait aussi la même couleur. J'ai vu depuis beaucoup de costumes religieux divers, mais aucun qui ressemblât au sien. Combien de temps ai-je passé dans ce lieu? je ne saurais le dire d'une manière précise; je crois y être restée un mois environ. Je n'ai rien mangé pendant ce temps : à de rares intervalles, la religieuse se contentait d'humecter mes lèvres avec une éponge blanche comme la neige. Il est vrai qu'elle me faisait dormir presque continuellement[1].

« Le dernier jour, cette religieuse me servit une soupe si bonne, que jamais je n'en ai mangé de semblable. La portion achevée, je lui en demandai une seconde. Alors la religieuse, rompant le silence, me dit : « Marie, c'est assez pour le moment; plus tard, je vous en donnerai de nouveau. Souvenez-vous bien de ne pas faire comme ces personnes qui trouvent qu'elles n'ont jamais assez. Dites toujours : « C'est assez »; et le bon Dieu, qui voit tout, veillera toujours sur tous vos besoins. Soyez toujours contente, malgré tout ce que vous pourrez avoir à souffrir, et Dieu, qui est si bon, vous enverra le nécessaire. N'écoutez jamais le démon : défiez-vous de lui, car il est très rusé. Quand vous demanderez quelque chose au bon Dieu, il ne vous le donnera pas toujours aussitôt, afin de vous éprouver et de voir si vous l'aimez toujours également; et puis, un peu plus tard, il vous l'accordera, pourvu que vous soyez toujours contente et que vous l'aimiez. Marie, Marie, n'oubliez jamais les grâces que le Seigneur vous a faites. Lorsque quelque chose de fâcheux vous arrivera, pensez que c'est Dieu qui le veut. Soyez toujours pleine de charité pour le prochain; vous devez l'aimer plus que vous-même.

« Vous ne reverrez jamais votre famille; vous irez en

---

[1]. Nous ferons observer ici que Marie a toujours appelé l'extase un sommeil.

France, où vous vous ferez religieuse ; vous serez enfant de saint Joseph avant de devenir fille de sainte Térèse. Vous prendrez l'habit du Carmel dans une maison, vous ferez profession dans une seconde, et vous mourrez dans une troisième, à Bethléem.

« Vos parents vous chercheront ; vous-même vous serez tentée de vous faire connaître. Gardez-vous-en bien, sans quoi vous n'auriez plus de soupe.

« Vous souffrirez beaucoup pendant votre vie, vous serez un signe de contradiction. »

« Oui, nous disait Marie sur le bateau qui la transportait à Bethléem avec ses compagnes[1], la religieuse qui m'avait soignée après mon martyre et que je sais à présent n'être autre que la très sainte Vierge, m'avait prédit tout ce qui m'est arrivé jusqu'à ce jour. Un seul point ne s'est pas réalisé ; elle m'avait assuré que je mourrais trois ans après ma profession. Les trois ans sont écoulés, et me voilà encore, hélas ! dans cet exil. » Le lecteur devine sans doute que la vie de cette sœur a été miséricordieusement prolongée, ainsi que nous le verrons plus loin.

Marie était guérie ; mais la trace de la large blessure est toujours restée très apparente à son cou, ainsi que des témoins dignes de foi purent encore l'observer à sa mort, survenue vingt ans après.

La religieuse conduisit alors Marie dans une église d'Alexandrie pour la faire confesser : « Vous allez m'attendre, lui dit l'enfant ; de grâce, ne m'abandonnez pas. » Elle sourit sans répondre. « Ma confession fut vite terminée, nous racontait Marie. Je n'avais rien qui me pesât sur la conscience. Comment aurais-je pu com-

---

1. Août-septembre 1875.

mettre des péchés en compagnie d'une religieuse aussi sainte? Après la confession, je cours à l'endroit où je l'avais laissée, et je ne la trouve pas. Je sors pour la chercher, et mes yeux ne la rencontrent nulle part; mais son visage et ses paroles sont toujours restés imprimés dans mon âme. J'étais seule sur la terre, seule, comme une goutte d'eau. Mon cœur n'y tient plus et j'éclate en sanglots. Le confesseur vient à moi pour me demander la cause de mes larmes. Tout entière à ma douleur, je ne puis que lui répondre : « Elle s'en est allée, elle m'a quittée? » — « Et qui vous a quittée? » — « La religieuse qui m'a accompagnée ici. » — « Mais d'où venez-vous? Qui êtes-vous? » — « Elle m'a défendu de le dire. » — « Hélas, mon enfant, me dit le prêtre en poussant un soupir, vous n'êtes pas seule malheureuse. Je connais dans cette ville une famille plongée dans la plus grande désolation. Cette famille avait recueilli une nièce, appelée Marie, et elle l'avait traitée comme une enfant de la maison. Une alliance honorable s'étant présentée, on l'offrit à cette jeune fille. Le jour des noces était fixé, à la grande joie de tous, quand la fiancée a disparu. Elle était sortie à l'entrée de la nuit, et elle n'est plus revenue. Toutes les recherches pour la trouver ont été infructueuses. On craint une séduction. La famille vient de quitter Alexandrie, pour cacher sa honte. »

« A mesure que le prêtre parlait, j'acquérais la conviction que cette jeune fille, c'était moi-même. Je me contentai de répondre, après avoir imploré le secours de la sainte Vierge pour ne pas trahir mon secret : « La personne dont vous me parlez ne m'est pas tout à fait inconnue; mais j'ai promis de ne jamais découvrir le lieu de sa retraite. Je dois cependant vous dire que Marie n'a pas été séduite; elle est consacrée à Dieu. » —

« Mon enfant, s'écria le prêtre, dites-moi où est Marie. Je vous affirme que vous n'êtes nullement tenue de garder ce secret. Vous me paraissez bien pauvre ; soyez certaine que, si vous consentez à parler, vous serez largement récompensée. » — « Je suis pauvre, il est vrai, et, de plus, orpheline, mais le bon Dieu ne m'a jamais laissé manquer du nécessaire. Je ne désire pas les richesses de la terre ; les biens du Ciel me suffisent. Quant à dévoiler le secret, je ne le ferai jamais ; Dieu et la sainte Vierge me puniraient. » Le prêtre parla de Marie à un évêque arabe de passage à Alexandrie. Marie raconta à cet évêque toute son histoire sous le sceau du secret. Celui-ci l'écouta avec le plus vif intérêt, l'habilla d'une façon convenable, fit faire son portrait et l'emmena en pèlerinage à Jérusalem. Le pèlerinage terminé, l'évêque offrit à Marie de la conduire à Rome, lui promettant de la faire entrer dans quelque maison religieuse. Le désir de revoir son frère fut cause qu'elle refusa une proposition qui lui souriait tant, et elle s'embarqua pour Saint-Jean-d'Acre. Mais une tempête furieuse ayant empêché le bateau d'arriver à sa destination, l'enfant fut contrainte de retourner à Alexandrie.

Afin de ne pas être reconnue, Marie prit alors un autre costume et se fit domestique. Elle changeait souvent de maison, à mesure que ses maîtres lui témoignaient plus d'estime. Les maisons où elle avait le plus à souffrir étaient celles où elle demeurait plus longtemps. Il lui arriva d'entrer au service d'un parent qui ne la connaissait pas. Elle s'en aperçut dès les premiers jours ; ses maîtres n'eurent jamais le moindre soupçon à cet égard. Comment auraient-ils pu reconnaître leur cousine dans cette pauvre fille habillée à la manière turque ? On la chargea de la cuisine et du soin des petits enfants. Ceux-ci s'attachèrent bientôt à elle de telle sorte, que l'emploi de la cuisine lui fut enlevé afin qu'elle pût leur consacrer tout son temps. Le cœur de Marie était tout à la fois consolé et brisé ; consolé de pouvoir soigner ses petits cousins, brisé de ne pouvoir dire son nom. Tous les jours, elle entendait raconter l'histoire de sa disparition. Ses parents, qui se croyaient déshonorés par elle, ne cessaient de lancer sur sa tête toute espèce de malédictions. « Jamais, nous disait Marie, je n'ai autant souffert. J'éprouvais la plus vive affection pour cette famille, et je ne pouvais pas lui dire mon nom. Les discours que j'entendais me brisaient l'âme, et je devais me taire, sous peine de donner l'éveil. Combien ce silence m'a coûté ! Je l'avoue à ma confusion, mille fois je fus tentée de me faire connaître. Je priais la sainte Vierge de me soutenir. Un jour, durant le repas, en voyant la désolation des miens plus grande, je fondis en larmes. Étonnés de me voir pleurer (c'était la première fois que la chose m'arrivait devant eux), ils me demandèrent la cause de mon chagrin, car ils m'aimaient beaucoup. J'étais sur le point de succomber et de leur crier, en me jetant dans leurs bras : « Je suis Marie ». La sainte Vierge m'assista d'une manière visible. Je me contentai de répondre : « Je pleure de vous voir pleurer ». Et comme on venait de lire à table une lettre annonçant la visite prochaine d'une de mes tantes qui m'aurait reconnue, je les avertis que je les quittais le jour même. Malgré leurs supplications et leurs larmes, je rassemble à la hâte ce qui m'appartient, et je sors couverte de mon grand voile. Je me croisai à la porte avec cette tante, et je l'entendis dire à mon cousin : « Quelle est cette jeune fille ? Un glaive a transpercé mon âme en passant près d'elle.

Je voudrais lui parler ». Je hâtai le pas et je courus me cacher chez une mendiante. Dieu permit qu'on ne sût pas me trouver. Ce martyre dura trois mois. »

Marie fit une seconde fois le pèlerinage de la Terre-Sainte. Le Seigneur lui envoya, pendant ce voyage, un être surnaturel sous une forme humaine pour l'accompagner et la garder. Celui-ci, qu'elle ne vit jamais manger, lui prédit, à l'exemple de la religieuse, tout ce qui lui arriverait jusqu'à sa mort, et il lui assura qu'elle reviendrait mourir à Bethléem. Un prêtre qui la connaissait, la plaça dans une excellente famille de Jérusalem. Pendant qu'elle y était en service, un enfant de dix-huit mois tomba, du haut d'une terrasse, sous les yeux de sa mère et de Marie. On le crut mort. Marie courut le relever, en implorant sur lui la puissante protection de la Vierge. Quand elle le remit entre les bras de sa mère, celle-ci s'aperçut qu'il n'avait qu'une légère contusion, et elle attribua cette conservation miraculeuse à la sainteté de sa servante. C'en était assez pour faire fuir l'humble Marie. Elle reprit donc le chemin de Jaffa, sans écouter les instances de sa maîtresse.

A peine sortie de Jérusalem, elle voit deux hommes courir à sa poursuite. Ils l'arrêtent : elle était accusée d'avoir dérobé à sa maîtresse un diamant d'un grand prix. Traînée ignominieusement à travers les rues de la cité sainte, jetée dans une prison infecte au milieu de plusieurs femmes profondément vicieuses, elle remercie Jésus de l'humilier ainsi sur le théâtre même de sa Passion. Mais le Seigneur ne tarda pas à prendre sa défense. Deux jours après, la négresse, auteur de ce vol, qui avait accusé Marie, devint folle, et, dans sa folie, elle découvrit sa propre faute. C'est ainsi que

Marie fut providentiellement reconnue innocente et remise en liberté.

Elle s'embarqua de nouveau pour Saint-Jean-d'Acre, afin de revoir son frère. Cette fois encore, une tempête épouvantable força le bateau à pousser jusqu'à Beyrouth. Marie semblait avoir oublié que la religieuse lui avait prédit qu'elle ne reverrait jamais son frère; mais Dieu se servait de ces tentatives infructueuses pour l'accomplissement de ses desseins. A Beyrouth, Marie entra au service de la famille Attala. Après six mois, elle devint complètement aveugle. Cette cécité durait depuis quarante jours, lorsqu'elle eut recours à la très sainte Vierge : « Voyez, ma Mère, lui dit-elle, toute la peine que l'on prend ici pour moi. On me soigne comme si j'étais l'enfant de la maison, mais enfin, je suis à charge à cette famille. Ah! s'il plaisait à vous et à votre divin Fils de me rendre la vue! » En achevant cette prière, elle sent quelque chose lui tomber des yeux et elle recouvre subitement la vue, au grand étonnement des médecins, qui, tous, avaient déclaré son mal incurable. Étant tombée, peu de temps après, du haut d'une terrasse, tout son corps fut horriblement meurtri par la chute. Mme Attala, qui avait constaté avec admiration qu'un parfum exquis s'échappait de toute sa personne, la soignait depuis un mois comme si elle eût été sa propre fille, mais sans constater d'amélioration dans son état. La très sainte Vierge apparaît pendant la nuit à Marie : « Ma Mère, s'écrie aussitôt l'enfant, de grâce, prenez-moi ». « Marie, répond la Vierge, je ne puis pas vous prendre encore, parce que votre livre n'est pas achevé. Je vous recommande, en attendant, trois choses : une obéissance aveugle, une charité parfaite et une immense confiance en Dieu, sans aucun souci du lendemain ou de tout ce qui peut vous arriver. » La présence de la Mère de Dieu avait rempli la maison d'une lumière si éclatante et d'un parfum si suave, que tout le monde accourt auprès de la malade. On la trouve guérie. Elle demande à manger, elle qui n'avait rien pris de substantiel depuis l'accident. Cependant il lui restait encore quelque faiblesse; mais cette faiblesse elle-même, que la très sainte Vierge lui avait laissée comme souvenir de son état désespéré, disparut bientôt à son tour. Le bruit de ce miracle se répandit dans tout le pays, et l'on en parla longtemps avec admiration[1].

Avant de poursuivre notre récit et de raconter comment Marie arriva en France, recueillons encore quelques faits merveilleux qui se rattachent à cette époque de sa vie.

Un jour, Notre-Seigneur l'envoya dire à une dame de se défaire d'une robe de bal qui lui coûtait mille francs. La dame s'étant moquée de cette communication, Marie, poussée par une forte inspiration, lui dit : « Eh bien, Madame, je vous annonce que vous serez brûlée la prochaine fois que vous mettrez cette robe, et votre enfant avec vous ».

La chose arriva comme elle l'avait prédit : le feu prit à la robe de la dame, puis à l'appartement où elle se trouvait, et elle fut brûlée ainsi que son enfant au berceau.

Une autre fois, à Alexandrie, alors qu'elle était placée chez une dame riche, Marie entendit raconter le dénûment extrême d'une famille dont tous les membres étaient malades et que personne ne secourait. Aussitôt,

---

1. La Mère Gélas, Supérieure des Filles de la Charité à Beyrouth, confirme ces faits dans une lettre adressée à la Mère Prieure du Carmel de Pau, le 16 octobre 1869.

la généreuse enfant demande son congé. La dame, très irritée, la poursuit dans les escaliers à coups de bâton avec une telle violence, que Marie en souffrit longtemps. Sans s'émouvoir de cette violence, Marie court s'installer dans la mauvaise chambre occupée par la famille pauvre. Le père, la mère et les enfants gisaient dans des lits infects qu'elle dut renouveler. Nuit et jour, elle soigne ces malheureux infirmes avec la plus grande charité. Elle va même jusqu'à mendier pour les habiller et les nourrir. Enfin, après quarante jours de cet héroïque dévouement, elle a la consolation de voir tous les membres de la famille complètement rétablis.

Au cours d'un de ses voyages, elle rencontra une jeune fille, nommée Rosalie, qui avait furtivement quitté sa famille opulente pour rester vierge et vivre pauvre de Jésus-Christ. Bien qu'elles ne se fussent jamais vues auparavant, Marie et Rosalie s'appelèrent par leurs noms, et elles passèrent une nuit délicieuse à parler de Jésus, leur unique amour. Elles se racontèrent toute leur vie, en se promettant mutuellement de garder un inviolable secret, pour n'être point découvertes et conserver le trésor de la virginité.

Ce fut aussi à cette même époque que Notre-Seigneur demanda à Marie de jeûner une année entière au pain et à l'eau. La jeune fille ne pouvait s'y résoudre sans en avoir obtenu la permission de son confesseur, à la pensée surtout qu'elle était très faible et obligée de travailler pour gagner sa vie. Quelques jours se passèrent dans ces hésitations. Pour achever de vaincre sa résistance, Dieu permit que son estomac ne pût garder aucune nourriture; elle fit alors un essai du jeûne demandé, et, comme elle ne s'en trouvait nullement incommodée, elle se décida à soumettre le cas à un vénérable prêtre, qui l'autorisa à poursuivre sa pénitence. Ainsi fit-elle, et, durant toute cette année, sa santé se maintint florissante.

Écoutons encore la servante de Dieu nous rapporter ce qui suit :

« Que je vous dise, pour vous montrer mon ignorance, que je fus assaillie, dans un de mes voyages sur mer, par d'horribles pensées. Je me croyais coupable de tous les crimes. Aussitôt débarquée, mon premier soin fut de courir auprès d'un confesseur. Je m'accusai, comme ayant commis tous les péchés dont la pensée s'était présentée malgré moi à mon esprit. Le prêtre me fit une longue et pressante exhortation pour m'exciter au repentir. Avant de m'absoudre, il me demanda si je promettais à Dieu de me corriger. Je lui répondis : « Mon Père, il m'est impossible de vous le promettre »; je voulais dire qu'il ne dépendait pas de moi de ne pas avoir ces pensées. Convaincu par ma réponse, non seulement de mes crimes, mais encore de mon endurcissement, le ministre de Dieu me renvoya sans m'absoudre, après m'avoir fait les plus terribles menaces. Je ne savais plus que devenir; j'étais presque désespérée. Comme toujours, j'implore alors ma bonne Mère du Ciel. J'entends une voix me dire : « Va dans telle rue, entre dans telle maison, tu seras éclairée et consolée ». Je me lève, et j'arrive au lieu indiqué. Je frappe, et une voix douce comme une voix du Ciel me répond : « Entrez ». J'entre, et je me trouve devant une femme qui me dit : « Approchez, Marie. Vous êtes inconsolable, mais c'est votre faute, quoique vous ne soyez pas coupable. Marie, avoir les plus horribles pensées n'est pas un péché; le péché n'existe qu'autant que l'âme y consent. Vous vous êtes donc mal exprimée. Vous irez retrouver votre confesseur, et vous vous expliquerez dans le sens que je vous dis. » Je passai la nuit avec cette personne qui me connaissait si bien, et nous parlâmes tout le temps de Jésus et du Ciel. Le lendemain, de grand matin, j'étais aux pieds du même prêtre. Je lui explique les choses comme la personne inconnue m'avait appris à le faire, et le confesseur, au lieu de reproches, n'eut que des encouragements à me donner. — Écoutez encore ce qui m'est arrivé sur mer, et admirez la puissance de la foi, même dans une pécheresse. Une tempête furieuse s'était levée; après d'inutiles efforts pour résister aux vents et aux flots, le capitaine avait déclaré que tout espoir était perdu. Les passagers se jettent dans les barques de sauvetage, au milieu d'une confusion indescriptible. Le capitaine les compte; il y en a un qui manque. Vite, il descend dans les cabines, il arrive à la mienne. J'étais couchée et je dormais d'un profond sommeil. Il m'éveille en me criant : « Levez-vous, habillez-vous, entrez dans une barque, nous sommes perdus ». Je jette ma robe sur moi et je monte sur le pont. Je me sens inspirée de prier, après avoir reproché à tous leur manque de foi. A genoux et les yeux au ciel, je dis, en étendant les bras : « Seigneur Jésus, vous êtes tout-puissant, calmez la mer ». O puissance de la foi! Le croiriez-vous? La tempête cesse, les vagues s'apaisent, nous sommes sauvés. Voilà ce que Dieu a fait pour une pécheresse comme moi, à cause d'un cri de foi. Ah! si nous avions la foi, une grande foi, nous obtiendrions tout de Dieu. »

Combien d'autres traits semblables son humilité a dû lui faire taire! Ceux que nous avons cités suffiront cependant à convaincre le lecteur de l'admirable vertu de Marie.

CHAPITRE III

Marie arrive en France. — Elle entre dans l'Institut des Sœurs de St-Joseph de l'Apparition. — Elle est renvoyée au moment de sa prise d'habit (1863-1867).

Pendant que Marie se trouvait à Beyrouth, elle fit écrire à son frère de venir la chercher. Cette lettre remplit de joie tous les siens. Son oncle partit par le premier bateau pour aller la prendre. Mais le Seigneur, qui voulait la réalisation de la prophétie de sa Mère, avait permis qu'une famille de Beyrouth proposât à Marie, dans l'intervalle, d'entrer au service d'une de ses filles, mariée à Marseille. Marie avait accepté, en pensant à la parole de la religieuse qui l'avait soignée après son martyre, et qui avait affirmé qu'elle irait en France. Elle venait de s'embarquer avec le père de sa future maîtresse, Mme Naggiar, quand son oncle arriva à Beyrouth. Ne la trouvant plus, celui-ci crut, malgré toutes les explications contraires, qu'elle l'avait joué, et il rentra dans son pays en la maudissant.

Arrivée à Marseille au mois de mai 1863, sa nouvelle maîtresse la chargea de la cuisine. Mme Naggiar se crut obligée, à cause de sa jeunesse, de la surveiller de très près. Marie ne pouvait plus assister à la messe chaque jour, il ne lui était plus possible de se confesser et de communier aussi souvent que par le passé. Cette privation la jeta dans une profonde tristesse. Elle parvint à trouver une autre place où son goût pour la piété souffrirait moins d'entraves. Mais ses maîtres, qui déjà avaient pu apprécier ses rares qualités, la conjurèrent de rester, lui promettant qu'elle pourrait désormais satisfaire sa dévotion. Elle y consentit.

Libre maintenant de suivre son attrait, combien de fois, se levant à minuit, n'attendit-elle pas à genoux, à la porte de l'église que la maison de Dieu fût ouverte! Elle priait, et les heures s'écoulaient sans qu'elle s'en aperçût. Souvent elle gravissait la montagne qui domine Marseille, pour aller vénérer Notre-Dame de la Garde et elle en redescendait avant le jour, après avoir entendu la messe et fait la sainte communion. Elle avait remarqué qu'elle était suivie, chaque matin, en se rendant à l'église avant le jour, par un personnage mystérieux, qui tenait un jeune enfant par la main. Surprise d'une telle assiduité à cette heure indue, elle finit par lui dire, avec cette franchise qui la caractérisait : « Monsieur, si, en me suivant de la sorte, vous avez l'intention de me faire quelque proposition de mariage, vous perdez votre temps et votre peine : je suis consacrée à Dieu ». — « Marie, lui répondit l'inconnu, qui ne lui livra jamais son nom, je sais que vous êtes consacrée à Dieu ; je vous suivrai toujours, jusqu'à ce que vous soyez religieuse. » Nous éloignerions-nous beaucoup de la vérité, en disant que ce personnage mystérieux devait être quelque messager céleste, chargé spécialement de veiller sur cette âme ? Quoi qu'il en soit, Marie continua ses dévotions. Son travail toutefois n'en souffrait pas ; car non seulement elle accomplissait sa tâche, mais encore elle faisait quelquefois l'ouvrage des autres serviteurs.

Ici se place un épisode touchant qu'elle-même nous a raconté : « Mes maîtres, nous disait-elle, étaient très bons pour moi et ils me témoignaient une confiance entière. Dans une circonstance, ils m'avaient chargée de payer les fournisseurs de la maison. Voici ce qui m'arriva. Je revenais d'acquitter tous les comptes. A peine descendue à la cuisine, j'aperçois près de moi une femme dont l'extérieur dénotait la plus profonde misère. Sa vue me surprit, car j'avais fermé la porte et je n'avais entendu personne l'ouvrir de nouveau. Mon étonnement ne fit qu'augmenter, quand cette inconnue m'appela par mon nom : « Marie, me dit-elle d'une voix très douce, faites-moi la charité, je vous en conjure, j'ai plusieurs enfants qui meurent de faim ». — « Madame, lui répondis-je avec une vive émotion, je ne puis rien vous donner de ce qui appartient à mes maîtres. J'ai cinquante francs, ce sont mes gages; prenez-les, pour habiller et pour nourrir vos enfants. » — « Et vous, Marie, qu'aurez-vous après cela? il ne vous restera rien! » — « Soyez sans inquiétude, Madame, je n'ai jamais gardé le moindre argent, et Dieu ne m'a jamais laissé manquer de rien : acceptez donc tout. » Elle prit la somme entière, en me remerciant avec effusion. Un instant après, je me retourne; la femme avait disparu, sans que la porte eût été ouverte, et je retrouve sur la table les cinquante francs. Craignant d'avoir retenu cet argent sur quelque fournisseur, je repars pour m'en informer. Tous les comptes avaient été acquittés. Certaine alors que cette somme est à moi, je la donne au premier pauvre que je rencontre. J'ai su plus tard que cette inconnue était la très sainte

Vierge, qui avait daigné éprouver ainsi la générosité de sa petite servante. »

Les grâces extraordinaires se multipliaient et grandissaient dans la mesure de sa fidélité. Elle eut un premier ravissement, qui dura deux heures; on n'y attacha pas une grande importance. Quatre mois après, elle en eut un second, dans l'église des Grecs-Unis, qui fit plus de bruit. S'étant présentée en extase à la sainte Table, elle s'écrie, au moment de la communion : « Mon Père, vous me donnez un enfant », et elle tombe comme morte. Impossible de la faire revenir de cet état; on la transporte chez ses maîtres. Plusieurs médecins sont appelés; ils emploient inutilement les plus violents remèdes pour la retirer de ce sommeil, auquel ils déclarent ne rien comprendre. Elle resta ainsi quatre jours; son visage, plein de vie, montrait qu'elle n'était pas morte. Que se passa-t-il durant ce long espace? Marie, obligée, plus tard, de tout dire par obéissance, va nous le raconter elle-même.

« Je fus transportée au ciel; je vis la très Sainte Vierge entourée d'anges; à ses côtés, se trouvaient aussi d'innombrables vierges. Je me voyais toute petite, réduite à un rien; et néanmoins, je sentais que toutes ces âmes me recevaient avec une grande joie dans leurs bras.

« Je me jetai aux pieds de la sainte Vierge, en lui disant : « Bonne Mère, me garderez-vous ici pour toujours? » — « Il vous manque, me répondit-elle, bien des choses encore. » Je ne saurais exprimer la gloire qui l'environnait. Une vierge lui dit : « Bonne Mère, ce ne sont pas les grandes choses que l'on fait sur la terre qui méritent le ciel, mais c'est l'entière fidélité. J'y descendrais encore, pour accomplir chaque acte avec plus de perfection. »

« Cette vierge m'apprit que Dieu l'avait chargée de me montrer la gloire du Ciel, ainsi que ce qui se passait sur la terre, au purgatoire et dans l'enfer. Elle me fit voir Jésus-Christ, notre divin Sauveur, tout brûlant d'amour, et, bien près de lui, le Collège des Apôtres. Elle me montra l'armée des martyrs, et les âmes qui ont passé, sur la terre, par de grandes tribulations. Elles n'ont pas versé leur sang comme les martyrs, et cependant elles ont le même rang qu'eux, parce qu'elles ont bien porté la croix. « Chacun a sa croix, me dit la vierge, et lorsque Dieu voit une âme accepter généreusement celle qu'il lui envoie, Lui-même aide cette âme à la porter. »

« Elle me montra les bons, les saints prêtres, aussi éclatants que les vierges, et placés tout près de Notre-Seigneur et des Apôtres. Elle disait : « Oh! comme Dieu aime les bons prêtres! Quand il les voit zélés pour sa gloire, pour le salut des âmes, comme il est content! comme il les aime! Un très petit nombre monte ici directement sans passer par les flammes du purgatoire. »

« Je vis les hommes qui avaient vécu chrétiennement : il sortait de leur bouche et de leurs mains une lumière, récompense de leurs aumônes et de leur application au travail. Les femmes fidèles aux devoirs de la vie chrétienne étaient inférieures aux vierges; elles portaient sur leur poitrine comme des vases de fleurs magnifiques, et la lumière sortait de ces vases.

« La vierge me dit, en me montrant Marie : « Vous aimez bien cette bonne et tendre Mère, n'est-ce pas? Vous êtes témoin de la gloire qui l'environne, quoique vous ne la voyiez pas telle que vous la verriez, si vous étiez ici pour toujours. Dites-moi, la gloire du ciel vaut-elle la peine que l'on fasse des efforts pour la mériter? Et, je vous le répète, ce ne sont pas les grandes choses qui font mériter le ciel. L'âme ne doit pas dire : « Je voudrais souffrir ; je désirerais telle croix, telle privation, telle humiliation », parce que la volonté propre gâte tout. Il vaut mieux avoir moins de privations, moins de souffrances, moins d'humiliations par la volonté de Dieu, qu'un très grand nombre par sa propre volonté. L'essentiel est d'accepter, avec amour et avec une entière conformité à sa volonté, tout ce qu'il plaira au Seigneur de nous envoyer. Il y a, dans l'enfer, des âmes qui demandaient à Dieu des croix, des humiliations. Dieu les a exaucées, mais elles n'ont pas su profiter de ces grâces : l'orgueil les a perdues. Sans rien demander, acceptez avec reconnaissance tout ce que le bon Dieu vous enverra.

« Que d'illusions encore, quand Dieu envoie la maladie! Au lieu d'en profiter, on se dit : « Ah! si j'étais en santé, je ferais telle chose, telle œuvre pour Dieu, pour mon âme! » Si on demande la guérison, que ce soit toujours d'une manière conditionnelle : Mon Dieu, si c'est votre volonté ; si l'intérêt de votre gloire l'exige ; si le bien de mon âme le demande !

« Je désirerais, ajouta la vierge, descendre avec vous dans ce bas monde pour souffrir, pour être plus conforme en toutes choses à la volonté de Dieu, pour lui procurer une plus grande gloire, pour me rendre digne d'approcher de plus près de cette beauté souveraine.

« Que l'âme aime beaucoup Dieu, ce Père céleste, tendre et compatissant ; qu'elle aime le prochain plus qu'elle-même ; qu'elle aime les pauvres. Si elle n'a qu'un morceau de pain, qu'elle le partage avec eux, et

CHAPITRE III.

la miséricordieuse bonté de Dieu la pourvoira pour le lendemain, et elle ne la laissera jamais manquer du nécessaire. Que Dieu seul lui soit tout en toutes choses ; que cette âme n'ait d'autre ambition que de lui plaire et d'accomplir sa sainte volonté. Oh ! qu'une âme semblable serait agréable à sa divine Majesté ! Elle pourrait seule convertir des millions d'autres âmes. Que l'âme qui aime ainsi Dieu et son prochain ait, en toute circonstance, une grande, une inébranlable confiance. Comme tous les hommes qui vivent sur la terre sont faibles, Dieu permettra que cette âme fasse des fautes pour la maintenir dans l'humilité. Qu'elle ne se décourage pas, qu'elle se repente, qu'elle confesse ses fautes au prêtre, et Dieu les lui pardonnera. Oh oui ! qu'elle ait confiance, quels que soient ses péchés ; qu'elle les confesse tous, et tous lui seront remis.

« Il y a des saints sur la terre qui, par suite de la fragilité humaine, tombent dans quelque faute, parfois même grave. Le démon met alors tout en œuvre pour intimider l'âme coupable, afin de l'empêcher d'accuser son péché. Il lui dit : « Le prêtre te croit bonne, sainte ; comment oserais-tu lui avouer cette faute ? Quoi ! confesser ce péché à un homme ? Non, tu ne le feras pas ». L'âme trompée cache son péché ; elle continue à recevoir les sacrements ; un péché en attire un autre ; le démon finit par l'aveugler, et elle tombe dans l'enfer. » La vierge a beaucoup insisté sur cette vérité que, dans la confession, ce n'est pas à un homme qu'on s'adresse, mais à Dieu lui-même.

« Rappelez-vous bien ces paroles que Notre-Seigneur vous dit, et que ses disciples ne les oublient jamais : « Venez à moi, venez à moi, vous tous qui vous êtes oubliés sur la terre pour votre Dieu : moi, je ne vous ai pas oubliés ; venez, entrez pour toujours dans la joie de votre Maître. »

« Je vis ensuite comme une procession formée par les prêtres, par les vierges, par les bonnes religieuses. Mêlés ensemble, ils marchaient tout brillants de gloire à côté du divin Sauveur : de chaque côté, se tenait une multitude d'anges. Une foule d'enfants innocents, semblables aux anges, de jeunes vierges, toutes les âmes pures suivaient la procession en chantant. En même temps, je vis les autres élus plongés dans le ravissement, dans l'adoration. Ici, les paroles me manquent pour dire ce que j'ai vu. Sur un trône élevé, que ma faiblesse n'a pu qu'entrevoir à cause de l'éclat de la lumière qui m'éblouissait, j'ai vu beaucoup d'autres choses que je ne puis ni comprendre ni exprimer.

« Marie, me dit la vierge qui m'accompagnait, cette fête est toujours nouvelle, et elle durera éternellement. Vous y participerez un jour, mais pas encore : votre livre n'est pas achevé. Profitez bien de la vie ; elle n'est que d'un instant, tandis que celle-ci durera éternellement. Surtout, dans les épreuves et dans les souffrances, ne perdez jamais confiance ; jetez-vous en aveugle dans les bras de Dieu, afin que vous soyez plus près de Lui, au ciel. »

« La vierge me montra ensuite la terre comme dans un souterrain ; elle m'apparaissait..., dirai-je comme une pièce de cinq francs ou comme une pomme ? je ne sais pas l'exprimer. Ce que je sais, c'est que l'univers tout entier était renfermé dans ce petit rond. Oh ! que les hommes s'égarent ! S'ils songeaient qu'ils ne sont que voyageurs sur cette terre, et que, à chaque instant, ils peuvent être cités au tribunal de Dieu !

« Il faut, me dit la vierge, que vous voyiez à présent

le Purgatoire. Nous y entrons. C'est un lieu tout couvert de verdure, très spacieux, plus long que large. Combien d'âmes qui s'y trouvent! elles sont rapprochées les unes des autres. Leurs peines diffèrent beaucoup. Les unes souffrent plus que si elles enduraient les plus cruels supplices. Les souffrances d'autres âmes ressemblent à celles d'une maladie sur la terre. On ne voit pas de feu à l'extérieur; chaque âme porte son feu avec elle. Il n'y a pas de démons, ni rien au dehors qui jette l'alarme. »

« La vierge me dit que la Mère de Dieu descendait tous les samedis au Purgatoire avec une escorte d'anges, qu'elle faisait délivrer beaucoup d'âmes par ces esprits bienheureux, et que ces âmes délivrées suivaient joyeuses cette douce Reine, comme de petits agneaux.

« J'ai vu dans le Purgatoire un grand nombre de prêtres, d'évêques, de religieuses. Celle-ci, me disait la vierge, est au Purgatoire, et pour longtemps, parce qu'elle prenait sans permission du fruit au jardin, et qu'elle acceptait également sans permission de petites choses de ses élèves. Il y en avait d'autres qui étaient détenues pour n'avoir pas assez profité des immenses grâces de l'état religieux; d'autres, pour un défaut de confiance en Dieu.

« Venez voir maintenant l'Enfer, sans y entrer, me dit la vierge. En le voyant, le Purgatoire me parut être un paradis. Les âmes du Purgatoire sont soumises à la volonté divine; elles sont heureuses de se purifier par le feu, pour être dignes de la vision béatifique. Dans l'Enfer, au contraire, on n'entend que cris épouvantables, imprécations, blasphèmes. Les démons paraissaient consternés à la vue de la vierge qui me conduisait; car Satan est forcé de se tenir sans mouvement comme un vil esclave, en présence d'une âme toute à Dieu. Il en est de même, quand il voit une âme monter au Ciel ; il entre dans des accès de rage : « Eh quoi ? se dit-il à lui-même, tu étais un ange et une créature humaine s'élève au-dessus de toi ! »

« Je compris que le démon est semblable au vent. Quand le vent souffle, on ferme tout ; on bouche les trous, les fentes, pour se préserver. L'âme devrait prendre les mêmes précautions contre Satan ; elle devrait tout fermer chez elle, pour ne laisser aucun accès à cet esprit malin.

« Ce qui me frappa tout d'abord dans l'enfer, ce fut la vue des âmes qui s'étaient perdues par le vice impur. Elles étaient enveloppées de flammes qui prenaient la forme de l'idole qu'elles avaient aimée avec dérèglement sur la terre. Les avares étaient aussi couverts de flammes imitant la forme de l'or et de l'argent. Dans chaque damné la flamme qui l'entourait se montrait sous la figure de l'objet, cause de sa damnation. J'ai vu dans l'enfer des âmes de toutes les classes, de tous les rangs.

« Je n'ai fait que balbutier, je le sens, en disant ce que j'ai dit. »

Marie avait raison ; pour parler des réalités surnaturelles, il faudrait la langue du Ciel.

Notre-Seigneur, pendant cette longue extase de quatre jours, demanda à Marie de jeûner, au pain et à l'eau, un an entier, afin d'expier, pour autrui, les péchés de gourmandise, et de se vêtir le plus pauvrement possible, afin de réparer les péchés de vanité.

Son confesseur [1], qui desservait l'église des Grecs-Unis,

---

1. C'était le prêtre arabe Philippe Abdon. Il éprouva une grande joie en apprenant plus tard l'entrée de Marie au Carmel de Pau, où il lui écrivait le 23 août 1869 : « Jamais, ma chère enfant, non, jamais vous ne

lui proposa d'embrasser la vie religieuse : il craignait de laisser plus longtemps exposée au souffle empesté du monde une fleur aussi rare. La jeune servante, qui ne sut jamais qu'obéir au représentant de Dieu, y consentit malgré ses répugnances naturelles. Ce prêtre l'offrit sans succès à plusieurs communautés ; les Sœurs de Saint-Joseph de l'Apparition consentirent seules à la recevoir, comme le lui avait prédit la religieuse qui lui avait cousu le cou, en lui annonçant qu'elle serait enfant de Saint-Joseph avant de devenir fille de sainte Térèse.

Entrée au postulat en 1865, elle fut employée à la cuisine comme seconde. Ne comprenant encore que très peu notre langue, elle faisait souvent le contraire de ce qu'on lui disait, Dieu le permettant ainsi pour éprouver sa patience. Elle garda un silence de mort sur tous les reproches et les mauvais traitements qu'elle eut à subir de la part de sa compagne. Mais Dieu la vengea en jetant hors de la communauté la malheureuse qui avait été jusqu'à la frapper.

Les grâces extraordinaires se manifestèrent ici plus complètement. Et, à côté de ces dons surnaturels, elle montrait une humilité à toute épreuve, un amour des bas emplois, une charité, un dévouement et une amabilité ravissante. Rappelons quelques faits merveilleux, que nous tenons des religieuses elles-mêmes de Saint-Joseph.

Prise un jour par une très forte douleur au côté gauche, elle ne respirait qu'avec la plus grande difficulté. Cette souffrance dura trois jours, sans le moindre

---

pourrez apprécier à leur juste valeur les grâces que l'infinie miséricorde de Dieu daigne vous accorder. Elles sont, ces grâces, le prix du sang de Jésus, elles ont pour objet votre sainteté sur la terre et votre bonheur éternel dans le ciel... »

soulagement. Le troisième jour, elle dit à la maîtresse des novices : « Ce soir, je serai guérie à trois heures : venez et vous le verrez ». — « Et qui vous guérira ? » lui demanda sa maîtresse. « Le bon Dieu », répondit-elle. La sœur ne manqua pas de revenir à l'heure indiquée, et elle la trouva parfaitement guérie. « Le Seigneur, lui dit Marie, vient de passer comme une grande clarté dans ma chambre, et il m'a guérie. »

Une autre fois, elle était encore très souffrante à la suite d'une chute. Sa maîtresse ayant été la visiter : « Aujourd'hui, lui dit-elle, je serai guérie à midi, ou bien malade à la mort ». Quelques instants avant midi, la sœur se rend à l'infirmerie. Marie était prosternée et immobile sur son lit. Elle l'appelle à plusieurs reprises : pas de réponse. Elle s'assied alors à côté du lit, après avoir fermé la porte, afin que personne ne vît le ravissement. Ce fut longtemps après, que la postulante revint à elle : « Eh bien ! lui demanda sa maîtresse, êtes-vous guérie ? » — « Oui, répondit-elle aussitôt avec joie, ma Mère du Ciel est venue, et elle m'a guérie. » Et, en disant ces paroles, elle se lève, s'habille, fait son lit et descend pour reprendre son travail.

Un autre jour, on trouva Marie en extase, à genoux, à la porte de la chapelle. Sa maîtresse l'ayant interrogée à ce sujet quelque temps après, Marie lui avoua ingénument qu'elle était très affligée de n'avoir pas plus de temps pour vaquer à la prière et de ne pouvoir pas jeûner comme par le passé : « La sainte Vierge est venue me consoler, ajouta-t-elle ; elle m'a recommandé d'obéir, d'aimer les autres plus que moi-même et de ne me peiner de rien ; depuis lors j'ai la paix. »

Voici un fait plus étonnant encore. Pendant le mois de janvier 1866, elle demanda à sa maîtresse, qu'elle accompagnait à la lecture du noviciat, la permission d'entrer au dortoir pour prendre son mouchoir oublié. Avant de sortir, elle se met à genoux pour réciter un *Pater*, et elle tombe en extase. Ne la voyant pas revenir, sa maîtresse entre pour savoir ce qui est arrivé. Elle la trouve ravie, la main droite appuyée sur la poitrine, et la gauche, dans laquelle elle tenait son chapelet, par terre : la main gauche et le chapelet étaient teints de sang. Elle essaie en vain de la faire revenir de ce sommeil mystérieux; l'extase dura deux heures et demie. A la fin du ravissement, la postulante trace sur elle un grand signe de croix. En apercevant près d'elle sa maîtresse, elle lui demande si la lecture du noviciat était terminée. « Qu'est-ce que vous dites? lui répond celle-ci; il y a plus de deux heures que vous êtes là, la Communauté a dîné. » — « Quel bonheur que vous ayez été seule témoin de mon sommeil! » reprend l'humble Marie. — « Eh! qu'avez-vous vu pendant ce sommeil? » La postulante, qui n'avait jamais parlé de ces faveurs divines qu'avec la plus vive répugnance et par obéissance, lui répond, après un moment de silence : « Plusieurs fois déjà j'avais vu une âme du Purgatoire qui me priait de demander à un de ses petits-fils, prêtre, trois messes et trois heures d'oraison, m'assurant qu'elle entrerait ensuite au Ciel. J'ai demandé un signe visible, qui fût constaté en même temps par une autre personne ; ce signe, le voilà », et elle montrait sa main et son chapelet teints de sang.

Marie vit surnaturellement la mort d'une religieuse de Saint-Joseph qui se trouvait en Palestine, et une lettre, arrivée plusieurs jours après, confirma la vérité de cette révélation. Elle prédit aussi d'autres événements, qui s'accomplirent dans le sens qu'elle avait indiqué.

L'autorité tint secrètes, autant qu'elle put, ces grâces de choix; mais Dieu permit que la Communauté en fût plusieurs fois témoin et, depuis lors, tout le monde en parla. Comme il arrive toujours en des circonstances semblables, deux camps se formèrent : le camp des enthousiastes et celui des incrédules. Les choses en vinrent à un tel point, qu'il fallut interdire toute conversation sur ce sujet. On fit plus : on défendit à la postulante d'avoir des extases en présence des sœurs; et Dieu, qui est toujours pour l'obéissance, n'accorda plus à Marie ces faveurs que pendant la nuit.

Quelque temps après, sa maîtresse lui donna une image de Notre-Seigneur et l'envoya prier à la chapelle. Jésus lui apparut dans le tabernacle avec ses cinq plaies et sa couronne d'épines, d'où s'échappaient des ruisseaux de sang. Tout à coup, elle voit comme des charbons ardents qui des mains de Jésus allaient tomber sur la tête des pécheurs. La très sainte Vierge, à genoux devant son divin Fils, le conjurait d'épargner les coupables. Jésus, plein de tristesse, disait à sa Mère : « Oh! comme mon Père est offensé! comme mon Père est offensé! » La postulante s'élance vers Jésus, elle porte la main sur la plaie de son Sacré-Cœur en lui criant : « Mon Dieu, donnez-moi, s'il vous plaît, toutes ces souffrances, mais faites miséricorde aux pécheurs. » Après son extase, elle trouve sa main couverte de sang. Sa maîtresse, témoin du prodige, lave cette main, qui était sans la moindre blessure. Depuis ce jour, Marie souffrit du côté gauche : tous les vendredis, ce côté saignait. Elle n'en dit rien à personne, et elle eut soin de faire disparaître toute trace de sang.

Le divin Maître voulut compléter ses faveurs en lui accordant les stigmates entiers. Le mercredi soir de la troisième semaine de Carême 1867, elle eut un nouveau ravissement. « Il me semblait, disait-elle, en en rendant compte par obéissance, que je cueillais des roses pour orner l'autel de Marie : ces roses paraissaient avoir des épines des deux côtés, et les épines s'enfonçaient dans mes mains et dans mes pieds. Quand je revins à moi, ma bouche était très amère, mes pieds et mes mains étaient enflés : au milieu de mes mains et sur mes pieds, il y avait des boutons noirs. » Le jeudi, ses souffrances allèrent en augmentant jusqu'au lendemain, vendredi, fête des Cinq Plaies. Ce jour-là, vers dix heures du matin, les boutons noirs tombèrent d'eux-mêmes et la couronne d'épines se dessina parfaitement autour de sa tête ; le sang coulait de la tête, des mains et des pieds. Ce prodige se renouvela plusieurs fois, pendant la sainte Quarantaine, sous les yeux de sa maîtresse et d'un certain nombre de sœurs.

Malgré tout le soin qu'on mettait à les cacher, ces merveilles transpirèrent dans la communauté, et les débats recommencèrent avec une nouvelle ardeur. Pour couper court à tout, la maîtresse des novices ordonna à Marie de demander à Dieu que rien ne parût à l'extérieur. Elle obéit, et elle dit à sa maîtresse, de la part de la très sainte Vierge, que tout resterait caché jusqu'au Carême prochain. Les plaies des pieds et des mains se fermèrent en effet et se cicatrisèrent, à la grande joie de Marie, qui a toujours considéré ces faveurs comme une des plus rudes épreuves de sa vie, convaincue que le Seigneur ne lui laissait cette maladie (c'est le nom qu'elle lui donnait) que pour l'expiation de ses péchés, en raison de la confusion qu'elle en éprouvait.

Le postulat de Marie touchait à sa fin. Le conseil se

réunit en l'absence de la Supérieure Générale, pour examiner si elle devait être admise à la prise d'habit. La majorité décida qu'elle serait renvoyée à cause de ses dons extraordinaires, estimant que ce sujet n'était point pour un Institut militant comme celui de Saint-Joseph. Mais, tout en la renvoyant, on rendit à sa vertu le plus éclatant témoignage : « Vous pouvez remercier Dieu, nous disait huit ans plus tard la Révérende Mère Générale, d'avoir permis que je fusse absente en ce moment. Jamais, si j'avais été présente, je n'aurais consenti à ce renvoi. Le Seigneur a voulu réaliser ainsi ses desseins sur cette enfant merveilleuse : sans quoi je serais tentée de me plaindre de ce vol fait à saint Joseph par sainte Térèse. »

CHAPITRE IV

Marie entre au Carmel de Pau. — On lui donne le nom de Sœur Marie de Jésus Crucifié. — Son postulat. — Sa prise d'habit. — Événements prodigieux. — Ses épreuves (1867-1868).

La dernière maîtresse de noviciat de Marie, à Saint-Joseph, aspirant à une vie plus parfaite, avait obtenu de pouvoir entrer au Carmel : le monastère de Pau avait déjà consenti à la recevoir. Pendant les quelques semaines passées sous sa direction, Marie avait conquis l'estime de cette sœur. Celle-ci la présenta donc à la Révérende Mère Élie, Prieure du Carmel de Pau, mais sans parler de ses états extraordinaires. La Mère Élie ayant consenti à recevoir aussi cette pauvre orpheline, Marie quitta Marseille avec son ancienne maîtresse, et elle arriva au Carmel de Pau la veille de la Trinité 1867. Nous devons mentionner ici une vision qu'elle eut, bien jeune encore, et qu'elle-même nous a racontée : « Il me semblait voir, nous disait-elle, Jésus et sa sainte Mère et, à leurs pieds, saint Joseph et une femme que je ne connaissais pas. J'allai me cacher sous le manteau de saint Joseph, comme si j'avais eu peur de cette inconnue, qui cependant paraissait bien bonne. Jésus et Marie regardaient et souriaient. Mais voici que cette inconnue prend la parole : « Grand Saint, dit-elle en s'adressant à saint Joseph, vous ne m'avez rien refusé sur la terre : pourriez-vous me refuser quelque chose au Ciel? Donnez-moi cette enfant ». Saint Joseph lève les yeux vers Jésus et Marie, et il me conduit ensuite à cette inconnue, que je compris être sainte Térèse. Toute ma crainte disparut, et j'aimai Térèse comme ma Mère. » La vision était maintenant réalisée : Marie, après avoir été enfant de saint Joseph, devenait fille de sainte Térèse, sous le nom de Sœur Marie de Jésus Crucifié. La prophétie de la religieuse, relatée plus haut, était également accomplie.

Marie avait vingt et un ans; on ne lui en aurait pas donné plus de douze, tant son extérieur reflétait la simplicité, la candeur et l'innocence : toutes ses manières étaient enfantines. Sa joie, en entrant au Carmel, fut indicible. Elle comprit qu'elle était enfin où Dieu l'appelait. Ne pouvant encore s'exprimer que difficilement en français, elle disait sa reconnaissance par son regard, par son sourire, par ses larmes et par les baisers qu'elle déposait sur les mains des sœurs, selon la coutume orientale.

« Oh! que je suis heureuse, s'écriait-elle, j'ai trouvé une famille. Les supérieures sont mes mères, et les religieuses sont mes sœurs. » Tout lui plaisait au Carmel : la clôture, le silence, la mortification, la pauvreté, les pratiques d'humilité en usage dans ce saint Ordre, et, par-dessus tout, l'obéissance. La Mère Prieure était pour elle le bon Dieu, et elle lui ouvrait son âme. Le confesseur recevait aussi tous ses secrets, car pour le ministre de Dieu, cette âme était vraiment transparente. Une sagesse céleste respirait dans toutes ses paroles. Son bonheur consistait à souffrir, à se cacher, à obéir; en un mot, il était impossible de trouver une âme à la fois aussi simple et aussi prudente, aussi grave et aussi candide, aussi extraordinaire et aussi amie des voies ordinaires, j'allais dire, aussi humaine et aussi divine[1].

La Prieure comprit bien vite le prix du trésor que Dieu lui confiait. Un instant même, elle hésita à le garder en présence de l'accumulation de tous les dons surnaturels qui semblaient n'attendre que le cloître pour se manifester en toute liberté ; mais l'humilité, l'obéissance, la charité, l'amour de l'abaissement, la crainte d'être vue dans ses extases, tous signes de la main de Dieu, étaient si éclatants dans cette âme, qu'ils dissipèrent les doutes, et une reconnaissance, mêlée de vénération, prit la place de la crainte.

[1]. Plus tard, après l'entrée de Sœur Marie de Jésus Crucifié au Carmel de Pau, à la vue des choses extraordinaires qui se passaient en elles, nos Révérendes Mères prirent des renseignements particuliers auprès des Sœurs de Saint-Joseph de Marseille. Voici la réponse qu'elles reçurent, le 12 décembre 1868, de la Révérende Mère Émilie, supérieure générale de cette Congrégation.

« Notre Mère Honorine, étant souffrante, ne peut répondre à votre bonne lettre, et c'est moi qui me charge de ses remerciements et de ses vœux de bonne année pour vous et vos compagnes, sans oublier Sœur Marie de Jésus Crucifié, que nous aimons et vénérons. Dans quelques jours, vous recevrez un petit cahier, contenant tout ce que Mère Honorine a recueilli sous la dictée de Marie. Elle et nos sœurs en disent beaucoup de bien. Nos supérieurs ecclésiastiques n'ont pas cru devoir la garder au milieu de nous en disant que le cloître avait le privilège de cacher de telles âmes. Nos sœurs ont obéi. Vous avez cette âme privilégiée, bonne Mère ; que Dieu en soit béni !

« Cette chère enfant avait dit à nos sœurs plusieurs choses qui se sont réalisées : 1° A notre sœur N., qui ne voyait plus son père à cause de son entrée en religion, elle avait annoncé que, le 24° d'un mois non désigné, elle recevrait une grande consolation. En effet, le 24 octobre de l'an dernier, elle reçut un télégramme par lequel son père l'appelait, et la prophétie de Marie fut vérifiée. M. N. continue sa bienveillance à sa fille.

« 2° Elle avait prédit que trois de nos sœurs ne verraient pas la chapelle de la communauté. Elle n'avait désigné que la sœur J. F., sans dire le nom des deux autres ; nous nous sommes explíqué la délicatesse de Marie dans cette affaire, car elle parlait aux deux sœurs qui ne devaient pas la voir.

« Marie avait dit aussi que notre Congrégation deviendrait grande dans l'Église de Dieu ; cela ne m'a pas étonnée, vu que le pape Grégoire XVI, ayant mesuré la profondeur des croix qui nous avait amenées à Rome, avait dit les mêmes paroles... » (Notes du Carmel.)

Le jour même de son entrée, la sœur Marie déclara, en voyant une postulante, qu'elle n'était pas pour le Carmel, et la sortie de cette sœur ne tarda pas à confirmer la vérité de cette prédiction.

La Communauté fut profondément édifiée, pendant l'octave du Saint-Sacrement, qui suivit de près son arrivée, de la voir aux pieds de Jésus. Tantôt elle joignait les mains, tantôt elle inclinait la tête, tantôt elle portait la main droite sur son cœur comme pour le prendre et le donner à son Dieu. L'Eucharistie a toujours été pour Marie l'aimant le plus fort. Que de fois elle a demandé de quitter le chœur, afin de ne pas tomber en extase en présence des sœurs!

Quoique la très sainte Vierge lui eût promis, à Marseille, que ses stigmates ne couleraient plus jusqu'au Carême, son côté gauche continua néanmoins, chaque vendredi, à donner du sang et de l'eau, depuis dix heures du matin jusqu'à trois heures du soir. Les linges qu'on y appliquait étaient imprégnés de sang en forme de croix. Durant ces longues heures, la postulante endurait d'intolérables et ravissantes douleurs : sa soif était brûlante; l'eau qu'on lui présentait pour l'étancher ne lui paraissait que du fiel. Ses pieds et ses mains se gonflaient, la place des stigmates devenait rouge; sa joue portait la trace du soufflet imprimé sur la face de Jésus. Se mettait-on en mesure de la soulager, elle disait aussitôt : « Pas d'adoucissement ». Elle se sentait comme frappée par tous, comme abandonnée de tous, et elle disait : « Merci, mon Dieu, je suis prête à souffrir encore davantage pour les pécheurs, pour le saint Père, pour l'Église ». Quand, sous l'étreinte de la douleur, elle craignait de faiblir, on l'entendait s'écrier : « Mon Dieu, ayez pitié de moi, je suis faible. Je ne suis que péché et je me plaindrais de souffrir? non, non, mon Dieu. O Jésus, combien vous avez souffert! Je suis contente de souffrir pour vous. »

Notre-Seigneur lui apparaissait souvent, tenant dans ses mains ou sur sa poitrine des couronnes de roses; le sang coulait de ces roses. Dans une circonstance, elle vit une croix avec cinq de ces fleurs, dont la plus belle surmontait la croix. Jésus lui ayant donné la croix et les roses, elle court joyeuse vers Marie, en lui disant avec une charmante naïveté : « Ma chère Mère, j'ai cinq roses : trois pour Jésus et deux pour vous. Ne soyez pas jalouse, je vous en prie, de posséder moins de roses que Jésus. Si j'avais six roses au lieu de cinq, je vous en donnerais trois, bien sûr, bonne Mère. » La très sainte Vierge lui répondit qu'elle agréait ce partage. « Puisqu'il en est ainsi, dit la naïve enfant, j'offre la plus belle rose pour l'Église; elle est d'un rouge éclatant et elle embaume le monde. J'offre la seconde pour notre Ordre, la troisième pour les pécheurs, la quatrième pour la Communauté, et la cinquième pour celles qui me soigneront pendant ma maladie. » Elle voulait parler de ses stigmates, qui devaient reparaître au Carême prochain, selon la prédiction de la sainte Vierge.

Cette divine Mère lui annonça aussi que, depuis le mois d'août, son côté ne saignerait plus, et que ses pieds et ses mains reprendraient leur premier état, ce qui arriva.

Cependant, loin de lui enlever le calice de la souffrance, le Sauveur se plaisait à la crucifier d'une autre manière. Marie avait une prédilection marquée pour le Chemin de la Croix; quand elle le faisait, Jésus lui apparaissait souvent tel qu'il était lorsqu'il montait au Calvaire, afin de s'immoler pour les hommes. Cette vue transperçait le cœur de cette généreuse amante; elle pleurait, elle sanglotait devant chaque station ; il lui arriva même, à plusieurs reprises, de verser des larmes de sang. Quelquefois, il lui était impossible de terminer ce pieux exercice ; il fallait l'emporter dans sa cellule, perdue dans une extase d'amour et de souffrance.

Le 20 juillet, fête de saint Élie dans l'Ordre du Carmel, on plaça, au réfectoire, la statue de ce Prophète sur une table ornée de fleurs, en l'honneur de la Prieure qui portait son nom. La sœur Marie de Jésus Crucifié, à la vue de la statue, s'écrie en battant des mains : « Père Élie, Père Élie ! » Témoin de ses transports, une sœur insinue à la Mère Prieure de faire servir le dîner au Prophète par la postulante. L'ordre est immédiatement donné dans ce sens. Pendant que la sœur Marie s'acquitte avec autant de respect que d'amour de ce doux office, saint Élie lui apparaît. Il portait l'habit du Carmel, son visage était majestueux, son teint rouge, ses cheveux blancs ; une calotte brune couvrait sa tête et il tenait à la main un long bâton dont la partie supérieure avait la forme d'une épée. Cette vision la jette dans le ravissement. La Mère Prieure la fait sortir du réfectoire : le seul mot d'obéissance suffit pour la faire revenir à elle. Mais l'extase la reprend aussitôt : « Je l'ai vu, mon Père Élie ! Oh ! qu'il est beau ! Il a béni le réfectoire ; il a béni la Communauté, il a étendu son bâton sur chaque sœur pour la bénir. Il m'a donné l'espoir qu'on me donnerait bientôt le saint Habit !... »

Saint Élie ne l'avait pas trompée. Quoique son postulat ne datât que d'un peu plus d'un mois, le chapitre décida à l'unanimité qu'on pouvait passer par-dessus les usages ordinaires en faveur d'une telle âme, et, l'autorité ecclésiastique ayant approuvé cette décision, la sœur Marie commença sa retraite préparatoire sous la direction de la très sainte Vierge elle-même, qui lui donnait les points d'oraison, contrôlés par la Mère Prieure. Le thème fourni par la Vierge était unique : il roulait tout entier sur le bonheur de l'âme religieuse fidèle à ses vœux : « Mon divin Fils, disait la Mère de Dieu à la postulante, présentera cette âme à son Père en disant : « Voici une épouse qui a marché fidèlement sur mes traces, qui a tout quitté pour me suivre, qui a renoncé à tous les plaisirs des sens et même à sa volonté. Elle a été pure, pauvre, obéissante. Qui peut dire avec quel amour le Père céleste reçoit et couronne cette âme? »

Le 27 juillet, octave de la fête de saint Élie, M. Saint-Guily, archiprêtre de l'église de Saint-Martin de Pau et Supérieur du couvent, lui donna l'habit religieux à huis clos, car on avait jugé prudent de ne pas faire de cérémonie publique à cause de ses fréquentes extases. La postulante demanda pour parrain et pour marraine saint Élie et sainte Térèse, et c'est entre les statues de ces deux saints, portées au chœur, qu'elle reçut les livrées du Carmel. Elle fut rangée parmi les Sœurs de chœur[1]. Toute la Communauté se réjouissait de la savoir destinée à chanter les louanges de Dieu. La novice avait déjà commencé à apprendre à lire et elle avait conjuré saint Élie de lui obtenir la grâce de pouvoir dire le saint office. Mais les vues du Seigneur sur cette âme étaient plus admirables. Il voulait qu'elle le glorifiât dans les derniers emplois. Aussi ne permit-il pas qu'elle fît des progrès dans la lecture et dans la science du bréviaire; plus tard même, il lui inspirera de faire profession comme sœur converse.

1. Sœur Marie de Jésus Crucifié, ne sachant pas lire, avait d'abord été destinée, en entrant au Carmel, à devenir sœur converse.

Après la prise d'habit, ses extases devinrent encore plus fréquentes. Elle était saisie par l'Esprit de Dieu, au milieu même du chœur, en présence de toutes les sœurs. Rien ne la crucifiait davantage : ce sommeil mystérieux la rendait inconsolable. Elle s'adressait aux âmes qu'elle jugeait plus parfaites pour faire une sainte violence au ciel, en lui obtenant la cessation de ce sommeil qui l'humiliait tant.

Ce qu'elle appelait son impuissance à prier venait augmenter sa peine : « Sans doute, je n'ai pas de distractions, disait-elle, mais je ne puis pas terminer la plus courte prière. Je commence le « Notre Père », et je m'arrête à ces deux mots sans pouvoir continuer. Je pense : « O mon Dieu, vous si grand, si puissant, vous êtes notre Père. Vous, au ciel ! et nous, petits vermisseaux, cendre, poussière sur la terre ! Aujourd'hui dans ce monde, et demain peut-être morts ! Et durant le moment si rapide de notre existence, nous osons vous offenser, ô mon Dieu ! ayez pitié de nous ! » et je me perds, et je m'endors.

« Si je veux réciter le « Je vous salue », je m'arrête aussi aux premières paroles : « Je vous salue, Marie », et je dis à la sainte Vierge : « Vous si bonne, si bonne, ô ma Mère ! Vous, Mère de Dieu, Mère des hommes ! et nous, pauvres pécheurs ! » et je me perds, et je m'endors, impossible de continuer. Comment faut-il que je me confesse de ne pas pouvoir prier ? »

Elle ajoutait : « J'étais bien peinée depuis quelque temps au sujet de la contrition : je craignais de n'avoir pas une douleur suffisante de mes fautes. Ma bonne Mère Marie m'a appris à faire trois stations avant de me confesser : la première, à la porte du Ciel, la deuxième, à celle de l'Enfer, et la troisième au jardin

Sœur Marie de Jésus Crucifié pendant son noviciat.

des Oliviers. Je fais comme elle m'a enseigné, et, depuis lors, je suis tranquille. »

La novice aimait à être seule avec Dieu seul dans sa cellule. Il ne fallait cependant qu'un signe de la part de l'autorité pour la lui faire quitter. Elle a toujours considéré l'obéissance en toutes choses comme la première des vertus religieuses. Privée un jour de la sainte Communion par la Prieure, qui voulait l'éprouver : « Vous avez dû faire aujourd'hui, lui dit sa maîtresse à ce propos, un grand sacrifice? » — « Ne parlez pas de sacrifice, lui répondit la sœur Marie; l'obéissance vaut mieux que la communion; elle vaut mieux que tout. » — « Et si notre Mère vous disait : Donnez-moi votre bras, je veux le couper; que feriez-vous? » — « Je le lui présenterais en lui disant : Voilà mon bras, coupez-le. » — « Et si elle vous disait : Coupez-le vous-même? » — « Je le couperais aussitôt avec joie. »

Le 8 août, la sœur Marie n'ayant pu assister à la messe à cause de son état de souffrance, sa maîtresse alla la visiter. Elle allait lui demander des nouvelles de sa santé, quand la novice la pria de ne pas lui parler. Elle était profondément recueillie. Sa maîtresse la regardait avec une pieuse curiosité; tout à coup, elle voit qu'elle communie : « Oh! que la sainte Vierge m'a obtenu de grâces, lui dit la sœur Marie; je viens de communier ». Elle répète la même chose à la Prieure : « Saint Élie, ajoute-t-elle, m'a fait un sermon : permettez-moi, ma Mère, de me le faire écrire, afin de ne pas l'oublier. Sainte Térèse est aussi venue : elle portait l'habit de la Réforme; son manteau blanc était lumineux. Elle m'a dit : « Ma fille, il faut aimer beaucoup Marie; elle est votre Mère, votre Reine. Tout nous vient par Marie, et nous ne recevons rien que par elle. »

La sainte Vierge la visitait aussi pour l'encourager à souffrir. Seule dans sa cellule avec sa maîtresse, elle récitait un jour l'*Ave Maria*. Tout à coup, elle s'interrompt et se couvre le visage de ses mains, éblouie par une lumière surnaturelle. « Écoute[1], dit-elle à sa maîtresse, Marie parle », et elle prête l'oreille. Elle reprend un instant après, en s'adressant à sa maîtresse : « Avez-vous compris ce qu'elle a dit? » Ne recevant point de réponse, elle ajoute : « Elle sort de la cellule. » Et frappant sa poitrine, elle s'écrie d'un air attendri : « Elle est ma Mère! » Le lendemain, sa maîtresse lui demande ce que lui avait dit la sainte Vierge. Convaincue dans sa ravissante ignorance que sa maîtresse a vu et entendu comme elle, la sœur Marie lui répond avec surprise : « Ne le savez-vous pas? Elle a dit : Heureuse, trois fois heureuse l'âme qui souffre. Le temps est court, très court. Après avoir souffert un instant sur la terre, cette âme sera toujours avec mon divin Fils chez le Père céleste. » — « Mais n'a-t-elle rien dit de particulier pour vous? » lui dit sa maîtresse. — « Oh! oui, elle me répète toujours : « Humilité, humilité. Quelle est donc cette humilité? »

Aux douleurs des stigmates avaient succédé, le vendredi, des souffrances plus vives que durant son postulat. Quelques jours avant la fête de l'Assomption, elle soupirait après la mort. « Et vous voudriez, lui disent les sœurs, mourir avant la profession? » — « Oh! oui. » — « Mais la sainte Vierge a promis de ne venir vous chercher que trois ans après? » — « Elle peut changer cela », se contenta-t-elle de répondre. On commence la

---

[1］ Il arrivait parfois à Sœur Marie de Jésus Crucifié de tutoyer ses interlocuteurs, suivant la coutume des Orientaux.

récitation du chapelet dans sa cellule. La Mère de Dieu lui apparaît : « Ma Mère est là, s'écrie-t-elle; oh! qu'elle est belle avec sa couronne d'anges! Mère chérie, prenez-moi. » Et quand la vision a disparu, elle ajoute : « Marie vous a bénies toutes; elle m'a dit que j'étais guérie et que je devais aller à Matines ». Toutes ses souffrances avaient, en effet, disparu comme par enchantement et elle put assister à l'office divin.

La sainte Vierge lui avait demandé de dire cinq chapelets chaque jour, et, comme elle avait négligé cette prière, la Mère de Dieu le lui reprocha. Pour réparer sa faute, elle commence, avec le concours de sa maîtresse, le premier chapelet. Mais impossible d'avancer; elle s'arrête à chaque mot : « Chérie Mère, s'écrie-t-elle d'un air ravissant, si vous voulez les cinq chapelets, il faut que vous m'aidiez. Dans le cas contraire, j'offre à Dieu et à vous, pour remplacer cette récitation, toutes les souffrances qu'il vous plaira de m'envoyer. » En finissant ces mots, elle entre dans une véritable agonie : « J'étouffe, dit-elle, vite mon Père pour me confesser. Je n'ai rien qui me fasse de la peine, mais je désire une absolution avant de mourir. » Les douleurs s'étant un peu calmées : « Cette semaine encore, je dois beaucoup souffrir, dit-elle; samedi prochain seulement, je serai guérie et je pourrai réciter les cinq chapelets ». Tout arriva comme elle l'avait annoncé.

Jusqu'à présent, le démon n'a pu l'éprouver que par la maladie; il obtient maintenant de pouvoir l'attaquer en personne. Il débute par la lecture. Toutes les fois que la novice veut prendre sa leçon, le démon l'empêche de voir les lettres. Elle recourt à l'eau bénite pour chasser le démon. La tentation se renouvelant souvent, la Prieure veut qu'elle demande à Dieu si elle doit continuer à prendre des leçons ou les interrompre. Notre-Seigneur, pour toute réponse, lui apparaît couvert de sang, pendant son sommeil, et lui dit : « Ma fille, tu aurais trop d'orgueil, si tu apprenais trop vite à lire : cette science ne t'est pas nécessaire. Trois choses te suffisent : regarde-moi et pense à moi ; sois en tout la dernière de toutes ; obéis aveuglément. »

Satan essaie de la jeter dans le découragement. Écoutons ce dialogue entre le démon et la novice, au jour anniversaire de son martyre. Le démon lui dit : « Toutes les sœurs font oraison. Toi, tu ne la fais pas. » — « Cela est vrai, répond-elle, mais j'aimerai mon Dieu. » — « On te mettra dehors avant la profession, parce que tu es toujours malade ; on n'aura pas toujours la même charité pour toi. » — « Tant mieux, j'aimerai toujours Jésus, et Jésus aura soin de moi. » — « Mais si la Prieure, la Sous-Prieure, si les autres Sœurs t'accusent, te frappent, que feras-tu ? » — « J'aimerai toujours Jésus. » — « Et si Dieu te jetait en enfer ? » — « Eh bien! dans l'enfer même, j'aimerai encore et toujours mon Dieu. » — « Le Maître et sa Mère ne t'aiment pas, sans quoi ils ne t'auraient pas laissée descendre du ciel, après qu'on t'eut coupé le cou. » — « Quand bien même, par impossible, ils ne m'aimeraient pas, moi je les aimerai toujours, oui, toujours de plus en plus. » — « Tu n'es pas digne de communier sacramentellement ; contente-toi de la communion spirituelle ; tu auras à rendre compte de toutes ces grâces. » — « Il est vrai que je suis indigne de la communion ; mais je crois, j'espère, j'aime ; j'irai communier. »

Le démon, vaincu, revient à la charge. La sœur Marie avait obtenu de faire, pendant quarante jours, un jeûne au pain et à l'eau, à l'intention du Pape. Satan mit tout en œuvre pour le lui faire abandonner. Il la lança, un jour, avec violence contre une porte, dont le loquet de fer lui fit à la tête une profonde blessure ; mais elle demanda à continuer son jeûne malgré la vive souffrance qu'elle éprouvait. Un autre jour, il la jeta du haut de l'escalier. Personne ne se trouvant là au moment de la chute, elle n'en dit rien de toute la journée. On s'aperçut pourtant qu'elle marchait avec beaucoup de peine. Bientôt sa jambe enfla. Le médecin, appelé, constata une fracture au pied, et il ordonna un repos absolu de vingt jours. La bienheureuse Marie des Anges, dont on célébrait la fête le surlendemain, la guérit subitement, et, jusqu'à la fin des quarante jours, la novice put demeurer fidèle à son jeûne.

Combien de fois n'aperçut-elle pas dans sa portion, au réfectoire, une fourmilière de vers ! Souvent elle sentait, dans ce qui lui était servi, une odeur de cadavre. Néanmoins elle mangeait tout, heureuse que Satan lui fournît ces occasions de se mortifier. Tantôt cet esprit infernal lui enlevait son morceau de pain, dont elle n'avait encore pris que deux bouchées ; tantôt il lançait son écuelle au milieu du réfectoire : la novice, sans se déconcerter, demandait la permission de ramasser avec sa langue la soupe ainsi dispersée par la main du démon, et cet acte d'humilité ne faisait qu'augmenter la rage du tentateur.

La sœur Marie aimait beaucoup les fruits, en particulier les pommes. Le diable parvient un jour, par ses suggestions, à lui en faire prendre une contre la règle. A peine l'a-t-elle dans la main, qu'elle discerne la tentation ; la jetant aussitôt par terre, elle l'écrase sous son pied, promettant à Jésus de ne plus en manger, si l'autorité y consent. Satan essaie de la troubler pendant son sommeil : à deux reprises, il jette ses couvertures par terre. La novice le chasse avec l'eau bénite et il se retire en sifflant. Toujours vaincu, il s'avise d'un autre stratagème. Un jour qu'elle était retenue à l'infirmerie, le malin esprit prit la forme d'une sœur dépositaire et lui porta une pomme magnifique, lui disant que c'était de la part de la Prieure. La petite novice se permet quelques objections; son embarras était extrême, ne sachant comment faire pour obéir et en même temps rester fidèle à son jeûne de quarante jours. Elle invoqua la très sainte Vierge : il n'en fallait pas davantage pour dissiper le prestige. La prétendue sœur dépositaire se mit en colère et sortit en fermant la porte avec grand bruit. On s'assura du fait; on questionna la sœur que la novice avait nommée, mais celle-ci fut bien surprise et déclara qu'elle ne s'était pas approchée de l'infirmerie. On acquit effectivement la certitude que, tandis que le fait se passait, cette sœur était occupée à surveiller des ouvriers qui travaillaient dans la maison.

Un jour, comme elle était dans sa cellule, elle vit entrer la Mère Prieure, qui lui défendit avec colère de faire la sainte communion ce jour-là. La novice ne répliqua pas et se rendit à la messe où elle ne communia pas. Quelques sœurs, s'en étant aperçues, avertirent la Prieure, qui en demanda la cause à la jeune sœur. Celle-ci répondit naïvement : « Mais, ma Mère, c'était pour obéir, vous m'en aviez privée ce matin », et elle lui raconte ce qui lui était arrivé. La Mère Prieure fut d'autant plus étonnée qu'elle ne s'était pas approchée de la cellule de la novice et ne lui avait fait aucune défense de ce genre, ce jour-là.

Pour la chasser du couvent, le démon a recours à un

autre artifice : il prend la forme de la sœur Marie et il va, ainsi déguisé, trouver les sœurs; il parle contre la charité, et surtout contre l'humilité. Les religieuses, croyant avoir affaire à la novice, ne savaient que penser; dans leur grande charité, elles mettaient tout sur le compte des épreuves exceptionnelles de cette âme; mais les cas semblables se multipliant, elles en parlèrent entre elles pour s'éclairer mutuellement sur la conduite à tenir; elles constatèrent bien vite avec joie la malice de Satan, et, au lieu de renvoyer la sœur Marie, elles l'apprécièrent davantage et l'entourèrent d'une vénération plus grande.

Il restait au démon une dernière ressource, celle qu'il emploie quand tous les autres moyens ne lui ont pas réussi : se transformer en ange de lumière pour se faire l'apôtre d'une sainteté illusoire. Il le fit. « Tu as reçu, lui dit-il, des grâces de choix; ton sommeil n'est qu'une extase; toutes tes compagnes en sont les témoins ravis, elles te considèrent avec raison comme une sainte. Mais n'as-tu pas à craindre les fumées de l'orgueil? Pourquoi rester ainsi exposée à une tentation perpétuelle de vaine gloire? Ne finiras-tu pas par succomber et par te perdre? Les dons que Dieu t'a faits sont tellement à part, qu'il faut aller les cacher dans un désert. Si tu n'as pas assez de courage pour vivre seule sous le regard de Dieu seul, fais-toi mendiante : va dans le monde demander l'aumône de porte en porte; tu recueilleras le mépris, et ce mépris sera le bienheureux contrepoids de toutes les faveurs célestes dont le Seigneur t'a comblée. » La novice était si portée à se cacher, à vivre solitaire ou à courir après les mépris, qu'elle eût été exposée à être prise dans ces filets, si elle n'avait pas eu pour règle de tout soumettre à l'autorité. Grâce à son ouverture parfaite et à son obéissance aveugle, elle triompha encore de cet assaut du démon.

A mesure que le Carême de 1868, qui devait voir reparaître les stigmates, approchait, le démon redoublait ses attaques contre la sœur. Il prenait les formes les plus hideuses pour l'épouvanter; il lui soufflait des pensées horribles, même la pensée du suicide. Mais le ciel n'abandonnait pas cette âme. Les anges et les saints venaient l'encourager, Marie la visitait, l'instruisait et la consolait; le Sauveur lui-même daignait se manifester à elle, et, par ses apparitions, il la préparait à de nouveaux combats, suivis toujours de victoires nouvelles.

Au moment de ces visites surnaturelles, la novice disait des choses sublimes : « La sainte Vierge, s'écriait-elle un jour, m'a fait connaître que l'obéissance nous préserve toujours de tout malheur et de tous les pièges de Satan. Pour gagner le ciel en religion, trois choses sont nécessaires : la première, c'est l'obéissance ; par elle, nous restons toujours dans la voie droite. La seconde, c'est l'humilité. Par un acte d'obéissance, nous acquérons l'humilité pour un mois; par un acte de désobéissance, nous perdons l'humilité pour un an. Sans l'humilité, nous sommes aveugles, dans les ténèbres, tandis que, avec l'humilité, l'âme marche la nuit comme le jour : l'humilité est notre lumière. La troisième, c'est la charité. » Une sœur lui demanda : « Et la pénitence ? » Elle répondit : « C'est le démon qui parfois l'inspire, afin de faire ensuite manquer à la Règle. Quand nous demandons une permission, la première parole de la Prieure, c'est Dieu. Si nous faisons une observation, cette seconde parole, c'est nous-mêmes, et, si nous insistons, cette troisième parole, c'est le démon. »

Notre-Seigneur lui montrait, un jour, sa colère prête

à éclater. La jeune sœur criait : « Seigneur, épargnez les hommes. Mettez-moi dans le feu, mais laissez tomber la foudre de vos mains. Les hommes ne comprennent pas le mal qu'ils font, ils sont aveugles. » Elle ajoutait : « La parole de Dieu fait trembler le ciel et la terre. Jésus dit : « Ce n'est pas moi qui choisis l'enfer pour vous ; vous faites ce choix vous-mêmes. Pas une âme ne se perd sans que je lui aie parlé mille fois au cœur. Je suis venu sur la terre ; je me suis revêtu de votre nature, je me suis fait petit enfant, obéissant, pauvre, humilié. J'ai tout souffert pour vous. Ce n'est pas moi qui vous ai perdus, c'est vous-mêmes qui vous êtes perdus. » Et elle répétait : « Seigneur, sauvez le monde, ne m'aimez pas moi seule, mettez-moi dans le feu pour sauver les hommes », et elle pleurait et elle sanglotait.

La bienheureuse Marguerite-Marie lui apparut quelques heures après : « Marguerite, lui dit la novice en extase, sur la terre je ne suis qu'une pauvre aveugle ; ici, je vois, oui, je vois le serpent. Il ne peut pas m'atteindre et je ris de lui. Marguerite, dites à notre sainte Mère de me faire une petite visite. » Elle est exaucée. Sainte Térèse lui apparaît. La sœur Marie la salue avec des transports ; elle s'incline en lui disant : « Ma Mère, bénissez-moi », et, se reprenant aussitôt : « Ma Mère, non, ne me bénissez pas toute seule ; bénissez-nous toutes ; bénissez les autres avant moi ; aimez-les toutes comme vous m'aimez. » Avant que sainte Térèse ne se retire, la sœur lui demande : « Ma Mère, savez-vous si la sainte Vierge viendra me visiter ? De grâce, ma Mère, dites-lui de venir, dites-lui de venir. »

Marie vient. Elle était avec Notre-Seigneur et avec saint Joseph. La novice s'adresse d'abord à celui-ci : « Père Joseph ! et vous ne me dites rien ? Parlez, parlez, je vous écoute. » Saint Joseph lui parle de l'Église, du Saint-Père, des pécheurs. Après un instant d'attention, elle pousse des exclamations douloureuses. Et se tournant vers Marie : « Ma Mère, lui dit-elle d'un air suppliant, priez. Le monde est aveugle, il ne comprend pas le mal qu'il fait. Ma Mère, tenez les mains de votre divin Fils ; empêchez-le de lancer la foudre. » Jésus ne se laissait pas fléchir ; il énumérait les crimes qui excitent son juste courroux : « Tout cela est vrai, disait la novice, le visage inondé de larmes ; mais pardonnez, Seigneur, pardonnez ».

Le lendemain samedi, elle conjura la Bienheureuse Marguerite-Marie de lui obtenir d'accompagner la très sainte Vierge au Purgatoire.

La permission fut accordée ; seulement, avant de se joindre à la procession qui suivait la Mère de Dieu, elle dit à la Prieure : « La sainte Vierge vous demande pour moi la grâce de l'accompagner au Purgatoire ». La Prieure, on le comprend, se garda bien de la refuser. La novice entre aussitôt dans un silence profond ; elle l'interrompt toutes les cinq minutes pour dire : « Gloire à Marie ! Gloire à Jésus ! Gloire au Père céleste ! » D'autres fois, elle s'écrie : « Seigneur, bénissez-nous ; bénissez l'Église de la terre et l'Église du ciel ! » Et à la fin : « Voici ma Mère du ciel qui vient me couronner ». En disant ces mots, elle s'incline et le sang jaillit autour de sa tête en forme de couronne.

« Marguerite, dit-elle ensuite à la Bienheureuse, je vais vous raconter ma visite au Purgatoire. J'étais la toute dernière de la procession, mais tous ceux qui la composaient m'aimaient beaucoup. Lorsque Marie est entrée dans le Purgatoire, toutes les âmes étaient joyeuses, toutes paraissaient espérer leur délivrance.

L'une disait à la sainte Vierge : « Mère, je ne vous ai pas assez connue ». Une autre : « Mère, je ne vous ai pas assez priée ». Toutes les âmes parlaient à Marie, et Marie répondait à toutes les âmes. Impossible de répéter les paroles de Marie. Qu'elle est bonne, ma Mère ! »

La novice avait annoncé qu'une procession céleste défilerait devant elle ce jour-là. Vers deux heures de l'après-midi, la procession se montre. La sœur salue chacune des âmes bienheureuses qui la composent. Sa joie est débordante. Quand elle aperçoit saint François d'Assise, elle s'écrie : « Et vous aussi, François, vous avez cinq roses », indiquant par là ses stigmates. Plusieurs conseils lui furent donnés ; elle les répétait à la Bienheureuse Marguerite, avec qui elle se croyait toujours seule, durant son extase ininterrompue.

1°

« Marguerite, lui disait-elle, saint Thomas m'a donné trois pratiques sur la foi :

1° « Regardez Jésus qui descend sur l'autel pendant la messe, il descend à la parole du prêtre. Croyez qu'il vient pour vous nourrir et que, avec lui, rien ne peut vous manquer. Il est là comme un tout petit enfant ; il y est tout pour vous : allez à lui. »

2° « La foi, qu'elle est belle, puissante ! Une âme qui a la foi peut tout faire, Dieu lui accorde tout. Voyez les bêtes, quand elles cachent leurs provisions, elles ont soin de ne pas être vues, elles amassent l'été pour l'hiver. Comme la bête attend sa conservation de ce qu'elle a caché sous la terre, croyez que Jésus vous nourrira, si vous allez au saint Tabernacle où il est caché pour vous et où il vous attend. »

3° « Considérez l'agneau : voyez la foi qu'il a en son pasteur; il marche près de lui avec confiance; il s'abandonne à ses soins, il va où il le conduit ; il s'arrête quand le pasteur s'arrête; il garde sa laine ou il la donne comme le pasteur le veut ; il le suit le jour, il le suit la nuit. C'est ainsi que vous devez vous laisser conduire par votre Pasteur Jésus; c'est ainsi que vous devez le suivre toujours par la foi, dans la nuit comme dans le jour ; c'est ainsi que vous devez être de vrais agneaux. »

« Si nous disions avec foi : Montagne, change de place, la montagne nous obéirait; terre, tremble, la terre tremblerait. »

2°

« Marguerite, sainte Véronique m'a donné sept pratiques sur l'humilité :

1° « L'orgueilleux est comme le grain de froment jeté dans l'eau : il enfle, il grossit. Exposez ce grain au soleil, au feu : il sèche, il est brûlé. L'humble est comme le grain de froment jeté en terre; il descend, il se cache, il disparait; il meurt, mais c'est pour reverdir au ciel. »

2° « Quand on cueille les olives, on le fait avec le plus grand soin; on ramasse toutes celles qui tombent par terre afin d'en extraire l'huile. Cherchez partout avec un soin égal des occasions de pratiquer l'humilité. L'huile donne la lumière; l'humilité a la lumière de Dieu; elle fait voir Dieu. »

3° « Considérez les abeilles; elles voltigent de fleur en fleur et elles entrent ensuite dans la ruche pour composer le miel. Imitez-les, cueillez partout le suc de l'humilité. Le miel est doux; l'humilité a le goût de Dieu ; elle fait goûter Dieu. »

4° « Travaillez tous les jours à acquérir l'humilité. Lorsqu'on oublie d'arroser les arbres que l'on vient de planter, ces arbres meurent ; si vous oubliez de pratiquer tous les jours l'humilité, l'arbre de votre âme se desséchera. »

5° « Voyez comme un petit œuf dans la mer devient en peu de temps un gros poisson. Ayez soin d'être toujours petits par l'humilité ; vous deviendrez grands devant Dieu. »

6° « Considérez la bête ; elle ne cherche que son bien et celui de ses petits. Nous sommes les enfants de Dieu qui ne cherche que notre bien. Voilà pourquoi il nous fournit des occasions de pratiquer l'humilité ; sachons en profiter. »

7° « L'humilité nous conserve ; une belle et bonne chose, délaissée, se perd ; l'âme, sans les actes d'humilité, se perd de même. »

3°

« Marguerite, sainte Térèse m'a donné quatre pratiques sur la patience :

1° « Quand vous souffrez, pensez à votre faiblesse, à vos misères, pensez qu'un petit rien comme vous ne mérite que de souffrir. Regardez Jésus dans sa Passion : vous souffrirez tout avec amour, vous rendrez grâces. »

2° « Afin de garder la patience dans l'épreuve, considérez Jésus sur la Croix. Tous l'injuriaient, tous se moquaient de lui et de ses douleurs ; il endurait tout en silence. Une fille de Térèse doit souffrir avec patience, en silence. Tout passe. »

3° « Dans vos souffrances, pensez que vous glorifiez

Dieu. Sur la terre, le Seigneur fait tout pour vous ; souffrez tout pour lui. Pensez à sa gloire ; pensez aussi que la sainte Vierge sera votre Mère. »

4° « Pensez qu'après les souffrances, les humiliations, vous serez au ciel. Oh ! alors, quelle ne sera pas votre gloire, votre joie ! »

4°

« Marguerite, saint Luc m'a donné deux pratiques sur la virginité :

1° « Conservez avec soin le parfum de la virginité. Lorsqu'une liqueur embaumée est mise dans un vase, on ferme le vase afin que le parfum ne s'évapore pas. Faites ainsi pour la virginité ; gardez-la bien fermée, et elle répandra son parfum au ciel. »

2° « Gardez la virginité comme les arbres gardent leur sève. Il faut beaucoup de temps aux arbres avant qu'ils portent du fruit. Dieu sera le fruit de la virginité au ciel et sur la terre. »

« La virginité est comme une lumière près de Dieu dans le ciel. »

5°

« Marguerite, saint Joseph m'a donné cinq pratiques sur la charité fraternelle :

1° « Pensez à la colombe : elle ôte la nourriture de sa bouche pour la donner à ses petits. C'est ainsi que vous devez être charitables pour toutes vos sœurs ; oubliez-vous, privez-vous pour les autres. »

« Si vous agissez de la sorte, Dieu le regardera comme fait à lui-même. »

2° « Regardez les poissons dans la mer ; ils vont ensemble par troupes innombrables ; marchez ainsi ensemble par la charité. »

3° « Considérez les bêtes privées de raison. Lorsqu'une d'entre elles court un danger, les autres l'avertissent. Secourez-vous ainsi les unes les autres. »

4° « Regardez les étoiles : considérez comme elles brillent et comme elles unissent leur éclat, afin de produire toutes ensemble une grande lumière ; produisez ainsi toutes ensemble, en étant parfaitement unies, une grande lumière d'édification. »

5° « Voyez les enfants qui viennent de naître ; on les nourrit avec du lait ; ils grandissent peu à peu par la charité que l'on exerce à leur égard ; ensuite, ils mangent pour grandir davantage, pour pouvoir marcher. Par la charité, vous devez vous nourrir les unes les autres, vous soulager et vous fortifier mutuellement. »

6°

« Marguerite, Jésus m'a donné cinq pratiques sur le silence :

1° « Le jour passe, la nuit passe sans bruit, ils passent en silence. Gardez, vous aussi, le silence ; passez sur la terre en silence pour trouver la joie au ciel. »

2° « Quand l'eau sort de sa source, elle sort sans bruit, sans trouble ; elle coule ensuite en silence : pratiquez ainsi le silence. »

3° « Lorsqu'on met en terre les herbes, les plantes, les rosiers, ils se laissent faire en silence, ils grandissent en silence ; ils répandent leur parfum en silence ; ils tombent, ils meurent en silence ; ils font tout en silence : faites de même. »

4° « Le raisin se laisse cueillir en silence ; il se laisse

jeter au pressoir et broyer en silence; c'est alors que le vin est doux. Le bon fruit devient doux par le silence; pratiquez le silence. »

5° « Imitez le bois; il se laisse couper en silence; il se laisse peindre de la couleur qu'on veut en silence; il se laisse brûler en silence. Laissez-vous humilier en silence; travaillez, souffrez, faites tout en silence. Le silence garde pour le ciel. »

Ces enseignements de la novice ravie mettaient Satan en fureur. Il obtint la permission de la tenter, même pendant l'extase. La sœur va le raconter à la Bienheureuse :

« Marguerite, le démon m'a dit : « Tu as trop parlé, tu n'es pas seule. » J'ai répondu : « Mais oui, je suis seule ici avec Marguerite; je n'ai pas trop parlé, je parlerai encore; Jésus le veut, et c'est Lui qui me dit de continuer. — » « Va-t'en dans le monde; en religion tu seras toujours malade; on devra toujours te soigner. » — « Eh bien, si on me soigne, on le fera pour l'amour de Jésus et Jésus sera glorifié. » — « Va-t'en dans le monde, tu te promèneras comme les grandes dames. » — Je me suis moquée de lui pour toute réponse. — « Va dans le monde, tu feras du bien aux pauvres, au lieu qu'ici, on te fait l'aumône : rester en religion est humiliant. » — « Va-t'en, Satan, tu n'auras rien. Comme le raisin donne du vin quand il est enfermé dans le pressoir où on le broie, je veux rester enfermée pour donner à Dieu le vin de la pureté. » — « Va dans le monde; là, tu pourras faire beaucoup de pénitences, tu pourras suivre ta volonté. » — « Va-t'en, Satan, je ferai l'obéissance; Jésus l'a faite jusqu'à la mort. »

« Marguerite, je veux vous raconter ce que Satan m'a dit encore : « Mon martyre, à l'âge de treize ans, a été le plus grand coup que je lui ai porté. Il n'aime pas le martyre, Satan. Il m'a donc dit : « Si j'avais pu connaître ce que tu serais, je t'aurais étranglée, toi, ta mère et tous les tiens ». — Il m'a ainsi parlé, Marguerite, mais moi, je ne suis rien ; je ne suis que misère, faiblesse, néant, c'est Jésus qui a tout fait en moi. Satan m'a aussi reproché de m'être échappée et d'être, par là, la cause de la désolation de mes parents. Il aurait voulu me faire croire que j'avais commis une grande faute, je lui ai répondu que je n'avais agi que par l'inspiration de Dieu et que Jésus et Marie avaient tout fait. Il est vrai, Marguerite, que, sans Jésus, je me serais perdue depuis longtemps. C'est Jésus qui m'a appelée, qui m'a retirée du monde. C'est Marie qui a veillé sur moi. Elle m'aime tant, Marie ! Je me plaignais un jour à cette Mère de n'être pas morte à l'époque de mon martyre. Elle m'a consolée en me disant que je serais martyre d'amour. »

« Marguerite, je vais vous raconter à présent mon oraison sur Marie : « Vous étiez vierge dans le monde, ô Marie. Qui aurait pensé que vous seriez Mère de Dieu ? Vous êtes la Mère de Dieu, à cause de votre humilité. L'ange du Seigneur se présente à Marie pour lui annoncer sa maternité divine. La Vierge, éclairée par la lumière puissante de Dieu, s'humilie en pensant que Celui qui a créé le ciel et la terre va devenir son Fils. L'ange parlait souvent à la Vierge Mère, et chaque fois que l'ange lui parlait, Marie s'humiliait. O Marie ! que vous êtes humble et aimable dans votre humilité ! »

« Marie était aussi un modèle de foi. Oh ! que la foi de Marie était agréable au Père céleste ! Par sa foi, elle faisait tous les jours grandir Jésus en elle. Cette même foi, si nous l'avons, fera aussi grandir Jésus dans notre cœur. A cause de sa foi et de son humilité, Marie se sent indigne de devenir la Mère de Dieu.

« Sur la terre, les enfants ne peuvent pas naître sans une mère : ils entrent dans le monde par une femme. C'est par une femme aussi que nous entrons au ciel, et cette femme, c'est Marie. Dieu ouvre le ciel par le Fruit de Marie. Depuis le péché, les hommes attendaient le Fruit de Marie, de cette Vierge douce, humble et sainte. Soyez bénie, Marie, soyez bénie ! »

Passant ensuite à des conseils d'un autre ordre, mais tous remplis de la sève évangélique, la sœur Marie de Jésus Crucifié, toujours en extase, ajouta : « Une âme, appelée par Dieu à la vie religieuse, dit : « Je veux entrer en religion pour suivre Jésus, pour pratiquer l'humilité, pour mourir à toutes choses et à moi-même. » Le démon vient; il pousse cette âme à se soigner pour pouvoir faire la Règle. Si l'âme écoute cette première tentation, Satan continue ses attaques dans le même sens. Les désirs de la terre pénètrent insensiblement dans l'esprit de cette religieuse : elle trouve qu'elle n'est pas assez vêtue, assez bien nourrie; elle croit que les autres sont mieux soignées qu'elle. Chassez ces idées, ne pensez pas à vous, laissez l'autorité penser pour vous. » — « Oui, je dirai tout. Retire-toi, Satan, il n'y a personne ici, il n'y a que Marguerite. Retire-toi, je ne veux pas de toi, je ne te connais pas. » — « Pour être une bonne religieuse, il faut être entièrement morte; il faut ressembler absolument à un cadavre, à un bâton. La bonne religieuse se contente de peu; elle ne se plaint jamais; elle croit toujours que l'on fait trop pour elle. »

« Le démon essaie, après la profession, d'inspirer des idées ambitieuses. On désire être secrétaire, puis sous-prieure, puis prieure. Une fois à la première place, on veut être aimée; on n'est satisfaite que lorsqu'on entend dire : « Jamais mère semblable! » Combien de victimes de cette vaine gloire dans l'enfer! Ne vous croyez pas capables d'occuper une place quelconque, encore moins la première. Si Jésus permet que vous y soyez élevée, ne vous attristez pas, demeurez en paix. Il suffit que vous ayez une grande foi pour que tout marche bien dans la communauté. Jésus fait tout pour une supérieure qui vit de foi, sans se préoccuper de choses inutiles. Effacez-vous, disparaissez intérieurement; soyez douce, bonne pour les filles que Dieu vous a données. Imitez en tout Jésus, pour faire imiter Jésus. Ne désirez pas les compliments; les louanges passent. Tout passe. Tant que vous êtes supérieure, croyez toujours que vous n'êtes rien. Soyez bonne par simplicité, par confiance en Dieu. Allez à Dieu avec humilité toujours. Une âme qui vit de foi et de simplicité, se conserve comme la lumière dans la nuit. A mesure que vous quitterez tout sur la terre, vous trouverez tout dans le ciel. »

Tels sont les enseignements simples, gracieux, sublimes et pratiques que la novice dicta, sans s'en douter, durant son extase ininterrompue d'un jour et demi. Revenue à elle, elle ne se rappelait rien de tout ce qui s'était passé. Son premier cri fut : « Ma Mère, d'où viens-je? Où suis-je? Dites-moi ce que j'ai fait. »

A cette extase ravissante succède une tristesse mortelle; l'expression de son visage change à chaque instant; elle devient parfois toute noire. En proie à une véritable obsession, elle se débattait entre les mains des sœurs. La relique de la vraie Croix et le seul mot d'obéissance suffirent pour la calmer dans ce moment. Mais les attaques se multipliant et devenant de plus en plus fortes, il fallut recourir à la puissance du prêtre. Le Supérieur de la communauté fut appelé ; sa présence triompha de Satan. Mais une heure après son départ, pendant qu'on essaie de faire prendre un peu de nourriture à cette victime, le démon revient à la charge ; il jette des épingles dans la portion qui lui est servie, afin de l'étouffer. L'infirmière, qui les aperçoit, les retire ; elles étaient noires et recourbées, comme des crochets. Le démon en jette d'autres, la novice en avale une qui reste fixée dans la gorge ; impossible de l'arracher. La sœur endurait un véritable martyre. La Mère Prieure lui dit alors : « Par la vertu de la sainte Croix, rejetez l'épingle », et l'épingle tombe aussitôt à terre. A trois heures, l'état de la novice changea subitement, ainsi qu'elle l'avait annoncé, et sa figure devint rayonnante ; toute la communauté remercie Dieu de sa délivrance. Quant à l'humble enfant, elle remerciait surtout Jésus d'avoir été vue ainsi par toute la communauté : « Mon Dieu, merci, disait-elle, d'avoir fait connaître ma misère ; si vous ne m'aviez pas gardée, j'aurais succombé à toutes les tentations que mes péchés m'ont attirées » ; car, dans sa profonde humilité, elle attribuait tout ce qui venait de lui arriver à ses fautes et à sa nature corrompue, et elle s'étonnait de la charité des sœurs envers elle.

L'Église célébrait les Quarante-Heures ; nous entrions dans le Carême, pendant lequel le prodige des stigmates devait se renouveler, selon la promesse de la très sainte Vierge.

CHAPITRE V

La sœur Marie de Jésus Crucifié pendant le Carême de 1868 et jusqu'à l'époque de la possession.

Le Mercredi des Cendres, la sœur Marie de Jésus Crucifié demanda et obtint de pouvoir faire la Règle, sachant qu'elle ne le pourrait plus pendant le Carême. En effet, le lendemain, elle souffrait tellement des pieds et des mains, qu'il lui était impossible de bouger.

Voici son oraison du matin : « Mon oraison, disait-elle, était avec Jésus au désert. En y entrant, j'ai vu la terre nue, les arbres secs. Aussitôt que Jésus s'est montré, la terre s'est parée de verdure; les arbres se sont couverts de feuilles, de fleurs et de fruits. Les bêtes ont reconnu leur Dieu, les oiseaux ont chanté parce qu'ils voyaient la tristesse de Jésus. Toute la création cherchait à le réjouir et elle désirait garder Jésus. Chaque créature s'étudiait à lui faire plaisir, les pierres seules étaient insensibles. Ni la lumière, ni la chaleur, ni la rosée, ni la pluie ne pouvait leur faire du bien. Jésus disait en regardant les pierres. « Pécheurs, voilà votre image. Je vous envoie l'eau de ma grâce, et vous n'en profitez pas plus que des pierres. » Les âmes fidèles disaient à Jésus : « Seigneur, donnez-nous l'esprit de prière, afin que nous puissions gagner des âmes qui vous serviront comme la terre vous sert dans le désert. Seigneur, nous sommes nues, revêtez-nous de votre amour; gardez-nous toujours en votre présence, afin que nous chantions toujours vos louanges pour réjouir votre cœur : faites-nous produire des fleurs et des fruits pour l'Église. »

« Jésus demeura quarante jours dans le désert sans boire, ni manger : il jeûnait pour nous. Jésus avait faim et soif des âmes; il pleurait; et pendant que ses larmes coulaient sur son visage, il disait : « Pauvres pécheurs, point de ciel pour vous, si vous ne vous convertissez pas ». Jésus m'a montré dans le désert de petits arbres chargés de fruits et il m'a dit : « Vois ces petits arbres, vois comme l'odeur de leurs fruits embaume ce désert, ils sont l'image de l'âme humble et petite à ses yeux. Regarde, au contraire, ces arbres élevés, ils n'ont que des fruits mauvais et l'odeur de leurs fruits est mauvaise aussi : ils sont la figure de l'âme orgueilleuse. »

« Jésus m'a dit encore : « Vois ces deux personnes : l'une est estimée de tout le monde; elle possède tous les dons de la nature; elle est belle, riche. Elle se complaît en elle-même; elle recherche les plaisirs de la terre, mais son âme est laide devant Dieu. L'autre est pauvre, malade, méprisée; mais son cœur est toujours avec moi, elle ne cherche qu'à me plaire, à faire ma volonté. Oh! que cette âme est belle et riche à mes yeux! quelle gloire l'attend au ciel! »

« J'entendais Jésus dire encore : « Pécheurs, je ne vous demande pas pourquoi vous avez péché, mais pourquoi vous ne vous convertissez point. Je ne regarde plus votre passé, pourvu que vous veniez à moi. Mon Père a créé pour vous le ciel et la terre; venez, je vous sauverai. »

« Jésus dans le désert prie, Il pense à nous, à nos faiblesses. En voyant Jésus pleurer, toutes les bêtes s'arrêtaient près de Jésus pour pleurer avec lui. Cette compassion des bêtes augmentait la tristesse de Jésus, parce qu'il voyait les bêtes plus sensibles que les hommes. »

Les souffrances de la novice croissaient à chaque instant. On la transporta à l'infirmerie. En passant près de là, les sœurs respiraient un parfum très suave qui s'échappait de son corps ; son voile et son manteau répandaient le même parfum. Les douleurs de la nuit furent terribles. Le lendemain, premier vendredi du Carême, vers six heures du matin, le sang commença à couler des mains et des pieds ; la couronne d'épines parfaitement dessinée autour de la tête, donna aussi du sang en abondance à deux reprises, ainsi que la plaie du côté. A midi, le sang s'arrêta, mais les plaies restèrent ouvertes. Elles deviendront plus profondes chaque semaine jusqu'à Pâques.

Indiquons ici une fois pour toutes la manière dont se formaient les stigmates. Le mercredi soir ou le jeudi matin de chaque semaine de Carême, les souffrances de la sœur redoublaient d'intensité ; on voyait ensuite une grosse ampoule noire comme la tête d'un clou, paraître au-dessus des mains et des pieds ; l'ampoule tombait le vendredi à l'ouverture des stigmates pour se reformer huit jours après. Depuis le samedi jusqu'au mercredi suivant, les plaies ne faisaient que suinter du sang.

Le samedi de la première semaine du Carême, malgré ses vives souffrances, la sœur Marie demanda et obtint d'être transportée au chœur, afin de pouvoir communier. Elle vit deux anges qui assistaient le prêtre à l'autel. Notre-Seigneur lui apparut au-dessus du calice, sous la forme d'un enfant ravissant. De ses petites mains, il bénissait les sœurs. Tout à coup, elle le voit grandir jusqu'à la taille de l'homme parfait; il s'offrait à son Père pour les âmes. Cette vision la rendait heureuse; elle eût voulu toutefois comprendre comment Jésus était en même temps au ciel et partout où il y a des hosties consacrées : « Que ce mystère ne t'étonne pas, lui dit le Seigneur, la lumière naturelle n'est-elle pas partout à la fois ? Et pourquoi l'Auteur de la lumière ne pourrait-il pas être, par son Sacrement, en plusieurs endroits à la fois ? »

Les extases, pendant tout le Carême, furent quotidiennes. Sainte Térèse, saint Jean de la Croix et plusieurs autres saints, la très sainte Vierge et Notre-Seigneur lui-même la visitèrent. Lorsque la Mère de Dieu lui apparaissait, sa joie était plus grande : « O ma Mère, disait-elle, que vous êtes belle, que vous êtes belle ! Je ne suis pas digne d'être votre fille, je me dis votre servante, la servante de vos pieds. »

Sainte Térèse lui fit comprendre que, s'il y avait dans chaque monastère trois religieuses possédant le véritable esprit de leur vocation, Dieu ferait miséricorde aux autres à cause de ces trois, et qu'il épargnerait même les villes où se trouveraient de pareils trésors.

Les stigmates ouverts remplissaient la sœur Marie de confusion. Un jour qu'elle suppliait Notre-Seigneur de les faire disparaître, Jésus lui répondit : « Regarde les fruits qui viennent sous la terre; ils croissent et personne ne jouit de leur vue. Regarde, au contraire, un rosier exposé aux yeux de tous : il produit des boutons qui se changeront en belles roses dont le parfum embaume tous ceux qui en approchent; ce parfum n'est pas pour le rosier, mais pour les autres, le rosier n'a pour lui que le bois et l'épine. De même, je choisis certaines âmes pour être glorifié en elles ; les dons extérieurs que je leur accorde ne sont pas pour elles, mais pour les autres; ces âmes ne gardent que la souffrance qui est comme l'épine de la rose, mais après qu'elles auront bien souffert, elles feront comme la rose qui s'ouvre, elles répandront ma bonne odeur et elles iront s'épanouir au ciel ».

« Regarde, lui dit encore Jésus, le froment; on jette le grain dans la terre, il pourrit, il meurt et puis il monte : l'épi se forme à l'extrémité de la tige par ma puissance et ceux qui le voient admirent la providence de Dieu et sa bonté. Ni l'épi ni la rose ne croissent par eux-mêmes, ils ont besoin de la terre pour les nourrir, de la chaleur du soleil et de la rosée pour les faire grandir; de même une âme ne peut, par elle-même, rien faire pour Dieu. C'est Dieu qui travaille en elle, qui se glorifie en elle, qui grandit en elle à mesure que l'âme s'efface, disparaît, s'anéantit. »

Ce langage lui fait comprendre que le Sauveur ne veut pas l'exaucer. Sans se décourager, elle s'adresse alors à la très sainte Vierge, mais Marie, toujours du même avis que son Jésus, refuse aussi. La novice recourt à sainte Térèse : « Ma Mère, lui dit-elle, pourquoi m'introduire dans votre Ordre, si vous ne m'obtenez pas de faire la Règle ? Depuis ma prise d'habit, je suis toujours malade; si vous ne me guérissez pas, on devra me renvoyer, et vous serez la cause de ma rentrée dans le monde. » En disant ces mots, elle semblait bouder la Sainte. La lutte fut longue entre la mère et la fille; sainte Térèse finit par céder : « Je serai guérie à Pâques, je serai guérie à Pâques, s'écrie la sœur toute joyeuse :

ma Mère Térèse me le promet de la part de Dieu. Après une courte convalescence, j'espère pouvoir faire sérieusement mon noviciat ».

Les deux premiers vendredis du Carême, la sœur Marie était dans son état ordinaire, quand les stigmates s'étaient ouverts : impossible d'exprimer sa peine et sa confusion d'être vue par l'infirmière. Elle conjura la Prieure de la laisser seule les autres vendredis. Celle-ci, qui ne voulait pas que la novice soupçonnât le côté surnaturel de son état, lui répondit : « Êtes-vous orgueilleuse ! Vous désirez être seule le vendredi, parce qu'il en coûte à votre amour-propre d'être vue ainsi. Eh bien ! je veux, pour votre humiliation, que toutes les sœurs soient présentes, quand cette maladie se montrera de nouveau. » Le troisième vendredi du Carême, sa maîtresse la gardait pendant la messe. Au moment de l'Élévation, la novice eut un ravissement. Aussitôt le sang coula en abondance de sa tête, de ses mains et de ses pieds. Après l'action de grâces, la communauté se rend à l'infirmerie pour être témoin du prodige. C'était la première fois que toutes les sœurs réunies contemplaient ses stigmates. Elles se crurent transportées sur un nouveau Calvaire : elles regardent en silence, le cœur plein d'une émotion indéfinissable, les yeux remplis de larmes. On fit entrer le Supérieur de la communauté pour constater le prodige. Il posa son doigt sur une des plaies : à ce simple contact, tout le corps de la novice trembla. Il la bénit en silence et aussitôt la sœur s'écria toujours ravie : « La parole de Dieu vient de tomber sur moi ». Durant cette longue extase, elle parlait du néant de la vie, de l'aveuglement des pécheurs, de la perte des âmes, des malheurs de l'Église : « Seigneur, disait-elle en sanglotant, ayez pitié de nous !

Sainte Vierge, détournez les malheurs qui nous menacent. Priez pour l'Église. La guerre arrivera bientôt; comme je vais prier pour l'Église ! »

Le 16 mars, elle rendait ainsi compte de son extase, qui avait duré toute la journée : « Je voyais, disait-elle, Jésus sur un chemin ; il laissait, derrière lui, en marchant, une grande lumière qui éclairait les âmes fidèles. En suivant Jésus et sa lumière, on évitait les épines, l'eau, le feu et les serpents. Le Sauveur marchait toujours et très vite. Beaucoup de personnes s'étaient mises à sa suite, mais bientôt la plupart s'arrêtèrent. Il y en avait cependant un assez grand nombre qui continuaient à marcher après Lui : elles jouissaient de la lumière, tandis que celles qui s'étaient arrêtées ne voyaient plus que ténèbres. Me voyant à moitié chemin, je m'arrête un instant pour reprendre haleine ; Jésus semblait m'attendre et je voyais sa lumière. Mais, quelle n'est pas ma confusion, quand j'aperçois un grand nombre d'âmes qui viennent se recommander à mes prières ! Ne sachant que faire, j'entre dans une église, j'ouvre le tabernacle avec une hardiesse qui m'étonne ; dans le ciboire, je dépose toutes les prières que l'on vient de m'adresser et j'attends. Jésus paraît ; il prend le ciboire rempli de ces prières et le vide dans ses mains ; les Anges puisent dans ses mains adorables les grâces obtenues par ces prières et ils vont porter ces grâces à toutes ces âmes. »

Dans une autre extase, sainte Térèse lui dit qu'elle n'était pas contente, parce qu'on était trop occupé de soi ; elle ajouta que ses filles devaient s'oublier elles-mêmes pour penser aux pécheurs ; elles devaient ressembler aux enfants qui laissent à leur pères et mère le soin de tout ce qui les regarde. « Si une âme, dit-elle, pratique le mépris d'elle-même et si elle marche derrière les autres, elle sera grande et élevée au ciel.

Un autre jour, elle dit aussi en extase : « J'ai pris le saint Habit ici, mais je n'y ferai pas profession, c'est dans les Indes que je prononcerai mes vœux. Je resterai longtemps novice. Père Élie, vous savez, vous, que j'irai planter là-bas la rose Térèse. »

Et passant ensuite à des conseils tout pratiques, elle ajoute, toujours dans le ravissement : « Ma Mère Térèse était fidèle dans les petites choses. Les âmes se trompent souvent en cherchant à faire de grandes pénitences. Tout cela n'est rien, si l'on n'est pas fidèle à la Règle. La Règle de la Mère Térèse est si sage ! elle est tout entière contre la nature. La Règle est notre mère. Il nous semble quelquefois que si nous ne faisons pas plus que la Règle, en y ajoutant quelque chose d'extraordinaire, nous ne nous sauverons pas ; c'est une erreur. Voici ce que m'a dit la très sainte Vierge : « Si une sœur accomplit tous les points de sa Règle, sans y rien ajouter, elle va droit au ciel. Si une autre sœur, en faisant plus que la Règle, n'a pas le véritable esprit de la Règle, elle n'ira pas droit au ciel. Faisons la Règle, toute la Règle, avec le véritable esprit de la Règle et nous obtiendrons tout de Dieu. L'esprit de la Règle, c'est tout l'esprit de la Croix. »

« Il est bon d'être méprisée, de n'être rien ; il est bon d'être dans la tristesse sur la terre pour être glorifiée dans le ciel. Toute âme qui cherche le mépris sur la terre aura la joie au ciel. Vous ne serez pas toujours méprisée, ô âme, vous ne serez pas toujours souffrante, toujours pauvre ; l'épreuve n'est pas faite pour durer toujours. Cherchez donc les occasions de vous humilier. Si l'on vous reproche de faire toute sorte de mal, dites merci. Tout passe sur la terre, vous n'y resterez pas toujours. Ramassez des mérites chaque jour. Chaque fois que vous serez méprisée, qu'on vous mortifiera, qu'on brisera votre volonté, réjouissez-vous : tout cela est bon pour le ciel.

« Quand Notre-Seigneur est venu sur la terre, il a placé saint Joseph au-dessus de lui, afin de pouvoir obéir; il voulait nous faire comprendre ainsi le mérite de l'obéissance.

« Père Joseph! Mère Térèse, vous trouverez que vous n'avez pas assez souffert. Mille ans de souffrances ne sont rien, puisque nous serons ensuite pour toujours au ciel. Heureuse l'âme qui souffre! »

La veille des Rameaux, elle disait en extase : « Tout passe. Mon Dieu, couvrez de votre miséricorde les pauvres pécheurs. S'ils comprenaient votre parole, s'ils connaissaient votre présence dans le tabernacle, s'ils se souvenaient que tout passe, ils se convertiraient. Pauvres pécheurs! qui fait tout pour vous? C'est Dieu; oui, c'est Dieu qui vous fait grandir, qui vous donne la santé, les richesses. Pourquoi offenser celui qui vous donne tout? Pécheurs, allez à Dieu, écoutez sa parole. »

Quelques instants après, elle ajoutait en s'adressant à l'Église : « Ma Mère l'Église, rose mystique, je vous aime. Esprit-Saint, descendez sur l'Église, sur les prêtres, éclairez les enfants de l'Église. »

Elle s'écrie en apercevant Jésus : « Je vous salue, je vous salue, ô mon Jésus, je vous adore, je vous aime, je vous donne tout ce que j'ai, je me donne à vous pour le temps et pour l'éternité. »

Nous entrons dans la grande semaine si justement appelée par l'Église la Semaine-Sainte. Le jour des Rameaux, le divin Maître ne lui fait plus sentir sa présence; elle est en proie à l'angoisse, environnée de ténèbres et comme accablée sous le poids des iniquités du monde. On comprend, en la voyant, qu'elle partage les tourments intérieurs de l'Agonie de Jésus. Sa frayeur est extrême, ses paroles sont entrecoupées. Elle dit : « Mon âme dort ; les serpents sont là pour me dévorer. Toutes les bêtes, tous les ennemis m'attendent pour me faire du mal, pour me tuer. Seigneur, réveillez-vous par votre amour. Je suis dans un sentier étroit et rempli de trous : Seigneur, tenez-moi, je vais tomber dans le feu, dans l'eau. J'ai peur de tomber ; Seigneur, attachez-moi. Tous les maux m'environnent. Seigneur, tenez-moi ; tirez-moi de la neige ; je souffre, je suis glacée ; réchauffez-moi de votre amour. Je suis dans la nuit ; éclairez-moi de votre lumière. Seigneur, vous êtes mon espérance, ma joie, mon bonheur. J'espère en vous, j'espère en vous. »

Sainte Marthe lui apparaît. La sœur Marie lui dit : « Marthe, vois ton Maître prier, offrir tout à son Père, faire avec joie le sacrifice de sa vie pour sauver les âmes. Marthe, Jésus marche ; il voit les âmes dormir, il voit les pécheurs se perdre. Marthe, je vais te dire ce que Jésus m'a montré : Il m'a montré cinq chemins. Dans le premier, je vois les âmes qui dorment d'un sommeil profond et lourd. Les serpents entourent ces âmes. Jésus leur crie : « Réveillez-vous, sans quoi les bêtes vous dévoreront ». Dans le second chemin, je vois les âmes comme plongées dans un abîme ; pour sortir de cet abîme, Jésus leur présente une unique échelle : l'échelle de la souffrance, mais ces âmes n'ont pas le courage de monter par cette échelle. Dans le troisième chemin, je vois les âmes tomber dans des trous ; un peu de vent et même un peu de fumée suffit pour les y jeter : c'est le vent, c'est la fumée de la vaine gloire. Dans le quatrième chemin, je vois une montagne de neige et des âmes enfoncées dans cette neige : elles ont perdu la charité. Dans le cinquième chemin, je vois les âmes tout occupées de fleurs, de plaisirs, et derrière elles, je vois le feu qui les suit, qui va les atteindre[1]. »

Le Jeudi-Saint, à deux heures de l'après-midi, elle sua du sang. Un parfum exquis s'échappait de ce sang, et les linges, dont on se servait pour l'essuyer, conservaient ce même parfum. Un peu plus tard, elle endura le supplice de la Flagellation. La Prieure et deux sœurs, qui étaient présentes, entendaient d'une manière distincte les coups de fouet qui s'abattaient sur cette victime. Toutes les circonstances de la Passion passèrent sous son regard pendant la nuit : son corps et son âme participèrent à toutes les douleurs, à toutes les angoisses de son adorable Maître. Le lendemain, anniversaire de la mort de Jésus, les sœurs eurent dans sa personne une représentation du sacrifice de la croix ; le sang coulait de tous ses stigmates. Une fois lavés, on constata que la chair était tellement transparente à l'endroit des pieds et des mains, qu'on apercevait la lumière à travers.

Le Samedi-Saint, elle se réjouit et pria longtemps avec sainte Marie-Madeleine ; elle chanta l'*Alleluia* avec cette sainte et avec une foule d'autres saints qui vinrent la visiter. Aussi aimable avec ses compagnes qu'avec les habitants du ciel, elle reçut, avec la plus vive allégresse l'*Alleluia* que les sœurs lui portèrent, à la fin

---

1. La novice vit aussi le Bienheureux curé d'Ars qui dut se montrer dans une gloire bien grande, car elle s'écria avec une joie extrême : « O mon Père d'Ars, que tu es « beau » ! Tu es, mort en France, n'est-ce pas ? Il n'y a pas longtemps que tu es mort ! »

de son ravissement. Il lui était impossible de se tenir debout. Mais dès que la Prieure lui eut ordonné de se lever et de se rendre au chœur, elle se leva aussitôt et alla chanter l'office.

Ses forces revenaient lentement; elle put toutefois quitter assez vite l'infirmerie. Son désir eût été de pouvoir faire la Règle. Mais Notre-Seigneur lui fit entendre qu'elle ne le pourrait pas encore de longtemps, afin d'être maintenue dans l'humilité.

N'étant pas exaucée sur ce point, elle conjura Jésus de lui enlever au moins ce *sommeil* qui la crucifiait tant. Le divin Maître ne l'écouta pas davantage : ses ravissements continuaient à être fréquents, surtout au chœur. Presque toutes ses nuits se passaient dans l'extase. Elle ne faisait aucun cas de toutes ces faveurs, les regardant comme une infirmité que le Seigneur lui laissait pour l'expiation de ses fautes. Jamais elle n'en eût parlé si on ne lui en avait point fait un ordre.

Ses fautes, voilà ce qu'elle aimait à confesser; elle les aurait publiées sur les toits.

Au mois de mai, le Carmel reçut la visite de Mgr Lacroix, évêque de Bayonne, qui fit une exhortation aux sœurs dans la salle du chapitre. Puis, le pieux Prélat leur parla de la sublimité du Saint Sacrifice de la messe. Les sœurs, qui étaient à côté de la novice, s'aperçurent, après quelques instants, qu'elle luttait pour ne pas tomber en extase, mais ce fut en vain : elle fut ravie et resta dans cet état jusqu'à ce que Sa Grandeur eut fini de parler; un seul mot de l'autorité la fit revenir à elle. Sa confusion fut extrême : « J'aurais mieux aimé mourir, dit-elle à la Prieure, que d'être vue, pendant mon sommeil ». Elle lui avoua que, tandis que Monseigneur parlait, Notre-Seigneur s'était présenté à elle tout déchiré et couvert de plaies et que c'était cette vue qui l'avait mise hors d'elle-même.

La sœur Marie avait été chargée par la Prieure d'orner l'ermitage dédié à Notre-Dame du Mont-Carmel. Rien ne pouvait lui être plus agréable. Tout ce qu'il y avait de plus beau et de plus frais dans la nature était pour sa Mère du ciel. Chaque jour, elle profitait du premier moment libre pour le passer aux pieds de la très sainte Vierge. Le 24 mai de cette année 1868, plusieurs sœurs s'étaient rendues dans cet ermitage pour réciter le rosaire. Elles y trouvèrent la petite novice qui priait avec sa ferveur ordinaire; son cœur s'enflammait et paraissait déborder d'amour; elle était ravie et éclatait en transports : « O amour, ô amour », s'écrie-t-elle. Elle s'entretient d'abord avec saint Paul; ensuite avec une religieuse : « De quel ordre êtes-vous? » lui dit la novice avec une parfaite aisance. — « Je suis de l'Ordre de Sainte-Marie », répond celle-ci. — « Dites-moi votre nom », reprend la sœur Marie. L'inconnue refuse. La novice insiste et, pour la décider à le faire : « Je vais vous dire, la première, mon nom, afin que vous me disiez le vôtre; sur la terre, je m'appelle la pécheresse, au ciel je suis la fille de Marie du Bien-Aimé ». Leur colloque dura quelques instants sans que l'inconnue donnât réponse sur ce point, puis vinrent d'autres saints et saintes, mais Celui que la novice cherchait n'était pas là et il lui fallait Jésus, c'est Lui qu'elle appelait : « Mon Bien-Aimé, où êtes-vous? Qui a vu mon Bien-Aimé? Je l'ai cherché et je ne l'ai pas trouvé. Mon Bien-Aimé, je marche, je cours, je pleure, je n'ai pas trouvé mon Bien-Aimé. O Jésus, mon Amour, je ne puis vivre sans vous! Où êtes-vous, mon Bien-Aimé? Qui a vu mon Jésus? Qui a trouvé mon Bien-Aimé? Vous le savez, mon

Amour, toute la terre ne m'est rien sans vous, toute l'eau de la mer ne suffirait pas à rafraîchir mon cœur. » Attiré par de pareils accents, Jésus se montre, il transperce son cœur, il l'enivre de joie et de souffrance. A genoux, les yeux fixés sur l'unique objet de sa tendresse, elle soulève le saint habit à l'endroit du cœur en criant : « Assez, assez, ô Jésus, je n'en puis plus; je vais mourir de douleur et de ravissement ». Un instant après, elle ajoute avec un sourire céleste : « Qui a consolé mon cœur? C'est vous, mon Bien-Aimé. Qui l'a rafraîchi? C'est vous, mon Amour. » Elle prie ensuite pour le Saint-Père, pour les cardinaux, pour les évêques, pour tout le clergé, pour les rois, pour les magistrats, pour le peuple, pour les Ordres religieux, en particulier pour la communauté. Apercevant sainte Térèse, elle lui crie : « Mère Térèse, Jésus a transpercé mon cœur! »

Jamais, dans son état ordinaire, elle ne parla de cette grâce; elle lava longtemps en secret le linge qui lui servait à essuyer la plaie saignante de son côté. Surprise un jour pendant cette action, elle dut tout avouer à la Prieure. Ses souffrances paraissant plus vives que par le passé, on y appliqua des linges, et on s'aperçut que le sang y avait imprimé une croix très nette légèrement inclinée sur la gauche, au pied de laquelle se voient deux signes, où il semble assez naturel de lire un O et un J, peut-être : ô Jésus!

Satan demanda à Dieu la permission de cribler la novice comme un autre Job. Il obtint de posséder son corps pendant quarante jours. Cette possession avait été annoncée par la sœur Marie longtemps à l'avance. Pendant l'octave de Notre-Dame du Mont-Carmel, il lui semblait que Notre-Seigneur la mettait dans une prison très obscure : « Je te vois, cela suffit, lui dit le Sauveur,

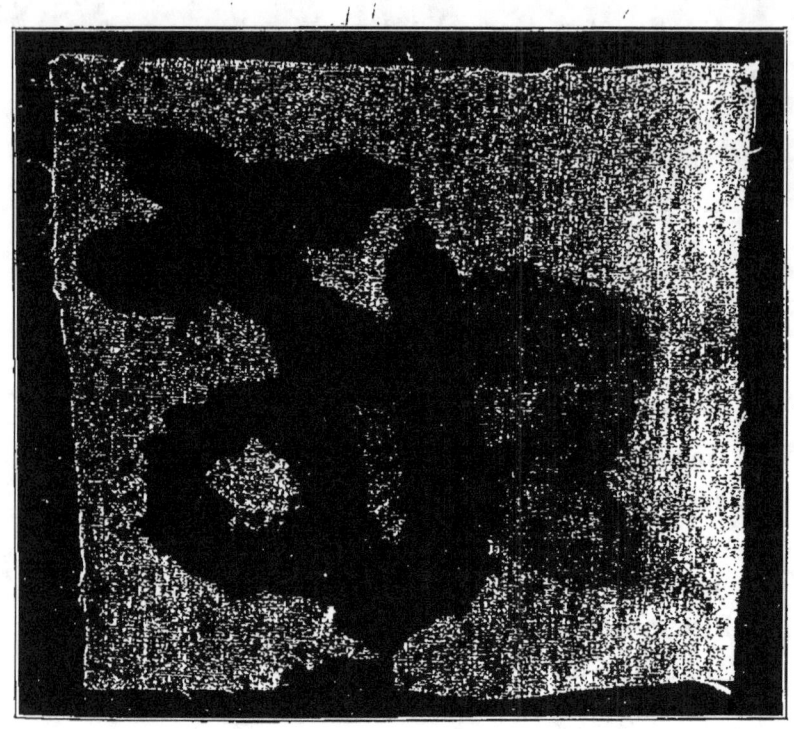

Empreintes du cœur de Sœur Marie de Jésus Crucifié.

reste là sans rien dire ». La sainte Vierge, à son tour, vient la plonger comme dans un lac entouré de serpents et elle lui dit : « Je suis ta mère, c'est moi qui te mets dans cette eau; ne bouge pas. Tu ne me verras pas, mais je veillerai sur toi. »

La novice parla à sainte Térèse de sa future épreuve, annoncée par Jésus et par Marie : « Ma bonne Mère m'a dit que je ne la verrai pas du tout pendant quarante jours. Elle m'a dit encore que je devais entrer dans un chemin couvert de ténèbres, rempli de trous, de serpents et que, en y entrant, je serais tout ensanglantée. Elle a ajouté qu'un très petit nombre d'âmes passent par ce chemin. Jésus m'a assuré que vous-même, ma Mère, n'y avez jamais passé. Au milieu de vos tentations, de toutes vos sécheresses, de toutes vos épreuves, vous avez toujours pu prononcer le nom de Jésus au fond du cœur et l'exprimer même par les lèvres, tandis que moi, une fois dans ce chemin, je ne pourrai rien dire, rien faire de semblable. Jésus va donner à Satan le pouvoir de tourmenter mon corps pendant quarante jours : je souffrirai beaucoup. Le démon n'aura de puissance que sur mon corps; mon âme sera cachée. Jésus m'a promis de l'enfermer dans une boîte, où Satan ne saurait l'atteindre. Le démon me fera commettre beaucoup de fautes extérieures, sans que je pèche; ma volonté n'y sera pour rien. Je ressemblerai aux petits enfants chez qui la raison sommeille et qui sont incapables pour cela de tout péché. »

« Satan voudrait être mon maître; il a demandé la permission de m'éprouver. Jésus et Marie me garderont, et ainsi, en cherchant à me faire tomber, le démon me fera grandir devant Dieu. Oui, oui, Satan, je deviendrai plus grande aux yeux de Dieu, grâce à ta malice. Ma

Mère t'a écrasé la tête, je te l'écraserai aussi par Marie, par Jésus. Sainte Vierge, accordez-moi de pouvoir prononcer le nom de Jésus, comme ma mère Térèse, pendant ces quarante jours. » Marie refuse : « Eh bien, reprend la novice, la volonté de Dieu ! » Un instant après, elle reprenait : « Que je puisse dire au moins : « Seigneur, ayez pitié de moi! » Marie refuse encore : « J'accepte donc tout, s'écrie cette admirable victime; je m'offre à tout ce que le bon Dieu voudra. Je comprends que si je pouvais dire ces paroles, je ne souffrirais pas assez. Jésus veut que je souffre sans consolation. Je boirai le calice comme Jésus, et encore je n'en boirai qu'une goutte, tandis que Jésus l'a bu tout entier! » L'oraison se passa ainsi, puis elle revint à elle-même. Le lendemain, elle revit sa bonne Mère dans une nouvelle extase, sainte Térèse également. La sœur Marie parla encore avec la sainte Vierge du chemin noir, de la petite porte qui y donnait accès et où on ne lisait que des mots exprimant l'intensité des peines qu'elle devait y endurer. Puis la Reine des Vierges lui dit : « Celle qui te tient la main aura un peu de pouvoir pour te faire obéir ». La Mère Élie[1] la tenait en effet, mais la sœur ne la voyant pas, répondit à la sainte Vierge : « Ma bonne Mère, je suis seule avec vous, personne ne me tient la main... »

Midi approchait; la novice semblait comprendre que le moment de la séparation arrivait. Ses expressions étaient brûlantes d'amour envers Marie, mais sa peine était bien vive de ne plus la voir pendant les quarante jours... « Dimanche, disait-elle (c'était le lendemain), je serai dans la mer de l'épreuve. O mon Dieu, j'offre tout pour l'Église, pour le Saint-Père, pour la commu-

---

1. Depuis les dernières élections, Mère Élie était maîtresse des novices.

nauté, pour tout l'Ordre, pour les prêtres, pour les parents des sœurs, pour les âmes du Purgatoire. Quand je serai dans l'eau, je ne pourrai ni rien dire, ni rien faire. O mon Dieu, j'offre aujourd'hui tout par amour pour vous, en union avec Jésus. »

A midi, elle revint à elle et la fin de la journée se passa à remplir ses petits devoirs de novice. Le soir, pendant l'oraison, Notre-Seigneur se présenta, lui mit sur l'épaule une énorme croix et se retira. Le poids de cette croix lui fit éprouver de vives douleurs. Le cou et l'épaule enflèrent; elle ne pouvait plus faire un mouvement. Elle le dit à sa maîtresse, ainsi que la promesse que Notre-Seigneur lui avait faite de l'appeler à Lui avant la fin de l'épreuve, si elle ne pouvait la supporter jusqu'au bout : « Je crois, ma Mère, ajouta-t-elle, que je ne pourrai arriver au quarantième jour, parce que je ne suis que faiblesse. Dans ce cas, me ferez-vous faire profession, avant de mourir? » La Mère Élie lui répondit : « J'espère que la Mère Prieure[1], et les sœurs du chapitre vous accorderont cette grâce, afin que vous mouriez épouse de Jésus. »

La sœur Marie voyait s'avancer vers elle comme un fourreau noir où elle devait entrer. Le dimanche matin, elle revit la grande croix que Notre-Seigneur lui avait donnée la veille, s'avancer vers elle et se poser sur son épaule. A dix heures, elle voit comme une boîte où elle doit être enfermée. Encore deux heures et cette possession extraordinaire va commencer : « Je dois combattre, avait-elle dit en extase, neuf rois et neuf nations, avant de parvenir au sommet de la montagne où se trouve Jésus », indiquant, par ces paroles, sa possession par neuf légions successives de démons.

---

[1]. La Révérende Mère Marie des Anges.

CHAPITRE VI

La possession, 26 juillet. — (3 septembre 1868 [1]).

L'heure est arrivée : l'aiguille marque midi sur le cadran. Le visage de la sœur Marie de Jésus Crucifié s'assombrit, un léger tremblement agite ses membres : le démon venait d'entrer. « Qu'est-ce que vous barbouillez? s'écrie-t-il par la bouche de la possédée, en entendant réciter l'*Angelus*; oh! que vous êtes noires! » Il jette par terre le chapelet en disant : « Qu'est-ce que toutes ces bêtises? » — « Imbécile, ajoute-t-il en s'adressant à une sœur qui baisait son crucifix, tu embrasses un morceau de bois. » — « C'est Jésus, répond la sœur, c'est le bon Dieu. » — « Il n'y a pas de Dieu, hurle Satan. Où est la petite Arabe? Allez la chercher. »

La possédée frappe avec force sur son corps : elle demande un couteau pour enlever les mauvaises marques (les stigmates). A un certain moment, elle se tourne vers une religieuse qui avait écouté sa nature dans

---

[1] « La possession n'est pas un mal absolu; seul, le péché est un mal véritable; la possession est, pour celui qui la subit, une souffrance terrible, mais qui peut tourner au plus grand bien de son âme, et dont il se réjouira et remerciera Dieu pendant toute l'éternité. Elle est plus souvent une épreuve qu'un châtiment. Dieu a souvent permis que cette épreuve atteigne les âmes les plus innocentes... » (A. Saudreau : *Les Faits extraordinaires de la Vie spirituelle*, 1908, pp. 353-354).

une chose de minime importance : « Toi, lui dit-elle, tu n'es pas noire comme les autres, parce que tu as manqué à un acte de communauté. Cela est bon pour moi. Ne suivez pas la communauté ; demandez toujours des choses particulières. » Elle se lève un instant après et se dirige vers la porte de clôture : « Allons, allons, s'écrie-t-elle, suivez-moi toutes, allez dans le monde, sortez de cette mauvaise maison, venez jouir des plaisirs de la terre. » A la vue de la Prieure, elle s'écrie : « Quelle est cette vieille femme ? je ne la connais pas. » Le grand silence sonne ; elle parle plus que jamais, elle pousse les autres à l'imiter. Elle essaie de renvoyer les sœurs chargées de la garder, tandis qu'elle s'efforce de retenir celles que le devoir appelle ailleurs. Elle recommande surtout de ne rien faire de ce que disait la vieille femme (la Prieure).

Cette première légion de démons disait : « Nous ne sommes pas méchants, nous ; nous ne sommes que de petits barbouilleurs ; ceux qui viendront après nous le seront bien davantage. Pendant ces huit jours, le Maître (Dieu) nous a obligés à obéir aux deux vieilles (la Prieure et la maîtresse des novices). La semaine prochaine, il faudra un prêtre pour faire obéir ceux qui viendront, et la troisième semaine, les manches violettes (l'évêque) pourront seules nous réduire. »

On ne quittait pas la novice un seul instant, car les démons ne cherchaient qu'à la tuer. On la traînait malgré elle aux instructions de la retraite prêchée par M. l'abbé Manaudas, Supérieur du Grand Séminaire de Bayonne. La parole de Dieu irritait le démon au delà de toute expression ; souvent, il interrompait le prédicateur, surtout lorsque celui-ci l'interpellait. « Non, non, s'écriait-il, tout cela n'est pas vrai ; il ment, ce vieux ; je l'écraserai » ; et il accompagnait ces menaces des gestes les plus expressifs. Le prêtre n'était point effrayé par ces cris. A la fin de l'instruction, il faisait approcher, au nom de l'obéissance, la possédée de la grille ; il commandait au démon de sortir de ce corps et le démon était obligé d'obéir après bien des résistances. La sœur, délivrée un instant, disait tout en larmes : « Mon Père, où suis-je ? Mon Père, le bon Dieu m'a abandonnée. Je n'aime plus ni Dieu ni la sainte Vierge. Tout le monde m'a abandonnée, même les sœurs. » L'abbé Manaudas lui adressait des paroles consolantes et l'encourageait : « Mon Père, reprenait-elle, je veux toujours souffrir, je ne veux pas offenser Dieu. Si je pouvais un peu l'aimer, je serais contente. » — « Vous l'aimez, ma sœur, lui disait le prêtre ; faites un acte d'amour avec moi » ; et elle répétait, comme un enfant, chaque parole prononcée par l'abbé Manaudas. Mais elle ajoutait aussitôt : « Je mens, mon Père, je mens », et le démon entrait de nouveau dans son corps. Elle se levait alors avec fierté, tenait tête au prêtre, frappait du pied la terre, et quand celui-ci appelait la sœur Marie de Jésus Crucifié, le démon criait : « Elle n'y est pas ; elle ne viendra pas ». Si le démon était forcé de sortir encore au nom de Jésus, c'était pour rentrer presque immédiatement.

Durant cette première semaine, la légion des démons annonça d'avance tout ce qui devait arriver jusqu'à la fin de la lutte. Ils confessèrent qu'ils ne pouvaient pas prononcer le mot « jeudi », à cause de l'institution eucharistique, et qu'il leur était interdit de s'assembler du jeudi au vendredi soir à cause du mystère de la Rédemption : « Chaque soir, disaient-ils, nous rendons compte à notre chef de nos victoires : celui qui en a remporté un plus grand nombre est roi sur tous pour le lendemain ». Satan aurait voulu troubler le sommeil de la communauté. Une nuit, il poussa des cris effrayants, son intention étant de faire manquer au silence, mais il ne put y réussir, et le prêtre lui ordonna de se taire désormais pendant la nuit.

Cet esprit de haine en voulait surtout à la vie de la possédée. Elle échappe, un jour, à la surveillance des sœurs et se jette, de plusieurs mètres de hauteur, dans un réservoir plein d'eau. La chute aurait dû, sinon la tuer, du moins lui occasionner de graves blessures. Elle ne se fit pourtant aucun mal, par une protection spéciale de la sainte Vierge, ainsi que Satan lui-même fut forcé de l'avouer.

Pendant la récréation, on conduisait cette pauvre victime au jardin. Le démon redoutait, par-dessus tout, l'ermitage du Mont-Carmel, où Jésus lui avait accordé tant de grâces. La possédée ne voulait pas en approcher, encore moins y entrer : il fallait l'ordre intimé par l'autorité pour triompher de ses résistances. A peine avait-elle touché le seuil de cet ermitage, que le démon la quittait. On la voyait alors, inondée de larmes, se plaindre à Marie de l'avoir abandonnée. Mais Satan revenait vite, et aussitôt il s'écriait : « Sortons d'ici, sortons d'ici ! »

La lutte durait depuis huit jours. Selon sa prédiction, la sœur fut délivrée le dimanche ; et elle put se confesser et communier : « J'étais dans une mer noire, disait-elle ; à présent, je puis un peu lever la tête ; je vois cependant toujours la même mer devant moi, elle avance, elle avance. Je n'ai aucun bon sentiment, quoique j'aie communié. » L'abbé Manaudas demanda à lui parler ; elle descendit au parloir pour recevoir ses encouragements et ses conseils; mais la parole de Dieu ne pénétrait pas dans son âme; la même tristesse continuait à y régner. Elle se rendit au chœur pour réciter les petites Heures. A huit heures, lorsqu'on achevait l'antienne de la très sainte Vierge, elle pousse un grand cri : la légion venait de rentrer dans son corps. L'attaque fut terrible, et ce ne fut qu'à onze heures trois quarts que cette première légion la quitta.

Cette victime de Jésus n'eut qu'un quart d'heure de répit : à midi, la seconde légion entra. On s'aperçut vite que ces nouveaux venus étaient plus puissants et plus méchants que les premiers. M. l'abbé Manaudas put cependant la délivrer pour quelques instants, au nom de Jésus, et lui fit produire plusieurs actes de résignation et d'amour. La journée fut mauvaise; le scapulaire de la Mère Élie avait seul le pouvoir de la calmer. A trois heures, elle redevint tranquille, et elle en profita pour faire des actes d'amour de Dieu et de charité pour ses sœurs : « Mon Dieu, disait-elle, je veux toujours souffrir, pourvu que vous soyez content », et, avec une amabilité ravissante, elle ajoutait, en s'adressant à ses compagnes : « Je suis si misérable, je ne mérite pas qu'on fasse quelque chose pour moi! Vous êtes trop bonnes! Je sens que vous priez, que tout le monde prie pour moi. »

Si Jésus avait livré le corps de la sœur Marie à Satan, il lui avait en même temps défendu de rien dire ou rien faire contre la pureté. Au plus fort de l'attaque, ses jambes paraissaient-elles quelque peu, le démon criait aussitôt : « Couvrez la petite Arabe; le Maître nous a défendu de rien faire contre la modestie, parce qu'elle n'a jamais péché sur ce point. Nous n'avons que le pouvoir d'essayer de la tuer. Cette mauvaise Arabe, je la briserai, disait Satan; j'aurais voulu l'étouffer dans le sein de sa mère. Plus elle avance en âge, plus ma rage augmente, surtout à cause de ses marques (stigmates). Donnez-moi un de ses yeux, un de ses doigts, et je remplirai d'or une de vos cellules. »

Satan aurait voulu l'empêcher de manger, pour la faire mourir; mais la Mère Élie triomphait sur ce point de cet esprit infernal. Il usait néanmoins largement de la permission de tourmenter son corps : on eût dit que des ongles de fer avaient passé sur les membres de la victime. Son corps était agité comme une eau que le vent soulève. Ses cris étaient effrayants, ses souffrances horribles. Ses forces se décuplaient, impossible de la tenir. La parole du prêtre avait en ce moment une grande puissance sur la possédée. Elle baisa avec amour une étole que l'on avait posée sur elle à diverses reprises pendant la crise : « Ceci, dit-elle, est un linge de ma mère la sainte Église ».

Par ordre du prêtre, comme nous l'avons dit précédemment, le démon gardait le silence pendant la nuit; il se promit de se venger de la violence qui lui était imposée. Il se réjouissait du départ prochain de l'abbé Manaudas. Les sœurs l'en ayant averti, celui-ci défendit au démon, au nom de Jésus, de rien faire pendant son absence. Il fut forcé d'obéir.

Satan rendait la sœur Marie tantôt sourde, tantôt muette; l'autorité n'avait qu'à lui dire : « Par obéissance, parlez; par obéissance, entendez », et la novice parlait et entendait.

« Où est l'Arabe? disait de temps en temps le démon furieux. Si je pouvais l'atteindre, quelle joie! je laisserais en paix toute la communauté. »

On voulait forcer le démon à parler latin : « Non, non,

dit-il, je n'y consentirai jamais; cette maudite langue me fait trop souffrir, elle est contre moi. » Il insultait les sœurs, il insultait la Prieure, il insultait surtout la Mère Élie, à cause de la puissance qu'elle avait reçue d'en-haut pour le combattre. Il cherchait à étouffer sa victime, en lui faisant avaler des épingles et des éclats de verre. La vigilance des sœurs prévenait ces accidents; et, si on ne pouvait les empêcher, le seul mot d'obéissance suffisait pour lui faire rejeter ces objets diaboliques.

Dans les rares et courts instants de répit que Satan lui laissait par ordre de Dieu, la novice poussait des cris sublimes : « Souffrir, disait-elle, jusqu'à la fin du monde, ô mon Dieu, si c'est votre volonté! toujours souffrir tout ce que vous voudrez! Je ne désire que vous plaire! Jésus, faites-moi accomplir votre volonté! » Un courage aussi héroïque augmentait la rage du diable. Il criait, il hurlait, il se tordait, il maudissait; la vue du prêtre le mettait hors de lui : « Donnez-moi un cheveu de la petite Arabe, disait-il à l'abbé Manaudas, et je m'en vais ». — « Je ne suis que néant, répondait celui-ci, le Sauveur est son unique maître; pas un cheveu ne tombera de sa tête sans la permission de Dieu. » Cet acte d'humilité fit taire le démon.

Le vendredi de la seconde semaine de la possession, Satan refusait d'obéir : « Je ne me soumettrai, criait-il, ni au nom de l'obéissance, ni même au nom de Jésus-Christ. Personne n'a le droit de me commander. Je suis le maître; je briserai la petite Arabe. » — « Il est vrai, dit l'abbé Manaudas, nous ne sommes que néant, que péché; mais je suis prêtre de Jésus-Christ : au nom de Jésus-Christ, je t'ordonne d'obéir »; et il se prosterne ainsi que toutes les sœurs. Satan est vaincu; il confesse sa défaite : « Mille comme vous ne m'auraient pas réduit; cet acte d'humilité abat toute ma puissance ».

Le Seigneur obligea le démon à découvrir, par la bouche de la possédée, les ruses qu'il emploie pour perdre les âmes religieuses : « J'ai fait tomber, dit-il, une religieuse en Angleterre; elle est à nous depuis avant-hier. Selon notre tactique habituelle, quand nous faisons le siège d'une âme consacrée à Dieu, nous avons commencé à la tenter sur de petites choses. Nous avons réussi à lui faire croire qu'elle n'était pas aimée de sa supérieure au même degré que les autres. La jalousie qu'elle éprouvait, l'a poussée à écrire en cachette des lettres dans le monde. Elle a fini par désirer de sortir afin de pouvoir se marier. Combien d'âmes, en religion, nous prenons dans nos filets, en leur suggérant la pensée qu'on ne les juge bonnes à rien, qu'on ne les aime pas! Nous en gagnons d'autres par la curiosité, par le désir de tout voir, de tout connaître. Si celles qui ont prononcé les trois mauvaises paroles (les trois vœux), allaient trouver la vieille femme (la supérieure), et faisaient ce qu'elle dit, nous perdrions tout. Lorsqu'on ne regarde en elle que la créature, et qu'on ne lui obéit que parce qu'on l'aime, nous ne perdons rien. Triompher d'une âme qui a prononcé les trois mauvaises paroles, c'est plus pour nous que d'être maîtres d'une ville entière. »

Jusqu'ici Satan a essayé inutilement de la violence pour effrayer l'abbé Manaudas et les sœurs; il a recours maintenant à la flatterie : « Que vous êtes gentilles! dit-il aux sœurs, que vous êtes saintes! Quelle multitude d'âmes sauvées par vos pénitences! » Toute la communauté se prosterne, et le démon déclare qu'il perd tout par cet acte d'humilité.

Le dimanche, 2 août, à midi, la possédée ouvrit plusieurs fois la bouche, comme pour donner passage à quelque chose ; elle revint à elle pendant quelques minutes : « Où suis-je, dit-elle, il me semble que j'ai fait un rêve. J'étais dans l'eau : tous les poissons, toutes les bêtes me dévoraient ; mes péchés en sont la cause. O Jésus, toujours souffrir pour vous ! Je ne suis pas digne de souffrir ! Je vois l'eau noire qui revient. Ma Mère, s'écria-t-elle en s'adressant à Marie, aidez-moi, l'eau est là. » Une nouvelle légion venait de prendre possession de son corps.

Les démons tourmentent par tous les moyens le corps de cette victime. Le Sauveur avait promis à Satan de la lui livrer, s'il parvenait à lui faire dire une seule fois dans son état ordinaire : « Seigneur, assez de souffrances ! » Cet esprit infernal se tenait comme assuré de la victoire. *Quarante fois*, il essaie de lui faire prononcer ces paroles, en déployant contre elle toute sa rage ; *quarante fois* l'héroïque victime s'écrie, revenue à elle : « Toujours plus souffrir pour vous, ô Jésus ! » Satan demande au Maître d'essayer, encore à trois reprises, de lui faire dire au moins ces deux mots : « Je souffre ». Le Maître lui permet de renouveler l'essai sept fois. Satan est vaincu de nouveau. Malgré tout ce qu'elle endure, la sœur s'écrie à sept reprises : « Je pleure, ô Jésus, de ne pas assez souffrir pour vous ». Cette suite ininterrompue de victoires, remportées par la novice, affaiblissait de plus en plus les forces de Satan et le couvrait aussi de confusion. Les âmes du Purgatoire, délivrées par les mérites de la sœur Marie, durant ce long et effrayant martyre, devenaient de plus en plus nombreuses. Le démon conjure le Maître de le laisser partir, confessant à sa honte qu'il n'a plus le courage de prolonger la lutte. « Tu m'as demandé, lui répond le Sauveur, de posséder son corps pendant quarante jours, tu ne sortiras qu'après quarante jours ». En présence de ce refus, Satan demande d'essayer, quatorze fois encore, de lui faire dire ces paroles : « Jésus, délivrez-moi de Satan ». Le Seigneur le lui accorde, mais le démon est vaincu comme toujours. A la fin de chacun des quatorze assauts, la sœur s'écrie d'une manière invariable : « Rien que souffrir pour Jésus ». Le curé de St-Martin de Pau, accouru pour la secourir dans ce combat, est insulté par le démon, qui ne peut réussir à lui faire quitter le couvent avant la fin de la lutte.

Le 17 août, l'abbé Manaudas qui avait été à Bayonne rendre compte de tout à l'évêque du diocèse, Mgr Lacroix, revint au Carmel de Pau, porteur d'une lettre de Sa Grandeur et muni de tous ses pouvoirs.

Voici comment Mgr Lacroix parlait à cette victime de Jésus.

16 août 1868.

« Ma fille,

« Vous avez nom Marie de Jésus Crucifié, et ce nom est une très grande grâce et une très grande faveur : c'est la très sainte Vierge qui a voulu que vous portiez son nom, et c'est Jésus crucifié qui a daigné vous donner le sien et vous associer à ses souffrances. Quelle attention, quel amour à votre égard ! Mais Marie, la mère de Jésus, a été la mère des douleurs. Elle a partagé toutes celles de sa vie, toutes celles de sa Passion et de sa mort. Elle a assisté à tout, elle a tout ressenti, tout éprouvé, tout souffert pour Jésus, parce qu'elle lui était intimement et parfaitement unie, voulant être comme lui et tout identifiée avec lui.

« Marie veut aussi vous avoir avec elle auprès de son divin Fils et vous donner part à son calice, vous rendre conforme à lui, car cette conformité est le signe des élus et de la prédestination. Jésus, qui vous a faite pour lui seul, veut aussi vous faire vivre de sa vie de peines, de tentations, de luttes et de combats contre le démon et le péché ; mais il veut aussi vous faire vaincre par sa force divine, comme il a vaincu lui-même.

« Après avoir permis les tentations du démon contre lui, il les a permises de même contre vous, mais il les vaincra en vous comme il les a vaincues en lui. Il les chassera, ces démons, comme il les chassait dans le cours de ses tournées évangéliques, partout où ils se produisaient. Il les terrassera, il les réduira à l'impuissance après les avoir humiliés et confondus. C'est par la croix que Jésus a vaincu l'enfer ; et les clous, qui l'ont attaché à cette croix, ont enchaîné les démons, et sa couronne d'épines est devenue une couronne de gloire.

« Oh ! ma fille, soyez donc toujours Marie de Jésus Crucifié, je ne veux pas vous donner d'autre nom et je ne veux pas qu'on vous en donne d'autre. Que tout le monde vous appelle du seul nom de Marie de Jésus Crucifié.

« Me trouvant occupé de devoirs d'obéissance envers Jésus, je ne peux pas me rendre tout de suite auprès de vous et de vos chères sœurs de Pau, ainsi que je l'aurais si vivement désiré ; mais je vous envoie un autre moi-même, le vénérable Supérieur de mon Séminaire, auquel je délègue tous mes pouvoirs, c'est-à-dire tous ceux que le divin Sauveur a donnés à ses apôtres et à leurs successeurs, lorsqu'il leur dit : « Chassez le démon ». Et ils seront bien obligés d'obéir au

Maître suprême. Confiance donc, ma fille, entière confiance. La victoire est assurée.

« Je continuerai à prier sur la montagne et de toutes mes forces. Chaque jour, vous serez à côté de Jésus sur l'autel, chaque jour, je ferai rejaillir sur vous le sang de Jésus crucifié, et ce sang adorable vivifiera votre âme et la remplira de grâces célestes.

« † François, pécheur indigne, mais serviteur de Jésus et tout pour lui. »

La sœur Marie de Jésus crucifié, délivrée un instant, interrompit la lecture de cette lettre admirable; et, avec une émotion pleine d'humilité : « Je ne suis pas digne, dit-elle, de recevoir une pareille lettre; je ne suis que péché; c'est trop de charité pour moi ». Mais le démon la reprit, pendant que l'abbé Manaudas poursuivait cette lecture, et il se montra très irrité de ce que l'évêque disait contre lui.

De temps en temps, Satan annonçait, comme les jours précédents, qu'il sortait du corps de la novice pour aller tenter les âmes. Lorsqu'il était de retour, il racontait ses prouesses : « Ce matin, disait-il, j'ai poussé un Turc à se noyer; j'ai essayé de pousser au même crime une dame que son mari rendait malheureuse : après quelques heures, j'ai réussi.

« Un religieux nous faisait beaucoup de mal. Nous lui avons insinué de s'imposer, en dehors de l'obéissance, des pénitences corporelles; il a écouté nos suggestions, croyant entendre la voix de Dieu : encore quelques jours et il est à nous.

« J'ai tenté la portière d'un couvent. Afin de lui inspirer du dégoût pour son office, je lui ai dit : « Eh quoi? tu es venue ici pour prier, pour garder le silence, pour jouir de la solitude, et te voilà obligée de parler toujours! Demande à ta Supérieure de t'enlever cet office. » Elle a prêté l'oreille à la tentation, elle a pleuré, et j'ai ramassé ses larmes.

« Une religieuse, chargée de broder un scapulaire, avait accompli ce travail parfaitement. La Supérieure, afin de procurer à cette religieuse l'occasion de pratiquer l'humilité, a blâmé cet ouvrage; elle a même signifié à la sœur qu'il fallait le recommencer. Celle-ci s'est fâchée, a jeté par terre le scapulaire et s'est retirée dans sa cellule pour pleurer : j'ai ramassé toutes ses larmes. »

Malgré toutes ses défaites précédentes, Satan demanda à Jésus de pouvoir essayer, cinq fois, de faire dire à la sœur Marie : « Je ne puis plus parler ». Le Maître lui accorde cette permission. A l'heure indiquée, la lutte s'engage. On pose sur la victime un morceau de la soutane de Pie IX. « Otez cela, s'écrie le démon; c'est du méchant blanc. » Il ne put réussir à lui faire pousser la moindre plainte. Après chaque attaque de l'ennemi, les paroles de la novice étaient de plus en plus belles : « Souffrons, disait-elle, pour la Rose, la sainte Église, brisons ce corps pour Jésus. Jusqu'à la fin du monde, souffrir et être méprisée! Je ne désire que Jésus et sa sainte volonté. Je ne pourrai dire que je fais cette volonté que lorsque mon corps sera brisé, converti, pour ainsi dire, en farine sous la meule de la souffrance. Jésus nous a donné ce corps; brisons-le pour lui. »

Le démon, vaincu, est obligé de s'humilier devant toute la communauté. La possédée se met à genoux sur son lit; son corps est comme plié en trois parties; sa tête s'enfonce dans ses épaules; ses dents claquent, ses grimaces sont affreuses; ses poings crispés s'élèvent jusqu'au menton ; les doigts des pieds sont serrés et recourbés comme des griffes. L'abbé Manaudas accable Satan de paroles sanglantes : « Te voilà donc, dit-il, esprit superbe ! tu es vaincu par une enfant ! Toi, le premier et le plus beau des anges, comme tu es tombé bas ! humilie-toi, misérable ! » A cette sommation, Satan se courbe davantage pour cacher sa honte : « Tremble, malheureux, ajoute le prêtre, Jésus est ton vainqueur » ; et tout le corps de la possédée tremble comme la feuille agitée par le vent : elle se prosterne entièrement sur le lit comme pour disparaître.

Toutefois le malin esprit ne se décourage pas. Il sollicite du Maître la faculté d'essayer, à vingt reprises, de faire dire à la sœur : « Je souffre, j'étouffe ! » — « Je te permets, lui répond Jésus, de pousser jusqu'à trente. » Cent démons la tourmentent à la fois d'une manière vraiment effrayante : tout son corps est déchiré. « Courage, se disaient les démons les uns aux autres, nous l'aurons ; nous réussirons à lui faire dire : Je souffre. Frappons sur ce corps ; déchirons-le. » Après l'assaut, la sœur dit : « Je donne mon corps à Celui qui me l'a donné » ; et, élevant la voix, elle ajoute : « Mon Dieu, soyez béni ! » L'infirmière lui présente à boire : « Pas de soulagement », dit-elle. La deuxième attaque commence : les blessures sont plus profondes ; la victime jette des flots de sang par la bouche ; la légion infernale déchire, hurle, blasphème. Après l'attaque, la sœur Marie dit : « Je vais bénir Dieu à présent » ; et, d'une voix plus haute : « Soyez béni, mon Dieu ! »

Le troisième assaut est plus fort que le premier, le démon rugit plus que jamais, tourmente la victime de plus en plus. Jusqu'à la fin de la trentième attaque, les douleurs, les blasphèmes vont toujours en augmentant.

Mais aussi, rien de plus touchant, de plus pieux, de plus beau que les paroles prononcées, après chaque nouvelle lutte, par la novice, s'unissant à Notre-Seigneur dans les circonstances de sa Passion. Citons-en quelques-unes :

« J'unis ma voix à celle de Jésus au jardin des Oliviers. Soyez béni, mon Dieu ! »

« Je m'unis à Jésus quand il portait sa croix dans les rues de Jérusalem. Soyez béni, mon Dieu ! »

« J'unis mes souffrances à celles de Jésus trahi par Judas. Soyez béni, mon Dieu ! »

« Je m'unis à Jésus tombant sous le poids de sa croix. Soyez béni, mon Dieu ! »

Trente assauts lui furent ainsi successivement livrés, mais toujours la victoire restait du côté de la sœur Marie, et Dieu récompensait cette victoire trente fois répétée : trente âmes de pécheurs, morts ce jour-là après s'être reconciliés avec Dieu, grâce aux tortures de cette héroïque victime, vinrent la saluer et la remercier.

Les saints, la très sainte Vierge et Jésus lui-même l'encouragèrent et la récréèrent de leur douce présence.

Revenue à elle, la novice ne savait que s'humilier, s'anéantir : « Je ne suis rien, rien que péché... Tout sert à quelque chose sur la terre; les pierres elles-mêmes ont leur utilité; moi, je ne suis bonne à rien. Mais la vue de mon néant me détache de tout, principalement de mon corps; je voudrais que ce corps fût brisé pour Jésus. Je ne désire qu'aimer Jésus en silence, observer la Règle en silence. Il me semble que je sors d'une mer. Mon Dieu, si tout le monde voyait mes péchés comme je les vois ! Je ne puis pas comprendre qu'on me garde ici. Quelle charité ! »

L'esprit de Dieu peut seul dicter un tel langage.

Elle disait à la Mère Élie « ... Je désirerais souffrir jusqu'au jugement universel, toute l'éternité, si c'était possible. Je ne pourrai dire : Jésus, je vous aime, que lorsque mon corps sera réduit en pourriture, en poussière, parce qu'alors je ne pourrai plus pécher... O Jésus, coupez, tranchez, brûlez tout ce que vous voudrez. Mon Dieu, qui me séparera de moi-même? Quand serai-je à vous, Jésus, pour toujours? Oh! ma Mère, tout est tristesse sur la terre, tout est tristesse! »

Apercevant la Prieure qui vient la visiter après le combat décrit plus haut, elle lui témoigne sa reconnaissance, et elle sourit aux sœurs qu'elle n'avait pas vues, dit-elle, depuis si longtemps. Sa joie de les retrouver fut grande; elle ne put pas toutefois dissiper entièrement le fond de tristesse qui demeurait dans son âme. La novice sentait que la lutte n'était pas terminée, elle voyait l'eau noire approcher de nouveau : « Tu vois, ma Mère, tu vois, l'eau noire arrive », s'écrie-t-elle. La possession recommence.

Les mêmes scènes se renouvellent avec redoublement de souffrances. Satan, par la bouche de la possédée, raconte ses victoires et ses défaites :

« Nous venons, dit-il, de triompher d'une religieuse par la désobéissance et par la paresse.

« Nous n'aimons pas l'union dans les communautés; tous nos efforts tendent à y introduire la discorde.

« Les trois plus puissantes choses contre nous sont : la charité, l'humilité et l'obéissance.

« Il y a une religieuse, quelque part, qui nous irrite beaucoup; nous ne pouvons la prendre sur aucun point. Nous la battons, nous lui donnons la fièvre, des névralgies atroces; elle est souvent dans l'impuissance de marcher, et elle demeure toujours fidèle. Impossible de gagner un fil sur elle. Elle écoute sa supérieure, elle obéit à son confesseur. Nous avons réussi à mettre contre elle toute sa communauté : au lieu de s'irriter et de se décourager, elle s'est humiliée. Sa supérieure elle-même a été contre elle; elle a remercié Dieu et elle a été encore plus heureuse. »

Le démon parla ensuite de plusieurs personnes, soit dans le monde, soit dans la vie religieuse, dont les unes l'écoutaient, tandis que les autres repoussaient ses attaques et échappaient à sa rage.

Il demanda au divin Maître : « Qui combattra contre nous? » — « Ce ne seront, lui répondit le Seigneur, ni les rois ni les puissants : je vous battrai par un petit rien. » — « Mais, quel est ce petit rien? disait Satan; la petite Arabe serait-elle ce petit rien? »

Au jardin, le diable secoue, avec force, un arbre chargé de fruits. On veut l'en empêcher : « Laissez-moi faire, dit Satan, je ne fais aucun mal. Le mauvais fruit, celui qui commence à se gâter, tombera, mais le bon fruit restera sur l'arbre! C'est ainsi que nous secouons le monde : les méchants tombent; les bons résistent. »

Après avoir essayé sans succès de lui faire prononcer une parole de découragement ou de lassitude, il tenta de la faire succomber à un sentiment de satisfaction naturelle en mettant dans sa bouche, pendant l'attaque, deux pastilles. Revenue à elle, la sœur Marie les jette en disant : « Je ne cherche pas les douceurs, je ne veux que le fiel avec Jésus. Il fait bon prendre le calice avec le Sauveur. J'aime Jésus de tout mon cœur et le prochain plus que moi-même pour Jésus. »

Parmi les aveux de Satan, celui-ci mérite d'être mentionné : « Il y a six ans, disait le démon, que nous attaquons une carmélite en Espagne. Les deux premières années, nous avons tout fait pour lui inspirer de l'antipathie pour une de ses compagnes ; nous la poussions à ne pas lui parler, à ne pas même la regarder, elle a fait le contraire. Le Maître a permis qu'elles fussent toutes les deux placées par l'autorité dans le même emploi ; c'est alors surtout que nous avons essayé de la faire impatienter ; mais elle n'a montré que le plus grand support, la charité la plus parfaite. Nous l'avons tentée contre la pureté, contre la mortification, contre l'humilité, et toujours sans succès. Nous lui avons insinué de voir plus souvent la supérieure, surtout le confesseur : elle y a été plus rarement. Nous avons exalté sa vertu solide, qui pouvait se passer de direction fréquente : elle a recouru plus souvent à la prieure et au prêtre. Quand nous lui soufflons de demander des pénitences extraordinaires, elle se contente de celles de la Règle. Essayons-nous de la convaincre de sa sainteté ? Elle confesse son orgueil en présence de toutes ses sœurs. Cette misérable nous écrase toujours. »

On approchait de la fin de l'épreuve. De son côté, l'évêque de Bayonne n'oubliait pas cette victime de Jésus. Tenu au courant des diverses phases de cette possession exceptionnelle, il écrivit une seconde lettre à la sœur Marie de Jésus Crucifié.

L'évêque de Bayonne à la servante de Jésus Crucifié :

« Ma fille,

« Lorsque le Fils unique de Dieu est venu, dans sa charité extrême, sauver les hommes et détruire l'empire du démon qui les avait vaincus et subjugués, il s'est présenté à ce terrible ennemi, non dans l'éclat et l'appareil de sa puissance et de sa majesté infinies, mais dans l'état le plus humble et le plus abject, comme le dernier des hommes, l'homme des douleurs et des infirmités, avec un corps déchiré par les fouets et ruisselant de sang, avec une couronne d'épines sur la tête, suspendu à un gibet réputé infâme, les pieds et les mains cloués à la croix; et c'est dans cet état qu'il a voulu se mesurer avec le fort armé de toute sa rage et soutenu par toutes les puissances du monde et de l'enfer; et cela, dit saint Paul, et, après lui, saint Léon, afin de montrer que ce qu'il y a de plus faible en lui en apparence, était plus fort que tout, afin aussi de confondre à jamais l'orgueil du prince des ténèbres; en le terrassant et le dépouillant, en lui arrachant toutes ses conquêtes et en le réduisant à l'impuissance par les moyens les plus simples : par l'humilité, par la souffrance et le dénûment le plus complet.

« C'est ainsi que l'Homme-Dieu a voulu combattre et vaincre le grand ennemi du genre humain; c'est de la même manière qu'il a voulu combattre et vaincre le paganisme et tous les persécuteurs de son Église; les tourments et le sang des martyrs ont été l'instrument de sa victoire; oui, l'humilité, la patience, la conformité à Jésus crucifié ont sauvé et fait triompher l'Église : il en sera de même toujours et jusqu'à la fin. Les armes de Jésus doivent être les nôtres; c'est avec ces mêmes armes que nous vaincrons et que l'Église triomphera.

« Dieu choisit donc ce qu'il y a de plus faible dans le monde, ce qu'il y a de plus méprisé, pour confondre ce qu'il y a dans ce monde de plus fort en apparence, de plus grand et de plus élevé. C'est pour la même raison, ma fille, que le divin Sauveur vous a choisie vous-même, créature ignorée, abjecte, pauvre et abandonnée, pour vous opposer au démon et à ses légions infernales armées de rage contre l'Église : vous n'êtes rien, et ce rien suffit pour vaincre tous les démons et les rendre impuissants.

« Vous vaincrez donc, chétive créature, pauvre néant, vous vaincrez par la force toute-puissante de la croix de Notre-Seigneur Jésus-Christ, gravée sur votre poitrine; vous vaincrez par Jésus crucifié, vous, servante de sa croix; et ce Dieu de gloire sera de nouveau glorifié par votre faiblesse et par votre ignorance, devenue l'instrument de son triomphe.

« Courage donc, ô ma fille, courage, servante fidèle de Jésus crucifié, demeurez ferme et pleine de confiance jusqu'à la fin. Jésus crucifié est toute puissance, toute protection et toute gloire; il faut que tout tombe à ses pieds, que tout genou fléchisse devant lui au ciel, sur la terre et dans les enfers.

« O Jésus, mon Sauveur, combattez avec votre servante et pour elle! O Jésus, sauvez votre Église, protégez son auguste Chef et tout le troupeau racheté par votre sang adorable! Préservez votre servante de toute atteinte et de tout ce qui ne serait pas conforme à votre volonté et à votre amour. Qu'elle sorte du combat avec toutes les joies et toutes les consolations de votre victoire; que Marie soit avec elle dans la lutte; que tout le Paradis prenne parti pour elle; car c'est pour vous et pour vous seul qu'elle combat.

« Triomphez, ô Jésus, dans votre pauvre servante; nous vous bénirons à jamais.

« Votre indigne ministre, mais, ô Jésus, votre serviteur tendrement aimé, votre enfant, l'enfant de votre miséricorde.

« † François, évêque de Bayonne.

« Servante de Jésus crucifié, je te bénis de toutes les bénédictions de Jésus crucifié. »

A mesure que l'abbé Manaudas avançait dans la lecture de cette lettre admirable, le démon manifestait une rage plus grande. « Que dit-il, ce misérable? s'écriait-il; il dit que la petite Arabe est le petit rien? Ah! si je le savais, je la briserais. »

On était au 2 septembre.

CHAPITRE VII

Derniers jours de la possession : 3 et 4 septembre 1868.

Le lendemain, le dernier combat s'engage. Avant de quitter le corps de la sœur, Satan avait obtenu du divin Maître de lui faire subir cent attaques nouvelles, afin qu'elle poussât au moins une plainte. La première lutte commence, elle est terrible. La victime jette du sang par la bouche. Après l'assaut, elle dit : « J'offre mes souffrances à Jésus et je suis prête à endurer tout ce qu'il voudra, avec plaisir, avec amour. Mon Dieu, soyez béni ! »

La deuxième attaque suit immédiatement. L'abbé Manaudas approche la croix des lèvres de la sœur, afin qu'elle la baise. Le démon crache dessus en blasphémant. Revenue à elle, la sœur dit : « J'offre mes souffrances en union avec Jésus et avec les martyrs pour le triomphe de l'Église. Mon Dieu, soyez béni ! »

Satan recommence : « Préparez la bière, s'écrie-t-il, préparez la bière »; et il crache sur la croix en faisant des contorsions horribles. « Nous sommes cent, nous sommes cent », hurle-t-il, et il aboie, et ses mouvements font trembler le lit. Après ce troisième assaut, la sœur Marie de Jésus Crucifié dit : « Je désire souffrir, être immolée, broyée, rôtie, jusqu'à la fin du monde, pour le triomphe de l'Église. Mon Dieu, soyez béni ! »

Le démon continue à cracher sur la croix que le prêtre lui présente ; la victime endure un martyre ineffable, puis elle dit : « Je m'unis à Jésus sur le Calvaire, m'immolant avec lui pour la conversion des pécheurs. Mon Dieu, soyez béni ! »

Le diable fait des grimaces à l'abbé Manaudas : « Monsieur le curé, lui dit-il en ricanant, votre voyage de Bayonne à Pau ne sera pas perdu : demain, vous enterrerez l'Arabe. » — « Je ferai mon devoir, répond le prêtre, si elle meurt, je l'enterrerai. Mais non, elle ne mourra pas, c'est toi qui seras confondu par elle ». Les cris de la victime sont effrayants ; mais bientôt elle dit : « J'offre mes souffrances avec celles de Jésus dans sa vie cachée ; je les offre pour les aveugles qui ne connaissent pas l'Église, afin qu'ils parviennent à cette connaissance. Mon Dieu, soyez béni ! »

Le démon se moque de l'abbé Manaudas et de l'office divin qu'il récite ; il tourmente d'une manière incroyable le corps de la victime : « Autrefois, dit-il, je ne désirais qu'un cheveu de l'Arabe ; à présent, il me faut tout son corps. — Savez-vous pourquoi je fais tant souffrir cette misérable ? Ah ! c'est parce que, plus tard, elle sera connue de tous, et je ne le voudrais pas. » La sœur Marie continue ses actes admirables : « Je m'unis à Jésus et à Marie, j'offre mes souffrances pour tous ceux qui sont contre l'Église, afin qu'ils soient pour Jésus. Mon Dieu, soyez béni ! »

« Tu vois, disait Satan au ministre de Dieu, elle n'en peut plus ; elle ne peut pas parler, et nous venons à peine de commencer la lutte ; elle mourra avant la fin des cent attaques. » — « Je m'unis à Jésus, dit la sœur, quand il alla réveiller les apôtres endormis ; j'offre mes souffrances pour les pécheurs afin qu'ils reviennent à leur mère l'Église. Mon Dieu, soyez béni ! »

« Attends, attends, s'écrie le démon, il faut que je l'étouffe », et, contrefaisant la voix de la novice : « Ma Mère, dit-il, je souffre des entrailles; ma Mère, je n'en puis plus; je suis brisée, Satan m'a criblée », et il ricane. — « Donnez-moi à boire », ajoute-t-il, et il rejette sur les sœurs l'eau qu'on lui donne. — « Je veux, poursuit-il, arracher un œil à l'Arabe. » — « Mon Dieu, dit la sœur Marie, j'unis mes souffrances à celles de Jésus au Jardin des Olives, quand il suait le sang et qu'il disait : Mon Dieu, si c'est possible, que ce calice s'éloigne de moi! Cependant, que votre volonté soit faite et non la mienne ! J'offre mes souffrances avec celles de Jésus pour les pécheurs et pour l'Église. Mon Dieu, soyez béni ! »

« J'ai tout fait, s'écrie Satan, pour l'empêcher de parler, elle a parlé plus fort. » On place une croix sur la victime; le démon rugit à ce contact; il menace de mordre, de déchirer; il ajoute en se moquant : « Monsieur le curé, les religieuses manquent à la Règle en restant ici, faites-les sortir pour qu'elles aillent à leur devoir; vous-même, allez-vous-en. » Il blasphème contre les reliques des saints. « Je m'unis à Jésus, dit la sœur, quand Judas vint le baiser pour le livrer aux méchants; je m'unis à Jésus pour l'Église. Mon Dieu, soyez béni ! »

Le démon tourmente sa victime, surtout à la poitrine; il demande de nouveau à boire, jette sur les sœurs l'eau qui lui est présentée, se met à rire et à se moucher.

Ensuite, il pousse la possédée à se mordre. Et comme la Mère Élie l'en empêche, le démon dit en riant : « Voyez, voyez, cette vieille a une attache particulière pour la petite Arabe; et vous autres, qui avez fait profession entre ses mains, elle ne vous aime pas. »

Satan essaie de frapper à la tête la Mère Élie ; il hurle comme les bêtes ; il siffle comme une locomotive. « Il faut, dit-il, que je brise le corps de l'Arabe. » Les souffrances de la sœur arrachent des larmes à tous les assistants. Après cette lutte qui n'est encore que la douzième, la novice dit : « Je m'unis à Jésus, lorsque les méchants se moquaient de Lui, l'insultaient, lui crachaient au visage. J'offre mes souffrances pour le triomphe de l'Église et pour tous ceux qui lui veulent du mal. Mon Dieu, soyez béni ! »

« Je suis le tentateur, s'écrie le démon, je suis le tentateur. » Puis, quand le Supérieur de la communauté, M. Saint-Guily, arrive : « Va-t'en, lui crie Satan, avec ce vieux (il désignait l'abbé Manaudas) et avec son bréviaire. Je suis le tentateur, répète-t-il, je sème partout la division, je fais ce que je veux. »

A la seizième lutte, le corps de la victime tremble comme une feuille ; il suffit d'un signe de croix de M. Saint-Guily pour faire cesser ce tremblement : « Nous triompherons, s'écrie Satan, et du vieux (l'abbé Manaudas), et du méchant caché (l'abbé Saint-Guily), et de la manche violette (Monseigneur), et du mauvais blanc (le Pape). Nous danserons sur eux. » Il enlève le voile à une sœur, en disant : « J'arrache ce voile, parce que je n'aime pas la modestie, elle m'irrite. » — « Je m'unis à Jésus, dit la sœur, quand il tomba pour la première fois sous le poids de sa croix ; j'offre mes souffrances pour les pécheurs qui tombent, afin qu'ils se relèvent avec Jésus. Mon Dieu, soyez béni ! »

« Je suis le maître ; allez-vous-en tous les deux », crie Satan aux deux prêtres ; et, avec une ironie diabolique : « Monsieur le curé, instruisez de tout la robe blanche (le Saint-Père), afin que la petite Arabe soit un jour canonisée », et il grimace. — Se tournant du côté de M. Manaudas : « Pars, ajoute-t-il, on t'attend pour commencer une retraite ; pars au moins demain matin. » — « Je ne partirai pas », répond celui-ci — « Oh ! le misérable, s'écrie Satan furieux, il sera présent demain, quand le Maître viendra ! » Après l'assaut, la sœur dit : « Mon Père, je m'unis à Jésus tombant pour la deuxième fois et à Marie cherchant Jésus quand ses genoux furent brisés par la chute ; j'offre mes souffrances pour les prêtres, pour les missionnaires qui cherchent les âmes, je les offre aussi pour les pécheurs. Mon Dieu, soyez béni ! »

Elle répond ensuite au démon, qui lui reproche ses fautes : « Oui, je ne suis que péché, mais j'espère en la miséricorde de Dieu ; retire-toi, Satan ! »

« Un petit rien, dit le diable furieux, triomphera de nous tous ! C'est impossible. Nous ferons tant, qu'elle finira par pousser une plainte » ; et ils travaillent le corps de la victime d'une manière effrayante. Après cette lutte, la dix-huitième, la sœur dit : « Je m'unis à Jésus tombant pour la troisième fois ; j'offre mes souffrances pour les prêtres qui combattent les incrédules, et pour l'Église. Mon Dieu, soyez béni ! »

Toujours vaincu, le démon demande au Maître de ne plus continuer la lutte. Jésus l'oblige à poursuivre. Il pousse alors des cris de détresse. Après l'attaque, la sœur dit :

« Tu as beau faire, Satan ; tu me tortures, tu me brises, mais tu ne fais que ce que le Maître permet. »

— « Bientôt, s'écrie le démon, Lucifer viendra ; il brûlera le corps de l'Arabe. » — « J'offre mes souffrances, dit la sœur, pour les ennemis de Jésus, afin qu'ils l'aiment comme saint Jean. Mon Dieu, soyez béni ! »

Et s'adressant au démon : « Parle, Satan, j'appartiens à Celui qui m'a créée. Je ne te crains pas. J'aime Jésus par-dessus toutes choses. Quand bien même tu m'écraserais la tête, qu'est-ce que cela fait ? D'autres te l'écraseront. C'est Jésus qui te permet de me faire souffrir ; je suis contente. Tu voudrais que je me révolte contre Dieu ? Mon Maître est mon Maître, je lui rendrai gloire. Tu me dis qu'il m'a abandonnée. J'accepte tout ce qu'il voudra ; je ne veux que souffrir et être méprisée. »

Satan interpelle l'abbé Manaudas : « As-tu entendu, lui dit-il, la petite Arabe ? » — « Oui, j'ai entendu, répond celui-ci, la sœur Marie de Jésus Crucifié. » — « Non, non, reprend le diable, ne l'appelle pas de ce nom : appelle-la la petite Arabe. Si encore elle était comme vous ! mais elle ne sait ni lire, ni écrire. J'essaie inutilement de lui faire pousser une plainte. » — La novice, revenue à elle, dit : « Je m'unis à Jésus quand on essuya sa face adorable ; j'offre mes souffrances pour les péchés du monde. Mon Dieu, soyez béni !

« Satan, tu m'appelles misérable ; oui, je suis misérable à cause de mes péchés, et non parce que Jésus t'a livré mon corps. Jésus est le bien même, il fait le bien ; toi, tu es le mal, tu fais le mal. Si le Maître veut que tu me tentes deux ans, et même dix mille ans, et même davantage, j'accepte. Je ne désire point les extases. Sais-tu ce que je désire ? : Souffrir et être méprisée. »

Le diable est forcé de dire : « Savez-vous pourquoi la petite Arabe parle ainsi ? pourquoi elle est forte ? Parce qu'elle marche à la suite du Maître. » — La sœur dit : « Avec Jésus, je m'unis à toutes les âmes qui souffrent sur la terre ; j'offre tout pour les pécheurs. Mon Dieu, soyez béni ! »

« Tu crois, Satan, que j'ai besoin de voir Jésus? Tu crois que, sans cela, je n'ai pas de force? Sans que je voie Jésus, sa force sera en moi. Toi, Satan, tu es faible; malheur à ceux qui te suivent! Tu dis que tu es grand : montre ta grandeur. Tu es venu pour me tromper, pour me faire tomber! Grâce à la prière et à Jésus, tes attaques ne servent qu'à me faire monter plus haut. Je sais que je ne suis que faiblesse, mais j'espère en la miséricorde de Dieu. »

« Je perds tout, je perds tout, s'écrie le démon avec désespoir, je m'en vais demander au Maître de ne plus la tenter. » La possédée tombe comme morte. Mais Satan est vite de retour. « Le Maître m'a dit, ajoute le diable, de la tenter tant que je voudrai. » Après cette attaque, la sœur dit :

« Satan, tu me tentes contre l'Église? J'aime l'Église, elle est ma mère! elle t'écrasera la tête. Toutes tes attaques contre elle sont nécessaires pour montrer ta malice et ta faiblesse. Tes tentations nous donnent la lumière. Tu dis que le Saint-Père mourra martyr? Il sera martyr de l'amour, parce qu'il croira n'avoir rien fait pour Jésus. Tu seras au-dessous de lui : ta tête sera sous ses pieds. Ma mère l'Église ne tombera pas; c'est toi, Satan, qui tomberas. Tu es tombé une fois du ciel; depuis lors, tu tombes toujours. Si les hommes te voyaient, jamais ils ne te suivraient.

« Tu cherches à me causer de l'ennui? je suis joyeuse.

« Tu essaies de me décourager? j'ai confiance en Dieu.

« Par moi-même, je ne suis qu'un petit rien; par Jésus, je serai au-dessus de toi. Tu vois comme je me moque de toi. Jésus sera ma lumière. Jésus choisit les faibles. Parce que je suis faible, il m'a choisie. »

Le démon s'écrie : « Tout ce que la petite Arabe a dit, est mensonge. N'a-t-elle pas affirmé que, si l'on me voyait, personne ne me suivrait? Eh bien! tout le monde me voit, et tout le monde me suit. Et le Maître, venu sur la terre pour donner l'exemple, pour tracer la voie, tout le monde l'a vu, et personne ne le suit. » Après cette vingt-quatrième attaque, la novice fait plusieurs fois sur elle le signe de la croix et dit : « Mon Dieu, soyez béni! »

« Tu crois, Satan, que je fais cas de mon corps? Apporte tout ton feu, jette-le dans mon cœur; déchire ce cœur, il est à Jésus-Christ. Tout ce que tu fais souffrir n'est pas grand'chose; nous ne demeurons pas toujours sur la terre : aujourd'hui, nous sommes sur la terre; demain, nous n'y sommes plus. Je désire être attachée à la croix, comme mon Bien-Aimé. Toutes mes souffrances, comparées à celles de Jésus, ne sont rien. Brise ce corps. Je suis prête à te répondre : ce n'est pas moi qui te réponds, c'est Jésus. »

— « Rester cent ans avec Jésus, sans rien manger, me nourrit plus que manger mille ans avec toi. Oui, avec Jésus, je suis bien plus nourrie qu'avec tout ce que tu offres. Tout ce que je souffre n'est rien. Satan, je te vaincrai par Jésus. Tu crois que, à cause de mon corps, j'abandonnerai mon Bien-Aimé? J'ai quitté tous les plaisirs de la terre. Ne dis pas que ta grandeur est la cause de mes épreuves. C'est le Maître qui, à ma grande joie, t'a permis de me faire souffrir. Je ne suis que poussière. Mais toi, si tu es quelque chose, parle. Veux-tu savoir qui m'a enseigné tout ce que je dis? C'est toi, par tes tentations. Je suis prête à tout recevoir pour Jésus. » Et elle riait.

« Satan, tu es tombé en pleine lumière; nous, nous tombons par faiblesse. Qui suit la lumière? Le cœur droit. Si tu étais juste, tu ne serais pas tombé. N'as-tu pas honte de toujours répéter que tu es juste? Je me moque de toi. Je ne pleure pas, je ris. Tu veux m'enseigner à pleurer, et moi je veux t'apprendre à rire.

« Si le Maître te donne la permission de me briser, je t'aiderai pour ce travail et je me réjouirai. Tiens, je te donne mes bras : coupe-les, si Dieu le veut; je te donne ma tête. Tu cherches à tromper les âmes; Jésus cherche à les relever. Pendant que ma bouche te parle, mon cœur est avec Jésus!

« Tout pour Jésus, rien pour toi, Satan; même manger, même boire, pour Jésus. Mon Dieu, je vous aime, augmentez mon amour; j'espère en vous, augmentez mon espérance : je ne serai pas confondue; je crois en vous, augmentez ma foi. »

Et au démon :

« Qu'est-ce que tu dis, Satan? Tu parles de ta grandeur? Ta grandeur, c'est l'abîme; ta grandeur, c'est le feu.

« Gloire à Marie! gloire à Jésus! gloire à Dieu le Père qui nous a donné Jésus! gloire à Marie qui a écrasé la tête du serpent! »

Le démon dit alors : « Je m'en vais chercher la souffrance »; la sœur Marie tombe aussitôt comme morte. Un moment après, le démon revient pour la tourmenter. Après la lutte, la sœur dit : « Mon Père, je m'unis à Jésus et à tous les pécheurs convertis. Mon Dieu, soyez béni!

« Sais-tu, Satan, quelle est notre ressource pour te vaincre? La première, c'est l'eau bénite; prise avec foi, elle te fait fuir ; la seconde, c'est l'humilité ; la troisième, c'est la pauvreté.

« Depuis six mille ans, tu tentes les âmes, cela est nécessaire. Va-t'en, Satan ; honte à Satan !

« Tu me tentes contre la foi ? J'ai Dieu avec moi ; je ne crains rien. Tu me dis qu'il n'y a pas de Dieu ? Je vais au jardin contempler la création ; je vois les petits arbres devenir grands ; cette vue fait grandir ma foi.

« Tu me tentes contre l'Église ? Je vais encore au jardin ; je trouve un fruit et je l'ouvre ; je regarde ce fruit ouvert, et je vois la graine dans le fruit. J'entre dans une église, j'ouvre le tabernacle et je trouve l'Eucharistie.

« Tu me tentes contre la charité ? Je descends ; je considère les bêtes, je vois les agneaux, les poussins, je les vois tous ensemble, unis entre eux. Je vois sur un seul arbre beaucoup de fruits. Je suis en religion ; je me vois comme un fruit, avec beaucoup d'autres fruits sur la même branche, sur le même arbre. Oh ! que j'aime la charité ! — Tu me tentes contre le confesseur ? Quand je me confesse, je ne regarde pas l'homme ; je me confesse à Jésus.

« Tu me dis que mes sœurs sont mieux habillées et plus soignées que moi ? Tu veux me rendre jalouse. Pour triompher, je te regarde, toi, qui es tombé du ciel par jalousie, et je dis : Pourquoi serais-je jalouse, moi qui ne suis rien ? Seigneur, je ne suis pas digne d'être ce que je suis.

« Je considérerai mes sœurs comme autant de disciples bien-aimés, et je ne m'étonne pas qu'on les aime plus que moi, qui suis la plus pauvre, qui ne suis que péché. »

— « Je m'en vais, je m'en vais, dit Satan, je ne puis

plus rester », et il part en poussant des cris affreux. Après cet assaut, la sœur dit : « Mon Dieu, j'offre toutes mes souffrances passées pour les âmes aveugles, afin qu'elles voient. Je les offre avec Jésus, avec les âmes qui ont souffert par amour, sans en avoir conscience, parce qu'elles étaient dans la nuit de l'épreuve. Mon Dieu, soyez béni ! »

Après chaque assaut, la novice continue à confondre son ennemi en louant Dieu et en renouvelant ses actes de foi, d'espérance et d'amour :

« Mon Dieu, dit-elle, mon Dieu, soyez béni ! Que tous les saints de la terre et du ciel bénissent Dieu ! — Mon Dieu, que votre volonté soit faite ! » — « Mon Dieu, j'espère en vous ; vous êtes ma force : sans vous je ne suis rien ; vous êtes toute mon espérance.

« O mon Dieu, je vous rendrai grâces. — O mon Dieu, je vous demande la grâce, la grande charité d'être méprisée. — Ma bonne Mère du ciel, mon bon ange, intercédez pour moi. — La vie passe vite ! Si je ne suis que péché, j'implore toujours votre miséricorde. Je rendrai grâces, si l'on me méprise.

« Mon Dieu, je vous remercie de tous vos bienfaits. »

— « Monsieur le Curé, monsieur le Supérieur, disait le démon aux deux prêtres qui assistaient cette victime, vous perdez votre temps ; tout ceci n'est que mensonge, tout ceci est naturel. Il n'y aura rien demain, le Maître ne viendra pas. Tout ceci n'est que physique, tout ceci n'est pas de Dieu. »

— « J'ai soif, j'ai soif de Jésus seul ! disait la novice. Heureuses les âmes qui souffrent en secret, connues de Dieu seul ! Que j'aime une âme souffrant avec patience, cachée avec Dieu seul !

« Je remercie Dieu de m'avoir reçue ici ; j'ai beaucoup péché. Grâce cependant aux prières des sœurs, j'espère qu'il me fera miséricorde, qu'il me pardonnera toutes mes infidélités.

« Mon Dieu, je vous rends grâces. Sainte Vierge, que vous êtes pure! rendez vos enfants purs comme vous, afin qu'ils ne tombent pas dans les filets de Satan. Saints du ciel et de la terre, intercédez pour ceux qui ne connaissent pas la malice de Satan. Mon Dieu, unissez-moi à vous... Je n'ai pas peur, Satan. Si je savais que mon œil dût offenser Jésus, je l'arracherais ; si c'étaient les mains et les pieds, je les couperais. J'ai soif, j'ai soif de Jésus, et non point de toi, Satan. »

— « Misérables, crie le diable aux sœurs, qui prenaient des notes, vous écrivez ! Tout cela est mauvais comme vous ; tout cela n'est bon qu'à être jeté au fumier. Il n'y a rien de vrai : tout est physique. »

— « Sainte Vierge, ma bonne Mère, dit la sœur, je m'unis à vous qui êtes venue sur la terre pour donner le bon exemple ; je m'unis à votre patience, à votre résignation dans la souffrance, quand votre Fils était abandonné, sans consolation. Mon Dieu, soyez béni ! »

Et au démon : « Eh bien quoi, Satan? qu'est-ce que tu dis? Tu crois que tout le monde suit l'orgueil comme toi? Non, non, il y a sur la terre un grand nombre de saints cachés. Misérable, on ne te voit qu'à la mort. Si l'on voyait seulement ton visage, tout le monde te fuirait. Tu es si laid ! il n'y a rien ici-bas d'aussi laid. Si je savais peindre ! Esprit-Saint, Esprit-Saint, inspirez-moi toujours ; montrez à tous les hommes la malice de Satan.

« Que dis-tu encore, Satan? Tu dis que je t'aime? Non, certes, je ne veux que Dieu seul.

« Tu dis que tu perds les âmes? Oh! si elles te connaissaient, elles se garderaient bien d'aller à toi; les bêtes mêmes te fuiraient. Si tu touches les arbres, ils deviennent noirs; si tu touches la terre, elle sèche. Tout ce que Jésus touche, tout ce qu'il regarde, fleurit.

« Tu dis que tu es Dieu? Si tu l'es, viens, crée un arbre, fais-le sortir de terre pour qu'on le voie. Malheureux ceux qui te suivent! Qui t'a permis, Satan, de prendre la forme des sœurs pour me tenter? »

Nous n'avons assisté jusqu'à présent qu'à la moitié du combat. Cinquante nouvelles luttes doivent suivre les cinquante premières. Après les cent attaques seulement, Jésus viendra passer dans le corps de cette héroïque victime pour le guérir.

Satan s'adresse à toutes les sœurs présentes : « Vous écoutez, misérables! leur dit-il; la petite Arabe l'ignore, mais moi, je le sais. »

— « Mon Dieu, dit la novice, unissez-moi à vous par l'amour du prochain, afin que je l'aime plus que moi-même. »

Et à Satan : « Si tu me dis que tout le monde m'honore, que tout le monde m'aime, je souffre; mais si tu me dis que tous me méprisent, je suis contente. Le mépris est mon bonheur.

« Tu dis que, à Saint-Joseph de Marseille, tu as souvent pris ma forme pour faire beaucoup de fautes, afin de donner mauvaise opinion de moi aux sœurs. Tu as fait cela? Oh! que je suis heureuse de l'apprendre! Je serais presque tentée de te dire merci. Mais non, je ne te remercierai pas; je remercierai Jésus. Je désire souffrir par amour pour Jésus, et non dans le but d'être connue. Je désirerais que toutes les créatures me jugeassent mal comme toi. Mon Dieu, je ne cherche qu'à aimer Jésus, à le servir avec simplicité. Je ne désire pas que le monde me connaisse, je ne désire rien. Mon Dieu, merci de me rendre pauvre. Je ne veux que votre amour.

« Tu dis, Satan, que c'est toi qui inspires de la répugnance pour l'autorité? Je suis bien aise de le savoir, afin de le répéter. Tu travailles à mettre la division? Tu ne réussiras pas.

« Il n'y a personne ici (la sœur, durant ses extases, se croyait toujours seule), je ne vois personne. Si tu vois quelqu'un, Satan, tant pis pour toi. Il n'y a personne ici avec moi; cependant, je n'ai point peur. Je te vois, Satan, mais je vois aussi mon bon ange. O mon bon ange, je vous honore, je vous aime, je vous bénirai éternellement. » (L'ange gardien, d'après la sœur elle-même, lui dictait ces paroles.)

Et au démon : « Satan, ce nom que je te donne est encore trop beau pour toi : je t'appellerai fumier. Si le monde te connaissait, il te mépriserait. Oui, tu n'es que fumier.

« Mépris à Satan ! amour à Jésus ! Je m'offre pour les pécheurs. »

— « Que dit-elle, cette Arabe? s'écrie Satan. Est-ce possible! Non, non, gloire à moi! »

Après l'attaque, la sœur dit : « J'offre mes souffrances pour toutes mes sœurs, pour tout l'Ordre du Carmel, pour toutes les âmes consacrées à Dieu ! »

Et à Satan : « Si tu t'ennuies, va-t'en. Je ne suis pas venue te chercher, c'est toi qui es venu. Mon Dieu, par votre sainte croix, délivrez-moi de la malice de Satan! »

— « Misérables, s'écrie le diable, vous n'êtes pas ennuyées? Il y a longtemps que je le suis, moi. Je ne puis plus rester. Je m'en vais vous vomir. Non, plus jamais je n'entrerai dans une maison semblable. » — La novice dit après cette lutte : « Je m'unis à toutes les âmes qui sont dans l'agonie, afin que Jésus les délivre de la malice de Satan. Mon Dieu, soyez béni ! »

Et au démon : « Va, Satan, parle. Tu me reproches d'avoir demandé à boire? Ce n'est pas moi qui ai fait cette demande, je n'ai soif que de Jésus; je ne me nourris pas d'eau ; car, après avoir bu, on a encore soif. Je me nourris de la parole de Dieu. La parole de Dieu ne passe pas, ni sur la terre, ni au ciel.

« Quand l'esprit de Dieu descend dans une âme, il apporte le calme, la paix, la joie; quand c'est toi, Satan, tu n'apportes que l'ennui, la peine, le trouble.

« Mépris à Satan, gloire à Dieu ! »

— « Il est minuit, venez, venez, venez. Tous ensemble, brisons l'Arabe », dit Satan à ses compagnons; et, se tournant vers les sœurs dont la présence l'irrite : « Aucune de vous, dit-il, ne veut aller dormir? Voyez celle-là, ajoute-t-il en indiquant une sœur malade, tous les soirs, elle est couchée de bonne heure ; et cette nuit, elle a des yeux de chat. » Ces paroles excitent l'hilarité des sœurs. « Vous riez encore de mon langage, misérables ! » s'écrie le diable furieux. — « Je m'unis à Jésus, dit la sœur, quand il juge les âmes; je m'offre pour les pécheurs, afin qu'ils aient la lumière pour suivre Jésus et pour s'éloigner de Satan. Mon Dieu, soyez béni ! »

Et au démon : « Viens, viens, montre-toi tel que tu es. Tu dis que tu veux prendre la forme d'un chat, d'une poule ou de toute autre bête? Non, non, nous connaissons les chats, les oiseaux, les bêtes. Viens, descends, montre-toi tel que tu es. Je t'assure que, dans ce cas, personne n'irait à toi. On courrait vers Jésus, si l'on voyait ta malice.

« Gloire à Jésus, à Marie, à Joseph, gloire à tous les

saints ! » Et, quelques instants après, avec une petite voix d'enfant, elle ajoute en regardant à travers le pouce et l'index : « Je vois une petite lumière ; je vois une petite porte qui conduit à Jésus ; elle n'est pas bien éloignée. Je sens que l'eau noire va bientôt s'en aller. Je suis contente. C'est Jésus, Satan, qui t'a permis de me faire souffrir. Je ne suis pas digne de souffrir. Après la petite porte, je vois un petit chemin tout droit, tout facile pour aller à Jésus. Je vois Jésus, je vois Marie. Que tu es misérable, Satan ! Je n'ai pas vu le jour jusqu'à ce moment. Grâce à cette lumière, je vois, Satan, ta noirceur. Je vois Jésus, il étend ses bras ; il m'attend pour me purifier et pour me rafraîchir », et elle souriait.

« Gloire, amour à Jésus, à Marie ! Honte à Satan » !

Le diable aurait voulu sortir du corps de la possédée avant la fin des cent attaques. Et comme les sœurs riaient de l'entendre confesser sa faiblesse et son impuissance, il se montrait furieux et les insultait. Il maudissait le jour où il avait commencé cette lutte contre la sœur.

— Après le cinquante-neuvième assaut, la sœur dit : « En union avec l'allégresse de Marie, quand l'ange lui annonça la venue de Jésus, j'offre pour la communauté et pour notre Ordre tout ce qui s'est passé et tout ce que Jésus voudra encore. Oui, oui, répète-t-elle presque en chantant, j'affirme que je m'unis à l'allégresse de la très sainte Vierge, parce que je commence à voir le jour, je commence à offrir à Dieu la joie. »

Et au démon : « Je te dis, Satan, que je ne sens pas si je suis avec mon corps ; je sens que je suis avec Jésus. Quand Dieu veut une chose, tu ne peux rien y changer ; tu es obligé d'obéir à Jésus en tremblant. Sainte Vierge, obtenez-moi l'humilité, la joie, l'union avec Dieu ; je vous demande aussi ces mêmes grâces pour notre saint Ordre.

« Satan, tu cherches à m'attraper, et c'est toi qui es l'attrapé. »

— « Vous voyez l'Arabe, s'écrie le démon ; tout son corps est brisé et elle n'avoue pas seulement qu'elle est malade. Cette misérable me souhaite la honte. Attends, attends » ; et il la tourmente horriblement. La sœur dit : « Je m'unis... » Satan veut l'empêcher de continuer ; elle reprend avec force : « Ne m'empêche pas de parler », et comme il essaie de nouveau, elle dit : « Eh bien, je crierai « Amour à Jésus ! gloire à Marie ! honte et mépris à Satan ! Oui, à la vie, à la mort, amour à Jésus ! »

Et s'adressant au démon : « Qu'est-ce que tu dis, Satan ? Par moi-même, je ne suis que faiblesse : c'est Dieu qui fait tout en moi. Oui, Jésus viendra pour écraser ta tête. Je sens la joie, la paix. Je ne suis pas sur la terre pour suivre mes goûts, j'y suis pour chercher le fiel, le mépris, par la grâce de Dieu.

« Sainte Vierge, délivrez les âmes qui suivent Satan. » Trois fois elle répète cette prière, et elle ajoute avec une toute petite voix : « Je vois un peu le jour, je vois un peu la porte, je vois Jésus arriver ; le jour approche doucement, en silence. Il ne fait pas comme toi, Satan, tu viens avec bruit. Gloire à Jésus ! gloire à Marie ! honte et mépris à Satan ! Satan, ces paroles t'écrasent. Eh bien, je les dirai toujours ; je les dirai dans le cœur, si je ne puis pas les dire de bouche.

« Je m'unis à Jésus, à Marie, à Joseph, quand ils ouvrirent la porte de la petite maison d'Égypte, afin que les pécheurs aient une petite place dans leur cœur pour aimer Jésus, pour qu'ils possèdent aussi une place dans le cœur de Jésus. Je voudrais une petite maison bien propre dans mon cœur pour recevoir Jésus, une maison où il n'y eût plus de péchés, afin que Jésus pût s'y plaire. Si je sais recevoir Jésus, j'ai tout. Il est doux de souffrir avec Jésus. Tout ce qui vient de Jésus est doux. Tout ce qui vient de toi, Satan, est mauvais. Plus les luttes se multiplient, plus je vois clair. Amour à Jésus, à Marie! »

Après la soixante-seizième attaque, Satan s'écrie : « Cette misérable Arabe! jamais nous n'avons le pouvoir de changer sa figure. Lucifer lui-même ne le pourra pas, parce qu'elle a été martyre, et qu'elle s'est gardée toujours pure, toujours vierge. » — « Dieu soit béni! disait toujours la sœur; le reste, je le dirai dans mon cœur. Satan est jaloux de ceux qui suivent Jésus. Je suivrai Jésus jusqu'à la mort, sur la terre, au ciel, dans l'enfer même. Si Dieu le veut, eh bien, oui, j'irai, s'il le veut, dans l'enfer avec Jésus. L'enfer avec Jésus vaut mieux que toi, Satan. Le diable me dit que, s'il m'attrape, il me mettra plus bas que Judas. »

Après la quatre-vingt-onzième lutte, Satan dit : « Je le confesse avec tous mes frères, nous n'aimons pas la charité, l'humilité, l'obéissance. »

Après la quatre-vingt-treizième, la sœur Marie dit : « Gloire à Jésus, gloire à Marie! Je commence à voir le jour; la porte s'ouvre; je commence à voir la sainte Vierge.

« Mon Dieu, soyez béni.

« Mon Dieu, je vous aime de tout mon cœur et par-dessus toutes choses. »

La fin du terrible combat approche. C'est la quatre-vingt-dix-neuvième lutte.

« Attendez, attendez, dit le démon; peut-être que, à la venue de Lucifer, elle poussera une plainte. » Mais la sœur dit encore : « Gloire à Jésus, gloire à Marie! gloire à Joseph! gloire à Dieu seul! »

Le diable revient une dernière fois; il parle de l'arrivée de Lucifer : « Notre chef, dit-il, ne sort presque jamais de l'enfer. En passant dans le corps de l'Arabe, il va tellement la brûler, que vous ne pourrez pas même toucher le bout de son doigt, jusqu'à ce que le Maître ait, à son tour, passé dans ce même corps pour le guérir. »

Le lit de fer sur lequel l'héroïque victime se trouvait depuis le commencement du combat était si endommagé, qu'il fallut la placer sur un autre.

A onze heures trois quarts, le diable s'écria : « Reculez, Lucifer vient : si vous restiez près de l'Arabe, vous seriez toutes brûlées. »

M. l'abbé Manaudas et les sœurs reculent. Quelques instants après, on voit le visage et les mains de la sœur Marie devenir rouges comme du feu, et ensuite tout à fait noirs. La fumée s'échappe de tout son corps; on sent une forte odeur de soufre. La sœur respire à peine. Mais bientôt des cris plus forts que le sifflet de la locomotive se font entendre; on en compte jusqu'à dix-neuf. C'était la fin de la lutte. Une vision céleste vient réjouir l'héroïque victime. Elle disparaît bientôt. La novice ressent alors toutes ses douleurs; elle ne peut plus prononcer une seule parole, ni faire le moindre mouvement. Sa bouche s'ouvre par intervalles comme celle d'un moribond. L'abbé Manaudas s'approche comme pour recueillir son dernier souffle. Il est midi, heure à laquelle, on s'en souvient, la possession a commencé, il y a quarante jours.

CHAPITRE VIII

La délivrance. — Possession par l'ange pendant quatre jours.

La scène change. Subitement, la sœur Marie de Jésus Crucifié s'élève au-dessus du lit. Son visage est radieux, ses yeux brillent comme deux diamants; un sourire céleste effleure ses lèvres. Tous les assistants sont à genoux; de toutes les bouches sort en même temps le même cri : « Jésus! » La joie du ciel est dans tous les cœurs, et elle se traduit par de douces larmes. On sent que Jésus vient de passer dans le corps de la sœur pour le guérir.

Un esprit surnaturel avait succédé au Sauveur dans le corps de la sœur délivrée et victorieuse. « La sainte Vierge, dit cet esprit par l'organe de la novice, vous demande l'humilité, la simplicité et la pratique de toute la Règle. » — « Jésus, s'écrie la novice ravie, est mon doux rafraîchissement! » Lorsque l'extase eut cessé pour quelques instants, la sœur Marie conserva la joie dans son âme et jusque sur les traits de son visage. Elle baisait avec reconnaissance les mains de M. l'abbé Manaudas; elle remerciait avec effusion les sœurs de leurs soins affectueux; elle les embrassait et elle disait en tressaillant : « Je sens la joie jusque dans mes os ». Vers une heure, M. l'abbé Saint-Guily arriva. Aussitôt qu'elle l'aperçoit, la novice s'écrie : « Mon père, mon père, il y a si longtemps que je ne vous ai vu. Mon père, j'ignore d'où je viens. Je ne sais ce que c'est, mais je sens la joie dans tout mon être. » — « Et où étiez-vous? » lui demanda le curé de Saint-Martin? — « Mon père, à cause de mes péchés, j'étais dans une mer noire; à présent, j'ai la joie dans mon âme, et même dans mes os ». Elle répétait, sans s'en douter, les paroles du Psalmiste : « Les os humiliés bondiront. »

L'extase la reprit. Elle s'entretenait avec Marie et avec sainte Térèse. On comprit que la sainte Vierge lui disait de demander quelque faveur pour la communauté : « Non, ma mère, non, répondait-elle, vous êtes la mère de toutes; quel besoin de vous demander quelque chose? »

S'adressant ensuite à sainte Térèse : « Je vous en prie, ma mère, lui dit-elle, gardez la communauté, gardez tout l'Ordre; ne regardez pas les fautes de vos filles. Si vous m'abandonniez, je serais moins obéissante, plus infidèle que toute autre.

« La sainte Vierge dit : Agneaux, faites toujours ce que le Pasteur vous dira; ayez confiance en Jésus. Méprisez surtout le petit rien (elle-même); faites-lui comprendre toujours son néant; qu'il ne sache jamais rien de ce qui s'est passé.

« Si chacun des agneaux se regarde comme le dernier, la sainte Vierge sera avec lui. Suivez la parole de Jésus. Ne vous découragez jamais. Satan furieux viendra vous tenter : ne l'écoutez jamais, écoutez toujours le Pasteur. Jamais, jamais, n'écoutez Satan; il est jaloux. Quand il vient, humiliez-vous. Si Jésus permet qu'il vous tente, c'est pour vous faire grandir.

« Quand vous êtes tentées contre un agneau, allez le

trouver avec la permission de l'autorité; embrassez-le; dites-lui : « Le démon me tente contre vous, mais je vous aime. » Satan s'en ira. Que les agneaux aiment les autres plus qu'eux-mêmes. Il faut toujours aller contre tout ce que Satan inspire. »

Et se tournant vers la Prieure : « Pasteur, lui dit-elle, la sainte Vierge vous recommande d'aimer les agneaux d'une affection égale. En les aimant, c'est Jésus que vous aimez. Faites attention, n'en méprisez aucun; ils sont, tous, les agneaux de Jésus. La sainte Vierge vous dit encore : « Faites-vous toute petite; ayez confiance; aimez les agneaux plus que vous-même ».

« Que les agneaux obéissent toujours au Pasteur, qu'ils s'aiment toujours les uns les autres; qu'ils pratiquent toujours l'humilité, la charité. Satan est jaloux de vous, mais ne vous découragez jamais; suivez le Pasteur. Agneaux, n'écoutez jamais Satan; ne l'écoutez jamais; méprisez-le; brisez-le. Satan n'aime pas la charité. Il essaiera de vous mettre les unes contre les autres. Embrassez-vous, il partira. »

Elle apostrophe le démon : « Satan, lui dit-elle, tu seras confondu, tu seras écrasé. »

Revenant à la Prieure : « Ma Mère, ajoute-t-elle, la sainte Vierge dit à chacune d'aller à son devoir. La présence de Jésus vous aurait fait mourir, s'il ne vous avait soutenues. Ma mère, la sainte Vierge vous dit de faire assister le petit rien à tous les actes de communauté; il ne s'en apercevra pas, mais il y sera. »

Les sœurs ne se résignaient qu'avec peine à la privation de la voir et de l'entendre. Elle leur dit : « Agneaux, la sainte Vierge voit votre désir de rester avec le petit rien; mais elle veut que vous alliez à votre devoir; elle sera avec vous. Pendant la récréation, vous pourrez revenir, la Règle le permet. La sainte Vierge dit que lorsque les agneaux seront de nouveau réunis ici, elle reviendra avec plusieurs saints du ciel. Les deux pasteurs (la Mère Prieure et la Mère Élie, maîtresse des novices) ne doivent pas rester non plus ici, les deux ensemble, mais l'un après l'autre, afin de pouvoir aller à leur devoir. »

La Prieure lui ayant demandé si une sœur pouvait rester pour écrire, elle répondit : « La sainte Vierge le permet, tout en vous laissant le choix de cette sœur ».

Les religieuses revinrent pendant la récréation ; rangées autour de l'extatique, elles continuèrent à recueillir ses enseignements célestes. « Agneaux, leur dit la novice toujours ravie, Jésus dit que vous serez ensemble au ciel auprès de lui ; vous formerez comme une couronne autour de son cœur. Agneaux, dites-vous toujours à vous-mêmes : Si Jésus m'abandonnait, je serais pire que Judas ; mais si Jésus me garde, je serai Jean le bien-aimé.

« Salut, père Élie ; salut, père Élie ! Père Élie vous dit : « De même que vous êtes toutes unies sur la terre, vous serez toutes ensemble au ciel. » Sainte Térèse vous répète la même chose. La sainte Vierge bénit tous les parents des sœurs. Père Joseph ; Père Joseph ! Saint Joseph vous bénit et vous dit : « Soyez humbles, soyez petites : observez bien la Règle : encore un peu de temps et vous serez toutes ensemble au ciel, près de Jésus. » Salut, Pater Jean, Marie des Anges ! Salut, Marguerite, ma Bien-Aimée !... Salut, salut, Simon Stock ! Saint Simon dit : « Aimez-vous les uns les autres ; pensez toujours : Si nous ne sommes rien sur la terre, nous serons quelque chose au ciel ».

« Salut, salut, martyrs de Jésus le Bien-Aimé ! Observer la Règle et l'humilité est un nouveau martyre. Les martyrs vous disent : « En peu de temps, vous serez avec nous au ciel. Allez toujours contre la nature; c'est là un bon martyre par amour pour Jésus le Bien-Aimé. »

« Salut, salut, Madeleine, Germaine, Marthe, Henriette! Saint Dominique et saint François vous disent comment ils ont fait pour devenir de grands saints. Ils gardaient toujours dans leur âme le sentiment de leur néant; ils aimaient le prochain plus qu'eux-mêmes; ils allaient toujours à Jésus pour remplir leur cœur.

« Et quel est le chemin pour aller à Jésus? C'est l'humilité, l'obéissance, la confiance, l'observance de la Règle. Grâce à la pratique de ces vertus, Jésus nous reçoit dans son cœur.

« Salut, salut, Véronique, Apollonie, Nicolas, Aimée! Comment faire pour aller à Jésus? Vous dites : « Regardez toujours Jésus ». — « Comment faire pour regarder toujours Jésus? » Ils disent : « Tout ce que Satan fait, méprisez-le et regardez toujours Jésus ». — « Par quel moyen regarder toujours Jésus? » — « En travaillant, en obéissant, en jeûnant, en mangeant, en vous reposant, quoi que vous fassiez, regardez toujours Jésus. Si vous vous oubliez, ne vous troublez pas, que rien ne vous trouble. Prosternez-vous et dites : Je vous demande pardon, Seigneur, je me suis oubliée un instant. Ne permettez pas que je vous oublie de nouveau; ne m'oubliez pas, surtout comme je vous ai oublié. Oui, dans le travail, dans la tristesse, dans la peine, dans l'ennui comme dans la joie, il faut toujours regarder Jésus. »

« Salut, salut, Marie des Anges! » Elle écoute; un instant après, elle sourit. La Bienheureuse lui nommait plusieurs saints présents, et la novice comptait sur ses doigts, toujours en souriant. Elle s'écrie : « Saint Jean de la Croix dit : Marie des Anges, sur la terre, a aimé ses sœurs, elle a désiré souffrir et être méprisée pour Jésus. Il dit encore que ses filles doivent pratiquer l'obéissance intérieure et non point seulement l'extérieure. Si on ne possède pas cette vertu, on a un grand mérite quand on travaille à l'acquérir. — Jésus dit : Toutes celles qui feront mourir leur volonté propre, le Seigneur les bénira. A force de travail, vous parviendrez à pratiquer la vertu comme si elle était née avec vous.

« La sainte Vierge dit qu'il faut aller au jardin pour purifier les œuvres de Satan. Satan y allait tous les jours à cette même heure pendant la possession : allons-y, nous aussi, pour purifier toutes ses œuvres. Tous les agneaux peuvent venir. » D'un pas léger et rapide, la novice descend, escortée par toutes les sœurs. Elle bénit la cuisine et tous les endroits de la maison où Satan était allé ; arrivée à la grange, elle ne se contente pas de faire un signe de croix comme partout ailleurs, elle demande de l'eau bénite : « La sainte Vierge va tout bénir ». Elle marche la tête droite, les mains élevées, les yeux au ciel, souriant et tressaillant d'une manière ineffable. « La sainte Vierge dit que c'est le Pasteur qui doit bénir », et elle remet l'aspersoir à la Prieure. Elle lui indique les endroits à purifier en lui faisant répéter chaque fois ces paroles : « Par votre sainte croix, Seigneur, délivrez-nous de la malice de Satan. » Au jardin, elle n'oublie ni un seul arbre touché par Satan, ni une seule grappe où il avait pris des grains : tout est purifié.

Elle s'écrie : « Petite vigne, petits arbres, portez toujours de bons fruits pour nourrir les agneaux de Jésus ».

Et, étendant la main comme pour indiquer la présence de quelqu'un : « Voyez, voyez, ajoute-t-elle, Satan *bisque;* il ne voulait pas venir, mais la sainte Vierge l'a obligé d'assister à sa défaite. Il court, il court », et elle battait des mains.

Parvenue auprès d'une statue de Notre-Dame de la Salette, elle se prosterne en réparation de ce que Satan, pendant la possession, l'avait empêchée de se mettre à genoux devant Marie.

Au parloir, elle dit aux sœurs tourières : « Sur la terre vous êtes dehors; au ciel, vous serez avec les agneaux qui sont dans la clôture. Si vous êtes fidèles, vous pouvez même monter plus haut qu'eux. La sainte Vierge vous dit que vous êtes ses filles et les filles bien-aimées de Jésus; elle vous bénit. »

Cette procession avait duré deux heures.

Après vêpres, les enseignements continuèrent : « Petits agneaux, soyez fidèles : suivez la Règle et l'obéissance; ne sortez jamais sans permission des actes de communauté. Celle qui suit la Règle et la communauté, a la bénédiction de Jésus. Celle qui sort par nécessité des actes de communauté, a la bénédiction de Jésus; celle qui, par devoir, est obligée d'y manquer, ne perd pas la bénédiction de Jésus.

« Ne faites jamais rien sans permission; demandez-la pour chaque chose, et non point d'une manière générale.

« Aimez le silence, petits agneaux; il vous est permis de dire quelques paroles pour les choses nécessaires; ayez soin seulement de parler bien bas, et dans les endroits où l'on ne peut être entendu.

« Agneaux, la sainte Vierge dit que vous devez bien employer le temps pendant la semaine, bien travailler pour Jésus, sous les yeux de Jésus, en silence, en patience, en esprit intérieur. Le dimanche, toute la journée pour Jésus. Il ne faut, le dimanche, que prier et lire des livres qui parlent de Jésus.

« Chers petits agneaux, je vous le répète, pratiquez bien l'esprit de la Règle, l'humilité, la charité, l'obéissance. Soyez entièrement à Jésus. Donnez-lui tout. Si nous ne faisons pas des efforts pour pratiquer la vertu, pour observer parfaitement la Règle, nous resterons longtemps, longtemps au Purgatoire.

« Satan vous tentera; soyez plus fortes que Satan. La tentation est un bien pour vous; c'est l'eau qui lave et qui rend propre pour Jésus. Réfléchissez bien à ceci : aujourd'hui sur la terre, demain sous la terre.

« La Mère Térèse vous dit : Mes filles bien-aimées, le temps est court. Souvenez-vous toujours d'aimer votre prochain. Préférez toujours une sœur qui vous exerce, qui vous éprouve, parce que vous pouvez toujours gagner avec elle : la souffrance, c'est l'amour; la Règle, c'est l'amour.

« Quand vous serez fidèles et que vous ferez quelque chose pour Dieu, Satan viendra vous faire croire que vous valez beaucoup, que vous faites bien toutes choses, que vous êtes saintes. Vous serez tentées de tout abandonner par crainte de tomber dans l'orgueil. Satan voudrait par là vous empêcher de faire le bien, de vous appliquer à la perfection, d'accomplir quelque acte généreux pour Dieu : ne l'écoutez pas, méprisez-le; travaillez, le temps est court.

« Petits agneaux, Mère Térèse dit que, pour lui plaire, vous devez, pendant la récréation, parler beaucoup du bon Dieu. Ne faites pas une seule question sur le monde; il faut que vous soyez mortes. Si nous parlons du monde, nous nous remplirons du monde et nous ne mourrons pas : la Règle, c'est la mort.

« Jésus vous a choisies : soyez-lui reconnaissantes. Observez bien la Règle. Une novice qui n'observe pas la Règle, fît-elle des miracles, renvoyez-la.

« Agneaux, la sainte Vierge vous répète de ne jamais faire connaître au petit rien (à elle-même) ce qui s'est passé. Ne lui faites aucune question. Il ne faut pas faire attention à elle, ni la regarder, ni la nommer ; rien, rien que le mépris. Il faut la traiter comme toutes les autres, et même comme la dernière des novices, la laisser faire comme si elle n'y était pas.

« Le petit rien ne restera ici qu'un peu de temps ; il fera ensuite l'œuvre de Dieu.

« Petits agneaux, soyez fidèles. La sainte Vierge dit que les temps vont changer ; vous verrez des choses que vous n'avez pas encore vues ; des religieuses quitteront leur couvent ; des prêtres apostasieront. Marie vous recommande de bien éprouver les novices avant de les recevoir à la profession. Si vous ne les éprouvez pas, elles vous éprouveront. Qu'elles fassent la Règle tout entière ; on ne doit leur accorder aucune dispense. Ne craignez pas de manquer de charité en les renvoyant ; la charité, vous devez l'avoir pour votre Ordre, et non pour une novice qui n'en aurait pas l'esprit. Il vous en coûtera quelquefois, parce que la novice que vous devez renvoyer est pauvre ou orpheline. Ne pensez pas à cela, ne vous en préoccupez pas.

« Ne regardez ni à la pauvreté, ni à la richesse. Que vous seriez malheureuses, si vous n'osiez pas renvoyer une novice parce qu'elle peut faire du bien au couvent. Laissez tout cela de côté ; ne considérez qu'une seule chose : si elle suit la Règle. La Règle, c'est l'argent ;

la Règle, c'est le miracle; la Règle, c'est le martyre; la Règle, c'est tout. Une novice qui ne fait pas la Règle, qui n'aurait pas l'esprit de la Règle, renvoyez-la.

« Satan est jaloux; il essaie de tous les moyens pour faire perdre la foi, pour faire tomber les âmes : ne craignez point. Lors même qu'on ne sent pas la foi, il faut vivre d'humilité et de confiance. Quand nous ne sentons pas la foi et que nous marchons toujours en avant malgré nos gémissements et nos larmes, nous endurons un martyre bien méritoire, pourvu que nous demeurions toujours tournés du côté de Jésus.

« Dieu ne permet la tentation que pour nous faire grandir : courons d'autant plus vers Dieu que nous sommes plus éprouvés. La tentation est l'eau qui nous lave; la tentation plus forte est comme l'eau chaude qui nous nettoie mieux.

« Petits agneaux, la Mère Térèse vous recommande la pratique constante de la charité. Cette vertu est si belle, elle est si douce! Ne regardez jamais ni les fautes, ni les défauts des sœurs. Gardez pour vous le plus difficile, le plus pénible, afin de les soulager. Pensez toujours bien des autres : excusez-les. Si vous voyez une sœur verser de l'huile, pensez qu'elle est perdue en Dieu, prenez ensuite un chiffon pour nettoyer la tache.

« Petits agneaux, aimez la Règle, observez-la toujours. Comme la sainte Vierge aime la Règle et les agneaux qui la pratiquent! Comme Jésus est content! L'observation de la Règle, c'est plus que tous les états extraordinaires, c'est plus que d'avoir les stigmates, c'est plus que de faire des miracles. Toutes celles qui gardent la Règle, sont mes filles bien-aimées, dit Marie, et après elle, sainte Térèse.

« Pratiquez surtout l'obéissance. Chaque fois que

vous manquez à l'obéissance de la Règle, vous manquez à la virginité de la Règle. L'obéissance est comme le chemin de fer qui conduit à Jésus. Quand vous vous préparez à communier, il faut considérer quel est celui qui vient. C'est Jésus qui vient, Jésus si bon, si aimable, si doux, et en même temps si grand, si puissant, si beau! Vers qui vient-il? Il vient vers vous qui n'êtes que poussière, que néant. Il vient pour se donner à vous, pour ne faire qu'un avec vous. Lorsque vous le possédez dans votre cœur, pensez que vous êtes comme la sainte Vierge portant Jésus dans son sein. Durant le jour, tenez toujours vos regards fixés sur ce Jésus que vous avez reçu le matin. »

La Prieure permit à chaque sœur en particulier de causer avec la novice ravie, durant un quart d'heure : toutes les religieuses emportèrent de cet entretien comme un baume pour leur âme. Elles comprirent qu'elle devait être éclairée de l'esprit de Dieu pour lire ainsi dans leur intérieur et pour les établir dans l'humilité et dans la paix.

La novice, toujours en extase, annonça à la Mère Élie que le Seigneur prolongeait ses jours[1], au delà de trois ans après la profession, afin que ses mérites fussent plus grands et ses conquêtes sur Satan plus nombreuses.

« Petits agneaux, ajouta-t-elle, saint Joseph dit que Satan vous tentera de différentes manières. A une sœur, il dira que les agneaux ne l'aiment pas. Que doit faire cette sœur? Faut-il qu'elle s'abandonne à la tristesse, aux larmes? Non, non. Pour dissiper la tentation, que cette sœur se prosterne pendant la récréation et qu'elle

---

1. La religieuse mystérieuse qui avait soigné Marie après son martyre (chap. II) lui avait assuré qu'elle se ferait religieuse et qu'elle mourrait trois ans après sa profession.

dise à ses compagnes : « Je vous demande bien pardon, Satan me tente contre vous ; il voudrait me faire croire que vous ne m'aimez pas ; je vous en conjure, priez pour moi », et le démon sera confondu. Si vous sentez de la tristesse, de l'ennui, faites-en la coulpe en pleine récréation, et cet humble aveu mettra en fuite le démon et vous établira dans la paix.

« D'autres fois, Satan vous tentera contre l'autorité. Il vous semblera que la Prieure n'est pas assez capable, ou qu'elle n'a pas assez soin de vous, qu'elle ne fait point attention à vous, soit pour l'âme, soit pour le corps. Humiliez-vous, confessez votre tentation à la Prieure et Satan sera vaincu.

« Au réfectoire, Satan vous tentera contre la sœur cuisinière ; il vous fera croire que la portion n'est pas bien apprêtée, qu'elle est nuisible à votre santé. Mangez comme si de rien n'était, et si vous n'en avez pas le courage, faites votre coulpe aussitôt arrivée en récréation ; dites : « Ma Mère et mes sœurs, priez pour moi, parce que j'ai fait la délicate, je n'ai pas mangé la portion parce qu'elle ne me paraissait pas assez bonne. Afin de me punir de ma sensualité, servez-moi demain un petit reste de chaque sœur. » On le fera ; vous triompherez ainsi de votre sensualité et Satan sera vaincu.

« Ne vous étonnez de rien. Ne vous découragez jamais, parce que vous n'êtes pas des anges, vous êtes faibles.

« Quelquefois, pendant l'oraison, on prend de bonnes résolutions : on désire être humiliée, méprisée, délaissée ; un peu plus tard, on n'y pense plus. Eh bien, petits agneaux, sachez au moins vous humilier de cela et tâchez de profiter des occasions. » — « Satan, dit la sœur à la Prieure et à la Mère Élie, est jaloux de votre union ; il fera tout pour vous mettre l'une contre l'autre :

il se servira même pour cela des sœurs, sans mauvaise intention de leur part. L'une ira à la Prieure, l'autre à la Mère Élie pour faire de faux rapports. Si Satan ne peut réussir par ce moyen, il prendra la forme des sœurs pour vous tromper. Malheureux Satan, il trouve qu'il n'est pas assez humilié ici, il veut l'être davantage. Agneaux, si vous êtes fidèles, Satan sera dans peu de temps tout à fait enchaîné. Voici ce que vous dit saint Joseph : « Petits agneaux, celui qui se fait petit, petit, plaît à Jésus et le trouve ».

Et s'adressant au Supérieur de la communauté qui était présent : « Mon père, lui dit la novice, pour juger de l'esprit qui conduit un prêtre, éprouvez son humilité, son obéissance. S'il n'est pas soumis, c'est Satan. Agissez de même à l'égard d'une personne religieuse quand vous doutez de sa voie. Fût-elle dans des états extraordinaires, si vous lui dites qu'elle est dans l'illusion et qu'elle ne se soumette pas aussitôt à votre jugement, c'est de l'orgueil, c'est Satan. »

La sœur parla longtemps au Supérieur dans ce sens et elle termina par ces paroles remarquables : « Voilà ce que la très sainte Vierge dit ; mais si vous n'approuvez pas cette doctrine, elle dira comme vous. »

On était au 7 septembre, anniversaire de son martyre. « Vous est-il arrivé quelque chose à pareil jour, ? » lui demanda M. le curé de Saint-Martin. — « A moi, non, mais au petit rien, on lui avait coupé le cou. » Cette réponse confirma la communauté dans la pensée qu'un esprit céleste possédait le corps de la novice et qu'il dictait tous ces précieux enseignements. On lui demanda à plusieurs reprises son nom : « Je suis, dit-il, de ceux qui montent et qui descendent » ; et une fois : « Je suis l'esprit de Marie » ; et le plus souvent : « Je suis Marie, fille de Marie du Bien-Aimé ». — « Êtes-vous Jean le Bien-Aimé ? » — « Non, répondit-il avec un sourire ineffable. — « Vous êtes un ange? » Un second sourire fut son unique réponse. Les questions se multipliaient : on eût désiré savoir le nom de cet esprit mystérieux. En voyant cette insistance de la part de ses compagnes, une sœur lui dit : « Si vous êtes un ange, nous vous manquons bien de respect ». — « Jésus, répondit-il, aime les petits, Jésus aime les enfants. Petits agneaux, il faut que l'humilité soit votre lumière, l'obéissance votre chemin, la charité votre couvert. » Et, à la Prieure : « Pasteur, quand les agneaux ne sont pas à l'aise avec le confesseur et que tous disent la même chose, cela prouve que ce confesseur n'est pas l'élu de Dieu pour vous. S'il n'y a que deux ou trois agneaux mécontents, il ne faut pas en tenir compte, mais garder le même confesseur. »

« Petits agneaux, ne pensez qu'à aimer et servir le Bien-Aimé, à mourir à tout, pour vivre détachées de toutes les choses de la terre : c'est pour cela que vous avez quitté le monde. Mère Térèse vous dit qu'elle n'a pas institué son Ordre pour jouir, mais pour souffrir. Mère Térèse veut les agneaux détachés comme des pierres. »

Voici les avis admirables que la novice, toujours ravie, donna aux deux tourières devant la grille du parloir :

« La sainte Vierge vous bénit; elle vous recommande d'être surtout bien modestes, bien recueillies : il faut être toujours comme en retraite. La Mère Térèse vous dit d'être bien patientes, oui, surtout bien patientes. Supportez toutes les contrariétés avec douceur; soyez charitables entre vous et envers tout le monde. Soyez toujours obéissantes : il faut être comme un cadavre, comme un bâton; faites tout sans rien dire : pas une réflexion.

« Si vous êtes fidèles, vous irez droit à Jésus. Profitez du temps : tout passe, tout passe sur la terre ; le temps est court. Pratiquez la perfection, portez des fruits pour Jésus. Vous êtes comme les branches d'un arbre unique : vous êtes deux branches qui passent dehors. Jésus aime toutes les branches ; il regarde avec plus d'amour celles qui portent plus de fruits. Si vous êtes fidèles, vous serez au ciel plus élevées que les agneaux de la clôture, parce que vous avez plus d'occasions. Les sœurs de l'intérieur prient et font pénitence sans être dérangées, tandis que vous, combien de fois vous êtes empêchées de prier, lorsque vous le voudriez ! Quand on vient sonner, quittez tout, même la prière ; allez immédiatement où vous êtes appelées, allez-y avec esprit intérieur, avec esprit de charité : cet acte de renoncement plaira à Jésus plus que tout le reste. Il faut surtout éviter que les personnes du dehors s'aperçoivent que vous êtes contrariées : vous devez édifier, donner le bon exemple, parce qu'on jugera de l'intérieur du couvent par les agneaux de l'extérieur. Si vous êtes bonnes, recueillies, parfaites, votre exemple fera du bien à tous. Soyez surtout humbles : ne vous découragez jamais.

« Il y a des tourières qui ont toujours besoin de se confesser. Cela n'est pas bon ; il faut une règle pour tout. Il suffit que vous vous confessiez tous les huit jours. S'il vous arrive dans l'intervalle de commettre quelque faute légère et que vous ayez de la peine à communier, faites un acte de contrition : Jésus vous pardonnera. Père Élie vous recommande le silence et la charité, il faut vous aimer en Jésus et pour Jésus, en Marie et pour Marie.

« Vous devez travailler pour les agneaux de la clôture et ceux de la clôture doivent travailler pour vous : vous ne faites qu'un. En ayant soin des agneaux de l'intérieur, vous êtes comme Jean le Bien-Aimé. Lorsque Jésus était dans la prison chez Caïphe pendant la nuit, Jean aurait désiré pouvoir y entrer pour soigner son Maître : il ne le pouvait pas. Obligé de rester au dehors, il se tenait le plus près possible de la prison; il faisait tout ce qu'il pouvait pour Jésus. Faites ainsi pour les agneaux qui sont dedans. »

La sainte Vierge n'avait garde d'oublier l'autorité. « Soyez bien unies, dit-elle aux deux mères par la sœur en extase. Soyez un comme cela, disait la novice en levant le doigt, tout ira bien alors. Satan jaloux fera tout alors pour vous désunir. Vous, Pasteur, réglez bien votre temps et vous en aurez pour tout. Dirigez les agneaux qui vous le demanderont. Dieu vous les a donnés pour que vous en ayez soin. Soyez comme une bonne Mère. » La Prieure lui ayant dit qu'elle n'avait pas de lumière pour diriger les âmes extraordinaires, elle fit cette sage réponse : « Soyez sans crainte. Lorsqu'une sœur vient vous dire, par exemple : « Ma Mère, pendant l'oraison, j'ai vu la sainte Vierge, j'ai vu Jésus, ils m'ont dit telle et telle chose », répondez à cette sœur : « Ma fille, profitez de ce que vous avez vu et entendu; il faut que cette grâce porte des fruits; par les fruits, vous distinguerez si c'est une réalité ou une illusion. » Lorsque la sœur demeure contente après que vous avez ainsi parlé, dites-vous à vous-même : « C'est Jésus bien certainement » ; mais si elle se retire triste, dites : « C'est Satan ».

La Prieure lui posa cette question : « Si une sœur ancienne me demande de parler de son âme à une sœur plus jeune ou même à une sœur converse, puis-je le lui permettre? » — « Non, lui répondit-elle, c'est une chose très mauvaise. Si cela fait du bien à l'une, cela fait du mal à l'autre. Tout cela n'est nullement nécessaire; tout cela n'est que fantaisie, désordre : la Règle et l'Autorité suffisent pour conduire. Que chacune reste à sa place. Quand on agit autrement, on le fait d'abord par charité, mais Satan ne tarde pas à s'en servir pour enfler cette religieuse, ainsi consultée. Malheur à elle! Veillez à ce que les sœurs ne soient point curieuses, à ce qu'elles ne se lient pas par des amitiés particulières. »

« Dois-je, ajouta la Prieure, accorder souvent des mortifications extraordinaires? » — « Pasteur, lui répond la novice en extase, prenez garde sur ce point : les agneaux sont souvent trompés par là ; Satan les pousse à vous adresser ces demandes, afin de les faire tomber ensuite, s'ils ne font pas la Règle. Quand un agneau insiste pour avoir cette permission, gardez-vous bien de la lui accorder; mortifiez même la mortification : cela est bon pour les agneaux; cela est meilleur que tout. Que les sœurs observent la Règle ; qu'elles vivent dans la simplicité et dans l'uniformité. »

« Et lorsqu'une sœur demande de ne pas communier, que dois-je faire? » — « Pasteur, demandez-lui la raison; si elle ne peut pas vous le dire, attendez le confesseur. Mais si elle vous répond : « C'est par crainte, parce que je suis indigne », dites-lui : « Ma fille, communiez ». Si elle insiste pour ne pas communier, laissez-la sans communion, parce que son obéissance n'est pas parfaite.

« Pasteur, ayez soin de bien faire réciter le saint office. Si vous voyiez les anges qui chantent avec vous! Vous désirez chanter comme eux ? Pensez qu'ils vous aident à louer Dieu ; cette pensée vous encouragera. Que tous les agneaux se tiennent à leur place, que tous donnent bien leur voix. »

En parlant d'elle-même, elle disait à la mère Élie : « Petit Pasteur, rappelez-vous d'humilier le petit rien, de ne pas en faire cas. Faites-vous le cœur dur, faites-vous le cœur dur. » Et à toutes les sœurs : « Petits agneaux, ayez toujours l'air de ne pas en tenir compte ; traitez-la comme la dernière ; ne la regardez même pas. Ne la méprisez pas trop cependant, parce que Satan pourrait en profiter pour lui persuader qu'elle n'a pas la vocation : aimez-la dans votre cœur, sans lui témoigner extérieurement ni estime ni mépris.

« Petits agneaux, dit l'esprit mystérieux qui possédait la novice, je vais bientôt vous quitter ; demain soir, à cette même heure, je partirai ; je vous verrai cependant toujours sans que vous me voyiez : je serai auprès de vous. Je verrai, je verrai la branche qui portera le plus de fruits pour Jésus. Je ne pourrai pas toujours vous avertir comme à présent : soyez fidèles. »

« Petit ange, lui demandèrent les sœurs, quand il nous arrivera de nous oublier, vous nous avertirez par quelque bonne inspiration ? » — « Oui, oui, répondit-il, vous sentirez dans le cœur. » — « Cher ange, demeurez encore avec nous, nous vous aimons tant ! vous nous instruisez si bien, demeurez au moins un jour de plus ! » — « Vous vous attacheriez trop à moi, répondit-il en souriant ; vous m'aimeriez trop : le cœur doit être tout entier pour Jésus. » — « Non, non, petit ange, nous ne vous aimons pas trop ; vous nous faites aimer Jésus. Restez un jour de plus. » — « Le temps est fixé ; un jour pour dix ». Il voulait parler des quarante jours de la possession du démon et des quatre jours de sa propre possession. « Dites-nous votre nom. » — « Demain, je vous le dirai avant de partir. Petits agneaux, prenez garde : conservez toujours la simplicité, l'humilité. Je vous le dis : Satan est jaloux ; il travaille plus fortement que jamais, surtout les âmes religieuses. A présent, l'orgueil est très subtil ; il s'insinue partout, oui, partout, même en religion. Il y en a beaucoup qui tombent dans l'illusion, qui se croient ou qui veulent être quelque chose. Des religieuses se hâtent de demander un directeur, aussitôt qu'elles éprouvent un peu de goût ou quelques consolations dans l'oraison ; elles affirment qu'elles ne peuvent pas s'en passer, elles tourmentent la Mère jusqu'à ce qu'elles aient réussi. Le directeur une fois obtenu, on n'en finit pas ; on ne parle que de soi ; on ne pense qu'à ce qu'on doit lui dire : tout cela n'est que recherche ; tout cela n'est pas la simplicité. On aime à s'entendre dire : « Ma fille, votre état est très extraordinaire ; vous êtes appelée à de grandes choses : vous avez besoin de quelqu'un qui comprenne votre âme. » Malheur au directeur qui tient un pareil langage, parce qu'il fait grandir l'amour-propre ! la pauvre religieuse qui l'écoute se perd facilement par là. Nombreux sont les prêtres qui, sans le savoir et sans le vouloir, contribuent à la perte des âmes, au lieu de leur être un secours, parce qu'ils croient tout ce qu'elles leur disent, n'ayant pas même la pensée que tout cela n'est qu'illusion, imagination. Un directeur qui a l'air de faire cas des choses extraordinaires, n'est pas conduit par l'esprit de Dieu, mais par celui de Satan ; il remplit auprès des âmes l'office du démon, parce qu'il les aide à tomber.

« Petits agneaux, Satan se transformera en ange de lumière : avec un peu d'attention, vous le reconnaîtrez toujours, parce qu'il cherchera, par ses louanges, à vous inspirer de l'orgueil. Humiliez-vous, dites : « Je ne suis que néant, je ne mérite aucune grâce », et il s'en ira.

« Petits agneaux, je viens vous répéter encore comment vous devez agir avec le petit rien. N'ayez pas l'air d'en faire cas, ne lui témoignez aucune estime; ne lui demandez pas de prier pour vous. Veillez sur votre langue, afin de ne lui laisser jamais soupçonner ce qui s'est passé en lui ; ne lui posez jamais de questions pour savoir ce qu'il a éprouvé, soit pendant la possession des quarante jours, soit pendant ces quatre jours. Il ne se souviendra de rien, une fois revenu de l'extase. Afin de ne pas oublier les grâces de Dieu, vous pourrez vous entretenir, durant les licences et même pendant la récréation, de tout ce qui a eu lieu; seulement, il faudra en parler comme de choses qui sont arrivées dans une autre communauté. Que le petit rien ne puisse jamais croire qu'il s'agit de lui.

« Aussitôt que l'extase aura cessé, après un instant de joie, la tristesse commencera pour la novice ; le démon, pendant trois ans, harcélera son imagination. Elle souffrira au delà de tout ce qu'on peut concevoir; une autre personne, qui aurait les mêmes épreuves, deviendrait folle. Satan fera tout pour la jeter dans le désespoir; elle ne verra en elle que péchés, elle se croira coupable de tous les crimes du monde. Le démon essaiera de la faire sortir; elle ne se jugera pas digne de demeurer avec vous. Dans ces moments d'épreuve, encouragez-la, tout en la tenant dans l'humilité. Il faut l'aider à descendre toujours plus profondément dans son néant.

« Avant sa profession, elle fera la Règle en entier pendant un an; mais je vous avertis qu'elle ne le pourra pas de longtemps. Elle sera souvent malade ; soyez charitables pour elle comme pour les autres.

« Durant ces trois ans d'épreuve, elle sera souvent triste, elle pleurera. Faites semblant de ne pas vous en apercevoir ; cela ne vous regarde pas ; vous n'êtes pas chargées de la consoler : ce sont les mères qui doivent le faire : cela suffit. Seulement, qu'elles ne la flattent pas, en remplissant cet office de charité ; de plus saints qu'elle sont tombés.

« Elle commettra des fautes ; Dieu le permettra, parce que c'est le temps de l'épreuve, et aussi afin que, plus tard, Satan n'ait pas de prise sur elle par l'orgueil. Plus tard, en effet, elle fera de grandes choses ; elle sera presque toujours en extase ; elle s'élèvera même en l'air. Mais, revenue à elle, elle aura toujours le souvenir de ses imperfections pour la tenir dans l'humilité. Durant ses ravissements, elle jouira ; après l'extase, elle souffrira par la vue des péchés du monde, par la vue de la perte des âmes. Le petit rien est une victime ; comme victime, elle doit toujours souffrir.

« Petits agneaux, soyez fidèles, soyez fidèles ; vous avez vu des choses que votre sainte Mère elle-même n'a pas vues. Si vous n'êtes pas fidèles, Satan dansera ; il sera aussi content d'une légère faute de vous que d'un péché grave d'une autre âme.

« Petits agneaux, dans un instant, je pars. Lorsque je serai sur le point de m'en aller, je vous ferai signe de sortir ; vous pousserez le lit contre le mur ; sa maîtresse et l'infirmière resteront seules avec la novice ; elle croira, en revenant à elle, qu'elle était malade depuis longtemps. »

Les sœurs profitèrent de ces derniers instants pour poser à l'ange différentes questions sur divers points d'observance; il répondit à tout avec autant de sagesse que d'amabilité. Elles n'oublièrent pas de lui rappeler sa promesse de dire son nom avant de partir. Il répondit, avec un sourire ineffable : « Je suis l'esprit de Marie; je suis l'ange de Marie ». Une légère commotion se produisit dans le corps de la sœur Marie de Jésus Crucifié : l'ange venait de partir. La communauté tout entière sortit de l'infirmerie, à l'exception de la Mère Élie et de l'infirmière.

CHAPITRE IX

Depuis le départ de l'ange. — Série continuelle d'épreuves et de grâces. — Jésus et la « Petite ».

La novice s'écria en sortant de son ravissement : « Je viens d'une grande joie. Où étais-je ? » Bientôt la tristesse entra dans son âme ; toute la nuit se passa en d'affreuses douleurs ; elle éprouvait une soif brûlante qu'elle ne pouvait apaiser, ses vomissements étaient continuels. Voyant que son estomac ne pouvait rien garder, elle fit bénir la boisson par la Prieure : cette bénédiction arrêta les vomissements, ce qui lui fit pousser ce cri : « O foi, que tu es grande ! » A diverses reprises, elle demanda à se confesser, soit pendant la nuit, soit le lendemain : « Voyez, disait-elle à sa maîtresse, combien grande est ma misère. Toute la nuit, je n'avais pas d'autre pensée que celle de voler trois cruches d'eau pour pouvoir étancher ma soif. Au lieu de penser à Jésus, penser toujours à mon corps ! voyez ma faiblesse ! — Mon Dieu, je ne pourrai dire que je vous aime, que lorsque je verrai mon corps en cendres. — Ma Mère, il me semble qu'il y a un an que je ne vous ai vue. J'ai passé tout ce temps dans le monde, où je n'ai fait que pécher. O mon Dieu, j'ai commis tous les crimes. » Satan, par une permission divine, lui persuadait, selon la prophétie de l'ange, qu'elle était coupable de tous les péchés de la terre. — Le lendemain 9 septembre, elle reçut une visite céleste. Cet esprit prit la forme de la Mère Élie, comme celle-ci put s'en convaincre en écoutant le récit de la sœur : « Voyez, ma Mère, quelle est ma faiblesse, lui dit la novice ; vous êtes venue me voir pendant la récréation ; vous m'avez dit : « Demandez trois œufs durs avec du sel, et mangez-les sans pain ». Je n'ai pas obéi sur-le-champ, parce que je n'aime pas les œufs durs. Mais comme l'obéissance porte grâce ! j'ai trouvé ces œufs excellents. Ma Mère, quand vous êtes venue me voir, vous n'étiez pas comme à présent ; vous paraissiez bien plus gracieuse, je vous aimais davantage alors. Vous étiez si bonne, si douce ! Votre vue faisait aimer Jésus : vos yeux pleuraient, mais votre visage gardait toujours sa douceur. »

La Mère Élie, qui n'avait pas quitté la récréation, lui demanda si elle se souvenait de ce qu'elle lui avait dit : « Oh ! oui, ma Mère, lui répondit la candide enfant, pleinement convaincue que c'était la Mère Élie qui l'avait visitée ; vous m'avez dit : « Si vous êtes malade encore quinze jours, soyez contente, acceptez tout ; car, que vous soyez malade un jour ou quinze jours, c'est la même chose. Recevez bien les épreuves que Dieu vous enverra. Vous aurez des tentations, espérez en Dieu, ne craignez rien ; Jésus vous aime, ayez du courage. » Vous m'avez embrassée du côté droit ; les larmes coulaient de vos yeux. Oh ! que vos paroles laissaient la paix, la joie, l'amour de Jésus dans le cœur ! Vous étiez si aimable ! je vous aimais tant ! Vous n'êtes pas ainsi maintenant. »

Ce même jour, elle put se confesser. En apercevant le prêtre, elle s'écria : « Mon Père, il y a un an que je ne vous ai vu. Combien j'ai péché! j'ai bien besoin de me confesser! » Elle demanda qu'on l'aidât à faire la pénitence, incapable qu'elle était de réciter seule la moindre prière. Elle répétait les paroles, les actes d'amour qu'on lui suggérait, comme un petit enfant.

La seule vue de la nourriture la dégoûtait. « Voyez ma délicatesse, disait-elle humblement, je dois faire pénitence, et je suis si difficile! Je voudrais... »; elle s'arrêta, refusant même d'exprimer un désir sur ce point. Sa maîtresse pria l'infirmière de lui offrir un peu de pain trempé dans de l'eau et du vin. « C'était bien cela que je sentais pouvoir prendre, dit la novice en l'acceptant avec reconnaissance; j'ai pensé seulement que, si Jésus le voulait, il inspirerait à l'autorité de me le présenter, sans que je le demande. »

Lorsqu'on la laissait un instant seule, le démon lui apparaissait sous la forme d'une sœur de la communauté, escortée de deux démons noirs, qui menaçaient de l'étrangler. Cette vue l'effrayait, mais elle profitait même de cela pour s'anéantir. « Je ne sais pas pourquoi j'ai tant de peur, disait-elle; cette sœur est si sainte! je suis si coupable! la pensée de sa vertu me fait sans doute ainsi trembler. Que je serais heureuse, si je pouvais aimer Dieu comme elle l'aime! »

Le 11 septembre, après la messe, elle dit à sa maîtresse : « Pendant le saint Sacrifice, il m'a semblé voir la sainte Vierge éclatante de gloire, environnée d'anges plus brillants que le soleil. La sainte Vierge m'a bénie en me disant : « Ma fille, sors avant la fin, je te le permets ; quitte ce monastère, tu n'as pas la vocation ». En même temps, j'éprouvais du trouble, de l'ennui, un grand désir de sortir ; par orgueil, je n'ai pas osé demander la permission, voyez ma faiblesse. J'ai vu tout cela dans mon imagination, sans croire que ce fût réellement la sainte Vierge, car je n'ai senti aucune grâce dans mon âme; je n'éprouvais que l'envie de sortir et le désespoir à la vue de mes péchés[1]. »

Pendant la récréation du soir, on parla des anges gardiens. Les sœurs lui demandèrent si elle aimait le sien : « Je ne vois rien, je ne sais rien, répondit-elle, je désire Jésus et Marie! » A la fin de la récréation, elle dit à sa maîtresse, lorsqu'elles furent seules : « Je n'ai rien compris de tout ce qu'on a dit; je suis tout enfoncée dans mes péchés; je ne puis pas voir autre chose. » Satan, on le voit, était toujours là pour la tenter et la décourager; mais la prière enseignée par l'ange le chassait, ainsi que le mot d'obéissance.

Le 12 septembre, elle supplia de lui laisser faire la Règle. Montrant du doigt le plancher de sa cellule, elle disait : « Je voudrais coucher ma nature là ; je voudrais briser ce corps : plus je l'écoute, plus je suis malade. Traitez-moi comme les autres ; je trouve si bon ce qu'on sert pour toutes ; ce qui est particulier, je le trouve mauvais, cela me fait du mal. C'est une grâce de faire comme les autres. »

Elle répondit à la Mère Élie, qui l'interrogeait sur ses dispositions : « Je suis agitée de corps et d'âme, je suis comme un enfant qui cherche son père et sa mère sans pouvoir les trouver »; et elle pleurait. « Je veux Jésus, ajoutait-elle, je ne veux que Jésus, mais il est trop loin de moi, je ne peux pas le trouver, j'ai trop péché. Je voudrais être livrée entre les mains des hommes pour satisfaire par ma mort à la justice divine, pour obtenir

---

[1]. C'est ainsi qu'elle discernait toujours l'opération de Dieu d'avec celle de Satan par les effets si contraires que ces deux esprits, d'ailleurs si différents, laissaient dans son âme. (Notes de la Mère Élie.)

miséricorde. J'ai offensé Dieu, ce Dieu si bon qui m'a créée et placée sur la terre pour l'aimer et le servir. Plus d'espoir pour moi! Je veux cependant espérer malgré tout.

« Je vois toujours ma tombe ouverte : tout passe! le ciel ou l'enfer pour toujours! J'ai tant péché, je n'ai rien fait pour Dieu! Je n'ai besoin que de lui, et il est loin! mes péchés l'ont forcé à s'éloigner. Jésus n'abandonne jamais le premier. Je suis triste, ennuyée, sans Jésus; tout m'ennuie loin de lui. Je voudrais être seule en silence : parler de moi, même en direction, m'ennuie; mais je ne veux pas suivre ma nature. La volonté de Dieu en tout! je n'ai besoin que de Dieu. »

Se trouvant le même jour au chœur, elle se mit en esprit au pied de la croix. Il lui semblait aspirer le parfum du sang de Jésus s'échappant de ses plaies ouvertes. Le Sauveur reposa son regard sur elle et lui dit : « Espère! » Le lendemain, en rendant compte à sa maîtresse de cette vision, elle lui disait avec un visage rayonnant tourné du côté du ciel : « Beau ciel, j'espère voir mon père, ma mère, mes frères bien-aimés! Mes ennemis iront au fond des abîmes. Jésus cependant ne m'a pas dit : « Je te pardonne! » Il m'a dit : « Espère! » Je n'ai aucune consolation, mais mon cœur espère. J'espère, j'espère, j'espère. »

Du 10 au 15 septembre, Satan, à plusieurs reprises, prend la forme des saints pour la tenter de désespoir, pour lui dire qu'elle est destinée à l'enfer, qu'elle doit quitter le couvent; mais toujours elle découvre ses ruses et elle le chasse par le signe de la croix. Satan la tente de se marier; elle fait cette sublime réponse : « Toutes mes joies, toutes mes espérances, tous mes enfants sont les humiliations, les mépris et les souffrances ».

Durant ces jours d'épreuve, elle demande, convaincue de son indignité, à ne pas communier; mais elle obéit, malgré ses répugnances. Un jour que la tentation est plus forte, elle conjure sa maîtresse de ne pas l'obliger à faire la communion. La Mère Élie, pour toute réponse, pose la main sur la tête de la novice, en lui disant : « Si vous avez la foi, obéissez. » — « Oui, ma Mère », reprend-elle aussitôt. Après l'action de grâces, elle dit à sa maîtresse : « Ma Mère, Jésus m'a donné un peu d'espoir pour récompenser mon obéissance. Derrière moi, j'ai vu comme une grande mer noire, remplie de grosses bêtes noires, de serpents. Devant moi, j'ai vu un long chemin ; au bout du chemin, Jésus comme caché; tout le chemin était couvert de grosses pierres qui rendaient la marche très difficile. Il faut beaucoup de courage et de bonne volonté pour y marcher. En avançant on trouve moins de pierres. La grande mer et les bêtes se trouvent toujours derrière, près des personnes qui vont jusqu'au bout. J'ai vu beaucoup de personnes qui marchaient avec ardeur. Lorsqu'on arrive près de Jésus, le chemin devient doux ; la grande mer noire se change en une mer de lumière, et, à la place des bêtes, on voit des anges.

« A gauche de la grande mer, j'ai vu un petit lac dont l'eau n'était pas très noire : il y avait aussi des bêtes, mais petites; à côté, se trouvent les plaisirs. Les personnes qui restent là, enfoncent dans le lac, qui devient tout noir ; les bêtes grandissent, dévorent l'âme et la font tomber dans l'enfer. « Vois, ma fille, m'a dit Jésus, par l'obéissance, tu marcheras dans le chemin qui conduit à moi ; la grande mer, ce sont les péchés graves ; à ceux qui viennent à moi, je pardonne ces péchés et je donne le ciel, tandis que d'autres moins coupables, s'ils demeurent dans le lac, figure du monde et de la nature, finissent par tomber dans l'enfer. »

Un autre jour, elle disait à sa maîtresse : « Je vois par l'imagination une petite comme moi, mais plus petite. La sainte Vierge la tient par la main et la donne à Jésus. Jésus l'offre à son Père, qui la prend dans ses bras et lui fait mille caresses. En voyant cette petite si aimée du bon Dieu, je dis : « Si je n'avais pas tant péché, je serais, comme elle, la fiancée de Jésus. Oh! que je suis triste! Ce n'est point que je regrette les consolations goûtées par cette petite; mais Dieu m'a créée pour l'aimer et le servir, et moi, ingrate, j'ai offensé ce Dieu si bon! »

« Du moins, lui demanda la Mère Élie, gardez-vous le souvenir des grâces de Dieu [1]. » — « Oui, certes, répondit-elle, comment oublier la grâce du baptême et celle d'avoir été nourrie et conservée par Dieu, moi, pauvre orpheline, pour faire de moi une enfant du Carmel? Et encore le bon Dieu permet qu'on me garde ici, moi, pauvre, ignorante et toujours malade. Oh! que Dieu m'a fait de grâces! et j'ai pu tant l'offenser? Cependant la vue de cette petite qui me ressemble, que Marie offre à Jésus, et Jésus à son Père, me donne de l'espoir. » Tout à coup, sa figure s'anime; elle lève les mains et les yeux au ciel, et de sa bouche s'échappe cette prière, qu'elle répétera si souvent dans la suite : « Mon bon ange, offrez-moi à ma mère! Ma Mère, offrez-moi à Jésus! ayez pitié de cette pécheresse! donnez-moi à Jésus! Jésus, offrez-moi à mon Père! Père juste, je me

---

1. La Mère Élie lui faisait cette question pour s'assurer si elle avait quelque souvenir des grâces singulières dont Dieu l'avait comblée; son martyre, les stigmates, la couronne d'épines, la possession, tout ce qui se rapportait à ses états extraordinaires s'était effacé de sa mémoire. Et cependant, elle n'avait oublié aucun de ses devoirs de novice, aucune cérémonie.

jette à vos pieds ; j'ai beaucoup péché, mais vous êtes bon! Vous avez tout créé au ciel et sur la terre, par amour pour nous! et moi, ingrate, je vous ai tant offensé, ô mon Père! Père saint, j'ai faim, vous êtes ma nourriture! j'ai soif, vous êtes mon rafraîchissement. Vous êtes ma vie, ma force, ma lumière! Vous êtes infiniment bon, infiniment grand et nous n'y pensons pas! Devant les grands de la terre, nous tremblons. Vous, mon Dieu, nous ne vous connaissons pas assez ; nous osons vous oublier, vous offenser! Mon Dieu, ayez pitié de moi, si orgueilleuse, de moi, fumier enflé, ayez pitié de moi! Qui est semblable à vous? J'espère que vous me ferez miséricorde! Mon Dieu, mourir mille fois, plutôt que de vous offenser! Je ne suis pas digne d'être avec vous au ciel ; je serai contente de me trouver à la porte ; au moins, de là, je pourrai vous voir, vous, ma vie, mon espoir, mon tout! Si vous me voulez en enfer, j'irai par votre volonté ; laissez-moi au moins vous voir une fois, et partout et toujours je vous bénirai, en enfer ou en Paradis. »

Voici la vision qu'elle eut, le 18 septembre, pendant l'oraison : « J'ai vu, disait-elle, un rosier dans un lieu obscur, privé de lumière et de chaleur. Sur le rosier, j'ai vu une âme. Le rosier était couvert de boutons, de roses flétries et dans une nuit profonde. Du milieu du rosier, l'âme éleva la voix vers le ciel ; elle disait : « O soleil de justice, venez m'éclairer! faites descendre sur moi votre chaleur! venez fondre ces glaces qui me pénètrent! Venez, Jésus, soleil de justice! venez faire fleurir ces roses pour votre gloire! » Après que l'âme eut ainsi prié, j'ai vu la lumière et la chaleur descendre sur ce rosier : les boutons se sont ouverts, les roses épanouies, et leur parfum a réjoui le monde. J'ai pensé alors à répéter cette prière, non point afin d'être comme ce rosier (je ne suis que fumier), mais pour attirer le Soleil de justice sur mon âme flétrie et glacée par le péché : cette prière m'a donné l'espérance. » Et elle ajoutait, avec une ravissante candeur : « Puis-je faire cela? ce n'est pas que je fasse cas de mes pensées, je ne garde que ce qui m'enfonce dans l'amour de Jésus et dans le mépris de moi-même. »

Le 20 septembre, elle était tentée de ne pas communier, parce qu'elle se voyait couverte de péchés; mais, toujours obéissante; elle le fit malgré ses répugnances. Après la communion, elle voit devant elle comme un trou couvert de fleurs ; au-dessous était un abîme, et elle avait un pied sur le bord de ce trou. En même temps, elle entend une voix qui lui dit, en lui donnant un fil : « Ce fil est l'obéissance, ta volonté est attirée vers ce trou couvert de roses; ces roses sont la figure des plaisirs, des fantaisies ; elles sont pourries dans la partie inférieure ; si tu avances le pied, tu tombes; suis le fil de l'obéissance et tu entreras dans le chemin qui conduit à Jésus. » — « O ma Mère, disait-elle en rendant compte de cette vision, que Jésus est bon! Combien je veux aimer toujours l'obéissance ! Obéissance, je t'aime, je veux te suivre; je n'ai plus envie de m'en aller. J'en avais un si grand désir pendant la messe, afin de ne devoir plus obéir, surtout pour communier avec des intentions si mauvaises! Une communion semblable me semblait être l'enfer. Que je suis aveugle! merci, mon Dieu, de m'avoir éclairée. » Pendant la nuit, Satan essaie de la faire sortir, en lui parlant sous la forme de sainte Térèse; la sœur invoque Marie et le démon est vaincu.

Le lendemain, une apparition céleste vint la visiter sous la forme de la Mère Élie. Voici comment on le sut.

En voyant entrer la sœur infirmière dans sa cellule, la novice lui dit toute joyeuse : « La Mère Élie vient de sortir » ; et, lui montrant un travail d'aiguille, elle ajoute : « Mère Élie a fait cette couture pour m'apprendre à bien travailler ». L'infirmière se hâte d'informer la Mère Élie de ce qu'elle vient d'apprendre ; celle-ci se rend auprès de la novice pour connaître la vérité du fait, car elle n'avait pas visité la sœur Marie ce jour-là. Elle la prie, sans autre préambule, de lui répéter ce qu'elle lui avait dit. La malade, surprise, croit que sa maîtresse ne l'interroge ainsi que pour l'éprouver ; elle lui répond naïvement qu'elle ne s'en souvient plus. « Eh bien, reprend la Mère Élie, faisons une prière à votre ange gardien, afin qu'il vous obtienne de vous le rappeler. » La prière terminée, la novice lui dit : « Quand vous êtes venue ce matin, je vous ai communiqué mes impressions sur la communion. Mais pourquoi vous le redire à présent ? » — « Pour vous faire pratiquer l'obéissance », répond la Mère Élie. « Eh bien, reprend aussitôt la sœur Marie, j'avais vu, après la communion, une petite comme moi, habillée comme moi et qui me ressemblait entièrement ; elle était seulement bien plus petite que moi. Jésus la tenait dans ses bras, il paraissait l'aimer beaucoup. J'étais jalouse de cette petite ; j'ai dit à Jésus : « Cette petite est heureuse, vous l'aimez tant ! » — « Oui, je l'aime, m'a répondu Jésus ; vois comme je la tiens dans mes bras, mais elle ne le sait pas. » Et j'ai dit à Jésus : « Mais elle est dans vos bras ! Ah ! si j'étais à sa place, je *te* promets que je le sentirais et que je serais heureuse. O petite, priez pour moi qui ne suis que péché. Vous êtes pure, et je ne suis que fumier. » Cette petite ne me voyait pas. Elle ne regardait que Jésus, et Jésus la regardait aussi toujours.

Sa vue me donna cependant un peu d'espoir. J'osai dire à Jésus : « O Jésus, vous êtes venu pour les pécheurs. Je ne serai jamais comme cette petite, mais enfin je veux espérer. » Je vous ai dit tout cela ce matin, ma mère, et vous avez pleuré parce que vous m'aimez; moi aussi, je sentais que je vous aimais; vous étiez plus aimable qu'à présent. Il sortait de *toi* un parfum qui portait la grâce dans mon âme. Pourquoi ne puis-je pas sentir, en ce moment, cette même grâce? Vous m'avez dit en pleurant : « Ayez confiance, mon enfant; la sainte Vierge vous aime, elle est avec vous; elle vous regarde, mais vous ne la voyez pas »; soyez bien obéissante; vous m'avez donné de l'espoir. Je compte sur la miséricorde de Dieu si bon, si aimable! Qui est comme Dieu? »

La nuit, elle disait d'une voix touchante : « Sainte Vierge, ma Mère, je me jette à vos pieds; j'ai beaucoup péché, mais je vous cherche, Mère chérie. Je cherche aussi Jésus; mais vous vous cachez, ainsi que Jésus. O ma Mère, ayez pitié de ce petit rien ! Ô Jésus, pardonnez-moi; je ne veux plus vous offenser, ayez pitié de cette pauvre orpheline! Vous n'êtes pas venu pour rien sur la terre; vous n'êtes pas venu pour les justes; vous êtes venu pour sauver les pécheurs! Je n'ai plus Jésus; je suis un petit rien abandonné. Mon Dieu, mon Dieu, miséricorde! Vous êtes infiniment bon, j'espère en vous ! »

Les ténèbres intérieures devenaient de plus en plus épaisses dans son âme; elle ne se croyait digne que de l'enfer; ce fut par pure obéissance qu'elle communia le lendemain. Elle revit dans les bras de Jésus la même petite enfant, qui ne paraissait avoir que trois ans, quoique lui ressemblant en tout. « J'aime cette enfant, lui dit le Seigneur, parce qu'elle est petite; les grands ne seront pas avec moi. » Ces paroles du Sauveur contristèrent la novice : « Comment faire. disait-elle à la Mère Élie. Le bon Dieu n'aime que les petits, et me voilà grande ; je ne puis pas me couper pour me rendre petite. » Sa maîtresse lui fit comprendre que Jésus avait voulu parler de la petitesse spirituelle, qui n'est autre que l'humilité : cette explication soulagea son cœur en dissipant sa peine.

Le 23 septembre, Satan se présente en personne pour venir la tenter. « Si un roi puissant ou une armée ennemie venait fondre sur toi, lui dit-il, que ferais-tu ? » — « J'offrirais de grand cœur cette épreuve à Jésus. » — « Et si on voulait te ravir ta virginité ? » — « Je me jetterais par la croisée. O bonheur de sacrifier sa vie pour Jésus ! Je voudrais mourir martyre. » — « Sors d'ici, où il faut toujours obéir, où l'on ne peut jamais suivre sa volonté ; retire-toi dans un désert ; tu pourras mieux servir ton Dieu ; tu contempleras la création. » — « J'aime à contempler la création dans notre jardin. Obéir est pour moi volonté de Dieu. » — « Il viendra une grande sainte dans l'Ordre ; elle connaîtra tous tes péchés et elle te fera renvoyer. » — « Si elle est sainte, elle aura une grande charité ; j'espère qu'elle me prendra en pitié. » — Satan partit furieux ; la novice remercia le Seigneur en disant : « La grâce de Dieu m'a fait vaincre le démon ; seule, je ne puis rien ». Satan revint bientôt à la charge. Il lui dit : « Tu n'aimeras jamais Jésus. » — « Il est vrai, répondit-elle, que je n'aime pas Jésus comme je le devrais et comme il le mérite, mais je désire l'aimer. Retire-toi, Satan, je n'ai pas au moins le désir de t'aimer : rien pour toi que le mépris ! » — « Tu seras cause de la sortie de telle sœur. » — « J'aime cette sœur, je prie pour elle ; si elle sort, je n'en répondrai pas ; quant à moi, je ne veux pas sortir. » — « Mais tu es toujours malade. » — « Je n'aime pas mon corps ; je voudrais le voir brisé, en cendres. » — « Tu seras avec moi. » — « Avec toi, Satan ? tant mieux, je te haïrai un peu plus, je chercherai Jésus un peu plus : je voudrais te voir toujours comme à présent, parce que je n'oublierais jamais Jésus. » Le démon s'en alla.

On lui demanda un jour si elle était tentée d'orgueil ; cette question parut l'étonner.

« Eh quoi ! répondit-elle, un fumier comme moi pourrait avoir de l'orgueil ? Oh non ! » — « Vous en avez plus que vous ne croyez », répliqua sa maîtresse ; plus on en a, moins on pense en avoir. » — « Je le crois, puisque vous le dites, reprit-elle humblement, mais j'ai tant péché ! je ne suis que péché ! Qu'est-ce qui pourrait me donner de l'orgueil, à moi, pauvre ignorante, toujours malade, qui ne sais ni lire, ni parler, et qui suis sans vertu ? Qu'y a-t-il pour l'orgueil dans tout cela ? »

Le lendemain, pour la tenir toujours dans l'humilité, Dieu lui montra les anges gardiens des sœurs sous la figure d'enfants gracieux, tandis que, auprès d'elle, elle ne vit qu'un grand démon noir, un bâton à la main. Ce contraste l'effraya d'abord, mais elle saisit vite la leçon que le Seigneur voulait lui donner. « Ce démon, dit-elle, est ma figure ; il est grand : voilà mon orgueil ; il est noir : voilà mes péchés. Mon Dieu, ayez pitié de moi ! » Elle demanda la permission de raconter devant toutes les sœurs ce qu'elle avait vu, et elle les conjura de prier pour elle, afin de lui obtenir un peu d'humilité.

Une nouvelle lutte s'engage entre le démon et la novice : « Tu t'es reposée, lui dit Satan, au lieu de travailler. » — « Oui, je me suis couchée, répondit-elle, mais c'est par obéissance ; j'aime mieux obéir que tout. » — « Tu t'es peignée. » — « Oui, je me suis peignée par propreté. Jésus aime la propreté, je l'ai fait pour Jésus et non pour toi : tu es sale, toi ; va-t'en ! J'offre tout à Jésus. Si je n'avais pas tout offert à Jésus, ce serait pour toi, mais j'ai tout offert. Oh ! que l'obéissance est bonne ! c'est mon frère ; l'humilité, c'est ma mère ; la simplicité, c'est mon père. L'obéissance, c'est Jésus ; l'humilité, c'est Marie ; la simplicité, c'est Joseph : voilà mes modèles. Satan, ange tombé, je te méprise ! » — « Vois ma grandeur, mes richesses ; je les donne à ceux qui me suivent, je suis roi. » — « Toi, roi ! Jésus seul est mon roi ; j'aime mieux être pauvre avec Jésus. Garde ton royaume, tes belles campagnes, tes poulets, ton grand rôti ; je préfère le pain sec avec Jésus. Je te méprise comme un papier que l'on jette à terre. Tu dis que tu donnes des noix ? Veux-tu connaître mes noix ? Mes noix, c'est soupirer après Jésus. Je vais te dire quel est mon pain : c'est Jésus ; c'est la souffrance de chaque instant, c'est l'amour : voilà mon pain, voilà ma boisson. Je méprise ta boisson, ton eau sucrée, ton eau de senteur. J'ai soif des âmes, du calice de la souffrance : c'est ma boisson. Garde pour toi tes plaisirs, tes richesses, tes royaumes ; je préfère la pauvreté. Tu dis que je serai aveugle ? Tant mieux : la cécité me fera aller à Jésus. Jésus sera ma lumière ; l'obéissance sera ma lumière. Heureux les yeux toujours fermés ! Jésus sera leur lumière. Tout passe sur la terre. Si je suis ici-bas dans les ténèbres et dans la souffrance, au ciel, je jouirai toujours avec mon Père. »

C'est ainsi que la novice triomphait toujours des assauts de Satan.

Pendant la récitation de l'office des morts, elle parut

un jour très heureuse. Il lui semblait voir, racontait-elle, les pauvres âmes du purgatoire comme autant de plantes desséchées; la prière des sœurs tombait sur elles, semblable à la rosée du ciel, et elle leur rendait la fraîcheur et la vie.

Dans les rapports de la sœur Marie de Jésus Crucifié avec Dieu, ce qui dominait était l'esprit d'enfance. Elle exprimait un jour d'une manière ravissante cet état de son âme. « Je suis, avec le bon Dieu, disait-elle, comme un enfant chez son père. Si le père est riche, l'enfant réclame toujours de nouveaux aliments, des habits nouveaux toujours plus beaux; il aime à varier tous les jours. Je suis ainsi avec mon Père du ciel, si riche. Je ne garde rien de ce qu'il me donne chaque jour, je lui rends tout. Je lui dis : Père chéri, votre enfant est pauvre, elle n'a rien; mais tout ce qui est à vous m'appartient. Donnez-moi quelque chose pour aujourd'hui, donnez-moi votre parole : qu'elle est douce ! donnez-moi votre amour, pardonnez-moi mes péchés. »

Écoutons les excellents conseils qu'elle donnait un autre jour en extase : « Au commencement de votre oraison, reconnaissez votre faiblesse, votre pauvreté. Allez à Jésus, demandez-lui de vous éclairer, de vous attirer. En toutes choses, défiez-vous de vous-mêmes; craignez avant toutes vos actions. Pensez à Jésus, unissez-vous à Lui. Avant la prière, avant le travail, unissez-vous à son esprit quand Il était sur la terre. Pensez à l'amour du Père qui vous a donné son Fils pour prendre votre forme; il n'est pas venu comme un ange, ni comme un Dieu, mais il est venu dans votre forme pour être votre modèle en tout.

« Pratiquez l'humilité : vous aurez la lumière. Pratiquez l'obéissance : vous posséderez le chemin. Pratiquez la charité, vous deviendrez pures. Pratiquez la patience, la douceur, vous aurez quelque chose à offrir à Jésus. Avant chaque action, invoquez la lumière, la grâce du Saint-Esprit. Dites : « Mon Dieu, ayez pitié de moi; venez à mon aide ! Jésus n'est resté que trente-trois ans sur la terre pour nous apprendre à profiter du temps, à travailler pour l'éternité. La terre doit être rendue à la terre : vos œuvres subsisteront. Si vous avez travaillé pour Jésus, vous irez au ciel avec Dieu jouir toute une éternité. Voyez si vous pouvez mesurer l'éternité, pensez-y. Soyez humbles, bien petites ici-bas. Heureuse l'âme qui cherche toujours à n'être rien, à être la dernière partout ! au ciel elle sera la première.

« Si vous faites quelquefois des fautes, ne vous découragez pas; humiliez-vous, confessez votre faiblesse, votre misère; recourez toujours à Dieu. Regardez-le toujours, aimez-le, pensez à Lui. »

L'Évêque de Bayonne, sur la demande de la Prieure, avait autorisé le Père Xavier [1], carme, à entrer dans la clôture, afin d'examiner de plus près l'état extraordinaire de cette âme. La novice était ravie en ce moment et versait des larmes. « Je pleure mes péchés, disait-elle d'une voix émouvante; je pleure les péchés du monde. O pécheurs, si vous connaissiez la grandeur de Dieu, vous ne pécheriez jamais ». Elle ajouta en s'adressant au démon : « Satan, tu voles les âmes à Dieu, tu les aveugles; tu ne peux rien donner, tu prends; tu trompes les âmes, tu les perds; elles abandonnent Dieu

---

1. Le Père Xavier de Bengy, frère du Père A. de Bengy, jésuite, mis à mort à Paris, pendant la Commune, le 26 mai 1871.

Après avoir parlé à la novice et quand celle-ci se fut retirée, le Père Xavier dit plusieurs fois à la Prieure : « Gardez cette novice, vous aurez une grande sainte ». (Notes de la Mère Élie.)

pour te suivre. Tu prends ce que Dieu a créé, tu n'as rien à toi. Montre ta grandeur. Vilaine bête! tu dis que je ne verrai jamais Dieu! Eh bien, je n'ai pas besoin de voir Dieu sur la terre; la foi me suffit. Mon Dieu! je ne désire que trois choses, trois vertus : l'obéissance, l'humilité, la simplicité. L'obéissance, c'est Jésus; l'humilité, c'est Marie; la simplicité, c'est Joseph. » Un langage aussi rempli de l'esprit de Dieu ne pouvait venir que de Dieu.

Le jour de la fête de sainte Térèse, la sœur Marie de Jésus Crucifié put suivre tous les exercices de la communauté. Elle demanda à se confesser avant la messe, parce qu'elle avait besoin de la décision du confesseur sur un point. « Le prêtre, dit-elle à ce propos à sa maîtresse, tient la place de Dieu, c'est lui que j'écouterai : parole du prêtre, parole de Dieu pour moi. Si le prêtre me dit que je puis vous le raconter, je le ferai. Dans le prêtre, je ne vois que Dieu; je ne cherche pas la science du prêtre, mais la vertu de Dieu en lui. »

Le confesseur ayant permis à la novice de tout rapporter à sa maîtresse, elle va aussitôt la trouver et lui parle ainsi : « J'ai vu que j'avais trois montagnes à franchir : la première, un peu noire, je ne l'ai gravie qu'avec peine. Parvenue au sommet, j'ai vu sortir du milieu de la montagne un oiseau blanc, qui m'a dit : « Celui qui aime mon Père, je l'aimerai; il sera mon bien-aimé. » La deuxième montagne était toute noire; je n'ai pu la gravir qu'avec de très grandes difficultés. Une fois au sommet, j'ai vu sortir du milieu de la montagne un joli petit agneau tout blanc, aux yeux très doux; j'aurais mis cet agneau dans mon cœur; il m'a dit : « Je demande pour celui qui aime mon Père le nom de son Fils bien-aimé et le nom de la mère du Bien-

Aimé. » La troisième montagne, quoique plus escarpée, n'était pas aussi noire que les deux premières; derrière la cime, je voyais des arbres en fleurs. En atteignant le sommet, j'ai senti le parfum des fleurs : ce parfum m'a donné l'espérance et la joie. Du milieu de la montagne est sorti un oiseau plus blanc et plus beau que le premier, et même que l'agneau. Il m'a dit : « Je vais dire au Père : donnez ce que l'Agneau vous a demandé pour celui qui vous aime, le nom de votre Fils bienaimé et le nom de la mère du Bien-Aimé : Marie de Jésus Crucifié. » J'ai compris qu'il s'agissait de moi, cela m'a donné bon espoir; mais je crains que ce ne soit le démon, pour me faire tomber dans l'orgueil. Et j'ai dit : « Va, Satan, je ne suis qu'une pauvre pécheresse; et cependant j'espère; la miséricorde de Dieu est grande. Je ne suis rien par moi-même, rien que péché; mais Dieu en moi peut faire contre toi, Satan, de grandes choses. »

Un autre jour, pendant l'oraison, elle éprouvait un désir véhément de voir Dieu connu et aimé; elle plaignait tous ceux qui n'aiment pas Jésus. « Je plaignais même Satan, disait-elle. Alors, j'ai vu un poulet noir dans une prairie brûlée et j'ai dit: « Pauvre Satan, je te plains, tu n'aimes pas Dieu. » En même temps, j'ai vu tomber toutes les plumes de ce poulet, et le poulet lui-même s'est perdu dans la terre.

« J'ai vu ensuite une grande vache noire aux longues cornes. J'étais, sur la montagne, plus élevée que la vache, qui essayait en vain de m'atteindre, et je disais : « Pauvre Satan, je te plains, tu ne penses qu'au mal. Tu n'aimes pas Dieu et tu voudrais empêcher les autres de l'aimer. Tu voles les âmes. » Une voix m'a dit : « Eh quoi! tu as de la charité même pour Satan? » J'ai répondu : « Non, je n'ai pas de la charité pour Satan ; mais je voudrais voir Dieu aimé de tous, même de Satan. » La voix a repris : « Que ferais-tu, si Dieu te donnait du pouvoir sur Satan? » — « Je me servirais de ce pouvoir pour l'obliger à aimer Dieu. » Pendant que je faisais cette réponse, j'ai vu les cornes de la vache se croiser et tomber ; le poil est tombé aussi, et la vache a disparu sous terre.

« J'ai vu encore un autre animal immonde, avec des yeux rouges comme du feu, et j'ai recommencé à plaindre Satan. La même voix m'a dit : « Que ferais-tu, si Dieu te rendait maîtresse de Satan? » — « Je le forcerais d'aimer Dieu ; sinon, je l'enchaînerais pour qu'il ne fasse pas de mal aux âmes et qu'il ne les empêche pas d'aimer Dieu. »

La novice racontait tout ce qu'elle voyait avec la plus grande simplicité, sans même en demander la signification. Les trois montagnes se représentèrent à son regard. Une voix lui dit alors : « Si tu gravis les deux premières, tu seras Marie de Jésus Crucifié ». Elle aperçut ensuite sur la troisième montagne un joli petit enfant qui lui dit : « Si tu franchis la troisième montagne, on t'appellera bienheureuse Marie de Jésus Crucifié ». « Je n'ai rien compris à cela, dit-elle ingénument, mais j'ai craint que Satan ne voulût me faire un chemin pour me perdre par l'orgueil et je me suis humiliée ; j'ai vu que je n'étais que péché. Toutefois, je veux espérer en la miséricorde de Dieu. J'ai dit à Satan : « Dieu fera tout en moi, et, malgré toi, sa miséricorde me sauvera ».

Le soir, après matines, elle se moquait du démon : « Satan, lui disait-elle, j'ai vu, pendant le *Te Deum*, une petite colombe se poser sur mon bréviaire ; elle s'est promenée sur le livre, elle s'est reposée sur ma poitrine, sur mon visage ; sa présence m'a remplie de joie. Toi, Satan, et tous tes pareils, je vous voyais comme des mouches noires, occupées à distraire les sœurs. A la vue de la colombe, vous avez tous pris la fuite, saisis de crainte. Tu crois, Satan, que Jésus me laisse seule? Non, non, c'est Lui qui m'a envoyé la petite colombe pour me consoler. Sois certain, Satan, que, si Jésus est avec moi, je serai un jour ta maîtresse, et, comme tu viens à moi par permission de Dieu, j'irai à toi pour t'enchaîner par permission de Dieu.

« Va, Satan, celui que Jésus garde ne périra jamais. Je ne suis rien; mais, par Jésus, je t'écraserai. Un instant avec Jésus me fait oublier tout ce que tu me fais souffrir. Que dis-tu, Satan ? que personne ne t'a jamais parlé comme je le fais ? tu viens pour me donner de l'orgueil? Va-t'en. Je sais combien je suis faible. Si Jésus ne me gardait pas, je serais pire que toi; mais, si Jésus me garde, il me donne sa force contre toi. Si Jésus tient une paille, vous feriez tous du feu sous cette paille, cette paille ne brûlerait pas. Tu m'as fait souffrir beaucoup pendant deux jours. Jésus, pour me dédommager, m'a envoyé la petite colombe.

« Tu dis, Satan, que tu tourmenteras encore mon corps? Je t'aiderai pour cela, car mon corps est, comme toi, contre moi. Si la nature souffre maintenant, la joie viendra plus tard. Va, Satan, je ne te crains pas. J'ai avec moi celle qui t'a écrasé la tête, Marie; elle est ma Mère ! Tu bisques, Satan? Oui, Marie est ma Mère. Chérie Mère, Mère de moi! Mère de Jésus! Bonne Mère, je ne sais pas si c'est votre esprit qui m'a visitée; c'est toujours quelque chose de Dieu qui est venu sur le livre, sur mon visage et qui m'a dit d'espérer. Je le fais, j'espère. O Marie, Mère de Jésus et ma Mère! loin de vous mon âme languit, mon cœur s'ennuie. Quand serai-je avec vous? »

Le lendemain, la lutte contre le démon continua, quoique la sœur fût très souffrante.

« C'est donc toi, disait-elle à Satan, qui jettes des vers dans ma portion (les sœurs l'avaient constaté plusieurs fois)! tant mieux! J'ai demandé à Dieu de trouver la nourriture toujours mauvaise, afin de n'avoir aucun plaisir sur la terre, ni pour le goût, ni pour autre chose.

« Tu me dis que j'ai manqué à la charité? J'aime le prochain plus que moi-même. Pourquoi me jalouses-tu ? Parce que Dieu m'aime. Oui, il m'aime, quoique je ne sois que misère, péché; et cet amour qu'il me porte fait encore mieux éclater sa miséricorde.

« C'est toi qui es venu un jour, portant une croix, le côté ouvert, une couronne d'épines sur la tête avec un ange qui te soutenait? Tu m'as dit : « Ma fille ». — Comme tu es fin! Je ne suis pas ta fille, Satan. Tu as continué : « Ce sont tes péchés qui m'ont couronné d'épines; c'est ton orgueil qui me fait ainsi souffrir. Je t'ai fait tant de grâces! et tu n'es pas fidèle, tu n'es pas pour moi, tu es pour l'enfer. » — « Ainsi soit-il, Satan! non, je ne suis pas pour toi : tu voulais me décourager, et cette tentation n'a servi qu'à me donner un peu plus de courage et de force.

« Un autre jour, tu es venu comme un ange; oui, Satan, comme un ange ; mais Dieu me fait la grâce de te reconnaître toujours. Tu m'as dit : « Je suis ton ange. Parce que tu n'es pas fidèle, je vais te quitter. » — « Ainsi soit-il, Satan, va-t'en, va-t'en! » — Tu m'as dit encore : « Tu n'as pas suivi mes inspirations; tu dis toujours tout à la *vieille* (à sa maîtresse). Si, depuis ce moment, tu es fidèle à garder tout dans ton cœur, sans rien dire, tu obtiendras miséricorde, Dieu te pardonnera. » O Satan, tu voulais me faire manquer à l'obéissance !

« Oui, va remuer le monde entier, mets-le contre moi; comme je serai contente! Je ne me découragerai jamais, quand bien même mon corps serait couvert de plaies et que les vers en sortiraient; quand bien même on me jetterait dans un coin, j'espérerais toujours. Vois jusqu'où va ma confiance en Dieu; quand je serais sans secours, sans ressource, incapable de remuer, je crois que la terre se changerait en oiseaux pour me porter ce dont j'aurais besoin; je crois qu'elle deviendrait pour moi douce comme un matelas. Je crois que, si j'avais soif et que mes mains, tombant en pourriture, ne pussent pas prendre de l'eau, je crois que Dieu ferait venir toute seule l'eau dans ma bouche. Tu vois, Satan, jusqu'où va ma confiance en Dieu.

« Attends, attends, Satan, ajoutait-elle avec une ironie toute surnaturelle, je vais te chanter un cantique :

> Bel ange premier
> Jeté le dernier;
> Oui, un petit rien
> Te tient par la main
> Enchaîné comme un chien.
>
> O quel mystère,
> Venir de si loin!
> Une petite poussière,
> Venue de la terre,
> Sera placée ange de lumière.

« Voici, Satan, l'explication du cantique : Tu étais un ange si beau, et, par ton orgueil, tu es devenu si laid! Tu nous appelles toujours poussière; il est vrai que nous le sommes, mais la miséricorde de Dieu nous mettra à ta place ; et toi, Satan, tu aboieras comme un chien. Ange de ténèbres, ange de malheur, ange de paresse, ange de tristesse, noir comme un chien. Tu peux bien aboyer, mais tu ne peux pas autre chose contre ceux qui ne te craignent pas. Reste encore un peu, je te chanterai tout le cantique ; sinon, j'achèverai de te le chanter dans l'Inde : il y a vingt-quatre couplets. » Satan s'enfuit, et la novice exprima sa joie en battant des mains.

Les épreuves intérieures étaient presque continuelles. La vue de ses péchés la jetait dans une tristesse profonde ; mais une voix douce la rappela au souvenir de Dieu, en lui disant : « L'âme qui s'occupe trop d'elle-même, perd de vue Dieu ; elle demeure en elle-même, au lieu d'aller à Dieu. »

Il faudrait pouvoir noter toutes les communications surnaturelles qu'elle recevait. Indiquons au moins les plus frappantes et les plus instructives.

Le 31 octobre, elle vit une fourmi ailée ; elle entendit en même temps une voix qui disait : « Mon Père aime bien cette fourmi, parce qu'elle est petite ; sur les ailes de cette fourmi, il bâtira une grande maison. »

A côté de cette fourmi, elle vit un géant charger sur ses épaules un fagot de paille qu'il ne pouvait porter ; il pliait sous le faix et tombait par terre, pendant que la petite fourmi soutenait sur ses ailes le poids d'une grande maison. Ne comprenant rien à cette double vision, elle entendit la même voix lui dire : « J'aime cette fourmi parce qu'elle est petite ; c'est pourquoi je bâtirai une grande maison sur elle ». Et la novice, toujours dans la même bienheureuse ignorance, de s'écrier : « Je ne sais quelle est cette fourmi ! mais je voudrais bien être comme elle. »

Le même jour, dans sa cellule, elle s'entretenait avec un enfant mystérieux. « Enfant, lui disait-elle en extase, tu m'apportes le fruit de la souffrance; j'accepte, quelque amer qu'il soit, puisque Jésus le veut. Seulement, pour m'aider à manger ce fruit, apporte-moi aussi la graine de la patience. »

Le 2 novembre, elle se plaignait au Seigneur d'être aimée des créatures. Une voix douce lui répondit : « Qui t'aimera jamais comme Jésus ? Tout l'amour des créatures ne saurait égaler l'amour constant et généreux que Dieu te porte. L'affection de la créature se refroidit vite. Si tu déplais en quelque chose à la personne qui t'aime le plus, elle cesse aussitôt de t'aimer, au lieu que Jésus t'aime toujours. Il t'aide à te relever, si tu tombes ; et, si tu l'offenses, Il te pardonne. »

Le lendemain, elle disait à Dieu dans l'oraison : « Mon Dieu, c'est vous qui avez créé toutes choses ; vous leur donnez ce qu'il leur faut. C'est vous qui avez créé les herbes du jardin ; vous leur donnez l'air, la pluie, le soleil, pour qu'elles ne périssent pas. Je suis comme une petite herbe, j'ai besoin de vous ; j'ai besoin de pluie, de soleil : ayez pitié de moi ! Vous seul, Seigneur, pouvez me faire vivre, comme vous conservez ces herbes. »

Pendant la messe, elle vit un jardinier qui tenait des branches à la main ; il les émondait. Il coupait les branches sèches qui tombaient à terre : les bonnes demeuraient seules dans sa main et elles étaient en très petit nombre. Ce jardinier lui dit : « M'aimes-tu ? Veux-tu me faire un peu de place dans ton cœur ? » — « Non, non, répondit la naïve enfant, ne comprenant pas que ce jardinier n'était autre que celui de Marie-Madeleine, je ne veux aimer que Jésus. » Le jardinier reprit : « Vois ces méchants qui préparent une guerre ;

ils font des trous pour faire tomber les bons ; ces trous seront pour eux ; moi, je prendrai les bons dans mon jardin. Mon Père n'est pas aimé. » — « Jardinier, lui répond la novice avec sa ravissante simplicité, vous parlez toujours de votre père ! Qui connaît votre père ? Nous n'avons qu'un Père, qui est au ciel ! c'est Lui qui doit être aimé. »

« Le jardinier est revenu pendant l'oraison du soir, disait la sœur Marie ; il tenait à la main un long bâton surmonté d'une petite croix. Il m'a dit : « Agrandis un peu ton cœur pour m'y donner une place ; quoique je sois grand, tu peux m'y faire entrer. » J'ai répondu : « Non pas certes ; celui qui m'a créée peut seul agrandir mon cœur ; mon cœur est tout entier pour Lui ; je n'aime pas les hommes ; je n'aime que Jésus. » En m'entendant parler de la sorte, le jardinier souriait, et il cachait son visage avec la petite croix ; et moi, je sentais beaucoup d'amour dans mon cœur, mais pour Jésus seul. Je vois tantôt un pasteur, tantôt un jardinier, moi qui n'aime pas les hommes. Il ne me faut que Jésus ! »

Le même jardinier revint le 5 novembre pendant l'oraison : « Je veux t'accompagner dans l'Inde », lui dit-il. — « Demeurez dans votre jardin, lui répondit-elle, j'ai assez de Jésus. » — « Aimes-tu ma mère ? » reprit le jardinier mystérieux. — « Oui, je l'aime, si elle aime Jésus. » Et se tournant du côté d'un ange qui était là sous la forme d'un enfant, elle lui dit : « Enfant, ce jardinier vient voir tous les jours s'il y a une place pour Lui dans mon cœur ; il n'y a de place que pour Jésus. Enfant, dis-moi pourquoi le démon s'enfuit quand le jardinier arrive. »

Au milieu de ses souffrances, elle s'écriait : « O Jésus, rien ici-bas ne peut me contenter ! Vous seul, ô Jésus, ô Jésus, mon amour, quand vous verrai-je ? Quand vous posséderai-je ? O Jésus, mon frère ! Vous êtes mon Ami, mon Époux. » Et s'adressant à sa maîtresse : « Voyez, ma Mère, quelle famille j'ai au ciel ! Dieu le Père, mon Créateur ! Jésus, mon Époux ! La sainte Vierge, ma maman ! Saint Joseph, mon papa ! Père Élie, mon grand-papa et mon parrain ! Sainte Térèse, ma marraine[1] ! Les anges, mes gardiens ! Les apôtres, mes frères ! Saint Jean, mon frère ! Tous les saints, mes amis ! Quelle famille ! mais j'ai tant péché ! Comment me présenter devant cette famille ? Ah ! de même que le ciel est plus grand que la terre, de même la miséricorde de Dieu est plus grande que mes péchés. Si je jetais quatre bouteilles d'eau sale dans la mer, l'eau de la mer ne serait pas pour cela salie. Mes péchés devant Dieu sont comme ces quatre bouteilles jetées dans la mer. O mon Dieu, j'espère en votre miséricorde. »

Le 13 novembre, elle racontait ce qu'elle avait vu : « Jésus, disait-elle, m'a montré une âme profondément endormie, environnée de serpents qui la mordent ; elle ne sent pas même leurs morsures : « Regarde, m'a dit le divin Maître, la pluie tombe sur elle, le soleil l'éclaire, et elle dort toujours ! et elle ne sent rien : tout devient inutile pour elle. Elle est la figure de l'âme tiède, endormie dans le mal ; les serpents sont les tentations ; l'eau, ma grâce ; le soleil, ma lumière ; je lui envoie tous ces biens, et elle ne profite de rien. » — « O Jésus, cette âme, c'est peut-être moi, éclairez-moi ! »

Le 14 novembre, l'évêque de Bayonne vint au Carmel. Après la messe, il entra dans la clôture avec M. l'abbé

---

[1]. Le lecteur se souvient que la sœur Marie avait eu saint Élie et sainte Térèse pour parrain et marraine de sa prise d'habit.

Manaudas. Celui-ci raconta de nouveau à Monseigneur, sur le lieu même, tout ce qu'il avait vu et éprouvé pendant la possession, surtout au moment du passage de Jésus. Sa Grandeur écoutait tous ces détails merveilleux avec le plus vif et plus religieux intérêt. En regardant le petit lit où se trouvait la novice lors de sa délivrance, il dit aux sœurs avec une grande émotion : « Voulez-vous vendre ce lit ? Je l'achèterais volontiers. » Il se fit lire une partie des enseignements de l'ange durant les quatre jours d'extase qui suivirent la possession ; il ne cacha pas son admiration pour une telle doctrine, la déclarant pleinement conforme à celle de l'Église. Mais l'ignorante simplicité de la novice, objet de faveurs si exceptionnelles, fut ce qui le toucha davantage. Il la vit en particulier, et cette entrevue augmenta encore sa joie. La novice, de son côté, était attendrie de la bonté de son évêque.

Le lendemain fut un jour de grandes souffrances. Afin de la distraire, on lui apporta deux petits poissons dans un vase rempli d'eau : elle parut oublier un instant ses douleurs. Elle leur dit : « Petits poissons, bénissez le Seigneur qui vous a créés » ; et, comme elle s'aperçut qu'ils ouvraient la bouche : « C'est ainsi, ajouta-t-elle, que nous devons faire pour Jésus ; c'est ainsi que nous devons l'attirer dans notre âme par nos aspirations. » Pendant les vêpres, on l'avait laissée seule avec une colombe et les deux petits poissons. Sa maîtresse, au retour, la trouva endormie. La colombe reposait sur sa tête ; les petits poissons sortis de l'eau, mais pleins de vie, se tenaient sur le plancher à son chevet. Elle s'écria en se réveillant : « Ces petits poissons viennent à moi, parce que je les aime et que je les soigne. Je dois ainsi aller à Dieu, à ce Dieu qui m'a créée et qui m'aime bien plus que je n'aime ces poissons. J'espère qu'il me fera miséricorde. »

Elle pria Monseigneur de bénir ces poissons, et elle lui demanda de pouvoir les conserver dans un vivier. « Eh ! pourquoi, lui dit l'évêque, tenez-vous à avoir ce vivier et ces poissons ? » — « Parce que, répondit-elle, ces petits poissons sont des créatures du bon Dieu. » — « Mais, reprit le prélat, le bon Dieu n'a-t-il pas tout créé ? » — « Oui, sans doute, répondit-elle encore ; mais ces poissons, en ouvrant la bouche, font penser à Jésus ; et puis, Jésus a aimé les poissons, il en a mangé. » Et comme elle insistait pour avoir un vivier, l'évêque lui dit : « C'est assez, mon enfant. » — « Oui, Monseigneur, si c'est la volonté de Dieu, il le fera pour moi, je n'y penserai plus. » Nous avons cité ce trait pour montrer comment la plus aimable simplicité était unie dans cette âme à des états aussi extraordinaires.

Et ce qu'il y avait encore de plus étonnant, c'était sa complète ignorance par rapport à elle-même. Un jour qu'on parlait devant elle d'une âme conduite par des voies extraordinaires, elle dit à sa maîtresse : « Ma Mère, que je plains ces âmes ! Il y en a si peu qui ne soient pas dans l'illusion ! Dieu nous préserve de ces états ! » — « Vous ne voudriez donc pas y être ? » lui demanda la Mère Élie. — « Plutôt mourir, répondit-elle ; « ma Mère, il faut bien vouloir ce que Dieu veut ; mais je regarde ces états comme un châtiment de Dieu ; il est si facile de tomber dans l'orgueil ! » — « Connaissez-vous ces états ? » — « Oui, ma Mère. J'ai vu à Alexandrie une personne semblable. On courait de partout pour la consulter et pour se recommander à ses prières : son confesseur la regardait comme une sainte. La première fois que je la vis, il me sembla entendre une voix intérieure qui me disait : « C'est le démon ». Je fis part de mes impressions à son confesseur qui était aussi le mien ; il me traita d'orgueilleuse. « Vous avez raison, mon Père, lui dis-je ; mais si vous voulez connaître la voie de cette âme, humiliez-la, faites semblant de la mépriser, et cela à plusieurs reprises, car le diable peut faire supporter extérieurement une humiliation pour mieux tromper dans la suite. » Le prêtre suivit mon conseil. Cette âme parut d'abord bien accepter l'épreuve ; mais, à la seconde fois, elle devint triste, elle se plaignit même de n'être pas comprise ; le découragement ne tarda pas à venir. Tous ces états extraordinaires cessèrent comme par enchantement. Le relâchement la conduisit bientôt à l'apostasie. Elle abandonna la vie religieuse, qu'elle avait embrassée depuis longtemps ; deux mois après, elle se mariait. »

La sœur Marie de Jésus Crucifié était continuellement tourmentée au sujet de ses communions. Le démon essayait de lui faire croire qu'elle trompait l'autorité, et que c'était pour ce motif qu'on lui permettait de communier. Elle obéissait malgré tout. Notre-Seigneur, pour la récompenser de cet acte d'obéissance, lui montra un jour des oiseaux enfoncés dans l'eau ; quelques-uns sortaient facilement de l'eau à l'aide de leurs ailes ; d'autres y restaient plongés, parce qu'ils n'avaient point d'ailes. Jésus lui dit : « Ma fille, l'obéissance est pour l'âme ce que les ailes sont à l'oiseau ». Ravie par ces paroles du divin Maître, elle lui en témoigna sa reconnaissance en récitant sur l'heure le cantique des trois enfants dans la fournaise.

Écoutons une de ses oraisons du soir, qu'elle racontait en extase : « Je voyais, disait-elle, deux enfants qui paraissaient avoir sept ans. Je les voyais comme des yeux du corps. L'un tenait d'une main un calice, de l'autre une croix et une couronne d'épines. Le second me présentait une robe plus blanche que la neige, une belle couronne de roses et des parfums exquis. L'enfant qui portait la croix me dit : « Choisis ». Je lui répondis : « Enfant, va demander à Jésus de choisir pour moi : son bon plaisir est mon bon plaisir ; sa volonté, ma volonté. » L'enfant sourit et me dit : « Celui qui choisit ici-bas la croix aura un jour la couronne de roses ; celui qui choisit, pendant la vie, la rose et les parfums aura l'épine plus tard : tout se changera pour lui en douleur. » Je répondis : « Enfant, je ne veux rien choisir, parce que je suis faible ; va dire à Jésus que je préfère qu'il choisisse pour moi. S'il choisit pour moi la croix, la couronne d'épines, le calice pour toute l'éternité, je serai contente, parce qu'il le sera. » L'enfant a pleuré et tout a disparu. Tout ceci est sans doute le fruit de l'imagination, je ne m'y arrête pas. »

Dans ses souffrances plus vives, quand les sœurs lui offraient quelque soulagement, elle disait : « Tout passe ! Je ne reviendrai pas avec mon corps, après ma mort, afin de souffrir pour Jésus ; laissez-moi donc profiter du temps afin de souffrir tout ce que je pourrai pour Jésus. Je ne vois ni soleil, ni étoiles, ni terre, ni eau, ni aucune créature, ni Dieu, ni Satan : moi seule et la souffrance qui m'environne. »

Le jour de la fête de saint François-Xavier, toute la communauté fut témoin d'une scène aussi éloquente que ravissante, quoique muette. On voit la novice regarder fixement une apparition céleste, qui lui demande le dépouillement de tout ; par ses gestes expressifs, la sœur donne à cette apparition toutes les parties de son corps. Celle-ci accepte tout, mais elle réclame davantage. La sœur ôte alors tous ses habits, à l'exception de sa tunique, et les lui donne. L'apparition prend les habits, mais elle veut davantage. Ne sachant plus que lui donner, la sœur lui fit comprendre par signes qu'elle s'était défaite de tout par son entrée en religion. Tout à coup elle se lève, s'étend sur le plancher, sa croix à la main, reste immobile et comme morte, pour exprimer la mort à tout : ce qui constitue la perfection consommée. Revenant à elle, elle s'écrie : « Rentrons dans la terre comme nous en sommes sortis. O Jésus, j'offre mon corps pour l'Église. Nous venons nus sur la terre ; nous devons rentrer nus dans la terre. »

« O mon Dieu, disait-elle un jour après la communion, rendez-moi fidèle aux petites lumières, aux petites inspirations, pour ne pas tomber en enfer. »

Les souffrances, qui ne discontinuaient pas, prouvaient que Jésus avait choisi pour elle la croix. « Je suis contente, disait-elle ; Jésus, ayant choisi pour moi la croix, est obligé de m'aider à la porter. »

Le démon usait largement de la permission qu'il avait de la tourmenter. Dans une circonstance, il jeta une telle quantité d'épingles dans sa nourriture, que la pauvre victime, qui les avala, en souffrit horriblement durant trois semaines. Elle sentait dans l'intérieur de son corps comme une chaîne qui montait et qui descendait en déchirant les parois de son estomac ; les douleurs étaient indicibles. Le médecin, appelé, ne comprit rien à cet état ; il était impossible de la soulager. Après plusieurs jours de vrai martyre, elle parvint à rejeter quelques-unes de ces épingles. On les montra au médecin, qui en parut surpris et effrayé. Ne soupçonnant nullement la malice du démon, il crut que la sœur avait avalé ces épingles par une mortification mal entendue.

« Ma sœur, lui dit-il d'une voix sévère, ces épingles ont été ainsi tordues par quelqu'un, et ce quelqu'un, c'est vous. Confessez votre faute. » — « Vous vous trompez, monsieur, lui répondit-elle avec un doux sourire, je n'ai ni préparé de la sorte, ni avalé volontairement ces épingles ; il faudrait être fou pour agir ainsi ; le faire dans son bon sens serait une faute grave. Dieu me voit et l'enfer est là. Je ne suis pas venue ici pour faire de pareilles choses. Tout passe dans ce monde et Dieu nous jugera. »

Le mépris qu'elle faisait de son corps revenait souvent sur ses lèvres : « O corps, disait-elle, bientôt tu seras sous terre ; tout passe pour toi ; regarde le tombeau. Dans le tombeau, jouis des plaisirs, désire de beaux habits, une bonne nourriture ! Vois ta grandeur dans le tombeau ; les vers, petites bêtes, te dévorent ; ils sont plus que toi. Quand tu vivais, tu écrasais les vers ; dans le tombeau, les vers te mangent ; dans le tombeau, tu es caché à tous les regards.

« Mais mon âme monte vers Jésus, mon âme voit Jésus, le bénit et l'aime toujours. Cependant, j'ai tant péché ! Comment espérer aller au ciel ? Oui, mon Dieu, j'espère, parce que j'ai beaucoup péché : au ciel, je ferai éclater, plus que toutes mes sœurs, les miséricordes du Seigneur !

« Ici, je n'ai rien à souffrir. Heureuse si je manquais de tout ! Mais je n'en suis pas digne. Aujourd'hui, j'avais un désir si ardent de mourir martyre ! Une voix m'a dit : « Tu ne mérites pas cette grâce ». J'ai vite répondu : « Au moins, mon Dieu, martyre de la pauvreté ! Oh ! si j'avais le bonheur de mourir de faim ! Mais non, supposé que je n'eusse pas de pain, Jésus ferait un miracle pour m'en donner. « La voix m'a dit : « Que ta foi est grande ! » J'ai pensé aussitôt que c'était Satan qui me parlait ainsi pour me faire tomber dans l'orgueil. J'avoue cependant que cette voix m'a inspiré l'amour et la confiance en Dieu, et le mépris de moi-même. »

Pendant les fêtes de Noël, elle se prêta, avec la meilleure grâce du monde, à tous les innocents délassements autorisés par l'usage du Carmel, absolument comme si elle n'eût rien souffert. Toujours la même, elle s'oubliait pour récréer ses sœurs.

Pendant les vêpres de Noël, elle avait vu un homme qui lui montrait son cœur à découvert, et, dans ce cœur, plusieurs blanches colombes. Au dehors, il y avait des épines sur ce cœur, qui le déchiraient et qui faisaient couler le sang jusqu'à terre. Cet homme lui dit : « Ma fille, personne ne ramasse ce sang ; on me fait souffrir le martyre ; si on ne se convertit pas, je ferai périr les fruits de la terre ; et si, après ce châtiment, on ne change pas, j'arracherai les arbres et j'en planterai d'autres ; et ceux-ci recueilleront mon sang. »

Quelques jours après, elle récitait à la messe cette prière, qui lui avait été enseignée pendant une de ses oraisons : « Seigneur, donnez-moi l'obéissance de votre cœur, l'humilité de votre Mère et la simplicité de votre Père ». Tout à coup, elle voit deux montagnes devant elle ; elle se croit à Jérusalem. Entre les deux montagnes elle voit un canal sans eau. Un homme d'une grande taille se tenait à côté du canal ; on lui jetait des pierres. « Cet homme, disait-elle, s'est tourné vers moi comme vers un ami, en me priant de le défendre et de le cacher. Je me disais en entendant sa prière : Que cet homme a peu d'intelligence ! moi si petite, comment le cacher, lui si grand ? Il a compris ma pensée et il m'a dit : « Je suis petit et grand ; toi, tu n'es pas petite, mais grande ». Et j'ai compris que j'étais grande par l'orgueil. Il a ajouté : « C'est moi qui veux te cacher ». Il m'a ensuite demandé à boire. Dans mon embarras, je disais intérieurement à la sainte Vierge : « Ma Mère, donnez l'intelligence à cet homme. Il veut que je lui donne à boire et je n'ai rien pour lui donner à boire. » Il a encore compris ma pensée et il m'a dit : « Je ne manque pas d'intelligence ; c'est toi qui n'en as pas. Je n'ai pas besoin de boire ; c'est moi qui veux te donner à boire. » Je lui ai dit : « Et qui êtes-vous pour connaître ainsi mes pensées ? Êtes-vous Satan ou Dieu ? » Il m'a répondu : « Je ne suis pas Satan, mais je n'ai pas besoin de te dire qui je suis, à toi qui n'es rien. » Pendant qu'il me parlait, sa parole portait grâce à mon âme ; il m'a rempli de force et d'espérance, il m'a donné la paix ; mon corps lui-même sentait une nouvelle vigueur. Tout ceci n'a duré qu'un instant. »

Les prodiges de tout genre se multipliaient ; à diverses reprises, plusieurs sœurs virent dans la bouche de la novice des fruits mystérieux ; deux ou trois eurent même la faveur d'en manger [1]. Mais ce qui était plus extraordinaire encore, c'était son amour de la souffrance, son humilité et sa charité, qui ne se démentaient jamais.

---

[1]. Ces fruits avaient l'apparence d'une grosse amande pelée, leur odeur était celle de l'encens et ils avaient le goût de plantes aromatiques. La novice, interrogée sur la provenance de ces fruits, répondit : « Ils viennent de là où étaient Adam et Ève : c'est le fruit dont se nourrit Élie. »
(Notes du Carmel).

CHAPITRE X

Le divin Jardinier. — Ses enseignements à la sœur Marie de Jésus Crucifié (1869-1870).

Durant ce temps d'épreuve, annoncé par l'ange, où l'ennemi du bien mettait tout en œuvre pour décourager la novice et la porter au désespoir, les apparitions et les consolations divines continuaient aussi : elles étaient comme un aliment surnaturel et nécessaire pour préparer cette âme à des combats toujours nouveaux.

Nous rapportons ici l'appréciation de la Mère Élie sur sa novice, dans les notes prises à son sujet par ordre de l'évêque de Bayonne et du supérieur du Carmel, depuis son entrée au Carmel de Pau. C'est de ces notes que nous avons extrait les faits relatifs à cette époque de la vie de la sœur Marie de Jésus Crucifié.

« Autant que cela m'est possible, je prends le langage de notre petite sœur, afin de rendre l'état de cette âme avec plus d'exactitude. Toutefois, j'avoue que ma tâche est difficile et que ce récit est dépouillé du charme attaché aux paroles et aux actions de la novice et qui donne tant d'intérêt et d'expression à tout ce qu'elle dit.

« Je sens que je ne fais son portrait qu'à demi. Il faudrait une autre plume plus exercée pour faire connaître cette belle âme : sa naïveté, sa simplicité, son humilité, sa générosité, sa charité, son amour pour Dieu et le prochain, sa force d'âme dans les épreuves, sa foi, sa confiance en Dieu, sa constance pour lutter contre son adversaire qui la poursuit sans cesse, son amour de la vie cachée, commune et ordinaire. Il faut la voir et la suivre, pour se faire une juste idée de cette enfant. Si tout ce qui se passe en elle d'extraordinaire, soit du passé soit du présent, vient de Dieu, il ne nous appartient pas d'en juger; mais tout ce que nous pouvons dire, c'est que, si l'esprit de Dieu n'en est pas l'auteur, notre novice nous paraîtrait plus digne d'admiration de pouvoir, sous l'action du démon, rester fidèle à son Dieu, pleine d'espérance en lui, humble et petite en elle-même, ne cherchant jamais l'estime des créatures, ne voulant en toutes choses que la volonté de Dieu et sa plus grande gloire. J'ai bien sondé ses sentiments, et jamais elle n'a dévié de son chemin, qui est celui d'une âme pleine de droiture qui ne cherche que Dieu seul. »

Retenue un jour dans sa cellule par la fièvre, la novice dit à sa maîtresse, qui l'avait laissée seule pendant l'oraison du soir : « Ma Mère, continuez l'oraison si bonne que vous m'avez faite, il y a un moment. » La Mère Élie, ignorant le fait, lui demanda de lui répéter ce qu'elle lui avait dit, pour savoir si elle ne l'avait pas oublié : « Vos paroles, dit la sœur Marie, sont gravées dans le fond de mon cœur, mais je ne saurais les rendre. Il y avait trois points : « Cherchez Dieu seul, sans vous arrêter à rien de créé. Si vous parlez, soyez comme ne parlant pas; si vous voyez, soyez comme ne voyant pas; si vous écoutez, soyez comme n'écoutant pas. Dieu seul est tout; la créature n'est rien que néant et péché.

Tout ici-bas est vanité, parce que tout ce qui passe n'est rien. Au moment de la mort, comme nous regretterons de n'avoir pas profité du temps! »

Le lendemain, elle vit pendant l'oraison le même homme qu'elle avait déjà vu plusieurs fois. Ses yeux étaient doux et gracieux; ses cheveux blonds tombaient sur ses épaules. « Cet homme, disait-elle, est riche et pauvre en même temps. Je l'ai vu au milieu du chœur, souriant à toutes les sœurs, qui formaient comme une blanche couronne autour de Lui. Bientôt j'ai vu cette couronne se partager en trois parties. Cet homme m'a dit : « Vous devez vous partager en trois, mais vous serez toutes ensemble au ciel ». — La fondation de Mangalore et, plus tard, celle de Bethléem, si merveilleuse, montreront la vérité de cette prophétie.

Le 4 février 1869, après Complies, elle tomba en extase et elle rendit compte, dans cet état, de l'oraison du matin : « Je pleurais mes péchés pendant l'oraison, dit-elle, et la pensée que je suis toujours malade venait me troubler et m'inquiéter. Le Seigneur m'a dit avec douceur (oh! comme sa voix m'a rendu la paix !) : « Ma fille, tu es semblable à une vigne. Vois comme le vigneron travaille, cultive sa vigne; il tourne la terre autour du pied de la vigne. La terre signifie ton corps : moi, je travaille ma vigne par la souffrance. Pour faire porter du fruit à sa vigne, le vigneron coupe les branches mauvaises, et il émonde les bonnes; je me sers, moi aussi, des tentations, des humiliations, des mépris, pour émonder ma vigne, et je coupe les branches mauvaises et inutiles : l'orgueil et la nature, qu'il faut faire mourir.

« Le maître de la vigne ne travaille pas pour rien; il espère, il attend le fruit; il travaille beaucoup sa vigne, il tourne plusieurs fois la terre, il enlève plusieurs fois les branches inutiles. Le jardinier qui travaille son jardin ne travaille pas inutilement; il est nourri du fruit de son travail. Il veut que tous ses arbres portent du fruit; il ne se contente pas du fruit d'un seul. J'ai des arbres ici : je les taille, je les travaille pour qu'ils portent du fruit. J'entre souvent dans leur cœur; je leur fais entendre ma voix. Souvent les arbres n'y font pas attention, ils ne me voient pas. Prenez garde! il faut porter du fruit. Le Seigneur coupe les arbres qui ne portent pas de fruit, il jette au feu les arbres mauvais et il en plante d'autres. »

« Et j'ai dit au Seigneur : Seigneur, si vous m'abandonnez, je suis comme la cendre qui ne porte aucun fruit. Mais si vous me regardez, je deviens une terre bonne, une terre douce qui porte de bons fruits, qui est couverte de verdure et de fleurs. Seigneur, regardez-nous toujours, soyez avec nous. »

Le 8 février, devant le saint Sacrement exposé, elle vit un homme très beau : « Cet homme, racontait-elle, m'a dit : « Ton cœur n'est pas assez vide, assez détaché »; puis il m'a montré une petite fleur, dans un vase sans terre et sans eau, que le soleil desséchait, et il m'a dit : « Sans moi, tu es semblable à cette plante ; tu manques de terre et d'eau pour te rafraîchir. » J'étais fâchée de ce qu'il me disait que, sans Lui, j'étais comme cette plante desséchée; si encore il m'avait dit : sans Jésus, à la bonne heure! Je lui ai demandé : « Mais qui êtes-vous pour me parler ainsi? Mon cœur n'est pas à vous, il est à Jésus. Pourquoi me dire que je ne puis rien faire de bon sans vous? dites : sans Jésus. » Il a ri et il cachait sa figure avec sa large manche, ce qui m'empêchait de voir le saint Sacrement. »

« J'ai vu, racontait-elle encore deux jours après, mais de bien loin, un homme d'une grande majesté; il ressemblait à un roi; il était assis et paraissait maître souverain du monde entier. Beaucoup refusaient de reconnaître son pouvoir. Et j'ai dit : Seigneur, comment faire pour vous aimer ? Je sentais en même temps un grand amour de Dieu, un grand désir de le servir et de pratiquer la vertu. J'aurais voulu devenir parfaite, pour lui être agréable et le dédommager de l'ingratitude de ceux qui ne l'aiment pas; mais je me voyais si éloignée de la perfection ! Une voix m'a dit : « Regarde dans la nature, les arbres ne deviennent pas grands en un jour. » — Il m'a montré un arbre qui portait de mauvais fruits; il a coupé les branches; il l'a greffé, il a mis de la bonne terre autour du pied; il l'a soigné avec patience; il l'a émondé, le moment venu; et cet arbre a commencé à porter du fruit. L'homme a redoublé de soins, et l'arbre, chaque année, a porté un peu plus de fruit. Cet homme m'a regardé et il m'a dit : « Je veux que tu sois comme cet arbre; je ne veux pas que tu portes aussitôt du fruit, mais avec le temps. » Et je sentais une grande confiance et mon cœur s'embrasait d'amour pour Dieu, du désir de l'aimer, de ne vivre que pour Lui et de m'éloigner des créatures que je voyais comme autant de bêtes prêtes à dévorer mon âme. La greffe entée sur l'arbre me montrait la transformation d'une âme qui cherche Dieu, qui vit unie à Dieu, à Jésus. »

Un autre jour, elle suppliait le divin Maître de l'établir dans la vérité, en lui faisant connaître l'orgueil et l'humilité. Voici en quels termes elle rendait compte à sa maîtresse de ce que Dieu lui avait montré : « J'ai vu, disait-elle, que l'orgueil est la source de tous les péchés; et l'humilité, la source, le fondement de toutes les vertus. L'orgueil a perdu le plus bel ange; il est tombé par l'orgueil. S'il s'était humilié, s'il avait rapporté à Dieu tout ce qu'il était, il serait devenu encore plus beau; l'orgueil en a fait un démon. Si Adam et Ève, après avoir péché, s'étaient humiliés, Dieu leur aurait pardonné. Judas lui-même, s'il s'était humilié, aurait obtenu son pardon. C'est l'orgueil qui nous perd tous, c'est par l'orgueil que la volonté de l'homme se révolte contre Dieu. L'âme humble devient lumière; elle vit dans la vérité; elle arrive jusqu'à Dieu et Dieu s'abaisse jusqu'à elle. L'humilité lui fait un chemin pour parvenir aux autres vertus. J'ai dit à Jésus beaucoup de choses que je ne saurais redire. J'ai vu que j'avais de l'orgueil en tout; j'ai prié Jésus de me donner l'humilité et j'ai pris la résolution de pratiquer cette vertu en toutes choses. Oh! combien je désire l'humilité, le mépris des créatures! Dieu est prêt à pardonner à un pécheur qui s'humilie, il regarde avec plus d'amour l'âme qui revient à Lui par l'humilité que l'âme fidèle qui se complaît dans ses vertus. Celle-ci risque de se perdre par l'orgueil, tandis que le pécheur obtient miséricorde en s'humiliant.

« J'ai vu un jardin rempli de fruits, disait-elle une autre fois sur le même sujet. A la porte du jardin, il y avait du feu, et ceux qui voulaient entrer pour cueillir du fruit devaient traverser ce feu. J'ai vu une âme qui prenait de l'eau, et, par ce moyen, elle passait au milieu du feu sans se brûler; elle entrait dans le jardin et elle cueillait du fruit. D'autres, au contraire, au lieu de prendre de l'eau, ramassaient du bois, de la paille et les jetaient dans le feu qui devenait plus ardent, et ces âmes se brûlaient un peu plus, chaque fois qu'elles essayaient de pénétrer dans le jardin; et au lieu de cueillir du fruit, elles ne pensaient qu'à leurs brûlures. Je ne comprenais rien à ce que je voyais. Tout à coup, j'ai aperçu le maître du jardin qui regardait les âmes qui traversaient le feu et je lui ai demandé l'explication de ce qui m'était montré. Il m'a répondu : Regarde les âmes qui portent toujours l'eau avec elles; cette eau, c'est l'humilité. L'humilité, voilà la vraie source des vertus. L'âme humble porte toujours l'eau avec elle; aussi ne sent-elle pas le feu, figure des humiliations, des épreuves, de la souffrance, de la persécution, des mépris, des calomnies. Tout le monde tombe sur cette âme et lui dit avec mépris : « Vous êtes mauvaise, imparfaite, orgueilleuse, paresseuse, désobéissante; vous n'avez pas de charité, vous n'êtes pas bonne pour ici. » Tout cela, c'est le feu qu'il faut traverser pour cueillir le fruit du jardin. Plus on passe par ce feu, plus on cueille de fruit. Avec l'eau de l'humilité, tout profite à l'âme, tandis que les âmes qui manquent de cette eau, trouvent le feu partout et se brûlent par l'égoïsme, qui fait qu'elles pensent toujours à elles. Elles n'entrent jamais dans cette simplicité que Dieu demande pour le salut. Il faut devenir comme de petits enfants pour entrer dans le royaume des cieux. Ces âmes pourront pratiquer beaucoup de vertus extérieures; mais si elles ne s'appliquent pas à acquérir l'humilité, elles ne seront jamais agréables à Jésus, tandis que celles qui s'appliquent à l'humilité, quoiqu'elles aient beaucoup plus péché, trouveront grâce devant Dieu. » — Il n'est rien qui exprime mieux l'état de cette âme d'élite dans l'épreuve que la vision suivante : « J'ai vu, disait-elle, plusieurs rosiers verts qui portaient des fleurs : à côté de ces rosiers, il y en avait un autre tout seul, mais plus vert, plus fleuri, plus beau. Un homme qui paraissait être le Seigneur, est venu, il a pris ce rosier si fleuri et il l'a mis dans une nuit obscure. Plus de soleil pour ce rosier, plus de rosée, plus de joie. Les branches se sont penchées, les feuilles ont jauni, le rosier s'est flétri : il était presque mort. Les autres rosiers, qui jouissaient de la rosée, du soleil et du jour, ont dit : Il faut arracher ce rosier qui sèche, faute d'eau et de soleil; ses feuilles ont jauni; arrachez-le, arrachez-le. Le maître du jardin leur a répondu : « Vous me dites d'arracher ce rosier, parce qu'il ne porte plus de roses et que ses roses sont flétries. Vous ne voyez pas que, si vous étiez comme lui privés d'eau pour vous rafraîchir et de soleil pour vous réchauffer, vous seriez déjà réduits en poussière. Attendez, et vous verrez. — Quelque temps après, le Seigneur a sorti ce rosier de sa nuit profonde, et il l'a arrosé, et le rosier a refleuri plus beau que jamais; les roses se sont épanouies, et le parfum de ce rosier a réjoui tous ceux qui l'ont vu, et ils ont béni le Seigneur ».

Écoutons encore ces paroles du Sauveur à sa servante ; elles complètent les lumières renfermées dans la vision précédente : « J'ai entendu une voix qui disait : Le Maître n'oublie pas sa servante, mais la servante oublie son Maître. Cette voix était la voix du Seigneur; j'ai senti sa présence; il m'a dit : Tu dois me ressembler; tu seras encore deux ans dans les ténèbres, pour que je voie jusqu'où ira la foi des hommes. Trois fois par an, le Seigneur visitera sa servante, mais en passant, et comme l'éclair. — Ah! Seigneur, ai-je répondu, c'est trop long sans vous voir. Vous me voyez, vous, mais moi, je ne vous vois pas. »

Ne nous lassons pas de citer ces enseignements recueillis pendant ses fréquentes extases et pleins de la moelle évangélique ; ils font mieux connaître l'âme dont nous racontons la vie merveilleuse que tout ce que nous pourrions en dire : « J'ai planté des arbres, je demande du fruit pour me rafraîchir, dit le Seigneur. Arbres du Seigneur, votre Maître demande à boire ; il demande le fruit de l'humilité, de la charité. Arbres du Seigneur, ne donnez pas votre fruit pour la terre, donnez-le pour Celui qui vous a plantés. Ne laissez pas le chien recueillir votre fruit. Le Seigneur demande à boire ; il demande des fruits intérieurs ; il demande des fruits extérieurs. Le Seigneur demande à boire ; il est triste, souffrant, accablé ; donnez-lui à boire pour qu'il aille arroser d'autres arbres, pour que ces arbres portent du fruit. Arbres du Seigneur, dédommagez le Seigneur. Quand je vois Jésus, mon cœur est déchiré, mon cœur est déchiré. Il a dit, ce Seigneur : Le Maître n'oublie pas sa servante, mais la servante oublie son Maître.

« Arbres du Seigneur, le Seigneur a eu faim. Si vous êtes les vraies épouses du Seigneur, vous donnerez à votre frère même le morceau que vous avez à la bouche et Jésus vous le rendra trois fois doublé, et ensuite il vous donnera la vie éternelle.

« Jésus, dans la prison, a froid : il attend que vous le réchauffiez. Il vous entend, il écoute ce que vous lui direz. Les bourreaux préparent les cordes pour l'attacher ; ils préparent les clous, ils préparent la croix. Préparez-lui de bonnes choses de votre côté ; préparez-lui votre cœur. Jésus gémit ; les Juifs n'écoutent ses gémissements que pour se moquer de Lui. Écoutez-le, vous, pour le consoler, pour le dédommager. Les Juifs sont contents d'accompagner Jésus au Calvaire pour le faire souffrir. Vous, soyez tristes à cause de vos péchés et à cause du temps que vous avez passé sans penser à Lui. Les Juifs cherchaient Jésus pour le faire mourir; vous, cherchez Jésus tous les jours pour le faire vivre en vous, pour le faire ressusciter, pour le glorifier en vous. Les Juifs ont attaché les mains de Jésus; vous, attachez-vous à Jésus.

« Les Juifs se moquent de Jésus; les soldats lui mettent sur les épaules, par dérision, un lambeau de pourpre et un roseau dans la main : vous, préparez pour Jésus un amour tout filial.

« Les ennemis de Jésus le soufflettent; vous, préparez-vous à recevoir des soufflets pour son amour.

« Les Juifs s'excitent les uns les autres pour tourmenter Jésus: vous, excitez-vous les unes les autres pour le bénir, pour le faire bénir.

« Les Juifs auraient voulu que d'autres peuples s'unissent à eux pour insulter Jésus: vous, attirez les âmes à l'amour de Jésus.

« Les Juifs jettent du fumier, des ordures sur le chemin que Jésus doit suivre : vous, préparez des roses, couvrez-en le chemin de Jésus.

« Voyez, Marie pleure, elle souffre, elle est accablée de douleur; accompagnez Marie au Calvaire par votre fidélité, par l'amour de Jésus, par l'amour du prochain. Jésus est nu sur la croix; par la pratique de la charité, vous, couvrez Jésus. »

Jésus revient ensuite aux enseignements qui la regardent plus personnellement. Quoi de plus frappant et de plus instructif que la vision suivante?

« J'ai vu, disait-elle, un homme dans un jardin; d'une main, il tenait un bâton; de l'autre, un bouquet de roses. Ce jardin était tout petit; mais très beau et tout rempli de fleurs et de fruits. Il n'y avait pas une mauvaise herbe, et tout prospérait selon les désirs du Maître du jardin. A côté de ce jardin, il y en avait un autre fermé, tout noir; on n'y voyait que des ronces et des épines.

« Le jardinier m'a dit, en me montrant ce jardin : Vois-tu ce mauvais jardin? c'est ton image; tu es comme cette terre. Je t'ai fait tant de grâces, et tu ne portes que des ronces, qui déchirent tous ceux qui t'approchent. Tu fais comme cette mauvaise terre; j'y ai souvent jeté de bonnes semences, mais les mauvaises herbes l'étouffent. Vois ce que je vais faire; je veux faire porter du fruit à cette terre pour glorifier mon Père, qui aura plus de joie du changement de celle-ci, qu'il n'en éprouve en contemplant le premier jardin. — Trois hommes se sont présentés; ils étaient noirs; il me semblait voir des démons. J'ai fait le signe de la croix et j'ai dit : « Seigneur, par votre sainte Croix, délivrez-moi des malices de Satan ». Le jardinier a souri et son regard enlevait mon âme. Il s'est adressé à ces trois hommes si affreux et il leur a dit : « Travaillez, défoncez cette terre; brûlez toutes les mauvaises racines qui s'y trouvent ». Ils se sont mis à l'œuvre, ils ont tourné, retourné la terre à une grande profondeur; les racines mauvaises soulevées ont été brûlées, la terre est devenue noire comme du charbon, ensuite elle est devenue rouge. Les hommes noirs se sont retirés; la neige est tombée et la terre est devenue toute blanche. Le jardinier est revenu; il a semé son bouquet de roses, il a semé d'autres graines. Une pluie douce est tombée sur cette terre; la semence a produit des feuilles vertes, des fleurs et des fruits. Le jardinier a fermé alors le jardin de telle sorte qu'on ne pouvait plus y entrer; on pouvait seulement le voir pour glorifier Dieu. Le jardinier m'a ainsi parlé : « Voilà comme j'agis avec les âmes; je choisis de préférence les grandes coupables et, par là, tout ce que j'opère en elles fait éclater ma miséricorde; et tous ceux qui voient l'œuvre du Seigneur rendent gloire à mon Père. Je ferai cela en toi; supporte donc l'épreuve, la tentation, la souffrance, l'ennui, le dégoût, le délaissement. Tout cela purifie la mauvaise terre et la prépare à recevoir ma grâce. »

Pour la consoler, le Sauveur lui fait entrevoir ainsi la fin de ses épreuves. Voici comment elle s'exprime à cet égard : « Jésus, dit-elle, m'a fait faire une bonne oraison. Il me semblait être soutenue par la main de Dieu; il me semblait qu'il me ferait miséricorde et qu'il m'aiderait à gravir la montagne que je vois si noire, si rude, sans aucun autre appui que des pierres aiguës qui déchirent. Malgré tous les obstacles, je voyais que j'arriverais au bout avec la grâce de Dieu et que j'exalterais sa miséricorde. Je ne désire qu'une chose : être toute à Dieu, parfaitement à Lui seul. J'ai la confiance que, plus tard, je serai parfaitement à Lui; rien alors ne pourra me distraire de sa présence; il est nécessaire à présent que je me nourrisse moi-même, que je mange le pain noir, le pain dur, les croûtes sèches. Un enfant dans la maison de son père, qui mange toujours du bon pain, ne l'apprécie pas; mais si, après qu'il a mangé du mauvais pain, on lui en donne du bon, il l'apprécie, il est content. Moi, à présent, je mange le pain dur; quand le mauvais chemin sera passé, Jésus me donnera du bon pain et je me souviendrai toujours de ce temps pénible où le pain était si dur. J'apprécierai mieux la bonté du Seigneur, ses bontés pour moi. »

Il est touchant de l'entendre dire, en parlant d'elle-même : « Je suis un mauvais fruit, un fruit pourri, jeté sur le fumier de mes péchés. Qui voudra de ce fruit? Personne : laissez-le sur le fumier. Mais vous, jardinier, voyez; dans ce fruit, le Seigneur a mis une petite graine; prenez cette graine, faites un trou dans la terre, jetez la graine dans ce trou ; couvrez-la avec de la bonne terre; attendez, ayez patience; il viendra un arbre de cette graine; cet arbre portera de bons fruits grâce à vos soins; vous servirez ce fruit à la table du Seigneur. Tout le monde le verra; on mangera de ce fruit et on louera le Seigneur. »

Voici une charmante comparaison, pleine de la doctrine la plus élevée et la plus pratique. « Après la communion, disait-elle un jour, un vieillard m'a dit : Jésus veut venir chez toi au milieu de la nuit; prépare-Lui une cellule; écoute ce qu'il veut : Il veut une petite cellule bien pauvre, bien simple. Il veut un petit lit, figure du silence ; dans ce petit lit, il veut un matelas toujours neuf par des actes d'humilité toujours nouveaux; il veut un coussin de charité, une couverture de patience, les grands rideaux blancs de l'union, qui empêchent le vent de la tentation de refroidir la charité. Jésus veut aussi une veilleuse pour la nuit : le verre de cette veilleuse, c'est la foi et l'espérance; l'huile, c'est la prière continuelle; le liège qui surnage, c'est l'amour de Dieu, qui élève l'âme au-dessus de la terre; la mèche, c'est le dévouement, qui se sacrifie, qui oublie ses intérêts pour le bonheur des autres; enfin la lumière qui éclaire, c'est l'obéissance et la pureté d'intention. »

CHAPITRE XI

La sœur Marie de Jésus Crucifié à l'époque du Concile et pendant la guerre de 1870.

Nous sommes arrivés à l'époque du Concile. Le lecteur qui nous aura suivi jusqu'ici, ne s'étonnera pas d'apprendre que le Seigneur montrait à cette ignorante selon son cœur l'état des esprits dans cette auguste assemblée. Car le cri de Jésus sera éternellement vrai : « Je vous loue, Père, Seigneur du ciel et de la terre, parce que vous avez caché ces choses aux sages et aux prudents, et que vous les avez révélées aux tout petits ». Tout le monde verra la justesse des vues surnaturelles de cette âme en lisant ce qui suit : « L'Église souffre, disait-elle, le Saint-Père souffre; son cœur est affligé, parce qu'il n'y a pas assez d'union entre les évêques du Concile. L'Église, c'est notre Mère. Quand une mère souffre, tous les enfants souffrent avec la mère. L'Église, c'est ma mère. Oh! que je voudrais donner mon sang pour l'Église! j'offre tout pour Elle, pour l'union, pour la paix, pour le triomphe de l'Église.

« J'ai vu le Concile. J'ai vu trois évêques du Concile, très saints et qui ont rendu de grands services à l'Église, maintenant environnés de ténèbres, entourés de milliers de démons qui s'efforcent de leur cacher une petite lumière toujours présente à leurs yeux, figure de la foi, de la vérité ; tandis qu'à droite et à gauche, il y a une grande lumière que les démons voudraient leur faire suivre. Ces esprits tentateurs sont tellement nombreux, que, s'ils avaient un corps, l'air en serait obscurci. Ces mêmes démons vont aussi sur un grand nombre d'autres évêques. Il y en a plus de deux cents qui ne suivent pas la petite lumière qu'ils ont devant les yeux, parce que Satan les en empêche, en plaçant comme un nuage épais entre cette lumière et eux, tandis qu'ils ne se détournent pas assez de la lumière qui est à droite et à gauche ; cette lumière ne vient pas de Dieu, mais du raisonnement humain. » C'est ainsi qu'elle s'exprimait au mois de janvier 1870.

Une vision du mois suivant est peut-être encore plus frappante. Il nous semble que l'opposition, suivie du triomphe de la définition et du retour de tous les évêques dissidents, ne saurait être exprimée avec une plus énergique clarté : « J'ai vu, dit-elle, le Saint-Père entouré des Pères du Concile. A sa droite, était un jardin éclairé du soleil, arrosé d'une eau très bonne et rempli de fleurs et de fruits qui répandaient un parfum délicieux. A sa gauche, il y avait un autre jardin, couvert de ténèbres, de ronces et d'épines ; là, se trouvaient quelques rosiers desséchés et quelques plantes bonnes, étouffées par les ronces. Le Saint-Père a essayé d'ouvrir la porte de ce second jardin, pour le travailler et pour en arracher les rosiers et les plantes, afin de les faire passer dans le premier jardin. Plusieurs disaient au Saint-Père qu'il faisait un travail inutile. J'ai vu ensuite un nuage de douleur couvrir le Saint-Père et ceux qui étaient à sa droite ; mais, tout à coup, j'ai vu un soleil briller sur leur figure ; ils étaient radieux. Puis, la porte du mauvais jardin s'est ouverte, et on a commencé à enlever quelques bonnes plantes du mauvais jardin pour les placer dans le bon. Ensuite, j'ai vu le Saint-Père s'endormir et deux enfants l'ont emporté dans leurs bras. Un autre est venu le remplacer et il a trouvé la porte ouverte, et il a achevé facilement le travail commencé et ceux qui avaient voulu autrefois arrêter le Saint-Père dans son travail, voyaient la vérité maintenant. Une voix m'a dit : « Réjouis-toi de ce que je t'ai demandé ce jeûne de quarante jours au pain et à l'eau, afin de te faire participer aux mérites et aux travaux des Pères du Concile. Il faut que, par ce jeûne, tu enlèves les pierres du chemin, afin qu'ils ne tombent pas. »

« J'ai dit alors à Dieu : Seigneur, si c'est votre volonté que je fasse ce jeûne, je l'accepte, non seulement pour quarante jours, mais pour quarante ans, si vous le voulez ». — Qu'il est touchant de voir Jésus demander à des âmes ignorées des pénitences exceptionnelles en faveur du Concile ! C'est toujours le même Dieu, se servant de ce qui n'est rien pour mener à bonne fin ses œuvres.

Les événements de la guerre, qui suivit le Concile, n'échappèrent pas davantage à cette âme directement éclairée par Dieu. Écoutons-la nous raconter la vision qu'elle eut le 16 juillet 1870 : « J'étais, dit-elle, au jardin toute seule ; tout à coup, j'entends une voix me dire : « Priez, priez et faites prier ». Je vis ensuite des soldats sortir comme d'un jardin fermé ; il y en avait beaucoup et ils passaient devant moi. Je vis d'autres soldats sortir d'un nouveau jardin ; ils venaient combattre contre les premiers. La même voix me dit une seconde fois : « Priez, et faites prier ». Au même instant, je vis Rome devant moi, et je vis les ennemis de Rome qui disaient : « Pendant que les autres combattent, tuons Rome, étouffons-la, jetons de l'eau bouillante sur elle, tuons les petits et les grands ». Je vis en même temps une lampe dans le ciel ; il sortait de cette lampe deux rayons qui formaient comme des escaliers : l'un de ces rayons tombait sur l'Italie et l'autre sur la France. Et je vis un homme qui semblait être Dieu lui-même ; il avait deux enfants avec lui, l'un à sa droite, l'autre à sa gauche. L'un de ces enfants était noir et il travaillait à faire un grand trou ; l'autre préparait un plat blanc sur la terre. L'homme a dit aux ennemis de l'Église qui criaient : « Jetons de l'eau bouillante sur Rome » : « Cette eau bouillante sera pour vous éternellement. Je déclare qu'aucun de ces hommes qui combattent pour mon nom, n'aura à subir le moindre jugement, eût-il commis tous les péchés. A ces hommes qui auront donné leur vie en combattant, je donnerai la paix et la vie éternelle. » En même temps, il se tourna vers la France, et il dit à l'Empereur : « Tant que vous suivrez la lumière je serai avec vous. Je vous promets quatre victoires, si vous combattez pour ma gloire, afin que tout le monde sache que vous combattez en mon nom, que je suis en vous et que vous êtes en moi. Je vous promets ensuite une bonne mort et une éternité bienheureuse. »

Voici la vision du 5 août suivant : « J'éprouvais une grande tristesse et angoisse ; il me semblait que Rome allait périr et la France aussi. J'ai senti un glaive s'enfoncer dans mon cœur, et il y est resté. Toute la nuit, la souffrance m'a empêchée de dormir. Le matin, j'étais aussi peinée et aussi accablée que la veille. Je passai la journée dans l'angoisse, dans la tristesse, dans la souffrance. Le soir, je vis l'Empereur devant moi. Il était tout noir, triste, presque furieux : un grand nuage noir était tombé sur lui. Je vis la sainte Vierge qui vint avec sa main détourner ce nuage et cela me consola un peu. Mais je compris que le nuage allait sur Rome. Le lendemain, à la messe, pendant l'Élévation, je vis un vieillard crucifié, et, à ses pieds, l'Empereur, triste et humilié, et je vis le sang du vieillard crucifié tomber sur lui. Je ne sais pas si la lumière que j'avais vue devant l'Empereur et à la fidélité de laquelle étaient attachées quatre victoires était de ne pas retirer les troupes de Rome ; mais, depuis qu'il l'a fait, je l'ai vu trois jours de suite, triste et humilié, aux pieds du vieillard crucifié dont le sang se répandait avec abondance sur lui, sur sa famille et sur ceux qui l'entouraient. » On le voit, la sœur indique clairement dans cette double vision le triomphe de la France, si l'Empereur est fidèle à l'inspiration de ne pas retirer les troupes de Rome. Elle assiste au retrait de ces troupes et à la défaite de la France qui en est la conséquence. Elle voit le sang du vieillard du Vatican tomber, comme une vengeance, sur l'Empereur et sur les siens. La mort si tragique du prince impérial, dix ans après, est encore présente à tous les esprits, et elle confirme d'une manière effrayante la vérité de cette prophétie.

Qui ne reconnaîtra, dans ce qui suit, la Commune avec ses horreurs? « Un autre jour, dit encore la sœur, je vis, au moment de l'Élévation, un grand nuage noir, qui devint ensuite jaune, et puis rouge ; il était chargé de toute sorte de malheurs et il couvrait toute la France. Et je compris que, même dans l'intérieur de la France, on serait les uns contre les autres. » La division des partis, après la Commune, n'est, hélas ! aussi que trop bien annoncée dans ces paroles. Puisse la vision que nous allons citer, et qui fait suite à la précédente, avoir bientôt son accomplissement : « Je vis ensuite, ajouta la sœur, que ce nuage noir s'en alla, à la grande joie de tous, et il vint, à sa place, un nuage blanc qui couvrit la France tout entière. La vue de ce nuage apporta la joie à tous. »

CHAPITRE XII

La sœur Marie de Jésus Crucifié depuis la fondation de Mangalore jusqu'à sa retraite de profession (août 1870 — 3 novembre 1871).

La religieuse qui avait soigné Marie après son martyre, lui avait annoncé que, après avoir pris l'habit du Carmel dans une maison, elle ferait sa profession dans une autre. Il nous faut raconter maintenant la réalisation de cette seconde partie de la prophétie. Les Carmes possédaient dans les Indes une mission importante dont la ville de Mangalore était le centre. Elle avait pour vicaire apostolique Mgr Marie-Ephrem. Dans un de ses voyages en France, à l'époque du Concile, ce prélat avait fait une visite aux Carmélites de Pau. La Mère Élie lui ayant parlé des prodiges dont elles étaient les témoins, l'évêque demanda à voir la religieuse ainsi favorisée. Il en fut ravi, surtout de sa simplicité unie à tant de dons surnaturels. Après avoir prié, il lui sembla que le moyen le plus efficace de frapper l'esprit des païens serait de posséder, dans son vicariat, un couvent de Carmélites, et il fit part de son idée à la Mère Élie. Il ne lui cacha pas en même temps qu'il serait heureux de posséder dans le futur monastère la sœur Marie de Jésus Crucifié. La Prieure entra pleinement dans ses vues, et elle se déclara prête à réaliser cette fondation, si l'évêque de Bayonne l'approuvait. Celui-ci y consentit ; il promit même de céder la petite sœur extatique, pourvu que Rome agréât la demande de fondation et que les fonds nécessaires fussent assurés. De son côté, Mgr Marie-Ephrem répondait du succès auprès de la Propagande, si on parvenait à trouver un fondateur pour la nouvelle œuvre. Un homme, qui appartenait à l'une des premières familles de Belgique, fut l'élu de Dieu. M. de Nédonchel, c'était son nom, était un catholique fervent, dont le zèle ne connaissait pas d'obstacles, quand il s'agissait de la gloire de Dieu et du bien de la sainte Église. La sœur Marie de Jésus Crucifié pria la Mère Élie de lui écrire pour lui offrir la grâce de fonder à Mangalore un couvent de carmélites, ajoutant qu'elle répondait du succès de la démarche. A la grande surprise de la Mère Élie, qui avait fini par écrire, après bien des hésitations, M. de Nédonchel accepta la proposition. Le lecteur devine sans doute que nous sommes, ici encore, en présence d'une intervention surnaturelle.

M. de Nédonchel avait perdu depuis peu de temps une fille, appelée Mathilde, véritable ange de piété. Cette demoiselle avait demandé à Dieu de la prendre à la place de Pie IX, dont la santé laissait à désirer à cette époque. Le Seigneur l'avait exaucée ; elle avait été emportée rapidement à Rome, par un mal mystérieux, à l'âge de 24 ans, sans avoir été jamais malade jusqu'alors. Le Souverain Pontife ne devait pas ignorer cette offrande, car, dans la première audience accordée à M. de Nédonchel après cette mort, Pie IX dit à ce père affligé : « Je serais tenté d'en vouloir à votre fille, car elle m'a ravi le repos et la couronne ». Nous tenons ces détails de M. de Nédonchel lui-même. Or, c'est Mathilde qui était apparue plusieurs fois à la sœur Marie, et qui lui avait dit de s'adresser à son père pour la fondation de Mangalore. Afin de rendre plus grand le mérite de ce parfait chrétien, la Mère Élie ne fit point mention, dans sa lettre, de cette circonstance surnaturelle; ce ne fut que plus tard que M. de Nédonchel la connut[1].

Au mois d'août 1870, après nos premières défaites, un essaim de religieuses partait de Pau pour la fondation de Mangalore. Elles étaient au nombre de six : Mère Élie[2] Prieure, sœur Marie de Jésus, Sous-Prieure, sœur Marie du Sauveur, sœur Stéphanie, sœur Marie de Jésus Crucifié, novice, et sœur Euphrasie, converse.

Trois religieuses tertiaires de l'Ordre du Carmel, destinées aux œuvres extérieures de la mission, faisaient aussi partie de la petite colonie. Mgr Marie-Ephrem, le Père Lazare et le Père Gratien, tous les trois carmes, accompagnaient la pieuse caravane. L'épreuve ne

---

1. Pour s'assurer de la vérité de cette vision, la Mère Élie, avait montré à la novice plusieurs photographies, parmi lesquelles il y en avait une de Mathilde de Nédonchel; puis, elle lui avait dit de lui désigner la personne qui lui était apparue. La sœur Marie, sans hésiter un instant, avait indiqué Mathilde. C'est alors que la Prieure avait écrit au noble Belge pour lui proposer la fondation, la Voyante ayant affirmé qu'il accepterait avec reconnaissance et qu'il ferait honneur à son titre de fondateur.

2. La Mère Élie, religieuse d'une vertu et d'un esprit éminents, avait été, dès son entrée au Carmel, une règle vivante. Austère pour elle-même, sa charité était sans bornes pour les autres. Elle eut toujours, comme Prieure et Maîtresse des novices, charges qu'elle exerça longtemps, à diverses reprises, un ascendant incomparable pour faire aimer et pratiquer la vertu. Il y avait tant de grâce et d'onction dans ses paroles et ses procédés, qu'elle inclinait les volontés à se porter de bon cœur, pour l'amour de Dieu, à tous les sacrifices.

Son esprit de pauvreté et sa confiance illimitée en la divine Providence furent souvent récompensés de secours inespérés et parfois miraculeux. Le Carmel de Pau n'aurait jamais consenti à se séparer d'une telle Mère, si ce n'eût été pour laisser à la chère novice, sœur Marie de Jésus Crucifié, le secours, indispensable dans ses voies surnaturelles, de cette vénérée Mère, qui l'avait suivie pas à pas et dirigée sûrement depuis son entrée au Carmel.

(Notes du Carmel.)

tarda pas à se montrer. Au passage de la mer Rouge, la chaleur fut si forte que deux sœurs moururent : la sœur Stéphanie et la sœur Euphrasie. La Mère Élie devait, quelques jours après, succomber elle-même, avant d'avoir atteint Mangalore. La mort de ces trois victimes avait été annoncée d'avance par la sœur Marie. Dieu lui enlevait ainsi tous les appuis humains, pour la livrer comme sans défense entre les mains de ceux qui ne comprendront bientôt plus sa voie. Voici la longue lettre qu'elle écrivait à l'abbé Manaudas pour lui rendre compte de tous les incidents de ce voyage :

« Votre enfant indigne, cher Père, vient aujourd'hui se jeter à vos pieds pour tout vous raconter, comme un enfant raconte tout à son Père.

« Voici, mon Père, ce qui est arrivé pendant le voyage. Le premier jour, nous avons été à Notre-Dame de la Garde, où j'ai reçu beaucoup de grâces. En ce jour-là il y avait beaucoup de monde dans ce sanctuaire. Mère Élie n'a pas voulu y venir, nos sœurs non plus, mais moi, j'y suis allée avec Mgr Marie-Ephrem et les sœurs tertiaires de notre Ordre. J'ai beaucoup prié pour la France. Pendant ma prière, je vis un homme devant moi : cet homme tenait dans sa main un nuage très noir et très épais. Je vis une Vierge qui priait beaucoup pour que ce nuage tombât ailleurs que sur la France. L'homme tenait dans l'autre main un nuage blanc ; mais il voulait jeter le nuage noir avant le blanc et il a dit :

« Après avoir passé par de terribles épreuves, la France triomphera et elle sera la reine des royaumes. »

« Dans ce même sanctuaire, je vis que les liens qui m'unissaient à sœur Stéphanie allaient être tranchés ; une femme les coupait pour les attacher à un autre cœur. En descendant à Notre-Dame de la Garde, je racontai tout à Mgr Marie-Ephrem et à la Mère Élie. Je dis encore à Monseigneur que j'avais vu Notre-Seigneur lui présenter un bouquet de cinq roses ; à cause des épines, Monseigneur ne pouvait pas le toucher ; trois fois surtout, il se piqua très fort. Tout cela s'est passé à Marseille. Mais comme j'ai promis de vous dire tout, et que Mgr Marie-Ephrem veut aussi que je vous dise tout, je commence par ce premier jour. La traversée de la Méditerranée a été très bonne, quoique nous ayons eu le mal de mer ; mais cela n'est rien ; Mère Élie était très bien portante : elle nous soignait toutes. Pendant tout ce temps, j'ai pu méditer et j'ai reçu beaucoup de grâces.

« Sur la mer Rouge, j'ai été bien malade. Un jour, Mère Élie m'ayant envoyée dans notre cabine pour me reposer, sœur Euphrasie y vint quelques instants après et elle me dit : « J'ai quelque chose à vous communiquer. Vous savez combien Notre-Seigneur est bon. Ce matin, après la communion, Jésus m'a fait voir les besoins de la France et de l'Inde ; il demande cinq victimes. Je me suis déjà offerte avec sœur Stéphanie, et j'ai l'impression qu'il faut encore la Mère Élie, la Mère Sous-Prieure et vous. » En l'entendant parler ainsi, je me mis en colère contre elle de ce qu'elle s'était déjà offerte avec sœur Stéphanie, et je lui dis : « Qui vous a donné la permission d'agir de la sorte? » Elle me répondit : « Le Père Lazare a dit que nous devions nous offrir tous les jours en victimes ». En ce moment, j'éprouvai quelque chose d'extraordinaire, et je vis que sœur Stéphanie, sœur Euphrasie et Mère Élie avaient été acceptées par Jésus et qu'elles allaient mourir. Me voyant si peinée, sœur Euphrasie me dit : « Pauvre enfant, on voit bien que vous êtes en tentation, puisque vous ne pouvez comprendre notre offrande ». Le lendemain, à la même heure, les trois tombent malades. Je soigne la Mère Élie, la Mère Sous-Prieure soigne sœur Euphrasie et sœur Marie du Sauveur soigne sœur Stéphanie. Nous allons de l'une à l'autre. Le Père Gratien et le Père Lazare étaient accablés. Le Père Lazare s'offrait à la place de toutes ; il était pâle et l'on aurait dit qu'il allait se trouver mal. Moi-même, j'avais tant de chagrin que, dans la nuit, je tombai malade, ainsi que sœur Marie du Sauveur. Le commandant a été très bon pour nous, il nous soignait toutes. Sœur Stéphanie est morte vers minuit. Elle avait raison de me dire quelques heures auparavant, quand je lui recommandais de prier pour la Mère Élie bien malade : « J'irai voir Jésus avant elle ». La mort de cette sœur me causa une grande tristesse. Je voyais que les deux autres allaient mourir aussi. Ce ne fut que le lendemain, après avoir fait le sacrifice des trois, que la tristesse me quitta pour faire place à la joie. Il me tardait maintenant de voir sœur Euphrasie, pour qu'elle allât à Jésus ; j'aurais voulu hâter cette heure.

« Impossible de vous exprimer la peine du Père Lazare. Ah ! comme nous lui coûtons ! Le pauvre Père nous dit qu'il fallait quitter le navire pour descendre à Aden, où sœur Stéphanie avait été enterrée à six heures. Mère Élie ne savait pas que sœur Stéphanie était morte. Je lui disais toujours : « Ma mère, si Jésus vous demandait deux roses, vous ne les refuseriez pas ? » et je lui redisais toujours la même chose. La Mère Élie, ne comprenant pas cette insistance, finit par me dire : « Pauvre enfant, vous me répétez toujours la même chose ; certainement que je les lui donnerais ».

« Pendant la première nuit passée à Aden, pas de lit

pour se coucher, ni d'eau pour boire. Sœur Marie du Sauveur était dévorée par une très forte fièvre et pas une goutte d'eau. Elle me disait : « Donnez-moi un peu d'eau », je n'en avais pas; et, à Aden, pas une fontaine pour aller en chercher. Accompagnée d'une Anglaise, je vais en chercher dans toutes les maisons sans pouvoir en trouver. Nous finîmes cependant par en trouver un peu, mais elle fut vite épuisée, parce qu'il en fallait pour mouiller la tête de sœur Euphrasie. Je me mis alors à pleurer comme un enfant; je passai la nuit auprès de notre Mère, pendant que la Mère Sous-Prieure et sœur Marie du Sauveur se tenaient auprès de sœur Euphrasie. Tandis que notre Mère dormait, je vis un homme qui avait le corps tout déchiré; devant Lui, il y avait deux croix; il me semblait que ces deux croix étaient pour la Mère Élie et pour sœur Euphrasie; et j'entendis cet homme qui disait : « En vérité, en vérité, avant que cette année finisse, ces deux ne seront plus sur la terre, je les prendrai et je m'en servirai comme d'un baume pour mes plaies ». Je me réveillai avec l'impression que notre Mère ne finirait pas l'année, et je le dis au Père Gratien, qui me défendit de le répéter aux sœurs.

« Durant cette même nuit, notre Mère était très peinée, parce qu'on lui avait dit que sœur Stéphanie était à l'hôpital. Le Père Gratien, la voyant si affligée, jugea mieux de lui dire toute la vérité; il lui déclara donc qu'elle était morte. Notre Mère en fit généreusement le sacrifice, et elle ajouta qu'elle avait moins de peine de la savoir morte que de la croire à l'hôpital séparée de nous.

« Un jour, mon Père, avant la mort de sœur Euphrasie, j'étais seule avec elle. Je lui demande : « Où êtes-vous, sœur Euphrasie, puisque vous ne me parlez pas ? » Elle ouvrit les yeux et elle me répondit avec un regard céleste : « Je suis avec Jésus ». J'ajoute : « Voulez-vous aller voir Jésus ? » — « Oui », me répond-elle aussitôt. Je lui nomme chaque sœur. Elle me fait signe qu'elles sont toutes dans son cœur. Je vis alors, auprès de la sœur Euphrasie, deux enfants qui présentaient un lis tout blanc à un homme qui se tenait près de la tête de cette sœur, et cet homme paraissait tout content en recevant ce lis. J'eus l'impression que sœur Euphrasie allait mourir très vite. Je vais trouver le Père Gratien : « Mon Père, lui dis-je, donnez vite l'Extrême-Onction à sœur Euphrasie ; ne croyez pas le médecin, elle va mourir ». Pendant la sainte messe, son lit se trouvait près de l'autel, il n'y avait qu'à ouvrir une porte pour arriver jusqu'à elle : la sœur était très agitée ; elle riait toujours ; elle demandait qu'on lui donnât Jésus ! Elle le demandait continuellement ; mais comme elle ne pouvait pas avaler une seule goutte d'eau, le Père Gratien n'osait pas la faire communier. Son agonie a été très souffrante ; son visage ressemblait à celui de Jésus en croix, et toujours même patience. Quand on lui demandait si elle souffrait beaucoup, elle faisait signe que non : elle est morte comme une sainte [1].

---

1. Sœur Euphrasie, née au diocèse de Bayonne de parents chrétiens, entra au Carmel de Pau en 1856, à l'âge de vingt ans, comme sœur du voile blanc ; elle y pratiqua aussitôt les vertus religieuses avec une perfection toujours croissante, pendant son noviciat et surtout après sa profession.

Très austère pour elle-même, elle était d'une charité et d'un dévouement rares pour ses sœurs ; la délicatesse de ses attentions pour les malades n'avait d'égale que son industrie à se mortifier et à se crucifier perpétuellement. Elle eût bientôt succombé sous les mortifications dont elle était avide, si celles-ci n'avaient été réglées par l'obéissance. Pour pratiquer celles qui lui étaient permises, Notre-Seigneur, qui la comblait

« Après sa mort, j'avais pris son mal de jambes et des pieds ; j'étais très enflée. J'allai au tombeau de sœur Euphrasie et je lui dis : « Écoutez, sœur Euphrasie, je ne vous ai pas demandé votre mal, prenez-vous votre mal. Aussitôt, mon Père, je n'ai plus eu de mal, et j'ai pu faire la cuisine tout le temps que nous sommes restées à Aden. Les capucins d'Aden ont été très bons pour nous ; mais je ne puis pas vous faire connaître tout ce qui s'est passé là. Je pense que nos sœurs vous l'ont raconté ; je ne vous dis donc que ce qui me regarde.

---

de grâces de choix, lui donnait des forces au-dessus de la nature. La vue des instruments de pénitence dont elle se servait, faisait frémir. Elle ne se couchait jamais, dormait très peu, souvent à genoux ou debout, un peu appuyée afin d'éviter le bruit qu'elle aurait pu faire en tombant.

Combien de semaines a-t-elle passées sans boire ! combien de jeûnes au pain et à l'eau ! Austérités dont les Supérieurs avaient seuls le secret, tellement elle était ingénieuse à les cacher. Que de fois la Mère Élie, après lui avoir permis le jeûne au pain et à l'eau, la faisait servir au réfectoire comme la communauté, ou bien lui faisait enlever ses portions quand elle était déjà servie comme les autres sœurs, ne lui laissant alors que du pain et de l'eau, ce que sœur Euphrasie acceptait avec la même sérénité de visage !

Elle fut le modèle des sœurs converses. Les travaux les plus pénibles furent le champ libre où elle s'exerça toujours. Elle préféra cette mortification à toute autre, parce qu'elle y trouvait davantage le moyen de satisfaire le mépris et la haine qu'elle avait voués à son corps. Elle ne consentit jamais à se donner un peu de repos, pas même lorsque, par suite de la fatigue, ses jambes furent devenues très enflées.

Son amour pour la Règle et les Constitutions lui fit dire un jour, alors qu'il était question de son départ pour Mangalore où elle avait compris que la stricte observance serait difficile, que, si la Règle était jamais entamée, elle n'y resterait pas, dût-elle en revenir à pied.

Son obéissance était si parfaite, que la Mère Élie ne craignit pas d'affirmer un jour que, si elle disait à la sœur Euphrasie de changer par obéissance une montagne de place, elle le ferait.

L'amour de Jésus-Christ la laissait insatiable d'humiliations et de tourments.

Le bon Dieu avait-il fait connaître à sœur Euphrasie le lieu de son repos ? Au Carmel de Pau, elle avait dit qu'elle ne mourrait ni en France, ni dans l'Inde.

(Notes du Carmel.)

Nous avons été très heureuses, quand nous avons vu Mgr Marie--Ephrem. Il a été si bon pour nous, comme un père !

« La traversée d'Aden à Madras a été bonne : Mère Élie était très bien. La Mère Sous-Prieure, sœur Marie du Sauveur et moi, nous avons eu un peu le mal de mer. Le Père Lazare est venu nous chercher à Madras[1]. Comme il était impressionné en nous voyant ! Il avait les larmes aux yeux : il nous a raconté combien il avait souffert depuis qu'il nous avait quittées. Nous sommes restées un jour à Madras et nous sommes ensuite parties pour Vellore, avec le Père Lazare. Monseigneur est resté à Madras avec le Père Gratien pour des affaires. Nous avons passé cinq jours chez les sœurs du Bon-Pasteur ; elles ont été très bonnes pour nous. Un jour que j'étais à la chapelle, je sentis une grande tristesse en pensant à sœur Stéphanie et à sœur Euphrasie. J'étais, dans ce moment, très tentée contre la Mère Sous-Prieure et sœur Marie du Sauveur ; il me semblait qu'elles prenaient de moi tout mal (en mauvaise part). Mère Élie me grondait beaucoup. Alors je me tournais à Jésus et me plaignais à Lui. Je vis un homme qui me dit : « Pourquoi vous plaindre d'elles ? L'une d'elles sera bientôt votre mère, et l'autre votre maîtresse de noviciat. » Quand j'entendis cela, j'eus beaucoup de peine, en pensant que Mère Élie allait mourir. En effet, pendant la nuit, elle fut très souffrante à Vellore, et je pensai que le calice était bien près.

« Depuis, mon Père, nous nous sommes arrêtées en beaucoup d'endroits, avant d'arriver au Vicariat de Monseigneur ; mais rien de particulier ne m'est arrivé.

---

1. Le Père Lazare avait dû quitter la petite caravane à Aden pour se rendre directement dans l'Inde.

En arrivant à Calicut, une grande procession est venue chercher Monseigneur. Croyant que nous étions près de l'église, nous sommes descendues de voiture, ce qui a beaucoup fatigué notre Mère ; malgré cela, elle était très contente de voir tous les honneurs rendus à Mgr Marie-Ephrem. A Calicut, notre Mère s'alita. Monseigneur et le Père Lazare avaient beaucoup de peine de la voir souffrante; le Père Gratien aussi; mais lui s'y attendait, parce qu'il savait tout. Monseigneur était désolé de ce troisième sacrifice que le Seigneur allait demander. Ne pouvant plus prolonger son séjour auprès de nous, il partit pour Mangalore avec le Père Gratien; le Père Lazare resta avec nous à Calicut. Le jour du départ de Monseigneur, j'étais très tentée contre le Père Lazare et contre nos sœurs. Je me rendis à la chapelle et je dis à Jésus : « Est-il possible, Seigneur, que je puisse vivre avec ce Père et avec ces sœurs, sans notre Mère ? » Et je pleurai beaucoup. La pensée que l'une serait un jour ma Mère et l'autre ma Maîtresse, me donnait beaucoup de tentations. Alors, mon Père, je m'endormis; et pendant mon sommeil, je vis un homme avec deux enfants; et cet homme me montrait tout ce que j'avais fait pendant ma vie, et il me dit : « Vois, moi, je porte tout cela pour toi; et toi, tu ne veux pas porter cela pour moi ! C'est moi qui les ai choisies; c'est moi qui leur ai inspiré de te faire cela ; c'est moi qui tiens les cœurs dans ma main et je les fais changer quand je veux. Toi, tu murmures toujours parce que j'ai fait mourir sœur Stéphanie et sœur Euphrasie, et parce que je veux que la Mère Élie soit enterrée ici! » En même temps, je vis un enfant qui me présentait un calice et une croix bien lourde. Le calice était plein; il me semblait que, de toute ma vie, je n'en avais pas bu une goutte. Cet enfant me dit : « Avant votre mort, il faut que vous le vidiez ; et vous mourrez sur cette croix ; et toutes les branches auxquelles vous vous attacherez, je les couperai. » En me réveillant, je fis généreusement le sacrifice de notre Mère, quoique avec beaucoup de douleur. Vous savez, mon Père, combien il en coûte à un enfant de faire le sacrifice de sa mère, et surtout d'une Mère telle que la mère Élie. Notre Mère a été si bonne pour moi pendant sa maladie ! Le bon Dieu le permettait, pour me faire sentir davantage le sacrifice. Ce ne fut que le jour de sa mort qu'elle fut très sévère pour moi ; mais pour ça, je ne l'aimais pas moins, au contraire. Au moment où elle allait expirer, Mère Sous-Prieure et sœur Marie du Sauveur demandèrent pardon à notre Mère, la priant de leur dire un dernier mot et de les bénir. Je fis comme elles ; notre Mère ne me répondit pas : « Mère chérie, lui dis-je, dites-moi aussi un dernier mot. » — « Faites tout ce qu'on vous dira », répondit-elle. « Merci, Mère chérie, repris-je, je n'oublierai jamais ces mots ! » Après ces paroles, elle entra en agonie, tout en conservant sa connaissance. Elle nous regardait, elle faisait signe au Père Lazare de prendre soin de ses enfants. Le Père lui répondit : « Oui, Mère, vous savez combien je les aime ; j'en prendrai soin ». Il a été fidèle à sa promesse. Notre Mère a demandé à renouveler ses vœux ; la sœur Marie du Sauveur les a prononcés tout haut. Depuis ce moment, notre Mère demeura tranquille avec Jésus. Elle est morte comme une sainte. Maintenant, mon Père, je suis détachée de tout. »

La lettre de la nouvelle Prieure, sœur Marie du Sauveur, qui accompagnait cette relation de la sœur Marie de Jésus Crucifié, répétait en quelques mots à M. l'abbé

Manaudas les péripéties du voyage. Une autre lettre de la Mère Prieure, adressée au Carmel de Pau, exprimait les sentiments d'admiration de tous pour la sœur Marie. La Mère Marie du Sauveur confirme dans cette lettre la prophétie de la novice concernant la mort des trois victimes demandées par Jésus. Elle parle aussi des extases de la sœur Marie et du jugement du Père Gratien à ce sujet : « Impossible, disait alors ce Père, que ceci ne soit pas de Dieu. Cette enfant pense si peu à toutes ces choses extraordinaires ! Elle est tout occupée de ses affaires de cuisine. Quel dévouement et quelle charité pour tous ! » Et la Prieure, après avoir cité ce témoignage du Père, ajoutait : « Maintenant, j'ai plus de confiance que jamais que tout ce qui se passe en cette chère enfant, est du bon Dieu, et que, malgré mon indignité, je serai témoin des miséricordes de Dieu sur cette âme. Mgr Marie-Ephrem, le Père Lazare[1] et le Père Gratien sont de mon avis. » Qui pourrait se douter, en recueillant ces témoignages, du changement qui s'opérera bientôt ?

A Mangalore, comme à Pau, la sœur Marie de Jésus Crucifié eut à subir, de la part du démon, des épreuves terribles ; mais dans les Indes comme en France, le démon dut sortir par la puissance des exorcismes. Dans une lettre adressée à M. Saint-Guily, archiprêtre de Pau, le Père Lazare raconte ces luttes et ces triomphes, ainsi que les cris sublimes poussés par la sœur, répétition de ceux que nous avons recueillis en parlant de sa pos-

---

[1]. Le Père Lazare avait été d'abord très opposé à la voie de sœur Marie de Jésus Crucifié, n'appréciant pas cet *extraordinaire*, comme il le disait lui-même ; mais il changea complètement de sentiment pendant le voyage de l'Inde, quand il vit la vertu qu'elle fit paraître en toute rencontre, surtout au moment de la mort de la Mère Élie : « J'ai vu, ajoutait-il, que le bon Dieu était là ».

session à Pau. La Prieure de Mangalore parle à la Prieure de Pau, dans une lettre de la même époque, des mêmes luttes et de la même délivrance. Elle constate les rapides progrès de la sœur Marie dans la perfection. Un peu plus tard, dans une autre lettre, elle affirme que Mgr Marie-Ephrem est on ne peut plus content des dispositions de la novice.

La vérité cependant était qu'à cette époque quelques doutes s'étaient déjà élevés dans l'esprit des supérieurs du Carmel au sujet des voies de la novice. Ne la connaissant encore qu'imparfaitement, ils avaient été surpris de ces nouveaux assauts diaboliques qu'elle venait de subir ; ils étaient encore plus étonnés de la réserve que, par ordre divin, elle gardait désormais sur ses communications surnaturelles envers tout autre que son confesseur et ils se demandèrent plusieurs fois si la sœur Marie de Jésus Crucifié n'était pas dans l'illusion, si elle n'était pas le triste jouet du démon et d'elle-même.

C'étaient les premiers préparatifs de la prochaine montée du Calvaire et du Crucifiement que le divin Maître réservait à sa fidèle épouse. Dieu permit que ces doutes diminuassent aux approches de la profession religieuse, parce qu'Il voulait que la fervente novice fût enfin admise à prononcer les saints vœux. Mais nous les verrons reparaître le soir même de la Profession, et ils ne feront désormais que s'accroître jusqu'à la consommation de la tragédie du Calvaire.

CHAPITRE XIII

Retraite de la sœur Marie de Jésus Crucifié avant sa profession
(3-21 novembre 1871).

Il nous faut maintenant accompagner la sœur Marie dans sa retraite de vingt jours qui précéda sa Profession religieuse. Grâce au Père Lazare, son confesseur, nous possédons les lumières communiquées à la novice. Les extraits considérables que nous allons donner de ce travail nous paraissent tellement élevés, gracieux et profonds, que nous ne pouvons y voir que l'expression d'une doctrine dictée par le ciel à cette ignorante qui savait à peine lire.

1°

« J'ai vu, racontait-elle le premier jour, un jardin en forme de cœur, et ce jardin était sec, aride. Les arbres étaient desséchés, ils n'avaient pas de feuilles; l'herbe était brûlée. Il n'y avait ni eau pour se désaltérer, ni air pour respirer. Et ensuite, j'ai aperçu Jésus dans le lointain, triste, souffrant, pleurant, couvert de poussière, dans l'angoisse la plus grande. Et il m'a semblé que moi-même je suis tombée, à sa vue, dans la tristesse, dans la souffrance, dans l'angoisse. En un mot, j'ai éprouvé tous les sentiments, toutes les impressions que je voyais en Jésus. Et je me suis prosternée aux pieds de Jésus, et j'ai essuyé ses larmes avec les miennes : il me semblait du moins qu'il en était ainsi. Et j'aurais voulu essuyer la poussière de ses pieds et celle qui le couvrait avec le fond de mon cœur. Et Jésus est entré dans ce jardin desséché; mais il n'y a trouvé ni air, ni eau, ni ombrage, et il est devenu encore plus triste, plus accablé, plus souffrant. Il n'y est pas resté longtemps; il est sorti presque aussitôt de ce jardin, et il est entré dans un autre, à côté. Et dans celui-ci, il a trouvé de la verdure, des fleurs, des arbres fruitiers et des fruits mûrs. Tous les arbres étaient verts, couverts d'un feuillage épais et donnant beaucoup d'ombre. Il y avait de l'air et de l'eau en abondance; la terre y était bien travaillée et tout humide. Dans ce jardin, Jésus a semblé revenir à la santé; il est devenu jeune, souriant, et il a dit : « Ici, il fait bon : il y a de l'air pour respirer, de l'eau pour se désaltérer, des fruits pour manger, de l'ombre pour se reposer ». Et il est resté longtemps dans ce jardin, et il s'y plaisait beaucoup.

« Ne comprenant pas le sens de ce que je voyais, je me suis adressée au jeune homme qui me conduisait à Jésus, et je lui ai demandé ce que cela signifiait. Et il m'a dit : « Le second jardin représente l'âme fidèle et humble qui reçoit et conserve les eaux de la grâce, tandis que le premier jardin, qui n'est pas travaillé, est la figure des âmes orgueilleuses, qui ne gardent pas pour elles l'eau de la grâce, victimes de leurs passions qui les brûlent. L'air que l'on respire dans le bon jardin est la figure des aspirations de l'âme vers Jésus : ces aspirations sont sa vie. Les fleurs représentent les vertus de l'âme; les fruits, les bonnes œuvres, la mortification, la pénitence, par lesquelles elle gagne d'autres âmes à Jésus. Les feuilles des arbres figurent la charité par l'ombre qu'elles donnent. La sécheresse et la dureté de la terre du mauvais jardin représentent un cœur endurci. »

2°

« Notre-Seigneur était devant moi. Je le voyais, je voulais aller à Lui et je ne le pouvais pas. Jésus me paraissait tendre comme la fleur des champs, qui se flétrit aussitôt qu'on la touche. Je faisais un pas vers Lui, et je m'arrêtais; je n'avais pas de jambes; elles semblaient entrer dans mon corps comme des barres de fer : elles ne pouvaient pas me porter. Il m'a semblé pourtant avoir un peu avancé et j'ai dit : « Seigneur, j'ai avancé un peu vers vous; vous êtes devant moi, mes yeux vous voient, mes oreilles vous entendent, donnez-moi un peu de force pour arriver jusqu'à vous ». En même temps, j'ai invoqué le Saint-Esprit pour obtenir la force. Il me semblait toujours que Jésus n'était pas loin de moi. Je regardais quelquefois derrière moi, et, chaque fois que je regardais ainsi, je faisais des plaies dans le corps de Jésus. Et j'ai demandé : « Qu'est-ce que tout ceci? » Et aussitôt quelqu'un m'a prise et il m'a dit : « Regarde devant toi ». Et j'ai regardé et il m'a semblé voir un jardin où il y avait des fleurs, des arbres et des fruits. Et, devant la porte du jardin, un grand feu était allumé. Et pour entrer dans le jardin, il fallait traverser ce feu. Et j'ai vu en même temps deux personnes devant le jardin. L'une marchait avec fierté, la tête levée; l'autre avait la tête baissée et elle paraissait courbée. La première est entrée sans crainte, la tête toujours levée. Elle a cependant pénétré dans le jardin et elle a cueilli des fleurs et des fruits en quantité. Elle est ensuite revenue à la porte et elle a traversé de nouveau les flammes pour sortir; mais ses vêtements ont été entièrement brûlés, ainsi que tout ce qu'elle portait. Elle était absolument nue. La seconde personne est entrée aussi; mais, pour traverser le feu, elle s'est beaucoup baissée et le feu n'a pas pris à ses habits. Une fois dans le jardin, elle l'a parcouru, elle a cueilli beaucoup de fleurs, beaucoup de fruits de toute espèce, et elle est revenue à la porte du jardin chargée de fleurs et de fruits; et, pour traverser les flammes à sa sortie, elle s'est baissée encore plus qu'en entrant. Et les flammes ne l'ont pas touchée; et elle est sortie plus belle et plus riche qu'elle n'était entrée.

« Et j'ai demandé de nouveau ce que cela signifiait; et celui qui me conduisait m'a dit : « Le feu est la figure des tracas, des peines, des angoisses, des souffrances, des épreuves de la vie. Le Seigneur les envoie pour qu'on cueille des fleurs et des fruits. La première personne qui est entrée dans le jardin et qui en est sortie pauvre, triste, nue, est la figure de ceux qui s'enorgueillissent dans l'épreuve : l'orgueil, l'égoïsme, l'amour-propre leur font tout perdre. La seconde personne est la figure des âmes qui s'humilient dans la souffrance, dans l'épreuve. Elles se chargent de fleurs et de fruits.

« Le moment d'offrir au Seigneur les fleurs et les fruits arrive; c'est la mort. Les deux âmes se présentent devant le Seigneur. Le Seigneur les interroge l'une et l'autre. Il dit à la première : « Tu es entrée dans le jardin; tu as cueilli des fleurs et des fruits : où sont-ils? » — « Seigneur, répond-elle, le feu que j'ai traversé a tout brûlé, tout dévoré. Je n'ai rien conservé. » — « Eh bien, reprend le Seigneur, puisque tu n'as rien, va avec les riens. Maudite, je ne te connais pas ! » Le Seigneur s'adresse ensuite à la seconde qui cache ses fruits et il lui dit : « Et toi, qu'as-tu ramassé ? » Et celle-ci jette aussitôt devant le Seigneur ce qu'elle tenait caché ; et, courbant la tête, elle répond : « C'est vous qui m'avez portée et qui avez cueilli ces fruits ». Et le Seigneur répond : « Entre et repose-toi et jouis des joies du Seigneur ».

3°

« J'ai vu une haute montagne, mais très escarpée. Du côté opposé à celui où j'étais, j'ai aperçu un soleil brillant, très brillant, et ce soleil me semblait comme gravir lentement ce côté de la montagne. Et, arrivé au sommet, il a traversé la cime et il a descendu lentement, très lentement, le côté de la montagne où je me trouvais. Et, à mesure qu'il descendait, éclairant et chauffant ce côté, un tapis de verdure et de fleurs se formait partout où ses rayons atteignaient. Et il a ainsi parcouru toute la montagne, du sommet jusqu'au pied, laissant une bande de verdure partout où il passait. Et, parvenu au pied de la montagne, il a élargi ses rayons, et la verdure apparaissait partout où il atteignait. Et il s'est approché de moi et je me suis vue comme couverte de verdure sous l'influence de ses rayons. »

4°

« Un jeune homme m'a montré l'homme juste et l'homme ingrat. L'âme de l'homme juste est très belle, mais son corps souffre toujours. Il travaille et il vit dans la peine et l'angoisse ; il a toute sorte de maux, de persécutions à supporter ; et, au milieu de tout cela, il ne pense pas à lui, il ne pense qu'à Dieu qui vit en Lui. Tout ce qu'il fait, il le fait pour Dieu et non pour lui ; il s'oublie entièrement. Il oublie son corps, sa santé, son bien-être, pour ne penser qu'à Dieu. La fin de sa vie arrive : il meurt et il est porté en Dieu ; et quand il est en Dieu, il ne semble plus un homme, mais un Dieu. Et alors sa chair, qu'il a maltraitée, lui rend hommage et le remercie de l'avoir traitée de la sorte. Ses cheveux, ses os, ses yeux, ses oreilles, ses pieds, ses mains sont fiers de lui appartenir, d'avoir été à son service, et ils viennent lui rendre hommage et le remercient de les avoir traités comme il l'a fait. Toutes ces louanges cependant, quoique adressées à l'homme, reviennent à Dieu. La terre se félicite de l'avoir porté, d'avoir été foulée par lui lorsqu'il marchait ; les animaux s'estiment heureux d'avoir été immolés pour lui et d'être devenus sa chair. Les arbres se réjouissent d'avoir porté des fruits pour se mêler à sa chair ; les maisons, de l'avoir abrité ; le soleil, la lune et les étoiles, de l'avoir éclairé. Les nuages, la pluie, les sources, la mer, les poissons rendent hommage à cet homme et ils sont heureux de l'avoir servi.

« L'homme ingrat, pendant sa vie, pense à bien traiter son corps, en lui accordant tout ce qui est bon, doux, délicat. Et, au milieu de tout cela, cet homme ne pense pas à Dieu, il ne pense qu'à lui, aux satisfactions, aux grandeurs, aux richesses, aux jouissances. S'il pouvait être roi du ciel et de la terre, s'il pouvait détrôner Dieu pour se faire Dieu lui-même, il le ferait. Il ne pense pas qu'il tient tout de Dieu, que c'est Dieu qui lui a tout donné. Et cet homme qui semble vouloir absorber le monde entier, voit sa fin arriver. Et il meurt. Et il m'a semblé que ses cheveux le détestent et que ses yeux, ses oreilles, ses pieds, ses mains, ses ongles, tout son corps le déteste, et qu'ils sont honteux et furieux de l'avoir servi, de lui avoir appartenu ; s'ils pouvaient maudire le temps où ils ont été à lui, ils le feraient. La terre est honteuse et furieuse d'avoir été foulée par lui, et elle le maudit. Les arbres sont furieux contre lui et ils frémissent de rage d'avoir porté des fruits pour se convertir en sa chair. Les bêtes, le soleil, la lune, les étoiles, les fontaines, la mer, les poissons sont furieux d'avoir été à son service et ils le maudissent de concert. Et toutes ces malédictions suivent celles de Dieu, car Dieu maudit l'ingrat, et c'est parce que Dieu le maudit que toute la création le maudit à son tour. C'est pour la même raison que la bénédiction de Dieu sur le juste lui attire les bénédictions de toutes les créatures. Et le jeune homme m'a dit : « Tu as vu, tu as entendu : mets-toi du côté du juste ». Et il a disparu. »

5°.

« Le jeune homme m'a portée près de la mer. Et je suis descendue avec lui jusqu'au fond des abîmes de la mer et il m'a dit : « Regarde et examine tout ». Et j'ai regardé tous les animaux qui sont dans la mer et j'ai examiné les rochers et tout ce qui est dans la mer. Et je suis revenue sur la terre, et j'ai creusé jusqu'au centre de la terre, et j'ai trouvé Dieu en tout, partout. Et j'ai vu que Dieu contient la terre. Et j'ai entendu une voix qui disait : « Tous ces animaux qui sont dans la mer, vivent et agissent dans la mer et ils sont entourés par la mer ; de même, tout ce qui vit et agit sur la terre, vit et agit en Dieu et est entouré de Dieu. »

« Et le jeune homme m'a porté devant le trône de Dieu. Et j'ai vu Dieu, non pas tel qu'il est, parce que je serais morte, mais j'ai vu Dieu et toute la création en Dieu. Dieu semble petit, et, en même temps, il emplit tout, il contient tout. Et il m'a semblé que Dieu jetait un regard sur la mer et sur les animaux de la mer et qu'il leur donnait assez d'instinct pour se diriger, même aux eaux de la mer, qui savent jusqu'où elles doivent aller. Et ensuite, Dieu a regardé le sable et le limon qui sont au fond de la mer et il leur a donné, par ce regard, assez de vertu pour nourrir les poissons et tout ce qu'il y a dans la mer. Et il a placé les rochers dans la mer pour qu'ils restent immobiles. Et il a ordonné toutes choses, et, à chaque chose, il a assigné sa place et donné la vertu qui lui convient. Et j'ai vu qu'il n'y avait rien d'inutile dans la mer. Et ensuite, Dieu a regardé la terre, et il lui a intimé son commandement, et, par ce commandement, il lui a donné la fertilité. Et il a regardé les animaux qui sont sur la terre, et il leur a donné, par ce regard, assez d'instinct pour se diriger et il leur a commandé de se multiplier. Et il a regardé l'homme, et il lui a donné la volonté, ce qu'il n'avait pas fait pour le reste de la création.

« Et j'ai vu deux hommes : l'un a donné sa volonté à Dieu, l'autre l'a gardée pour lui-même. Celui-ci travaille, s'agite, possède, jouit, reçoit la louange et la flatterie. Et le travail, et l'agitation, et la richesse et les plaisirs, et les louanges, et les flatteries et la gloire ne parviennent pas à le satisfaire. Il a toujours des désirs nouveaux, il n'est jamais content, jamais à l'aise. Dieu lui accorde tout ce qu'il souhaite et il n'est jamais heureux. Et Dieu a compté ses jours, et la fin de la vie vient, et il quitte la terre sans avoir cherché Dieu, sans être rassasié. Et, à sa mort, deux enfants le prennent et le jettent dant la terre maudite. Et la terre maudite voit ses douleurs augmenter en recevant ces restes maudits. Et si cette terre pouvait refuser de recevoir ces restes, elle le ferait.

« Et celui qui a donné sa volonté à Dieu, vit aussi sur la terre comme le premier. De grandes souffrances l'atteignent ; d'autres fois, les joies se présentent, les richesses l'environnent ; et puis c'est la pauvreté qui le poursuit. Il voit du même œil soit le bien, soit le mal. Il est toujours content, toujours heureux. Il est sans désir. La faim, la soif, les louanges, les humiliations le trouvent toujours le même. Il est toujours content, toujours heureux, toujours rassasié. La fin arrive aussi pour lui : il meurt, et deux enfants le portent dans la terre des miséricordes. Il me semble que cette terre porte Dieu, et cet homme, il me semble, devient Dieu. — Et le jeune homme m'a dit : « Pourquoi murmures-tu contre les mystères de Dieu ? Prends un vase d'eau et jette cette eau dans la mer ; et puis, essaie de retrouver l'eau que tu as jetée ; tu n'y parviendras pas. » C'est ainsi que cet homme est entré comme perdu en Dieu. Et comme il a donné sa volonté à Dieu, Dieu et l'homme ne font qu'un. Et de même qu'en cherchant l'eau du vase jetée dans la mer, on ne trouve que l'eau de la mer, de même pour l'homme entré en Dieu, on ne voit et on ne trouve que Dieu, en regardant et en cherchant l'homme. Et alors, je me suis tournée vers Dieu, et je lui ai fait toute sorte de caresses ; et je l'ai prié et je l'ai conjuré en son propre nom, au nom de Jésus, au nom du Saint-Esprit, au nom de la sainte Vierge, de tous les anges et de tous les saints, d'accepter, de prendre ma volonté et de ne plus me la rendre, si j'avais le malheur de la lui redemander.

6°

« J'ai vu un canal qui semblait n'avoir ni commencement ni fin. Et j'ai dit : « Il faut que je sache d'où vient ce canal ». Et le jeune homme m'a dit : « Tu pourras voir d'où il vient, mais tu ne verras pas où il commence ». Et j'ai dit : « C'est égal; je voudrais bien marcher le long de ce canal ». Et il m'a semblé qu'en approchant de ce canal, ceux qui ont soif sont rafraîchis, désaltérés; les aveugles voient; les muets parlent; les sourds entendent, les boiteux marchent, les morts ressuscitent. Et l'eau de ce canal coule en silence : et, sur ses bords, il y a toute espèce de roses, de fleurs d'un parfum et d'une couleur que je n'ai jamais rencontrés sur la terre; on y voit aussi de la verdure et des arbres. Certains arbres n'ont que des feuilles, d'autres n'ont que des fleurs, il y en a qui commencent à porter des fruits, il y en a d'autres dont les fruits sont mûrs. Tout ce qui boit à ce canal et tout ce que ce canal arrose, est beau, magnifique. Et, à mesure que j'avançais le long du canal, je voyais des choses de plus en plus belles. Et je montais toujours, et toujours je voyais de nouvelles choses, des fleurs nouvelles, des arbres nouveaux.

« Et, de loin, j'ai aperçu une montagne plus belle que tout l'univers. Il m'a semblé qu'elle sortait du ciel; et le pied de cette montagne, ainsi que ses flancs, était parsemé des fleurs les plus belles. Et j'ai vu que le canal sortait des entrailles de cette montagne. Et je voulais connaître la source de ce canal qui sortait de la montagne, et j'ai passé sur le flanc de la montagne et je suis parvenue à la cime. Et derrière la montagne, je vois une mer sans commencement et sans fin. Et cette mer est tellement pleine qu'elle cherche à déborder, et elle n'a pas d'autre issue que la montagne, et elle passe par la montagne. Je suis entrée dans la mer et j'ai trouvé de l'agitation dans l'eau qui cherchait à sortir; et, en même temps, il y avait dans la mer un calme parfait, un silence profond; on n'entendait pas le moindre bruit. Et j'ai aperçu, au bord de la mer, des arbres fruitiers de toute espèce; ils semblaient être au milieu de la mer, et ils étaient au bord rangés comme en étages. Les plus élevés paraissaient être au milieu de la mer et ils avaient des fruits magnifiques. Sur le bord de la mer, il y avait aussi de petites plantes fleuries. Et ces fleurs étaient de toutes les couleurs; et elles étaient si belles, que leur vue aurait ravi un ange. Et j'ai entendu une musique, un chant doux, fort et bas en même temps; c'étaient des éclats à faire bondir les montagnes, et, en même temps, ces éclats de voix étaient doux et bas. Et j'ai vu un agneau qui court dans la mer, qui nage dans cette mer, et qui, en nageant, cherche à agrandir le passage par lequel l'eau s'échappe, car il trouve que l'eau est trop abondante dans la mer.

« Et je contemplais cette mer, ces fleurs, ces arbres et ces petites plantes fleuries ; et j'ai demandé au jeune homme qui m'accompagnait la signification de tout cela. Et il m'a dit : « La mer, c'est Dieu. Les arbres qui ont des fruits si beaux, représentent les âmes qui ont travaillé toute leur vie pour Dieu, pour le salut du prochain. Les fruits dont ils sont chargés, figurent les âmes gagnées à Dieu par leur parole, par leur exemple, par leurs souffrances. Les arbres qui sont le plus avant dans la mer, dans le cœur de Dieu, figurent les âmes les plus humbles, les plus méprisées, les plus cachées qui ont toujours travaillé pour la gloire de Dieu. » Et j'ai vu un arbre qui n'avait que des fruits et pas une fleur; et j'ai demandé ce qu'il représentait. Et le jeune homme m'a répondu : « Il représente les âmes qui ont beaucoup péché et qui, une fois revenues à Dieu, ont passé leur vie dans l'espérance, dans l'amour, dans la pratique de toutes les vertus, et qui ont gagné à Dieu beaucoup d'âmes. Elles n'ont pas la fleur de l'innocence conservée, mais elles ont les fruits de leurs bonnes œuvres et de leurs vertus. » Et j'ai vu des arbres qui avaient beaucoup de fleurs, avec quelques rares fruits, et d'autres qui n'avaient que des fleurs sans aucun fruit. Et le jeune homme m'a dit que les premiers représentaient les âmes vierges qui avaient peu travaillé pour Dieu; et les seconds, les âmes des petits enfants morts avec la fleur de la grâce baptismale, sans avoir eu le temps de porter des fruits. Les petites plantes fleuries du bord de la mer figurent aussi ces mêmes petits enfants.

« La montagne, c'est Marie; les eaux du canal sont les eaux de la grâce. C'est par Marie que Dieu donne la grâce et que l'homme revient à la grâce et entre au ciel. Et tout ce qui approche Marie a la vie de la grâce. La verdure, les fleurs et les arbres qui bordent le canal et qui sont d'autant plus beaux qu'ils approchent davantage du canal et de la montagne, sont les âmes qui naissent à la vie de la grâce, qui progressent et qui deviennent plus belles, à mesure qu'elles deviennent plus vertueuses. »

7°

« J'ai vu un escalier et je l'ai gravi, et au bout de l'escalier, j'ai vu une grotte dans laquelle il y avait trois cierges allumés. Et j'ai vu dans la grotte une porte ouverte. Et je suis entrée par cette porte. Et, en entrant, j'ai vu un prêtre qui célébrait la messe. Et la pensée m'est venue que je n'avais pas bien examiné les cierges de la grotte. Et j'y suis retournée et il me semble avoir vu une lettre d'or écrite sur chacun d'eux. Et la lettre écrite sur le premier cierge représentait la pauvreté; et la lettre écrite sur le second cierge figurait la chasteté, et la lettre écrite sur le troisième cierge symbolisait l'obéissance; les trois cierges étaient aussi la figure de la sainte Famille. Le cierge de la pauvreté représentait saint Joseph; celui de la chasteté, Marie, et celui de l'obéissance, Jésus. Et il m'a été dit que le prêtre qui célébrait la messe représentait Jésus, par conséquent l'obéissance; et les deux cierges allumés pendant la messe figuraient Marie et Joseph, c'est-à-dire la pauvreté et la chasteté qui doivent accompagner le prêtre à l'autel.

« Et j'ai vu les flammes des trois cierges de la grotte brûler entre le trône de Dieu et moi, et la flamme de la pauvreté produisait devant Dieu, au ciel, des richesses infinies; et la flamme de la chasteté produisait une pureté et des joies immenses, infinies; et la flamme de l'obéissance produisait une autorité infinie devant laquelle tout s'incline, à laquelle tout obéit. Et j'ai vu que, pour se tenir devant Dieu, il faut se tenir derrière les flammes de la pauvreté, de la chasteté et de l'obéissance qui se trouvent entre Dieu et nous. Et j'ai vu qu'en se tenant derrière ces flammes, l'image de Jésus s'imprimait en nous; et Dieu, qui ne peut plus regarder l'homme depuis sa prévarication qu'à travers Jésus, comme l'homme ne peut, de son côté, regarder Dieu qu'à travers le même Jésus, Dieu, dis-je, nous regarde; parce qu'il ne nous voit plus en nous-mêmes, mais l'image de Jésus en nous.

« Et il m'a dit que la grotte est la figure de l'Église, qui paraît sans beauté et petite extérieurement, mais qui cache dans ses entrailles des trésors, des beautés et des grandeurs infinies. Il m'a été dit que la pauvreté est son trésor; la chasteté, ses délices; et l'obéissance, sa puissance. »

CHAPITRE XIV

La sœur Marie de Jésus Crucifié depuis sa Profession jusqu'à son retour au Carmel de Pau (21 novembre 1871—5 novembre 1872).

Le 22 juillet 1871, la Mère Élie était venue, dans une apparition, annoncer à la sœur Marie de Jésus Crucifié qu'elle ferait profession le 21 novembre, jour de la Présentation de la très sainte Vierge au Temple. Cette prophétie, comme tant d'autres, devait se réaliser. Quelque temps après, en effet, les Mères votaient à l'unanimité l'admission de la novice à prononcer les saints vœux. De son côté, Mgr Marie-Ephrem, comprenant la responsabilité qui lui incombait vis-à-vis du Carmel confié à sa pieuse sollicitude et vis-à-vis de cette âme privilégiée, résolut de faire une enquête personnelle sur les voies de la future professe. Il jugea à bon droit que la meilleure manière de conduire cette enquête, était d'interroger fréquemment la sœur, d'entendre le récit des faveurs extraordinaires dont elle était l'objet, de surprendre, en un mot, sur le vif, ses sentiments habituels, par où les âmes se découvrent jusqu'au fond. Durant les mois d'octobre et de novembre, il se fit un devoir de se rendre le plus souvent possible auprès de la novice. Pendant sa retraite de profession, il voulut même la voir chaque jour; il eut avec elle de longs entretiens, l'écoutant et l'interrogeant. C'est ainsi qu'il entendit plusieurs des méditations rapportées au chapitre précédent. Au contact de cette âme que l'amour divin ravissait à tout instant dans le monde surnaturel et qui, au milieu de cette surabondance de grâces exceptionnelles, se maintenait franche et spontanée, humble et petite, obéissante et défiante d'elle-même, Monseigneur vit peu à peu ses inquiétudes se dissiper. Toutes les objections auxquelles, dans sa prudence épiscopale, il avait cru devoir s'arrêter, s'évanouissaient maintenant sous l'onction surnaturelle qui émanait de cette âme. Bientôt, il fut entièrement rassuré. Le 18 novembre, trois jours avant la profession, il ne craignit pas de dire à la novice : « Je croyais que c'était le démon qui ne voulait pas que vous vous ouvriez à la Mère Prieure et à votre Maîtresse, *mais aujourd'hui je vois bien que c'est le bon Dieu* ». Et le lendemain, en présence de ces deux Mères, il lui faisait cette autre déclaration, dont on appréciera toute la portée : « Avant, j'avais un peu de doute, *mais je vous assure qu'aujourd'hui, je n'en ai plus aucun*. Tout ce qui avait été dit, s'est bien réalisé; *il n'y a plus aucun doute chez personne*. Demandez à la Mère Prieure si ce n'est pas vrai. *Tout vient de Dieu.* » Non seulement la Prieure et la Maîtresse des novices approuvèrent cette déclaration, mais elles l'appuyèrent encore des paroles les plus maternelles.

Enfin arriva le jour de la profession, si impatiemment attendu de tous. C'était, nous l'avons dit, le 21 novembre. La conviction atteignait maintenant un tel degré d'évidence dans l'esprit de Mgr Marie-Ephrem, qu'il osa en donner un témoignage public dans le magnifique sermon prononcé en cette circonstance. Nous ne saurions mieux faire que de placer sous les yeux du lecteur la partie capitale de ce discours, nous serions presque tenté de dire, de ce panégyrique ou de cette apologie.

« Ma bien chère enfant,

« Voici enfin venu le jour tant désiré de vos noces mystiques avec le Bien-Aimé de votre cœur. Et, par une heureuse coïncidence, le ciel a voulu que ce soit aussi le jour dans lequel la très pure et très sainte Vierge Marie, notre Mère et notre modèle, vint, encore jeune enfant, se présenter au Temple, et, par une consécration semblable à la vôtre, ouvrir à la virginité une route nouvelle et inaugurer le règne de ces unions mystiques de l'âme avec Dieu. Ce jour doit donc vous être doublement cher. Vous avez soupiré bien souvent et bien ardemment vers cette heure bénie, où vous allez devenir pour l'éternité l'épouse du Roi des Rois. Vous avez appelé Jésus de toutes les forces de votre cœur. Vous l'avez demandé au jour et à la nuit ; vous l'avez demandé à la mer et aux montagnes ; vous l'avez demandé au soleil et aux étoiles, aux hommes et aux anges, à toutes les créatures de Dieu ; mais aucune ne vous l'a donné. Elles vous ont dit probablement, comme au grand saint Augustin : *Quære super nos*, cherchez plus haut que nous. Et lui, placé sur les hauteurs de la montagne sainte, vous appelait de sa voix la plus tendre et vous disait comme à l'Épouse des Cantiques : « Viens du Liban, mon épouse, viens du Liban et tu seras couronnée ». Et vous, ma bien chère enfant, vous avez entendu la voix du Bien-Aimé dès votre plus tendre enfance, et vous êtes venue des montagnes du Liban. Oh ! combien ce divin Sauveur vous a comblée de ses miséricordes! combien il vous a gardée et entourée des tendres caresses de son amour !

« Repassez dans votre esprit les innombrables faveurs que vous avez reçues de lui, depuis votre naissance jusqu'à ce jour à jamais béni de vos noces éternelles. Que n'a pas fait pour vous ce Jésus bien-aimé? Il vous a fait sentir les douces et chastes influences de sa grâce à un âge où vous ne pouviez pas encore en connaître le prix. Il vous préparait de longue main, par mille circonstances extraordinaires, à la grande action que vous allez accomplir. Il vous a fait puiser longtemps et largement dans le trésor infini de ses miséricordes. Il a lui-même désigné, prédestiné, préparé, envoyé au moment opportun ceux qui devaient être auprès de vous les ministres et les instruments de ses desseins. Il vous a fait entrer, il y a quatre ans, vous, pauvre étrangère, orpheline et abandonnée des hommes, dans une famille d'âmes saintes et pleine pour vous de dévouement et d'amour, dans une famille où vous n'avez rencontré que des mères affectueuses et tendres et des sœurs dont la charité ne s'est pas démentie un seul instant.

« Au milieu de tous ces secours extérieurs, que la sollicitude de Jésus ménageait à votre âme, Il a aussi permis, pour éprouver votre fidélité, que vous eussiez de grands assauts à soutenir de la part de l'ennemi du genre humain. Quelles ont été ces luttes terribles ? Dieu le sait, ma bien chère enfant, et que cela vous suffise. Mais ce que vous devez reconnaître, c'est que Jésus, votre Bien-Aimé, ne vous a pas abandonnée dans ces moments douloureux, et que sa grâce vous a toujours soutenue.

« Puis, il y a un an, Il vous a dit comme autrefois à

Abraham : *Egredere de terra tua et de cognatione tua,* sors de ton pays, sors de la maison de ton père, et viens dans la terre que je te montrerai. Et vous avez quitté la France, votre seconde patrie; vous êtes sortie du couvent de Pau, où est votre famille d'adoption, et vous êtes venue dans cette terre de l'Inde, où le démon règne en maître, pour obéir à la voix du Bien-Aimé. Et comme si ce sacrifice n'avait pas été suffisant, Il vous a pris en chemin deux de vos sœurs chéries, et, à deux pas d'ici, celle qui avait été pour vous la plus tendre, la plus patiente, la plus dévouée des mères, celle dont le nom et la mémoire seront toujours en bénédiction parmi nous. Mais heureusement, notre bien-aimée Mère Élie ne nous a pas quittés tout entière; elle a laissé son esprit, sa douceur et sa charité à celle qui, en ce moment, tient pour vous sa place. Voilà, ma bien chère enfant, d'une manière bien incomplète, ce que le Seigneur Jésus a daigné faire pour vous; et maintenant, il va mettre le comble à ses miséricordes en vous donnant pour toujours le titre et les droits d'épouse de son divin cœur. Eh quoi! ma fille, vous, misérable créature, vous, pauvre petit rien, vous, abîme d'infirmités, de péchés et de misères, vous allez être élevée tout à coup, par la vertu des trois vœux, à la plus sublime dignité à laquelle puisse aspirer une âme chrétienne, à la dignité d'épouse du Roi du Ciel! O Jésus, soyez béni de nous traiter avec tant d'honneur et de nous accorder une telle gloire! Et vous, ma chère fille, réjouissez-vous, mais tremblez en même temps; car, sachez-le bien, vous ne devenez pas seulement l'épouse de Jésus, mais l'épouse de Jésus crucifié, comme votre nom même l'indique. Vous devez donc, plus que jamais, être morte à toutes les choses de la terre, pour vivre sur la croix auprès du Bien-Aimé de votre cœur. Les trois paroles solennelles que vous allez prononcer, les trois vœux que vous allez faire, exprimeront, dans leur sublime et effrayant laconisme, ce crucifiement complet de vous-même...

« ... Ah ! ma bien chère fille, ayez bon courage, ne reculez pas devant cette parole de crucifiement. Souvenez-vous que vous êtes la fille de celle qui disait à Jésus : « Ou souffrir ou mourir », et la sœur de cette autre épouse généreuse qui disait : « Souffrir, et non mourir ! » Elles avaient compris, ces âmes héroïques, que la souffrance est le chemin royal du bonheur ; elles savaient que c'est par là que Jésus est entré dans sa gloire : *oportuit pati Christum*... Et le grand apôtre, qui nous a si bien expliqué les mystères de la folie et de la sagesse de la croix, nous dit aussi : *Videmus Jesum, propter passionem mortis, gloria et honore coronatum*, nous voyons Jésus couronné de gloire et d'honneur à cause de sa passion et de sa mort. Marchez donc, vous aussi, ma fille, dans cette même voie, pour arriver à la même gloire.

« D'ailleurs, Jésus ne vous laissera pas seule sur la croix : elle serait sans Lui trop douloureuse. Il y sera avec vous ; et quand Il en aura ressenti Lui-même ce qu'il y a de plus amer, Il vous dira : « Viens maintenant, ma bien-aimée, viens partager mes souffrances ; étends-toi près de moi sur cette couche sanglante, meurs avec moi sur cet instrument de supplice qui est aussi le trône de ma royauté ; c'est ici que je te ferai reine, et c'est d'ici que je t'emporterai avec moi dans la gloire et la félicité du ciel. Attachez-vous donc à la croix, ma chère fille ; acceptez généreusement les souffrances ; mettez votre Bien-Aimé sur votre sein comme un bouquet de myrrhe ; c'est-à-dire que la pensée des souffrances et des amertumes de la Passion de Jésus soit toujours dans votre cœur... »

Durant la lecture de ce discours, l'émotion de l'évêque était si profonde, qu'il était impuissant à la contenir. Derrière les grilles, l'émotion était bien plus vive encore, et elle se trahissait cette fois par de véritables torrents de larmes. La novice, qui, depuis le commencement de la cérémonie, était ravie en extase, avait cependant témoigné par son attitude qu'elle suivait le sermon. Au moment de la profession, il suffit d'un mot de la Prieure, pour la rappeler à elle-même. Mais sitôt achevée la formule des saints vœux, elle était de nouveau emportée dans la contemplation des divins mystères, en compagnie de sainte Térèse, de saint Jean de la Croix, de sainte Marie-Madeleine de Pazzi, de la Mère Élie. Au moment où Monseigneur ouvrait le tabernacle, elle s'écria dans un indicible transport : « Voilà l'Amour, voilà l'Amour ! » faisant passer, par ces paroles, comme un frisson divin dans l'âme de tous ceux qui les entendirent. Ah ! certes, nul en ce moment ne s'attardait aux anciens doutes ; nul ne songeait même à dissimuler son émotion ou ses larmes de joie.

La cérémonie terminée, Monseigneur, accompagné de quelques prêtres, pénétra dans la clôture. Lorsque le Père Lazare y entra à son tour : « Qu'as-tu fait de l'Amour ? » lui demanda la sœur, toujours en extase. — « Je l'ai laissé à la chapelle », répondit le confesseur, « et j'espère bien qu'il est aussi un peu dans mon cœur. » — « Ah ! tu l'as mis dans ton cœur ! A la bonne heure ! c'est là qu'il faut le mettre. » Et, un peu plus tard, comme on lui demandait ce qu'il fallait faire pour posséder l'Amour, elle se baissa, ramassa un grain de poussière, et, le tendant à son interlocuteur : « Il faut devenir petit comme cela », dit-elle. Monseigneur, qui désirait faire bénéficier ses séminaristes des grâces de la journée, les fit venir au parloir. Tous purent contempler la sœur en extase et entendre ses conseils enflammés. De leur côté, les sœurs se montraient si avides de jouir de « leur trésor », qu'elles consentirent avec peine à s'en priver encore, pour permettre aux Tertiaires de s'entretenir quelques instants avec l'heureuse professe.

Rien ne manquait donc à la fête ; rien ne manquait à l'allégresse. Dans l'intimité de ce cloître indien, c'était bien l'hosanna du jour des Palmes. Mais, hélas! comme pour Notre-Seigneur, cette journée de triomphe ne devait pas finir sans voir s'éveiller dans les cœurs des sentiments opposés; et si Dieu, ce soir-là, avait dévoilé l'avenir à la pieuse extatique, elle aurait compris que, pour elle aussi, le jour des Rameaux était en réalité le commencement de la Passion.

Dans l'après-midi, sœur Marie de Jésus Crucifié avait annoncé à son confesseur qu'à la récréation du soir, « l'ange » parlerait encore à la communauté, mais que, cette fois, il avait des reproches à lui adresser. La récréation venue, les sœurs s'empressaient comme toujours autour de l'extatique, ne voulant perdre aucune de ses paroles.

Sœur Marie de Jésus Crucifié commença par mettre en garde l'une de ses compagnes contre les dangers d'une imagination exaltée, défaut bien connu de la communauté. A une deuxième, elle recommanda de vouloir bien se contenter des confesseurs que l'autorité mettait à sa disposition. S'adressant ensuite à toutes les sœurs, elle leur donna divers conseils où quelques-unes avaient peut-être lieu de voir des reproches. Toutes cependant furent obligées de reconnaître le bien-fondé de ces observations.

Mais il était manifeste que ce n'étaient point là les discours qu'on avait espérés, si bien que l'une des sœurs ne put s'empêcher d'en faire indirectement la remarque : « Le petit ange, dit-elle, n'est pas aussi gentil qu'à Pau. Le petit ange ne vient pas aussi souvent et ne reste pas aussi longtemps qu'il l'avait promis. » — « A quoi bon ? repartit l'extatique. Avez-vous fait ce que je vous ai dit ? Commencez par faire ce que je vous dis, et alors je viendrai plus souvent. Mais, l'avez-vous fait ? Avez-vous été fidèles à ce que je vous avais prescrit ? »

Malgré tout, elle leur adressa encore quelques recommandations sur l'union des cœurs et sur la charité. Elle avait ensuite repris depuis quelques instants le « cantique de l'Amour », lorsque le son de la cloche, indiquant la fin de la récréation, vint mettre un terme à ces transports.

Quelle était donc l'impression dernière laissée par cette journée au cœur des religieuses ? Il serait pénible de constater que le souvenir des grâces reçues le matin disparaissait en ce moment, chez quelques-unes d'entre elles, sous une de ces émotions qu'on n'ose ni s'avouer ni se définir à soi-même, parce qu'elles sont faites, en définitive, d'espérances déçues et d'amour-propre froissé. Est-il nécessaire d'ajouter que de tels sentiments, s'ils ne sont efficacement combattus, opèrent toujours, presque à notre insu, une révolution dans nos dispositions les plus secrètes, en attendant qu'ils se traduisent bientôt dans nos jugements publics ? Disons-le ici une fois pour toutes, nous ne voulons juger personne, nous ne suspectons les intentions de personne, laissant à Dieu seul le soin de sonder les reins et les cœurs, le soin aussi de discerner les plus imperceptibles causes des plus lointains effets. Toutefois, nous devions à la vérité de constater que, dès la fin de cette journée, les larmes de consolation s'étaient subitement taries, et qu'à la joie s'étaient mêlés d'autres sentiments.

Pour bien comprendre la suite de cette histoire, il est nécessaire de rappeler ici quelques faits antérieurs à la profession. On a déjà vu avec quelle entière confiance, lorsqu'elle était à Pau, sœur Marie de Jésus Crucifié s'ouvrait de toutes ses dispositions intérieures à son excellente Maîtresse, la Mère Élie. Celle-ci avait l'âme trop haute et un sens trop exact de sa charge, pour jamais entreprendre sur le rôle du confesseur. Dieu, cependant, facilitait à la novice cette ouverture de cœur, pour qu'elle eût toujours à côté d'elle un guide expérimenté et sûr, qui pût l'aider dans ses états d'âme si changeants et parfois si difficiles.

A Mangalore, les desseins de la Providence ne furent plus les mêmes. Dieu ne voulut plus, pour la sœur, qu'une direction, celle de son confesseur. L'évêque toutefois était autorisé à demander tout ce qu'il jugerait utile ou nécessaire pour se former une conscience au sujet de la novice. Mais la Mère Prieure et la Maîtresse ne devaient plus connaître que les choses relevant de la Règle et de l'extérieur, sans pénétrer dans le sanctuaire intime de son âme. Ceci est pleinement conforme aux Constitutions des Filles de Sainte Térèse, où nous lisons au chapitre XIV, art. 4 : « Ce qui est dit, que les novices rendront compte à leur Maîtresse et les autres religieuses à la Prieure de l'oraison et du profit qu'elles font en icelle, cela doit se faire *en sorte qu'il procède de la volonté de celles qui ont à le rendre,* connaissant le grand profit qu'elles en recevront *plutôt que d'y être contraintes : pour ce, nous défendons aux prieures et maîtresses des novices de presser beaucoup les religieuses sur ce point* ».

En manifestant sa volonté à sœur Marie de Jésus Crucifié, Dieu s'en tenait donc à l'esprit et à la lettre des Constitutions approuvées par la sainte Église.

La novice reçut pour la première fois communication de cette volonté divine, le 22 juillet 1871. Depuis, il ne se passa peut-être pas de semaine que le même avertissement ne lui fût réitéré : « Dis tout à ton confesseur, et à Monseigneur, si c'est nécessaire. Ne dis rien à personne autre. » Et à mesure que cet ordre devenait plus formel, la novice voyait augmenter sa répugnance pour toutes ces ouvertures ; elle sentait même parfois l'impossibilité physique de traduire ce qui se passait en elle. Elle avait eu soin d'ailleurs de soumettre à son confesseur ces communications surnaturelles, ainsi que les dispositions qui les accompagnaient. Le Père Lazare avait tout approuvé. Désormais, en se conformant à cette décision, sœur Marie agissait donc en sûreté de conscience. Monseigneur lui-même, informé de tout, avait donné la même réponse, après l'avoir mûrement pesée devant Dieu : « Si Notre-Seigneur ne le veut pas, avait-il dit le 7 novembre à la novice, je vous défends de me rien dire ». Et de nouveau, le 18 novembre, comme on l'a vu plus haut : « Je croyais que c'était le démon qui ne voulait pas que vous vous ouvriez à la Mère Prieure et à votre Maîtresse ; mais aujourd'hui, je vois bien que c'est le bon Dieu ». Pouvait-on désirer une déclaration plus explicite ?

Voilà donc où en étaient les choses au moment de la profession, le 21 novembre. Les Constitutions autorisaient sœur Marie de Jésus Crucifié à ne pas dévoiler à ses supérieures les secrets de son âme. D'un autre côté, Notre-Seigneur lui défendait de les leur révéler. Enfin, pour bien s'assurer qu'elle n'était pas le jouet d'une illusion, toujours possible en ces délicates matières, elle avait soumis la défense de Notre-Seigneur à son confesseur et à son évêque, qui tous deux l'avaient approuvée. Ce point établi, continuons notre récit.

Le 22 novembre, lendemain de la profession, sœur Marie de Jésus Crucifié, toujours en extase, s'entretenait de nouveau avec la communauté réunie dans la salle de récréation. Comme la veille, les sœurs se plaignaient à « l'ange » de la rareté de ses visites : « Avez-vous fait ce que je vous ai dit à Pau ? » répliquait encore « l'ange ». « Si vous l'aviez fait, je viendrais plus souvent. » Au cours de la conversation, l'une des Mères supplia la sœur de vouloir désormais être bien docile à lui rendre compte de son intérieur. La réponse, on le pense bien, fut celle des jours précédents : « Notre-Seigneur, répéta la sœur, me commande de ne le dire qu'à mon confesseur ; *dites-moi de vous le dire par obéissance et je le ferai. Je serai sûre alors que cela (que cet ordre) vient de Dieu. Sans cela, je suis obligée d'écouter et de suivre ce que Notre-Seigneur me dit.* »

Les Mères alléguèrent les Constitutions en sens contraire ; et comme la discussion menaçait de se prolonger : « Tout cela vient du diable, conclut la Prieure. Je demanderai à Monseigneur ce que j'ai à faire. » — « Je vous le dirai bien par l'obéissance, conclut de son côté l'extatique, mais je vous préviens que chaque mot portera le trouble dans la communauté. »

Dans le courant du même jour, la jeune professe, dont les stigmates allaient se rouvrir, dut s'aliter. Les supérieures s'empressèrent à son chevet avec la plus grande charité, l'assurant qu'elles verraient en elle la personne même de Notre-Seigneur et qu'elles la soigneraient comme faisait jadis la Mère Élie. A la vue de ces bonnes dispositions, sœur Marie de Jésus Crucifié se sentit intérieurement poussée à leur rappeler la défense de Notre-Seigneur concernant la direction de son âme. Mais elle n'avait pas plutôt achevé ces paroles, que la Mère Prieure repartit vivement : « Oh ! c'est l'esprit du démon ; tout cela vient du démon. »

Il nous paraît bien évident aujourd'hui que la jeune religieuse demeurait strictement dans son droit. Dieu permit néanmoins, pour l'accomplissement de ses desseins futurs, que ses supérieures en jugeassent autrement. Quelques années plus tard, l'une d'elles, à qui ses hautes vertus acquirent la vénération de toute la communauté, regrettera amèrement cette décision ; elle ne cessera de se reprocher son insistance auprès de la pauvre novice, quand elle n'aurait dû que s'incliner devant la volonté divine, si hautement supérieure à tous nos jugements humains. Telle est cependant la conduite de Dieu, qu'il éprouve les saints par les saints ; il permet alors que les esprits les plus clairvoyants soient subitement enveloppés de ténèbres, et que les volontés les mieux intentionnées s'engagent dans une fausse voie, qu'elles s'obstinent désormais à prendre pour le bon chemin.

La décision des supérieures était maintenant irrévocable. La manifestation des stigmates, les 23, 24, 25 novembre, n'y put rien changer. Le 26, le Père Gratien, venu de Jeppoo sur l'ordre exprès de Monseigneur, déclare à son tour à sœur Marie de Jésus Crucifié qu'elle est dans l'illusion. A sa rentrée à Mangalore, le 1er décembre, l'évêque, de son côté, est assailli par ses anciens doutes ; il se persuade de nouveau que la résolution de ne s'ouvrir ni à la Prieure, ni à la Maîtresse des novices, procède du mauvais esprit, et il finit par s'en expliquer avec la sœur, le 5 décembre : « Toutes les saintes, lui dit-il, ont donné l'exemple de tout dire à la Prieure et à la Maîtresse. Si c'était l'esprit de Dieu, il leur aurait parlé. Il ne l'a pas fait. C'est ce qui me fait le plus douter que c'est l'esprit du démon. »

On voit combien ces déclarations diffèrent de celles des 18 et 19 novembre. Quinze jours ont suffi pour renverser des convictions qui semblaient devoir être inébranlables; et, chose surprenante, c'est la même disposition qui avait d'abord été approuvée comme venant de Dieu, qui sert aujourd'hui à condamner la voie de l'extatique. Comment s'expliquer un pareil changement chez un homme justement réputé pour sa modération et sa piété? Nous pensons qu'il ne peut s'expliquer que par une spéciale permission de la Providence, qui voulait ménager à sa servante la plus cruelle des épreuves : celle de se voir méconnue et réprouvée par ses amis et par les siens.

Mais déjà, nous sommes sur le chemin du Calvaire. Comme pour aider au complet dépouillement de son âme, la généreuse victime demande à Notre-Seigneur d'être délivrée des stigmates et des extases. Cette grâce lui est accordée le 30 novembre. Mais Dieu voulait encore que son dernier appui aux Indes lui fût retiré. Le 12 décembre, le Père Lazare recevait son obédience pour un autre poste de la mission; il quittait définitivement Mangalore le 21 janvier 1872. Sœur Marie de Jésus Crucifié accepta ce sacrifice avec le plus héroïque esprit de foi. Après avoir entendu les derniers avis de son confesseur, après en avoir reçu une fois de plus la recommandation de ne dévoiler son intérieur qu'à son évêque, si celui-ci le demandait, elle lui répondit simplement : « Maintenant, mon Père, ne vous inquiétez pas de moi… Montrons à Notre-Seigneur que nous l'aimons par-dessus tout. »

En même temps que se consommait ce sacrifice, Dieu préparait intérieurement sa servante aux nouvelles épreuves qui allaient l'assaillir : « Crois-tu, lui dit-il le 15 décembre, être la seule à souffrir? je souffre plus que toi; je porte le poids de tous vos péchés. Je veux que tu ne restes pas un instant sans souffrir; et, s'il n'y avait personne qui te fît souffrir, je changerais les pierres, la terre en hommes pour te faire souffrir. Je veux que tu souffres toujours. » La nuit de Noël 1871, son amie du ciel, Mathilde de Nédonchel vint aussi la réconforter : « Dans quelques jours, lui dit-elle, je reviendrai vous dire ce que le Seigneur vous destine; ayez courage. » Et, en prononçant ces mots, elle laissait tomber sur la jeune sœur un regard de profonde commisération. « En effet, racontait plus tard celle-ci, à partir de cette nuit, je commençai de passer de croix en croix, d'épreuve en épreuve. » On ne se lassait pas de lui répéter qu'elle était dans l'illusion; son « petit ange » si écouté, si vénéré jadis, n'était plus qu'un esprit de ténèbres; ses extases ne venaient pas de Dieu; ses visions n'étaient que le fruit de son imagination orientale; ses stigmates, des blessures naturelles faites au couteau.

Sa douce résistance, en face de ces suggestions, fut qualifiée d'endurcissement, à ce point que, le 6 janvier 1872, on crut devoir l'exorciser. Sœur Marie supporta cette humiliation à genoux, dans une attitude modeste et dans une prière fervente. L'exorcisme étant resté sans effet, au jugement des exorcistes, on eut recours de nouveau aux exhortations, aux supplications, aux menaces des châtiments divins, si elle s'obstinait dans sa mauvaise voie. Les religieuses étaient cependant contraintes de reconnaître que, dans la vie quotidienne, la novice se montrait « très régulière, bien généreuse, bien dévouée ».

Le premier trimestre de 1872 se passa pour sœur Marie de Jésus Crucifié dans la pratique de ces vertus et dans ces tortures morales. Pourtant ce n'était encore là, peut-on dire, qu'un essai et comme un noviciat des épreuves. Dieu, qui connaît l'infirmité humaine et les ménagements qu'elle exige, même dans la personne des saints, s'entend merveilleusement à graduer la dose des souffrances. Ce n'est qu'après avoir porté le calice à leurs lèvres et leur en avoir fait lentement savourer l'amertume, qu'il leur enjoint enfin de le boire jusqu'à la lie.

Le lundi de Pâques, sœur Marie de Jésus Crucifié recevait une nouvelle visite de Mathilde de Nédonchel, qui lui dit : « Ma sœur, partez ; c'est la volonté de Dieu que vous partiez ; je vous annonce que la Noël prochaine, vous la ferez dans votre berceau ; mais vous n'y serez pas pour longtemps ; le Seigneur a des desseins sur vous... (Dorénavant) le Seigneur vous laissera de plus en plus à vous-même ; mais quand vous serez dans votre berceau, alors l'Esprit de Dieu vous gouvernera de nouveau. En attendant, vous serez livrée à vous-même, mais la paix restera au fond de votre âme... Ayez bon courage, je vous répète de nouveau que, pour Noël, vous serez dans votre berceau. »

Toutes ces prophéties devaient se réaliser à la lettre. Le 22 avril, Mgr Marie-Ephrem faisait parvenir à Mgr Lacroix, évêque de Bayonne, à M. l'abbé Manaudas, supérieur du Grand Séminaire de Bayonne, à M. Inchauspé, supérieur du Carmel de Bayonne, etc..., un long rapport, où était motivée sa condamnation des voies surnaturelles de sœur Marie de Jésus Crucifié. Ces hommes éminents, il est vrai, ou bien ne modifièrent pas leur premier sentiment, ou bien se renfermèrent dans une prudente réserve. Mais, autour du Carmel de Mangalore, où s'exerçait la légitime influence de Mgr Marie-Ephrem, sa décision emporta les dernières hésitations. Plus que jamais, on pressait la jeune sœur pour obtenir d'elle un désaveu de son passé et la promesse d'une ouverture confiante. On lui répétait maintenant que sa profession religieuse était invalide. Il lui fut interdit d'entrer au chœur avec les autres sœurs; on crut devoir l'éloigner de la sainte Table; on espéra même qu'une diminution de nourriture finirait par réduire ce que l'on estimait obstination irréductible de la volonté et exaltation excessive de l'imagination. C'est pourquoi, dès la mi-juillet, on la soumit à un régime de diète. Tout fut inutile, rien ne pouvant ébranler une âme que Dieu soutient de sa grâce.

Il est remarquable, en effet, qu'au milieu de cette tempête extérieure, bien faite pour jeter le trouble dans son âme, sœur Marie de Jésus Crucifié conservait une paix inaltérable. Et c'était précisément cette paix qui achevait de déconcerter ses supérieurs, en les persuadant que ce calme, cette insensibilité provenaient en elle d'un immense abus de grâces. Elle racontait, quelques mois plus tard, qu'un de ses supérieurs vint un jour la réprimander. « Et, comme je sentais cette paix, continuait-elle, je lui dis qu'il me semblait sentir que, si je mourais en ce moment, j'irais droit au ciel.

Alors, il me gronda très fort et me dit que j'étais dans l'illusion, que mon âme se perdait, que j'étais endurcie, etc. — Or, ajoutait-elle encore, rien de tout cela ne parvenait à me troubler. »

En même temps, depuis le lundi de Pâques, elle se sentait *irrésistiblement* portée à quitter le monastère de Mangalore. La Mère Élie était venue plusieurs fois la confirmer dans la pensée que telle était bien la volonté de Dieu : « Je sentais, racontera-t-elle dans la suite à la Prieure de Pau, je sentais toujours quelque chose me pousser à m'en aller; je combattais tant que je pouvais pour faire des actes contraires et pour rester; impossible. (A tout propos) je disais que je voulais m'en aller, tantôt à Jérusalem, tantôt à Alexandrie, tantôt au désert ou ailleurs, sans avoir envie d'aller à un endroit plutôt qu'à un autre. » — « Puisqu'on m'assure que mes vœux sont invalides, pensait-elle, plus rien ne saurait me retenir dans cette maison, où je ne puis désormais qu'offenser Dieu. Au désert, au moins, je pourrai faire pénitence de mes péchés et me sanctifier dans la tranquillité. »

Le samedi 3 août, tandis qu'elle était plus que jamais animée de ces sentiments, la poussée irrésistible à s'en aller était aussi plus violente. Sœur Marie venait de se confesser; elle était très calme. Ne trouvant plus les choses à son usage derrière le paravent qui lui servait de cellule, elle se dirige vers la porte de sortie, qui, en ce moment, restait ouverte à cause des ouvriers. Une sœur se trouvait près de la porte pour surveiller les allées et venues : « Ma Sœur, lui dit la novice, je vais demander aux Tertiaires de me loger. » Dieu permit que cette sœur ni ne dît un mot ni ne fît un geste pour la retenir. Toujours avec le même calme, la jeune sœur

CHAPITRE XIV.

franchit la porte qui, dans cette maison provisoire séparait les Carmélites des Tertiaires et arrive chez ces dernières. A ceux qui bientôt se présentèrent pour la ramener, elle s'abandonna sans la moindre résistance et rentra ainsi au couvent.

N'était-ce pas aux yeux de tous la preuve décisive de l'endurcissement de la novice?

Or, voici comment sœur Marie de Jésus Crucifié rendait compte, au mois de décembre, à la Prieure de Pau de ses sentiments intimes : « Je sens un grand regret, une grande confusion à la vue de mes iniquités passées ; elles sont plus nombreuses que les grains de sable de la mer et que les gouttes d'eau de l'Océan ; j'espère néanmoins dans les miséricordes du Seigneur, qui sont infinies. Mais quand je pense que j'ai franchi la clôture du Carmel de Mangalore pour m'échapper, *je ne puis en avoir du regret ; au contraire, je rends grâces au Seigneur mille fois de cela et je ne puis faire autre chose.* Cependant, ça me paraît une grande faute et j'ai de la peine d'avoir donné ce scandale et ce sujet de trouble; mais j'étais poussée à le faire malgré moi. *Je sens que, dans les mêmes dispositions où j'étais, j'en ferais autant.* Qui peut comprendre ça? On dirait que je suis folle ou mauvaise religieuse, si on m'entendait. *Et cependant, devant Dieu, je ne puis penser autrement...* Ici, oui, si je franchissais la clôture, je croirais faire un péché mortel bien grave, quand même je serais dans les mêmes dispositions, dans le même état et qu'on me traitât de la même manière qu'à Mangalore. Le bon Dieu sait pourquoi ; ça suffit. »

Nous pensons qu'il n'y a rien à ajouter à ces explications d'une âme dont toute cette histoire démontre l'extraordinaire franchise, d'une âme qui avait une telle intelligence de la malice du péché, qu'elle pleurait amèrement ses moindres oublis.

D'après ce qui précède, il reste seulement à reconnaître que le doigt de Dieu est là ; il reste seulement à proclamer que les voies du Seigneur sont impénétrables et que, par une conduite souverainement efficace, il sait, à leur insu, faire concourir toutes les créatures à l'accomplissement de ses desseins. Si le Carmel de Mangalore avait persévéré dans ses dispositions premières à l'égard de sœur Marie de Jésus Crucifié, il n'aurait jamais consenti à s'en dessaisir. Dieu voulait cependant qu'elle revînt à Pau et que, de Pau, elle passât à Bethléem, où elle avait encore à travailler et à souffrir. Pour arriver à ce but, il permit peu à peu les événements que nous venons de raconter; et enfin, pour amener la solution de ce drame qui se déroulait depuis plus de six mois, Il permit cette infraction à la règle de la clôture, gravement coupable selon les apparences, où néanmoins le regard de sœur Marie de Jésus Crucifié, s'examinant quelques mois après, en présence de Dieu, dans le recueillement de la retraite, ne parvenait pas à discerner la plus légère culpabilité.

La sœur, comme nous l'avons dit, ne cessant de solliciter son départ, ses supérieurs ne songèrent plus qu'à le favoriser. Ils étaient résolus à l'envoyer partout où l'on voudrait bien la recevoir, à condition toutefois que ce ne fût pas à Pau. Or, après des démarches infructueuses tentées de différents côtés, force leur fut de l'adresser au Carmel de Pau, berceau de sa vie religieuse, réalisant ainsi, sans le savoir, la prophétie de Mathilde de Nédonchel. Précisément à cette époque, une autre carmélite de Mangalore devait également rentrer à Pau. On lui confia la jeune sœur.

CHAPITRE XIV.

Parties de Mangalore, le 23 septembre 1872, les deux voyageuses arrivèrent à Pau le 5 novembre, deuxième anniversaire de la mort de Mère Élie, après une traversée où la charité de sœur Marie de Jésus Crucifié trouva bien des occasions de s'exercer sur les âmes et sur les corps.

Pau, c'était le port tranquille après les dangers des tempêtes et des écueils. Voici avec quelle ardeur, quelle humilité et quelle poésie tout ensemble, sœur Marie de Jésus Crucifié exhalait, à son retour, sa reconnaissance à l'égard du Seigneur : « Seigneur, je suis comme le petit poussin que le milan a attrapé ; il l'a piqué sur la tête, il l'a presque écrasé ; mais le pauvre petit s'est enfui sous l'aile de sa mère pour être en sûreté. Moi aussi, j'ai été dans l'angoisse, la tristesse, la douleur. Mes os se sont disloqués ; la moelle de mes os s'est aigrie au dedans de moi ; ma chair a été broyée... J'ai tourné mon regard vers mon Père, et il m'a regardée, et ce regard m'a guérie ; la moelle de mes os, qui était aigrie, est devenue douce comme le sucre ; mes os se sont raffermis et sont devenus comme si j'avais quinze ans ; ma chair a tressailli d'allégresse et tout mon être aussi. J'ai couru vers mon Père et mon Roi ; et mon Roi est aussi venu vers moi ; et j'y étais comme le petit poussin sous l'aile de sa mère. Et je regardais mes ennemis à travers les plumes de l'aile de mon Père et mon Roi, sans rien craindre ; j'étais en sûreté. »

Comme épilogue à ce récit, nous mentionnerons la rentrée en France du Père Lazare, vers le milieu de mars 1873.

Le jeudi-saint de la même année, Mgr Marie-Ephrem mourait subitement à Mangalore, suivant la prophétie de sœur Marie de Jésus Crucifié, qui avait annoncé bien des fois que Monseigneur ne verrait pas la fin de l'année où le Père Lazare serait renvoyé en France. Le 3 mai, la jeune sœur vit dans les flammes du Purgatoire l'âme de l'évêque, qui s'écria avec un vif sentiment de regret : « J'ai péché contre la gloire de Dieu » Le désir de l'évêque eût été de faire savoir à tout l'Ordre qu'il s'était trompé en condamnant les voies surnaturelles de la novice. Mais, pour le moment, celle-ci ne pouvait que prier pour l'âme de son Père, et elle le faisait avec toute la ferveur de sa charité. A Bethléem, où nous la suivrons bientôt, Dieu lui manifesta que l'âme de Monseigneur serait délivrée à la première Messe célébrée dans le nouveau Carmel. La sœur conjura ses supérieurs de presser les travaux, et elle fut assez heureuse pour voir cette âme monter au ciel le 21 novembre 1876.

CHAPITRE XV

Depuis le retour de sœur Marie de Jésus Crucifié au Carmel de Pau jusqu'à son départ pour Bethléem (5 novembre 1872-25 août 1875).

C'est le 5 novembre 1872, moins d'un an après sa profession, que la sœur Marie de Jésus Crucifié rentra au Carmel de Pau. Elle y revenait en qualité de sœur converse, Dieu ayant voulu qu'elle le glorifiât dans les plus bas emplois[1]. Voici comme elle s'exprimait les premiers jours de son arrivée : « Depuis que j'ai quitté Mangalore, disait-elle, j'ai senti une paix, une tranquillité que je ne puis exprimer, malgré les peines du voyage. Je ne désire rien, je ne demande rien, pas même des croix : quand j'en ai eu, je n'ai pas su en profiter; maintenant, rien que Jésus, sa volonté et le silence. » La longue privation de la communion lui avait donné une faim encore plus grande de ce pain du ciel : « Si au moins, à Mangalore, disait-elle, j'avais reçu Jésus dans mon cœur au milieu de mes grandes peines, j'aurais eu la force de Dieu avec moi; mais j'en étais privée. Cependant, je conservais, au fond

---

1. Dès les premiers temps de l'installation à Mangalore, la sœur Marie de Jésus Crucifié comprit bien vite le triste état de ce pauvre pays : son cœur fut aussitôt dévoré de zèle pour sa conversion. Considérant que Satan y domine par l'orgueil et s'y fait adorer, elle demanda et obtint de passer du rang de sœur de chœur à celui de sœur converse.

de mon âme, une grande paix, malgré tout ce qu'on me disait. Ce ne fut que lorsque Mgr Marie-Ephrem m'accusa de mettre la division dans la communauté que j'eus un très grand chagrin. J'allai me jeter aux pieds de Jésus et je pleurai beaucoup, beaucoup. Il me semblait que Jésus pleurait avec moi, à cause de moi, et je lui dis : « Seigneur, pourquoi pleurez-vous? Vous êtes tout-puissant, vous pouvez me délivrer. » Il me répondit : « Bientôt ». La Mère Élie vint aussi confirmer cette promesse de Jésus. — Je ne suis pas ici pour longtemps. Oh! si le Seigneur pouvait changer sa parole! Je ne désire plus que le silence et la mort pour ne plus offenser Dieu.

« Toute la matinée, disait-elle le 19 novembre, j'étais tourmentée au sujet du Père Lazare, car j'aime beaucoup son âme; je voudrais qu'il fût un grand saint. Je priais le Seigneur et je lui disais : « Seigneur, gardez cette âme, donnez-lui la résignation, la force, tout ce dont il a besoin : qu'il ne vous offense pas. Mon Dieu, je vous l'abandonne entièrement : accomplissez vos desseins sur lui, gardez-le. » Et une voix intérieure m'a répondu : « Ame de peu de foi! » et j'ai compris que Dieu veillerait sur lui, et toute ma peine a disparu. »

Pendant sa retraite annuelle, avant la fête de Noël, Dieu la favorisa de plusieurs visions pleines de doctrine. Notons du moins celle-ci : « J'éprouvais, disait-elle, un grand désir de Dieu; je le cherchais de toutes les forces de mon âme; je m'unissais à toute la création pour qu'elle le loue avec moi; j'étais comme un petit enfant qui court, qui court après son père. Enfin, Jésus s'est montré et j'ai vu l'éclat de sa majesté. Impossible de dire la joie de mon âme : c'était le paradis sur terre.

— La pensée m'est venue de lui demander beaucoup de choses; mais auparavant, je l'ai caressé, je lui ai dit toute espèce de choses de mon cœur pour le toucher; j'ai fait comme l'enfant qui veut obtenir quelque chose de son père et qui commence par mille caresses. Je l'ai prié pour les âmes du Purgatoire : Jésus est alors devenu plus brillant et j'ai vu sortir de ses mains des rayons de lumière, des grâces qui tombaient sur ces pauvres âmes. Il semblait que Jésus avait un grand besoin de les répandre et qu'Il les donnait avec beaucoup d'empressement et d'abondance.

« J'ai ensuite prié pour les pécheurs, et Jésus faisait la même chose que pour les âmes du Purgatoire. Quelle joie de voir cet amour, cette miséricorde du Seigneur!

« Mais lorsque j'ai voulu Le prier pour les prêtres, les religieux et les religieuses, les rayons qui descendaient de ses mains sont remontés et tout a disparu. Et mon cœur a été dans une tristesse, dans une angoisse terrible, car je suis du nombre des religieuses; j'ai poussé des soupirs, j'ai éclaté en sanglots. Chaque fois que je pense à ce que j'ai vu, je ne puis m'empêcher de pleurer. Que nous sommes coupables, nous qui devrions être la consolation de Jésus! »

Le 28 février 1873, elle luttait contre Satan. En vain le frappait-elle avec toutes sortes d'armes. Les plus grands coups le laissaient sans blessure. Épuisée de fatigue, elle s'adressa au Seigneur : « Comment faire, mon Dieu? s'écrie-t-elle. J'ai employé tous les instruments; j'ai usé de toutes les armes les plus puissantes pour terrasser le démon, et je n'ai pu en venir à bout. »

— Jésus lui répondit : « Tu n'as pas employé toutes les armes; il te reste encore à te servir d'une petite hache à laquelle tu n'as pas pris garde. Touche Satan au front avec cette hache et il tombera » ; et en parlant ainsi, le Seigneur lui montre ce petit instrument. La sœur le saisit et elle va droit à son ennemi. A peine l'a-t-elle, en effet, touché au front avec cette hache, qu'il tombe comme mort. Émerveillée de ce résultat aussi inattendu que miraculeux : « Seigneur, dit-elle, eh! quelle est cette petite hache dont la vertu est si grande? » — « C'est, lui répond le Sauveur, la petite hache de l'humilité. »

Le 25 mars, pendant l'oraison, il lui sembla entendre une voix qui disait : « Dieu est caché comme la graine dans le fruit, comme la graine dans la pomme. Ouvre une pomme et tu trouveras cinq graines au milieu. Dieu est ainsi caché dans le cœur de l'homme. Il y est caché avec les mystères de la Passion, figurés par les cinq graines. Dieu a souffert et il faut que l'homme souffre, qu'il le veuille ou qu'il ne le veuille pas. S'il souffre par amour, en union avec Dieu, il souffrira moins et il gagnera des mérites. Les cinq graines qui sont au fond de son cœur germeront et produiront des fruits abondants; mais, s'il repousse l'épreuve, il souffrira davantage, sans gagner aucun mérite.

« Et j'ai ouvert une pomme, et j'y ai trouvé au milieu comme cinq petites séparations qui formaient une étoile, et les graines se trouvaient dedans.

« Pendant l'oraison, j'ai vu une belle pomme, elle a pourri sous mes yeux; et, quand elle a été entièrement pourrie, les graines du milieu de la pomme ont germé : cinq arbres ont poussé. La graine la plus basse a produit l'arbre le plus élevé : la graine qui suivait a produit un arbre un peu plus petit; et les trois autres graines plus élevées ont produit des arbres encore plus petits. Les cinq racines de ces arbres étaient tellement unies et entrelacées, qu'elles ne formaient qu'une seule racine, et elles se soutenaient les unes les autres.

« L'arbre le plus élevé portait des fruits mûrs, qui se fondaient en eau, et cette eau arrosait la racine, qui nourrissait les autres arbres; cet arbre plus élevé s'appelle l'arbre de l'amour.

« Le second, un peu plus petit, portait des fruits qui penchaient du côté de la terre et qui semblaient vouloir se donner; cet arbre est celui de la charité.

« Le troisième ne semblait pas tenir à la terre et ses racines paraissaient être en l'air; on aurait dit qu'il allait tomber; cet arbre est celui de l'abandon.

« Le quatrième était tout dépouillé comme les arbres pendant l'hiver; mais il était en même temps plein de vie; cet arbre est celui de la pauvreté.

« Le cinquième était vert et couvert de fruits; mais ces fruits étaient en bas et comme cachés; on ne les voyait pas; cet arbre est celui de l'humilité.

« J'ai vu ensuite cinq autres arbres. Le premier portait du fruit ferme et solide à la vue, mais pourri et comme rempli de fumée à l'intérieur; c'est l'amour de soi et de tout ce qui est sur la terre, ce qui durcit tellement le fruit qu'il finit par pourrir.

« Le second avait les branches élevées; personne ne pouvait les atteindre pour cueillir le fruit; ce fruit, du reste, était rare et taché par la maladie; c'est l'avarice qui a peur de se dépouiller, si elle donne; ce qui fait que le fruit se gâte et tombe.

« Le troisième avait des racines profondément enfoncées; c'est l'attachement aux choses créées.

« Le quatrième paraissait couvert de feuilles et de fruits et très beau : ce sont les richesses, fruits qui pourrissent à la moindre neige, au moindre froid.

« Le cinquième portait beaucoup de fruits, tellement qu'ils cachaient les feuilles ; c'est l'orgueil, qui paraît très riche aux yeux des hommes ; mais le moindre coup de vent, la plus petite contradiction fait tomber ce fruit, et ceux qui veulent en manger le trouvent amer. »

Le Jeudi saint, elle disait à Jésus : « Seigneur, gardez-moi toujours dans votre amour, comme l'enfant est gardé dans les entrailles de sa mère. Là, il n'a besoin de rien, ni pour manger, ni pour boire ; il est à l'abri de tout danger : avec sa mère, il a tout. Et moi aussi, Seigneur, si vous me gardez dans votre amour, il ne me manquera rien. Je ne désire autre chose qu'être à vous ; je ne veux jamais sortir de vous. Comme l'enfant commence à être fragile et misérable dès qu'il sort du sein de sa mère, moi aussi je serais malheureuse, si je sortais de vous. Gardez-moi, Seigneur, dans votre sein, gardez-moi dans les entrailles de votre amour. »

Le matin du Vendredi saint, elle endura tous les tourments de la Passion. A l'heure du dîner, elle fit effort sur elle-même pour se rendre au réfectoire. Elle posa son morceau de pain devant elle, par terre, selon l'usage du Carmel en ce saint jour, et, se sentant mieux, elle se disposait à le prendre, lorsque, tout à coup, elle vit le Seigneur passer, la pénétrant de grâce et de consolation : « Il n'a fait que passer comme un éclair, dit-elle, et en passant, sa robe a touché le pain qui a remué et comme tressailli en la présence du Seigneur. »

Le saint jour de Pâques, elle implora le Sauveur pour une âme infidèle : « Seigneur, disait-elle, exaucez-nous en faveur de cette âme ! Comment se fait-il, Seigneur, qu'elle soit de plus en plus malade, malgré tant de prières, après que vous avez promis d'exaucer les demandes que l'on vous adresse? — « L'adorable Maître daigna lui répondre : « La grâce ressemble à la médecine. Si le malade est très malade et que le mal soit au cœur, tous les remèdes ne font qu'aigrir la plaie et la rendre plus mortelle. Si cette âme avait un peu d'humilité, les prières lui profiteraient; elle aurait un peu de lumière et de force ; mais comme son cœur se raidit contre le remède, les prières faites pour elle ne servent qu'à l'enfoncer davantage dans l'aveuglement. »

Et Jésus ajouta : « Comment peux-tu me prier toujours pour elle, tandis qu'elle n'est occupée, de son côté, qu'à salir et à déchirer ta robe? » — « Seigneur, lui répondit la sœur Marie, elle ne sait pas ce qu'elle fait. Vous avez dit vous-même sur la croix : « Mon Père, pardonnez-leur; car ils ne savent pas ce qu'ils font ». Et moi aussi, je vous dis : « Elle ne sait pas ce qu'elle fait : pardonnez-lui, Seigneur. »

Le 18 mai, hors d'elle-même, elle n'entendait rien, ne comprenait rien par l'excès des consolations célestes. Le lendemain, rendant compte, par obéissance, de cette journée de grâces, elle disait : « En communiant, je me sentais transportée de l'amour de Dieu. L'amour me poussait à quelque chose, et je ne savais à quoi. Je m'adressai à l'Esprit-Saint et je lui criai : « Éclairez-moi, vous qui avez donné la lumière aux apôtres, aux ignorants ! je suis néant, éclairez-moi ! je ne veux que ce que Jésus voudra. » Tout à coup, je me vois dans une profonde nuit, au milieu de trous, de bêtes qui me mordent; les ténèbres m'empêchent d'apercevoir les trous et les bêtes. J'invoque Dieu et la lumière du Saint-Esprit. Un rayon paraît pour me conduire, et, dans ce rayon, je vois, en un clin d'œil, toute ma vie de péchés;

et j'aurais eu le courage, s'il l'avait fallu, de les confesser devant le monde entier. En même temps, je me sentais embrasée d'amour et mon cœur fondait comme un cierge en présence d'un brasier; et j'ai crié à Dieu : Seigneur, assez, je n'en puis plus!

« Et j'ai vu devant moi une colombe, et, au-dessus de la colombe, un calice qui débordait, comme s'il y avait eu une source dans l'intérieur du calice; et ce qui débordait du calice, arrosait la colombe et la lavait. Et une voix est sortie de cette lumière admirable et elle a dit : « Si tu veux me chercher, me connaître et me suivre, invoque la lumière, l'Esprit-Saint qui a éclairé mes disciples et qui éclaire tous les peuples qui l'invoquent. Je vous le dis en vérité, en vérité, en vérité : Quiconque invoquera le Saint-Esprit, me cherchera et me trouvera, et c'est par l'Esprit-Saint qu'il me trouvera. Sa conscience sera délicate comme la fleur des champs. Si c'est un père ou une mère de famille, la paix sera dans sa famille et son cœur sera en paix dans ce monde et dans l'autre : il ne mourra pas dans les ténèbres, mais dans la paix. Je désire ardemment que les prêtres disent chaque mois une messe en l'honneur du Saint-Esprit. Quiconque la dira ou l'entendra sera honoré par le Saint-Esprit lui-même; il aura la lumière, il aura la paix. Il guérira les malades, il réveillera ceux qui dorment. »

« Et j'ai dit : « Seigneur, que puis-je faire, moi? Personne ne me croira! » Et la voix m'a répondu : « Quand le moment sera venu, je ferai tout moi-même, et tu n'y seras pour rien. »

« Et tout a disparu et mon cœur est resté embrasé d'amour. »

Déjà, à Mangalore, pendant la retraite de sa profession, ce culte du Saint-Esprit lui avait été recommandé d'une manière spéciale. Cette même recommandation lui fut renouvelée bien souvent jusqu'à sa mort.

Pendant son noviciat, une colombe lui avait appris cette invocation qu'elle répétait depuis si souvent :

> Esprit-Saint, inspirez-moi ;
> Amour de Dieu, consumez-moi ;
> Au vrai chemin, conduisez-moi.
> Marie, ma Mère, regardez-moi ;
> Avec Jésus, bénissez-moi ;
> De tout mal, de toute illusion,
> De tout danger, préservez-moi.

Le 20 mai, elle disait : « Avant-hier j'avais une grâce si grande, que j'étais comme hors de moi-même ; toute la journée, je luttais contre le sommeil (l'extase) ; il me semblait que j'étais prête à me laisser hacher en mille morceaux, à me laisser déchirer, griller ; j'aurais voulu tout souffrir pour l'amour de Dieu. Je m'offrais à Dieu pour l'Église, pour la France, et pour souffrir tout ce que Dieu voudrait. Aujourd'hui, je ne puis avoir une bonne pensée ; je suis sèche comme un morceau de bois placé devant un feu ardent sans y être jeté : il ne brûle pas, il ne fait que sécher davantage. On m'a tant dit à Mangalore que ce qui se passait en moi était le fruit de mon imagination, et je vois par expérience que je ne puis rien imaginer aujourd'hui, que je ne puis pas réfléchir. C'est Dieu seul qui est le maître en nous. Il fait ce qu'il veut et quand il le veut. »

Le 26 mai de cette année 1873, elle avait vu la France comme un champ arrosé par la pluie, éclairé et échauffé par le soleil ; mais la terre était couverte de mauvaises herbes parmi lesquelles pourtant il y en avait quelques-unes de bonnes. J'ai dit à Jésus : « Seigneur, pourquoi laissez-vous ces mauvaises herbes? » — « Je les laisse, m'a répondu le divin Maître, parce que les bonnes sont encore trop faibles; elles ont leurs racines liées avec les mauvaises. Si j'arrache les mauvaises, les bonnes seront endommagées et elles se flétriront. Quand les bonnes seront plus fortes, j'arracherai tout ce qu'il y a de mauvais. Maintenant, c'est la paix bâtie sur le sable; plus tard, j'établirai la paix sur le rocher ferme et rien ne pourra l'ébranler. La France est le centre de mon cœur. »

Dans ses fréquentes extases, elle chante, à certains moments, d'une manière ravissante. Elle invite la création à chanter avec elle; elle parle de l'ingratitude de l'homme, de la bonté de Dieu, de la longueur de l'exil : « Cieux, s'écriait-elle, bénissez le Seigneur; terre, bénissez le Seigneur! Salut, salut, arbre béni, qui nous donnes le fruit de vie! Du fond de cette terre mon cœur gémit, mon cœur soupire. Qui me donnera des ailes pour m'envoler vers mon Bien-Aimé? Salut, salut, arbre béni, c'est par toi que je reçois le fruit de vie! Je vois sur tes feuilles ces mots écrits : « Ne craignez rien »; ta verdure me dit : « Espérez »; tes branches me disent : « Charité »; et ton ombre : « Humilité ». Salut, salut, arbre béni; en toi je trouve le fruit de vie! Du fond de cette terre mon cœur gémit, mon cœur soupire. — Oh! qui me donnera des ailes pour m'envoler vers mon Bien-Aimé? — Salut, salut, arbre de vie; tu portes le fruit de vie! Sous ton ombre, je veux gémir; à tes pieds, je veux mourir!

« O mon Dieu, que l'homme est ingrat envers son Créateur! Vous si bon, mon Dieu! ô ingratitude des créatures!

« O mon Dieu, mon cœur est trop petit : je voudrais un cœur plus grand que l'univers pour vous aimer! Ô amour! »

Le 22 juin 1873 on la trouva pour la première fois au sommet d'un tilleul fort élevé; elle se balançait sans appui et elle chantait l'Amour. La Prieure la fit descendre par le seul mot d'obéissance. Mais une alpargate resta suspendue à la branche qui la portait. Et quand, revenue à elle, elle voulut se chausser, grande fut sa surprise de voir près d'elle des alpargates neuves. Elle réclame les vieilles, retrouve l'une, mais cherche l'autre inutilement. Un jour cependant, elle l'aperçoit au sommet du tilleul. Qu'on juge de sa surprise! Comme elle demandait la raison d'un fait si singulier, on se contenta de lui fournir une explication quelconque, sans lui laisser même soupçonner la vérité.

Quelque temps après, elle vit, durant l'oraison, un parterre rond, divisé en plusieurs cercles. Le premier était planté de roses, dont les feuilles figuraient la charité, et les épines, la vigilance. Le second était couvert de vignes; le raisin de ces vignes symbolisait l'amour, et les feuilles, la douceur. On voyait, dans le troisième, du froment qui représentait la confiance et l'espérance. Le milieu de ce rond était couvert de violettes, figure de la véritable humilité.

« J'ai élevé, dit-elle, un trône au milieu de ce rond, et j'ai fait asseoir Jésus sur ce trône. Et une source est sortie de dessous les pieds de Jésus; et l'eau de cette source disait : « Tout passe, tout s'écoule comme l'eau ». A côté du trône, j'ai planté des pensées et du lierre. Les pensées disaient : « Ne pensez qu'à Jésus »; et le lierre : « Ne vous attachez qu'à Jésus ».

« Seigneur Jésus, plantez toutes ces vertus dans

mon cœur, et faites-les croître par votre puissance ».

Dans les premiers jours de ce mois de juin, elle avait dit, toute radieuse et comme hors d'elle-même : « Ce matin, après la sainte communion, j'ai renouvelé ma profession entre les mains de Jésus ; j'avais mes mains jointes dans celles de Marie ; Marie avait les siennes dans celles de Jésus et les mains de Jésus étaient dans celles du Père éternel. J'ai remis ma volonté à Dieu en présence de la Sainte Trinité, devant les anges, devant les saints et devant toutes les créatures. J'ai dit à Jésus : « Seigneur, vous me l'avez donnée et je vous la rends, je vous donne ma volonté irrévocablement. Écrivez-le dans votre cœur, dans le livre de vie, et que cela n'en soit jamais effacé. Ne me rendez jamais ma volonté, elle n'est plus à moi ; si vous voyez que j'ai le malheur de vouloir la reprendre, ôtez-moi la vie à l'instant même. Je veux votre volonté à travers tout, à travers la souffrance, les épreuves, les persécutions, les tribulations de toute espèce ; je m'offre à aller en enfer avec votre volonté. Je m'offre à passer par tout ce que j'ai souffert à Mangalore, si c'est par votre volonté ; je proteste que je ne veux rien que votre volonté, à la vie, à la mort et toute l'éternité. »

« Ma Mère, disait-elle un autre jour, en extase, à la Prieure, tout le monde dort ! Et Dieu si bon, si grand, si digne de louange, on l'oublie ; personne ne pense à Lui ! La nature le loue ; le ciel, les étoiles, les arbres, les herbes, tout le loue. L'homme aussi devrait le louer, connaissant ses bienfaits, et il dort ! Allons, allons réveiller l'univers ! Allons louer Dieu, chanter ses louanges ! — Le monde dort, le monde dort, allons le réveiller, allons réveiller la ville ! » — Elle pleure, elle sanglote en répétant : « Jésus n'est pas connu, Jésus n'est pas aimé. Lui si rempli de bonté, de douceur, Lui qui a tout fait pour l'homme! »

Le Seigneur lui demanda pour l'Église une série de processions autour du jardin, à genoux, le dos chargé d'un énorme sac de cendres. L'autorité ayant approuvé cette volonté du ciel, elle alla jusqu'au bout de cette terrible pénitence, malgré ses jambes ensanglantées, malgré la sueur qui coulait de son visage.

A plusieurs reprises, vers cette même époque, elle remonta sur le tilleul. L'Agneau l'attirait, disait-elle en extase, pour expliquer cette ascension, et elle s'élevait jusqu'à la cime de l'arbre. Un jour, elle hésite un instant, après que la Prieure lui a intimé l'ordre de descendre. Aussitôt l'Agneau disparaît et elle ne descend qu'avec la plus grande difficulté, quoique l'extase n'eût pas cessé. Parvenue à terre, elle demande pardon à la Prieure et aux sœurs de sa désobéissance. Elle demande ensuite pardon à la création tout entière : « Pardon, ciel, s'écrie-t-elle, le visage baigné de larmes; pardon, étoiles; pardon, terre; pardon, herbes! pardon, arbre! » dit-elle en s'adressant au tilleul, témoin de sa désobéissance. Elle va aussi au chœur en pleurant et disant : « Pardon, Jésus! Pardon, Jésus! » Et cependant, malgré ce repentir admirable, le Sauveur la laisse plusieurs jours dans l'angoisse pour cette simple hésitation, où il est difficile de déterminer son degré de responsabilité, puisque l'extatique n'avait pas l'usage normal de ses sens.

Un jour, à l'heure de la récréation, complètement ravie, elle se dirige vers le jardin en disant : « Je n'en puis plus. Je vais courir après le Bien-Aimé ». Elle pleurait et chantait sa tristesse avec des expressions brûlantes :

« Qui coupera, qui ôtera les branches qui m'empê-

chent de voir la Patrie, d'aller à mon Bien-Aimé?...
Que faire pour ôter les branches?... Qui me donnera
les ailes de la colombe? Je n'en puis plus de cet exil!...
Je ne puis plus vivre. » Sa douleur augmentant, elle dit
à sa Maîtresse qui l'avait suivie : « Allons à ma Mère ! »
A l'ermitage de Notre-Dame du Mont-Carmel, elle se
prosterne au pied de l'autel et se relève transportée
de joie en chantant : « Aux pieds de Marie, ma Mère
chérie, j'ai retrouvé la vie.

« O vous tous qui souffrez, venez à Marie .. Votre
salut et votre vie sont aux pieds de Marie.

« O vous qui travaillez dans ce monastère, Marie
compte vos pas et vos sueurs. Dites-vous à vous-mêmes :
Aux pieds de Marie, j'ai trouvé la vie !

« Vous qui habitez dans ce monastère, Marie vous dit :
Mon enfant, je t'ai choisie entre dix mille : entre dix
mille, je te mettrai dans mon temple!... Tu n'auras
jamais faim, tu n'auras jamais soif. Je te donne la nourriture, la chair, le sang de l'Innocent!

« Ne dites pas que je suis orpheline : j'ai Marie pour
Mère et Dieu pour Père! Heureuse enfant! Dites qu'aux
pieds de Marie, j'ai trouvé la vie! »

Toute préoccupée des besoins de l'Église et du salut
de la France, sœur Marie s'offrit à faire, à cette intention, la cuisine pendant six mois consécutifs, ce travail
étant pour elle un vrai martyre à cause de sa mauvaise
santé. Le Supérieur lui ayant permis de mettre à exécu-
tion ce pieux projet, le Seigneur l'accepta à son tour, en
même temps qu'il lui envoyait des souffrances aussi
violentes qu'extraordinaires. Après de longues heures
passées dans ces tortures, elle tomba dans une douce
extase et s'écria : « Dieu me visite... Il est ici... Il est
avec moi... D'où vient que le Seigneur s'abaisse? Il est

doux de penser à Jésus, mais plus doux de faire sa volonté...

« Je désire que celles qui m'entourent n'aient d'autre bien que le Très-Haut... Soyons jalouses de la gloire du Très-Haut... »

« Seigneur Jésus, disait-elle une autre fois au chœur, devant le saint Sacrement, que dois-je faire pour vous aimer ? » — Une voix lui répondit : « Servez le prochain et vous me servirez ; aimez le prochain et vous me servirez. C'est à cela que je reconnaîtrai que vous m'aimez véritablement. »

Encourageant une sœur très éprouvée, elle lui disait que, tant qu'elle aurait confiance en Dieu, tant qu'elle serait humble et ouverte envers ses supérieures, le bon Dieu la garderait. Elle parla ensuite de l'humilité :

« Aujourd'hui, la sainteté, ce n'est pas la prière, ni les visions, ni les révélations, ni la science de bien parler, ni les cilices, ni les pénitences, c'est la règle toute *crue* et l'humilité.

« Le Seigneur a dit : « C'est le siècle où le serpent a pris des ailes, c'est pourquoi je vais purger la terre ! » — « Qui pourra donc être sauvé ? » — « C'est celui qui demande l'humilité et qui la pratique. »

« L'humilité, c'est la paix !... Elle est reine, l'âme humble. Elle est toujours heureuse. Dans le combat, dans la souffrance, elle s'humilie, elle croit en mériter davantage, elle en demande encore plus, elle est toujours en paix... L'orgueil donne le trouble. Le cœur humble est le vase, le calice qui tient Dieu !...

« Le Seigneur dit : Une âme humble, véritablement humble, fera plus de miracles que les anciens prophètes.

« Au ciel, les plus beaux *arbres* sont ceux qui ont le

plus péché, mais ils se sont servis de leurs misères comme d'un fumier qui entoure le pied.

« Si tu vois, ajouta-t-elle en s'adressant à la Prieure, de jeunes sœurs, des novices avides de rester en prière, hors de ce qui est de règle, fais-les travailler aux ouvrages les plus bas. »

Elle disait, le 19 avril 1874, le dimanche du Bon Pasteur : « Si une novice fait des miracles et ne se soumet pas, ou si elle a apporté un million et qu'ensuite elle en veuille disposer ou seulement s'attacher à une image, la Mère Térèse dit : « Renvoyez-la avec ce qu'elle a porté ».

« Celui qui n'a pas donné sa volonté à Dieu ne lui a rien donné.

« Quand on a donné quelque chose à Dieu, il ne faut pas le reprendre. — Vous êtes sorties nues du sein de votre mère et vous retournerez nues dans le sein de la terre.

« Quand Dieu vous a créées, vous étiez nues, et si vous voulez retourner dans le sein de Dieu, soyez nues, n'ayez aucune propriété. Si vous avez quelque chose, vous n'entrerez pas, mais vous resterez dehors. Il ne faut pas même la propriété d'une image, d'une plume. »

Elle reprit bientôt : « Marguerite Alacoque dit : « Si les enfants de la terre comprenaient que les humiliations, que tout sur la terre est comme un éclair qui passe !... Si je pouvais avoir un regret, ce serait de n'avoir pas fait davantage. »

Toujours dans l'extase, elle ajouta : « Bienheureux tous ceux qui travaillent à la fondation[1]!... » — « Le Seigneur m'a promis que mes jours seront courts !... Il

---

1. Il était question de la fondation du Carmel de Bethléem.

m'a dit le jour et le mois où Il viendra me chercher, et à quelle heure, et combien de jours j'ai encore à vivre. »

Le jour de la fête de la sainte Trinité de cette même année (1874), elle eut une vision et des communications surnaturelles, que Dieu l'obligea de soumettre au Supérieur.

Elle dicta ce qui suit :

« Je viens vous dire, mon Père, ce qu'il m'a été ordonné de vous faire savoir. Ce matin, avant la messe, je me sentais saisie, terrassée, sans savoir pourquoi, par une puissance ennemie qui me poursuivait ; mon cœur s'élève vers Dieu plus que jamais et je crie : Seigneur, est-il possible que vous abandonniez mon âme ! Mon Dieu, j'espère en vous ! — A l'instant, je me suis vue devant Dieu. Lui, sur une montagne élevée, bien haut, et moi, dans une fosse bien profonde ; je me sentais les jambes cassées, les bras coupés et presque aveugle ; c'est à peine si je pouvais regarder devant moi. Je vois alors une lumière que l'imagination de l'homme ne peut se représenter, ni comprendre. C'est un feu et un rafraîchissement. Je sens que c'est Dieu. Je n'ai aucun doute que ce ne soit Dieu ; je me dis : c'est Dieu ; et je commence à crier : Mon Dieu, tirez-moi de l'abîme où je suis, tirez-moi de l'abîme !

« Et je me disais en moi-même : D'où est cette lumière ? Est-ce Jésus ? Est-ce Dieu (le Père) ? Est-ce le Saint-Esprit ? J'entendis une voix dire : « Considérez un plat d'huile. L'huile, toute seule, ne peut s'allumer ; si vous mettez le feu dedans, elle s'allume toute à la fois et ne dure pas ; mais si vous mettez une mèche entre l'huile et le feu, alors l'huile, la mèche et le feu font un et produisent la lumière. L'huile, c'est l'image de Dieu le Père ; la mèche, c'est l'image de Dieu le Fils ; la mèche, c'est pour que le feu ne brûle pas tout d'un coup l'huile : c'est Jésus qui empêche la colère de Dieu d'éclater, qui concilie l'homme avec Dieu ; et le feu, c'est Dieu le Saint-Esprit, qui fait connaître Dieu à l'homme, qui le chauffe, lui donne la lumière et le jour. La lumière attire l'homme à Dieu, et en même temps lui montre Dieu.

« Considérez si l'huile seule peut suffire, si l'huile avec le feu sans la mèche suffit, et si la mèche peut s'allumer sans feu. Aussi, cela veut dire que l'un ne peut subsister sans l'autre. » Je regarde, et je vois cette flamme ardente qui ne brûle pas comme le feu de la terre. Le corps en est brûlé et en même temps rafraîchi ; on y est sans être brûlé et on y jouit. On m'a fait un sermon magnifique sur l'huile, un sermon magnifique sur la mèche et un sermon magnifique sur le feu, mais c'est impossible de le rendre, et ce que je dis ne me contente pas... On m'a fait plusieurs comparaisons, que mon esprit ne peut rendre, il est trop petit. Je l'ai compris au fond de mon cœur. »

C'est ainsi que Dieu avait éclairé dès l'enfance la sœur Marie, qui ne fut capable de lire, et seulement dans les dernières années de sa vie, d'autre livre que « l'Ange conducteur », à gros caractères.

Elle était toute réjouie au jardin, pendant la saison des fruits, en voyant que les pommiers en étaient chargés, ce qui lui rappelait une parole de Notre-Seigneur.

L'année précédente, il avait été convenu qu'on abattrait ces pommiers, parce qu'ils ne portaient pas de fruits et qu'ils nuisaient à la prairie. Ils avaient été marqués pour être enlevés, et on commençait déjà ce travail, quand, un jour, à l'oraison, Notre-Seigneur dit à sa petite servante : « Dites à votre Mère qu'on n'abatte aucun arbre cette année, il faut les conserver ». On laissa donc les arbres, qui donnèrent plus de fruits que les poiriers, contrairement aux années précédentes.

La considération de son néant et de la puissance de Dieu la ravissait : « La pensée que je suis du néant me fait tressaillir! » disait-elle.

« Je vois tout, je contemple tout, et je vois tout néant... Mon âme promenée regarde le ciel, la terre...; elle admire l'ouvrage du Très-Haut ; mais pour elle, tout est néant!... Je vois dans chaque pays tant de plantes différentes!... Je regarde la mer et tout ce qu'elle renferme... La beauté de l'homme est incomparable!

« Ce qui est dans la mer est si beau ! Et tout glorifie Dieu et tout est content de Dieu! Il n'y a que l'homme qui ne glorifie pas Dieu et qui n'est pas content!... O homme, soyez heureux de tout, car votre trésor, c'est le Très-Haut!... Dégagez-vous de tout ce qui est ici-bas ; anéantissez-vous de voir que vous êtes si faible. Soyez fier d'avoir un Dieu si grand!...

« O homme, n'aimez pas ce qui a été créé plus que Celui qui l'a créé, car alors votre amour se change en ténèbres ; aimez Celui qui a créé toutes choses et votre amour se changera en lumière! »

« Ma fille, lui disait le Seigneur dans une autre extase, celui qui n'a pas donné sa volonté à Jésus, n'a rien fait. Quand il se présente quelque chose de pénible qui répugne et qu'on le fait, c'est une preuve qu'on a donné sa volonté à Jésus. » — « Maintenant, nous sommes dans un temps, dans un siècle de ténèbres, l'esprit est aveuglé, il ne sait ce qu'il veut... Il n'y a que l'obéissance qui puisse nous sauver. Combien de prêtres et de religieuses tomberont, parce qu'ils n'ont pas donné leur volonté à Jésus!...

« J'ai vu une clarisse. Le Seigneur m'a dit : « Tu vois,

elle m'est si agréable, parce qu'elle agit toujours par obéissance. »

« Ne crains pas de quitter l'oraison pour servir les malades, disait-elle un jour à une jeune sœur infirmière; si c'est une chose qui peut attendre jusqu'après ou jusqu'au lendemain, alors attends ; mais si c'est nécessaire dans ce moment, ce n'est pas manquer l'oraison, c'est quitter Dieu pour Dieu, c'est quitter l'amour pour l'amour!... Quand tu soignes les malades, soigne Dieu en elles; fais pour toutes la même chose. Il ne faut pas avoir plus de plaisir à donner des soins aux unes qu'aux autres, par la pensée que celle-ci est plus sainte. Et si tu soignais parfaitement, pour l'amour de Dieu, une âme en état de péché mortel, tu aurais plus de mérite que si tu soignais une sainte. »

La Prieure du Carmel de Pau[1], quoique faible de santé et très souvent souffrante, pouvait suivre néanmoins la communauté; mais, depuis quelque temps, son état s'était aggravé, et elle était retenue à l'infirmerie, ce qui étonnait les sœurs, la Voyante ayant promis que le bon Dieu lui donnerait longtemps encore assez de santé pour remplir les devoirs de sa charge. Le mal empirant, la sœur se décida à lui apprendre la cause de ce changement. Elle lui dit que le Seigneur n'était pas content, parce que les sœurs avaient réussi, par leurs pressantes instances, à lui faire laisser le manteau de chœur à son usage, pour en prendre un autre plus léger; en effet, on constata que depuis le jour où elle mit ce manteau un peu différent des autres, elle avait été plus souffrante. La Prieure, tout heureuse de l'avertissement, fit retirer le manteau de l'infirmerie. « Aussi-

---

[1]. La Mère Marie de l'Immaculée Conception.

tôt, assura-t-elle, j'ai senti un bien-être, un mieux extraordinaire. O sainte Pauvreté, que tu es bienfaisante! »

Dans le courant du mois de juillet 1874, la sœur Marie de Jésus Crucifié parlait de la R. Mère Saint-Hilarion, Fondatrice et Prieure des carmélites de Marseille, morte le 6 juillet de cette même année. Elle disait avoir vu cette vénérée Mère aller tout droit au ciel, ne faisant que passer par les flammes du Purgatoire. Elle lui avait demandé : « Comment êtes-vous allée ainsi tout droit au ciel ? » La vénérée Mère lui répondit : « C'est que je n'ai jamais manqué à la charité et j'ai pratiqué la régularité ». Tout le temps qui s'écoula jusqu'à son départ pour Bethléem, ne fut qu'une série, pour ainsi dire ininterrompue d'extases, de chants ravissants et d'avertissements célestes. Pour dépeindre son bonheur en son style imagé et plein de grâce, elle disait qu'elle était en vacances, mais que, bientôt, il faudrait retourner en pension.

Nous allons mentionner maintenant les deux événements qui s'accomplirent durant son séjour à Pau et auxquels elle eut une si large part : nous voulons parler de la fondation du Carmel de Bethléem et de l'approbation de la Congrégation des Prêtres du Sacré-Cœur de Jésus de Bétharram.

A peine de retour à Pau, sœur Marie de Jésus Crucifié déclara à la Mère Prieure que Jésus l'appelait à Bethléem pour y mourir, contrairement au désir qu'elle eût eu de rester à Pau où elle se trouvait si heureuse. Elle affirma même, en plusieurs circonstances, que, avant trois ans, elle serait à Bethléem. L'autorité n'attacha pas d'abord grande importance à cette prophétie; mais la sœur insistait, disant que Jésus voulait absolument un Carmel à Bethléem. Un jour que le Seigneur renouvelait à la sœur l'assurance de cette fondation, la Voyante lui dit avec une sainte hardiesse : « Pour preuve que cette fondation de Bethléem se fera et que j'irai y mourir, faites prendre racine à cette feuille de géranium presque sèche »; et, en parlant ainsi, elle enfonce dans un pot de terre la feuille qu'elle avait à la main. Le signe demandé fut accordé, et, bientôt après, on voyait s'élever de cette feuille un magnifique géranium.

Mais quelle sera l'élue de Dieu pour cette œuvre? Ce devait être Mlle Dartigaux, fille unique d'un Président de la Cour de Pau et petite-fille, par sa mère, du comte de Saint-Cricq, ministre de Charles X et pair de France. Cette demoiselle, d'une piété éminente, disposait d'une fortune considérable, qu'elle dépensait en bonnes œuvres. Ce fut devant le saint Sacrement, sans y être sollicitée par personne, qu'elle promit à Dieu de réaliser la fondation du Carmel de Bethléem, si son confesseur l'approuvait.

« Un Carmel à Bethléem, ce n'était pas une entreprise ordinaire... Un Carmel à Bethléem, en permanente immolation pour le triomphe de l'Église et le salut de la France. Il fallait s'attendre à de très grands obstacles...

« Et d'abord, une demande devait être adressée au Saint-Siège par l'évêque de Bayonne, Mgr Lacroix, un homme de Dieu, un apôtre, docteur par la science, pasteur par la bonté. Il vénérait Mlle Dartigaux et son amie du Carmel, sœur Marie de Jésus Crucifié. Mais il était la prudence même ; et, sachant bien que Rome était opposée à l'établissement de sœurs cloîtrées en Terre Sainte, il refusait de se prêter à une démarche à ses yeux tout à fait inutile.

« Cependant, jugeant que les signes d'en-Haut devenaient de plus en plus manifestes, il résolut de s'exécuter ; on commençait, puis on reculait, et, à l'heure marquée comme décisive, tout était abandonné. Mais Mlle Dartigaux, digne émule de la pieuse carmélite, son amie, était là : elle accourt, elle tombe à genoux devant l'évêque, au parloir du Carmel de Pau : « Monseigneur, lui dit-elle, ce projet vient ou ne vient pas de Dieu ; s'il n'est pas de Dieu, le Saint-Siège le rejettera, tout en louant de si pieuses intentions ; mais s'il vient de Dieu, pourriez-vous lui résister ? » A l'instant, la supplique est signée et envoyée ; et, malgré les oppositions les plus considérables et les plus énergiques, Pie IX, le grand Pie IX, de sainte mémoire, décrète de sa propre autorité la fondation d'un monastère de Carmélites à Bethléem [1].

---

1. Il faut noter ici quelques incidents qui complètent tout ce qui précède et qui confirment plus encore le divin de cette fondation. La sœur Marie de Jésus Crucifié, racontait le R. Père Estrate, me fit appeler un jour au Carmel. C'était le 4 octobre. Elle désirait se confesser parce qu'elle s'était fâchée contre Jésus : « Vous êtes toujours le même, avait-elle dit à Notre-Seigneur ; vous m'avez demandé depuis si longtemps cette fondation, et voilà que plusieurs fois, au moment où tout semblait devoir réussir, tout a échoué. Il est impossible que vous soyez Jésus ; Jésus n'est pas comme cela. J'étais tellement fâchée, que je n'ai pas même voulu le regarder. » — « Et Jésus, que vous a-t-il répondu ? » lui demandai-je. — « A ma grande surprise, il a ri et il m'a dit : « Ma fille, ne crains rien ; la réponse affirmative arrivera avant un mois ; dis-le à ton confesseur ». Voilà pourquoi je vous ai fait demander. » — « Bien, lui dis-je ; si, dans un mois, cette réponse affirmative n'est pas arrivée, il n'en sera plus question. » — « Elle arrivera, répliqua-t-elle, c'est certain ; c'était Jésus, j'en suis sûre, et Jésus ne m'a jamais trompée. » Dix jours après, en effet, j'avais moi-même en main cette réponse et je la portais au Carmel. La fondation était acceptée en principe. Le Pape l'avait imposée à la Propagande ; Leurs Éminences les cardinaux Antonelli et Franchi la prenaient sous leur puissante protection, le Révérendissime Père Général des Franciscains la recommandait à ses religieux de Terre Sainte, et le gouvernement français, par l'organe de ses ministres et de ses députés,

« Mais il fallait assurer le service religieux de la nouvelle fondation. Quel sera l'élu du Seigneur ?

« Au pied des Pyrénées, dans un recoin de nos montagnes, un prêtre avait fondé une petite Société, sous le vocable du Sacré-Cœur. Fils de la pauvreté, né dans la dernière chaumière d'un hameau perdu dans le pays basque, pasteur encore à quinze ans, plus tard prêtre, Directeur et Supérieur de Grand Séminaire, enfin fondateur d'une famille religieuse, Michel Garicoïts [1] était toujours demeuré humble de cœur, comme de naissance ; il avait gardé la simplicité d'un enfant. Le divin Enfant de la Crèche, voilà l'idéal qui l'avait ravi. — Et sœur Marie de Jésus Crucifié de redire

---

MM. Ernoul, Caron et Chesnelong, s'en déclarait hautement le protecteur : il ne restait plus que la réalisation de l'œuvre.

Au mois de mai 1875, tout était prêt. Déjà, M. Caron avait obtenu le passage gratuit des sœurs choisies pour la nouvelle fondation, sur un vaisseau partant de Marseille, le 3 juin, pour la Palestine. Mais il fallait une décision de Rome et cette décision ne venait pas. Le temps pressait, M. l'abbé Bordachar, Supérieur du Collège de Mauléon, qui eut une part si grande et si glorieuse à la fondation, après avoir longtemps hésité, longtemps prié, prend une résolution extrême. Il envoie un télégramme au cardinal Franchi pour lui apprendre ce qui se passait. Un jour s'écoule, pas de réponse ; le pauvre abbé reste convaincu que le cardinal avait été froissé de ce mode insolite de correspondance. Il se trompait cependant, car, le lendemain, il recevait la réponse ainsi conçue : « Vous aurez décision définitive la semaine prochaine. » Nous sûmes à Rome la cause de ce retard de la bouche du cardinal lui-même. Aussitôt qu'il eut reçu le télégramme, il le communiqua au Saint-Père : « Que ces enfants partent avec ma bénédiction », répondit Pie IX. — « Mais, Saint-Père, lui disait le cardinal, les lois ecclésiastiques demandent que cette fondation soit acceptée par la Congrégation générale des Cardinaux, et la réunion ne doit avoir lieu que le 20 juin, tandis que ces religieuses ont leurs places arrêtées pour le 3 juin ! » — « Est-ce que je ne suis pas plus que tous les cardinaux ? reprit le Pape. Donnez-moi le Rescrit », et il le signe. « Envoyez l'autorisation du départ. » Le télégramme annonçant cette heureuse nouvelle arrivait quelques heures après, de Mauléon à Pau. Il n'y avait plus qu'à partir. (Notes du Carmel.)

1. Le Père Michel Garicoïts a été déclaré Vénérable en 1899.

à sa noble amie : Jésus veut Bétharram à Bethléem[1]. »

L'abbé Manaudas, dont il a été fait déjà mention dans ce récit, était mort pendant le Carême de 1874. Ce vénérable ecclésiastique apparut à la sœur Marie et il la chargea de parler à Mgr l'évêque de Bayonne de l'approbation à Rome de l'Institut des Prêtres du Sacré-Cœur de Bétharram. La sœur accompagna cette communication de détails si précis et si intimes, que Monseigneur en fut extrêmement frappé; cédant une fois de plus à la requête de l'humble sœur converse, il envoya à la Ville éternelle un prêtre de cet Institut avec l'abbé Bordachar. La sœur Marie avait prédit à ceux-ci que, une fois à Rome, ils n'auraient rien à demander et qu'on leur offrirait tout. C'est ce qui eut lieu. Le R{me} P. Bianchi, O. P., par suite de circonstances providentielles visiblement préparées par la main de Dieu, leur offrit ses services contre leur attente, et, deux mois après, sans une seule démarche de leur part, le bref laudatif était accordé par la Congrégation des Évêques et Réguliers[2]. — Moins de trois ans après, Pie IX approuvait cet Institut, et, un peu plus tard, Léon XIII lui confiait l'aumônerie du Carmel de Bethléem.

---

1. Oraison funèbre de Mlle Dartigaux, fondatrice du Carmel de Bethléem, prononcée dans la chapelle du Carmel de Bethléem, le 5 mars 1891, par le T. R. Père Etchécopar, supérieur général des Prêtres du Sacré-Cœur de Bétharram.
2. Le Père Bianchi était Procureur général des Frères Prêcheurs. Sœur Marie de Jésus Crucifié avait prédit que, en récompense de ces services signalés, Dieu accorderait aux Pères Dominicains une résidence à Jérusalem. La prophétie se réalisait quelques années plus tard par la fondation du Couvent de Saint-Étienne.

CHAPITRE XVI

Départ de la sœur Marie de Jésus Crucifié pour Bethléem. — Fondation du Carmel de Bethléem. — « La bague de l'alliance. »

Le premier sentiment que nous éprouvons, en commençant ce chapitre, est celui d'une infinie reconnaissance envers Dieu, et volontiers nous dirions avec l'apôtre saint Paul dans son épître aux Éphésiens (I, 3) : « Béni soit Dieu, le Père de Notre-Seigneur Jésus-Christ qui nous a bénis de toute bénédiction spirituelle et céleste dans le Christ »; béni soit Jésus qui nous a choisis[1] pour accompagner ses épouses au lieu de sa naissance; car la fondation de Bethléem, quand on la considère dans tous ses détails, est un vrai miracle de la droite du Très-Haut.

C'est le 20 août 1875[2] que la sœur Marie de Jésus Crucifié quittait le Carmel de Pau pour se rendre à Bethléem avec neuf de ses compagnes. La fondatrice du Carmel de Bethléem, Mlle Dartigaux, faisait partie de la pieuse caravane. On fit une première halte à Notre-Dame de Lourdes où sœur Marie, à son retour de Mangalore, avait promis à la Vierge Immaculée de revenir, quand elle partirait pour Bethléem. Après la messe, il fallut

---

1. Le R. Père Estrate et le R. Père Bordachar.
2. Par suite de circonstances imprévues, le départ avait dû être remis à cette date.

la soustraire à la vénération de la foule qui se pressait autour d'elle : on voulait la voir, lui parler ; l'illustre auteur de Notre-Dame de Lourdes, M. Henri Lasserre, demanda comme une insigne faveur de l'entretenir pendant cinq minutes et il sortit de ce court entretien éclairé et consolé. Celle qui aimait à s'appeler « le petit rien » était seule à souffrir de tous ces témoignages de respect qu'elle ne pouvait s'expliquer[1]. De Lourdes, les voyageurs se dirigèrent vers Toulouse où les attendait la gracieuse hospitalité des Servantes de Marie. Ici encore, la petite converse devint l'objet d'une pieuse curiosité de la part des bonnes religieuses, qui se réjouirent de la posséder quelques heures dans leur maison. A Montpellier, elle eut la grande consolation de revoir le Père Lazare, son confesseur pendant les rudes épreuves de Mangalore. La petite caravane fut reçue à Marseille par deux familles amies des sœurs. Dès son arrivée, la sœur Marie commença à opérer une réconciliation entre deux jeunes époux d'une de ces familles[2]. Elle

---

[1]. Un mois avant le départ pour Bethléem, l'évêque de Bayonne avait cru utile, pour la gloire de Dieu, de raconter, devant une nombreuse réunion de prêtres, la fondation du nouveau Carmel, attribuant tout, après Dieu, à la petite sœur converse du Carmel de Pau, dont il publia hautement les vertus singulières. Les paroles du Prélat s'étant répandues, on était venu de tous côtés au Carmel de Pau pour implorer la grâce de dire quelques mots à l'humble religieuse, qui, par obéissance, s'y était prêtée avec une bonté parfaite. D'admirables conversions furent opérées devant la grille de ce parloir béni.

[2]. Ils se trouvaient dans la plus grande désolation, parce que tous leurs enfants mouraient avant de recevoir le saint baptême. De plus, le père dont la foi s'était bien affaiblie, se montrait très irrité. La sœur Marie, qui s'en était aperçue, l'en reprit avec une sainte liberté et le fit prier. — Puis, elle leur dit avec assurance : « Malheureux que vous êtes de vous méfier du bon Dieu ! est-ce qu'il n'est pas tout-puissant pour vous donner et vous conserver des enfants ? Eh bien, vous en aurez, et vous enverrez à Bethléem la photographie de votre premier enfant, qui sera un garçon, pour la déposer à la Crèche, en action de grâces. » — Un an après,

revit aussi les bonnes sœurs de Saint-Joseph de l'Apparition, chez qui elle avait passé deux ans, et le prêtre arabe qui avait été pour elle un véritable père, pendant qu'elle était servante dans cette ville. Enfin, le 26 août, les voyageurs s'embarquèrent pour la Palestine, après avoir fait le pèlerinage de Notre-Dame de la Garde pour recommander la traversée à l'Étoile des mers. Le temps leur fut constamment favorable, si beau et si serein que, chaque jour, le saint Sacrifice put être offert à bord. Bientôt après le passage du détroit de Bonifacio, on se trouvait en vue de Naples, où le bateau s'arrêta quelques heures, et les voyageurs purent admirer le magnifique spectacle qui s'offrait à leurs yeux, tandis qu'une agréable musique se faisait entendre. La sœur Marie paraissait seule insensible à ces sons harmonieux, une autre musique l'absorbant entièrement, la musique formée par les notes de la mer, du ciel, des collines et des montagnes : « Que c'est beau, disait-elle, et comme Dieu, qui a fait toutes ces merveilles, doit être infiniment plus beau ! Seigneur, Dieu des armées, que vous êtes grand ! Seigneur, Dieu des armées, que vous êtes puissant ! » Son influence sur tout l'équipage était irrésistible. Depuis le commandant jusqu'aux simples matelots, tous se sentaient dominés par sa présence, sans comprendre pourquoi. En la voyant passer sur le pont avec la majesté d'une reine, ils s'inclinaient respectueusement. Quand elle n'était pas là, ils demandaient de ses nouvelles avec une sorte d'anxiété, craignant qu'elle ne fût malade, et ils n'étaient pleinement rassurés que lorsqu'ils la voyaient paraître de nouveau. La sœur Marie ne perdait pas son temps ; elle

on reçut, en effet, la photographie d'un bel enfant, dont la naissance fut suivie de plusieurs autres. (Notes du Carmel.)

disait à chacun son petit mot, avec une grâce et une dignité qui charmaient ; elle prêchait à ces hommes la nécessité de la prière et le néant de tout ce qui passe, et, toujours, elle était écoutée avec le plus grand respect. Pleinement oublieuse d'elle-même pour ne s'occuper que des autres, elle avait l'œil à tout, pensait à tout, prévoyait tout ; ayant servi les autres, elle ne pensait pas encore à elle ; on devait lui rappeler qu'elle avait un corps, pour qu'elle s'occupât de lui donner le nécessaire. Elle allait de l'une à l'autre de ses compagnes avec un sourire céleste, encourageant l'une, présentant de la nourriture à l'autre, semblable à une mère qui se dépense pour ses enfants.

Parmi les passagers, se trouvaient deux malheureuses filles, victimes infortunées du vice. Au commencement de la traversée, on aurait dit que la vue de l'habit religieux des carmélites les avait un peu intimidées ; mais cette crainte disparut bientôt et on n'entendit plus que les rires sataniques de ces filles perdues. A certains moments, la sœur Marie n'y tenait pas ; les ardeurs d'un saint zèle lui faisaient pousser des soupirs et prononcer des paroles de feu contre ces malheureuses ; elle demandait avec larmes à Notre-Seigneur d'envoyer à ces âmes dévoyées une épreuve qui les obligeât de renoncer à un état si déplorable ; elle s'élevait avec force contre la tyrannie du démon et contre la laideur du péché ; mais aussitôt, rentrant en elle-même, elle disait : « Seigneur Jésus, je vous rends grâces de m'avoir préservée du mal, de m'avoir gardée comme la prunelle de votre œil ! hélas, sans votre main puissante, je serais peut-être tombée plus bas que ces malheureuses ! Gardez-moi, Seigneur, j'ai peur de moi-même, gardez-nous tous. »

Le 3 septembre, le vaisseau se trouvait dans le port d'Alexandrie pour une halte de trois jours. C'est dans cette ville que la sœur Marie avait souffert le martyre pour sa foi, à l'âge de treize ans; c'est là qu'elle avait été jetée dans un lieu désert par son meurtrier, c'est là qu'elle avait été recueillie par une religieuse mystérieuse qui la guérit, lui annonça tout ce qui devait lui arriver plus tard et ne la quitta que lorsqu'elle fut rétablie. Quoique la disposition des lieux fût entièrement changée, la sœur put indiquer la place où elle avait été soignée et qui était primitivement une grotte inconnue. Ses heureux compagnons prièrent sur cette place bénie, en remerciant Dieu des miracles dont cette enfant privilégiée avait été l'objet, et répétant au fond de leur cœur cette parole du Psalmiste : *Mirabilis Deus in sanctis suis.*

Le 6 septembre, on débarquait à Jaffa. Le vice-consul de cette ville, au nom du gouvernement français, et le R. Père Guido, Directeur de Casa-Nova, envoyé par le Custode de Terre Sainte, étaient venus chercher la petite colonie sur le bateau, en réclamant comme une faveur de la conduire à terre. A peine débarquée, elle fut accueillie par les RR. PP. Franciscains, qui l'accompagnèrent dans leur chapelle pour y chanter le *Te Deum* d'action de grâces. Le soir de ce même jour, on atteignait Ramleh, où les voyageuses furent saluées chez les RR. PP. Franciscains au cri de « Vivent les Filles de sainte Térèse! » Le lendemain, on prenait la route de Jérusalem, pour arriver dans la Ville Sainte deux heures avant la nuit.

C'était le 7 septembre, anniversaire du martyre de sœur Marie de Jésus Crucifié à Alexandrie. Pour la troisième fois, elle faisait ce pèlerinage; mais combien ce dernier voyage différait des deux premiers! Elle n'était alors qu'une jeune fille pauvre et inconnue, à laquelle personne ne prêtait attention; aujourd'hui, c'est une fille de sainte Térèse; elle porte sur son front la couronne des Épouses de Jésus et la couronne de la souffrance. Avec quel attendrissement, en passant non loin du village de Saint-Jean, les voyageurs avaient répété le cantique de la Vierge Marie, le *Magnificat*, l'appliquant à la petite sœur converse, qui l'avait récité aussi sans se douter de ces réflexions! Cette humble religieuse, comme sa divine Mère Marie, n'avait-elle pas sujet de glorifier le Seigneur? Que d'âmes ramenées par elle à la vérité et à la vertu! Combien d'autres, stimulées par ses exemples encore plus que par ses paroles, dans la vie religieuse, dans la vie sacerdotale, et jusque dans le monde! Son esprit aussi n'était-il pas ravi de joie en Dieu son Sauveur? Que voulait-elle, et qu'a-t-elle voulu toujours, sinon Dieu et Dieu seul? La volonté de Dieu a été sa nourriture; elle est demeurée fidèle à son Dieu au milieu des plus grands dangers; au milieu des plus rudes épreuves, elle n'a jamais eu soif que de souffrances; et voici que Dieu, pour la récompenser dès ici-bas, la remplit d'une telle allégresse qu'elle ne peut la contenir; il faut qu'elle la déverse sur tous ceux qui l'approchent. Et quel est le sujet de cette joie? Ah! c'est que le Seigneur a regardé l'humilité de sa petite servante; il a réalisé sur elle ses desseins; et, par elle, parce qu'elle est un néant à ses propres yeux, il a opéré des choses merveilleuses. Et maintenant, elle vient fonder le Carmel à Bethléem; elle vient mourir à Bethléem, où la prière de ses parents l'avait obtenue de la très sainte Vierge.

Trois jours furent consacrés à la visite des principaux sanctuaires de Jérusalem. Les pieuses pèlerines étaient navrées de voir la plupart de ces lieux si sacrés entre les mains des Turcs et des schismatiques. En visitant le Cénacle, où les Musulmans ont élevé une mosquée, le visage de la sœur Marie, qui était tout rayonnant de joie céleste, devint pâle et défait ; ses yeux avaient une expression de douleur infinie : « Je dis à Jésus, racontait-elle plus tard : « Comment, Seigneur, pouvez-vous permettre de pareilles choses, puisque vous êtes Dieu? Ah! c'est trop fort! Si j'étais Jésus, jamais je ne supporterais une telle profanation! » — Mais bientôt je demandai pardon à Jésus en ajoutant : « Seigneur, ayez pitié de moi, excusez ma hardiesse, c'est mon amour pour vous qui m'a fait pousser ce cri. Si j'étais Jésus, je ferais comme vous, je prendrais patience, parce que j'aurais dans mon cœur votre bonté infinie. Hélas! Seigneur, que d'âmes plus abominables encore que ce Cénacle, où vous êtes forcé de descendre! Je comprends la profanation de ce saint Lieu en pensant à toutes les communions indignes et sacrilèges dans votre sainte Église! »

Dès le lendemain de leur arrivée dans la Ville Sainte, les voyageurs s'étaient rendus au Patriarcat. Grande fut leur surprise de voir l'humble sœur converse parler au Patriarche avec l'abandon et la simplicité d'un enfant qui retrouve un père. Comme ils lui en exprimaient leur étonnement à leur retour à Casa-Nova, elle leur répondit : « Mais il y a longtemps que j'ai vu Mgr le Patriarche, Notre-Seigneur me l'a montré depuis des années, du vivant même de celui qui était avant lui; Il m'avait dit alors : Il sera un jour ton Père. Je l'ai reconnu aussitôt que je l'ai vu. »

La petite caravane était arrivée à Jérusalem la veille

CHAPITRE XVI.

de la Nativité de Marie, et elle en repartait la veille du saint Nom de Marie, pour se rendre à Bethléem. Il tardait à la communauté naissante de s'installer dans cette petite cité bénie. On comprend sa joie et ses pieuses émotions lorsqu'elle put s'agenouiller dans la grotte de la Nativité de Notre-Seigneur, qui était le but de ses désirs.

Le 24 septembre, tout se trouva prêt pour recevoir les sœurs dans la maison provisoire qu'elles devaient occuper un an. L'installation fut splendide; le Patriarche de Jérusalem présidait la cérémonie; le consul de Jérusalem et le vice-consul de Jaffa y représentaient la France; les principaux chefs de famille de Bethléem y assistaient; le R^{mo} Père Custode de Terre Sainte avait envoyé le Père Guido, et le P. Alphonse-Marie Ratisbonne l'un de ses prêtres. Les carmélites descendirent processionnellement à la crèche, et l'abbé Bordachar[1] prononça, devant l'imposante et nombreuse assistance, l'admirable discours dont nous citons une partie :

Monseigneur,

« A quatre jours près, il y a un an aujourd'hui que, choisi, malgré mon indignité, comme messager de la Providence et comme avocat de la belle et sainte œuvre du Carmel de Bethléem, j'avais le bonheur de déposer à Rome, aux pieds de Sa Sainteté, les généreuses aspirations du Carmel de Pau et les vœux ardents de Mgr Lacroix, notre très vénérable évêque de Bayonne.

« Profondément pénétré et convaincu, dominé par le sentiment intime de la vérité et de la sainteté de notre

---

1. Supérieur du collège de Mauléon.

mission, bénie et confirmée par l'obéissance, nous allions avec respect, mais sans crainte, annoncer au Vicaire de Jésus-Christ qu'une pieuse communauté, avertie et sollicitée d'en-Haut, nous le croyions, et soutenue par les larges libéralités d'une digne émule des saintes Paule et Eustochium[1], implorait la faveur de placer, au nom de l'Église et de la France, dans les Lieux où naquit la source de la vie, un chœur de vierges saintes destinées, comme les anges du ciel, les Pasteurs et les Rois mages, à honorer d'un culte local et permanent le berceau du Sauveur Jésus, unique vrai Roi du ciel et de la terre, et à faire descendre, par leurs prières et leurs austérités claustrales, les miséricordes de Dieu sur l'Église et sur les sociétés modernes, si cruellement troublées, agitées, éprouvées et menacées partout, dans notre triste siècle.

« La cause que nous avions mission de soutenir était pieuse, grande et belle!... Et cependant, nous eûmes nos heures de contradictions et d'angoisses, mais, grâce à Dieu, courtes et rapides[2]. La grande âme de Pie IX, éclairée par ces lumières supérieures qui font la gloire de son Pontificat et la consolation et l'espérance du monde, avait sans doute déjà pressenti le divin de l'œuvre proposée ; et, dès le premier exposé de notre

---

[1]. Mlle Dartigaux.

[2]. La Sacrée Congrégation avait pris, depuis plusieurs années, une décision générale qui interdisait l'entrée de tout ordre contemplatif de femmes en Palestine. De son côté, le Patriarche de Jérusalem, Mgr Bracco, était également opposé à la nouvelle fondation ; ainsi que lui-même nous le racontait à Jérusalem avec beaucoup d'humilité, il avait cru nécessaire devant Dieu de faire des instances à Rome pour empêcher cette œuvre, ajoutant toutefois qu'il était prêt à se soumettre à tout ce que la Sacrée Congrégation déciderait. « Pour la première fois, nous disait encore Monseigneur lui-même, le Patriarche de Jérusalem ne fut pas écouté par Rome. » Dieu voulait cette fondation, elle devait se faire.

(Notes du Carmel.)

pieuse mission, elle était à l'instant favorisée de toute sa protection la plus efficace, et de ses plus chères et plus puissantes sympathies.

« Aussi, bientôt après l'arrivée de vos gracieuses et bienveillantes lettres d'acceptation, Monseigneur, notre chère œuvre était solennellement approuvée. Deux éminents cardinaux s'en déclaraient les protecteurs spéciaux ; le gouvernement de la France catholique l'appuyait de tout son crédit, et les bénédictions particulières de notre saint et vénéré Pie IX couronnaient tout ce que le ciel et la terre semblaient multiplier et accumuler d'aides et de sympathies pour cette fondation, la veille encore inconnue, et soudain par tous et partout déjà tant aimée.

« Et c'est ainsi, Monseigneur, que, dans cette crèche, au nom de notre vénérable évêque de Bayonne, et avec la pieuse Fondatrice ici présente, le R. Père Estrate et moi, avons le bonheur de placer sous votre sainte et paternelle protection ces vierges chrétiennes, lampes vivantes de ferveur et de piété, saint ex-voto de l'Église et de la France, victimes expiatoires s'offrant à la fois spontanément et par obéissance à Jésus, Roi du temps et de l'éternité, par les mains de Marie, en réparation des ingratitudes et des impiétés du monde... »

Après ce discours, écouté par toute l'assistance avec la plus religieuse attention et la plus vive émotion, Mgr le Patriarche se lève, et, en quelques mots empreints de la plus paternelle bienveillance, il déclare qu'il accepte avec reconnaissance ce don de la France et de Rome, et que, si ces sœurs changent de juridiction, elles ne changent pas de père. Après quoi, se mettant à genoux devant la crèche, il entonne le *Veni Creator*. Lorsque ce chant est terminé, la procession s'avance lentement vers le couvent provisoire. Tout Bethléem était là, formant deux immenses haies sur son passage, plein de respect, de silence et de sympathie. Parvenu à la maison, le Patriarche la bénit, ainsi que la petite chapelle. Il célébra ensuite la sainte messe, après laquelle il prononça la clôture : le Carmel de Bethléem était fondé. La sœur Marie de Jésus Crucifié, rentrée de Mangalore à Pau le 5 novembre 1872, se trouvait dans le Carmel de Bethléem le 24 septembre 1875. Elle avait donc eu raison de déclarer qu'elle ne demeurerait pas trois ans à Pau, depuis son retour des Indes.

Il fallait maintenant acheter le terrain pour le futur couvent et tracer le plan du monastère. Ici, comme précédemment, le Seigneur Jésus avait promis plusieurs fois à sa sainte Épouse de tout faire par Lui-même. Nous attendions avec impatience, mais avec une foi entière, la réalisation des promesses divines. L'enfant bénie avait dit à diverses reprises, à Pau, dans ses extases et dans son état ordinaire, que le couvent serait bâti sur une colline qui serait indiquée par Jésus ; elle avait même montré la situation de cette colline par rapport à la Crèche ; aussi l'abbé Bordachar, quand il fut sur les lieux, la reconnut-il avant que la sœur Marie ne la lui eût indiquée, de la part de Dieu. Notre-Seigneur avait dit à sa petite servante qu'il voulait que le monastère fût bâti sur cette colline et lui avait désigné le point précis de la future chapelle. Il avait même ajouté que sa sainte Mère s'était reposée là quelques instants, quand elle allait à Bethléem pour le mettre au monde[1].

---

1. Le 20 juillet de l'année précédente, sœur Marie, en extase, avait dit avec assurance : « Le monastère ne sera pas bâti dans la ville, mais sur une petite montagne (colline), en face de Bethléem. Le Seigneur dit : « Sur le berceau de mon Père David ». — Je ne le verrai pas achevé ; avant qu'il le soit, je monterai en haut, et celle-ci restera. » — La sœur

Il s'agissait donc d'acheter ce terrain le plus vite possible. L'âme de cette entreprise, comme des précédentes, fut l'abbé Bordachar. Il s'entendit immédiatement, dans ce but, avec le R. Père Curé de Bethléem. Mais, le lendemain, ce dernier nous apprenait que la colline avait un très grand nombre de possesseurs, parmi lesquels on comptait même des Turcs et des schismatiques, et qu'il serait très difficile de l'acheter. Il commença cependant à faire des ouvertures dans ce sens au propriétaire de la partie supérieure du terrain. Celui-ci, au grand étonnement du Père Curé, promit de vendre. On fixa le prix ; mais le lendemain, le propriétaire fit des difficultés, à la suite desquelles il fut décidé qu'on ajournerait l'achat. Ces embarras ébranlèrent notre confiance : « N'est-il pas vrai, dîmes-nous à la sœur Marie, que Jésus avait promis de disposer le cœur des vendeurs de telle sorte que ces hommes viendraient eux-mêmes offrir le terrain ? » — « Oui, répondit-elle, cela est vrai et cela est écrit, la sœur secrétaire en peut faire foi. Mais ne craignez point, la parole de Jésus se réalisera comme toujours et ces difficultés ne serviront qu'à rendre la chose plus admirable. » Nous nous retirâmes édifiés, mais non convaincus. Quelques jours après, le propriétaire récalcitrant demandait à passer le contrat au prix qui avait été d'abord convenu. Les autres parties de terrain furent achetées dans des circonstances analogues, en sorte qu'il faudrait être aveugle pour ne pas y voir le doigt de Dieu. Ajoutons que Notre-Seigneur réalisa pareillement la deuxième partie de ses promesses en indiquant lui-même la disposition et les dimensions du futur monastère. — A Jérusalem, ce plan fut montré à

---

désignée, sœur Marie de l'Enfant-Jésus, maîtresse des novices et, dans la suite, Prieure du Carmel de Bethléem, mourut le 9 avril 1904.

sœur Marie de Jésus Crucifié, dès son arrivée ; et, à Bethléem, trois autres fois. D'après ces indications, l'abbé Bordachar en fit le dessin : le couvent devait avoir la forme d'une étoile, dont la chapelle et les dépendances seraient comme le rayonnement prolongé.

Quatre jours après l'installation dans la maison provisoire, sœur Marie de Jésus Crucifié eut une longue extase au sujet du futur Carmel. Nous en avons extrait les passages suivants :

« Vous ne savez pas ce que le Seigneur vient de faire. Oh ! qu'Il est admirable ! Il a demandé à tout, même à la bête qui vient à nous, si elle a assez de pâturage, et la bête lui crie : Seigneur, je préfère le chemin du Carmel, parce qu'il est doux et facile.

« Il a établi notre maison là (et elle désignait du doigt le côté où se trouve la colline de David). Il est notre seul dominateur... J'ai vu, ajoutait-elle, tout ce que le Seigneur a fait ; Il n'a jamais fait une chose pareille ! Je ne la comprends pas !... J'ai vu le monastère : il forme une étoile et le chœur est un soleil qui annonce le bonheur ! Que nous sommes aveugles, nous ! Aux bêtes mêmes, le Seigneur demande si elles sont contentes, et elles disent : Nous sommes assez nourries, nous avons assez. — Je viens de voir tout cela. Que ne puis-je mourir d'amour ! Prenez ma vie, Seigneur ; mes yeux ont tout vu, j'ai vu les sentiers que vous m'aviez tracés. Assez, Seigneur, prenez ma vie, j'ai vu tout ce que vous m'aviez destiné. Assez, car j'ai grand'peur de ma faiblesse ! »

Le 18 octobre, elle voyait encore le nouveau monastère et disait : « C'est la maison de la joie, le Seigneur l'a promis[1].

---

1. Un jour, au Carmel de Pau, comme on parlait à l'évêque de Bayonne

Carmel de Bethléem.

« Le Seigneur a promis aussi d'en être toujours le Chef. Pas pour un an seulement, mais jusqu'à la fin. Il tiendra toujours la maison sous sa main, et gare à la brebis qui ne sera pas fidèle !...

« Qu'est-ce que l'homme à l'égard de son Créateur? Pourquoi l'homme est-il méchant? Admirons la patience de Dieu !... Oh ! oui, mille ans passent comme un jour. Mais nous sommes créés pour aimer notre Créateur et non pas pour suivre notre désir... Autant nous ferons notre volonté, autant nous grillerons en Purgatoire, peut-être dix ans pour un acte, selon sa gravité... Que sert à l'homme de gagner l'univers, s'il vient à perdre son âme ?...

« Je vois beaucoup de religieuses, professes depuis vingt ans, qui sortent de leurs couvents... L'ennemi a beaucoup de puissance à présent. Toutes celles qui ont la racine pourrie tomberont; c'est le moment, c'est la justice de Dieu ! Ne croyez pas qu'un arbre tombe tout à coup; ni religieux, ni religieuse ne tombent tout à coup sans qu'il y ait eu depuis longtemps quelque chose de gâté; ça se gâte racine par racine.

« L'âme est comme une lampe, on la fait vivre par les actes de renoncement... et sans les actes, elle meurt, elle étouffe.

« Je voudrais une langue passée par le feu pour dire tout ce que j'ai vu... C'est le moment où les arbres vont tomber. Il y en a qui ont les feuilles jaunes, mais

---

de la fondation du Carmel de Bethléem, Monseigneur demanda à la petite extatique : « Voyons, savez-vous ce que signifie le mot Bethléem ? » — Elle répondit : « Ça veut dire la paix et la joie ». Sa Grandeur reprit : « Ce n'est pas cela ». — Et la petite sœur de répéter : « la paix et la joie ». Monseigneur dit enfin : « Bethléem signifie : maison de pain ». Elle reprit avec une grâce et un sourire délicieux : « Dis-moi, Monseigneur, si tu ne manges pas de pain, peux-tu avoir la paix et la joie ? »

la racine est bonne; d'autres, des prêtres, des religieuses, paraissent bons et ils tomberont, car la racine est mauvaise. Il y a des hommes du monde qui paraissent mauvais, mais qui ont le fond bon, ils prendront la place des autres...

« Il ne faut pas recevoir des esprits tripotiers, tracassiers : ils nuisent beaucoup dans les monastères. Ces esprits-là feront mieux leur salut dans le monde. »

La sœur Marie s'était multipliée, malgré ses souffrances, pour les travaux d'appropriation de la maison provisoire. Personne n'eût pensé, en la voyant si active et le plus souvent si souriante, qu'elle ne marchait qu'avec effort. La Prieure l'avait chargée, pendant quelques jours, de donner les ordres nécessaires aux ouvriers; ceux-ci étaient heureux de lui obéir, et l'influence de sa sainteté n'avait pas tardé à se faire sentir Il y avait parmi eux un pauvre jeune homme, qui avait eu le malheur d'apostasier trois fois, pour embrasser la religion de Mahomet. Son regard était farouche; le son de sa voix épouvantait. Son père, qui était à ses côtés, pleurait en silence; il jugeait le mal irrémédiable; déjà ce jeune homme était fiancé à une mahométane. La sœur Marie avait tout vu d'un coup d'œil. Il s'agissait de retirer une âme du profond abîme où elle était volontairement tombée; elle parle à ce jeune homme; elle lui parle de son Dieu, de ses engagements, de son apostasie, avec tant de bonté et de force, que ce malheureux ouvre son cœur à la sœur; il confesse son crime et, en même temps, le remords qui le déchire; il promet de prier. La religieuse priait de son côté. Quelques jours après, ce jeune homme, vaincu par la grâce, faisait son abjuration, se confessait et communiait, le visage rayonnant de joie et de reconnaissance.

CHAPITRE XVI.

Le 7 novembre de cette même année, la sœur Marie rendait compte, en ces termes, d'une vision qu'elle avait eue pendant la messe :

« J'ai vu devant moi, il me semble, Dieu dans sa majesté, sur une montagne ; son bras droit était appuyé sur un olivier. Il était tout lumière, et sa lumière et sa clarté donnaient sur un champ de froment mûr, et je voyais que le froment était mûr par sa lumière, son feu et sa clarté. Les oliviers aussi étaient couverts par cette lumière et leur lumière était verte, mêlée de blanc. C'est quelque chose qui ne peut s'exprimer ni non plus s'imaginer.

« Un enfant est sorti de cette lumière et il m'a offert neuf olives en disant : « Dieu veut que vous en mangiez neuf à chaque repas avec votre pain sec ; vous les mangerez tout à fait amères, comme venant d'être cueillies à cet arbre, et cela, pendant neuf jours. Puis, pendant douze jours, vous en mangerez aussi neuf à chaque repas, mais vous les prendrez comme les autres les mangent. Après, vous achèverez cette quarantaine de jeûne avec le pain sec, comme vous l'avez commencée. »

La chose lui ayant été permise, elle fit ainsi.

Le 19 décembre, elle disait, avec des transports indicibles, que les anges étaient venus prendre le portier (de la maison provisoire), qui était mort l'avant-veille, et l'avaient remis entre les bras de son Créateur ; elle ne cessait de répéter : « Oh ! que je suis heureuse de l'avoir connu ! c'était un homme droit, il a beaucoup souffert, il a été méprisé ; mais à présent, quelle joie dans le ciel ! Tandis que les riches sont honorés ; ils jouissent sur la terre quelques années, mais après, ils vont pour cent ans et plus au Purgatoire, où chaque heure est plus longue qu'un jour !

« L'homme droit, Dieu l'aime, et, quand même il ferait beaucoup d'iniquités, Il lui donnera la lumière pour se convertir ; mais l'homme double, Il ne peut pas le regarder ; et quand même il aurait toute apparence de sainteté, il ne sera pas agréable à Dieu comme l'homme droit, au milieu de ses imperfections. »

Les sœurs de Saint-Joseph établies à Bethléem ne manquèrent pas de venir souhaiter la bienvenue à la nouvelle Communauté. L'une d'elles, qui avait été au noviciat de sa Congrégation à Marseille en même temps que la sœur Marie, lui dit : « Lorsqu'on m'a envoyée à Bethléem, j'en étais bien fâchée, ayant une grande répugnance pour aller en mission ; mais aussitôt, je me suis souvenue que vous m'aviez dit alors que j'y irais un jour, et j'ai obéi de bon cœur. »

La sœur Marie de Jésus Crucifié, comme toutes les victimes choisies par Dieu, avait passé sa vie dans des épreuves inouïes, ainsi que nous l'avons vu ; mais, à Bethléem, ses angoisses, ses tourments et son martyre devaient aller en croissant jusqu'à sa dernière immolation. Ce qui navrait surtout son âme était la vue surnaturelle des crimes qui couvraient la terre et les plaintes de Notre-Seigneur qui avaient un écho dans son cœur.

Citons à ce sujet quelques lignes des notes écrites la première semaine du Carême 1876 :

« Notre-Seigneur tenait dans ses mains un monceau de feu ; Il regardait la France avec une sorte de compassion et d'amour ; le feu s'échappait et tombait d'entre ses doigts, il était prêt à tomber entièrement ; mais le Seigneur disait et répétait : « Demande pardon, demande pardon ! » — Pauvre France, ajoutait-elle, pauvre France, si elle le savait, si elle le comprenait, et surtout si elle le voulait ! Dieu l'aime tant ! »

Durant l'octave de Notre-Dame du Mont-Carmel, en cette même année, la sœur Marie demandait à Notre-Seigneur, au sujet de la France, pourquoi il permettait qu'on chassât les bons, tandis qu'on laissait les mauvais. Le Seigneur lui répondit que c'était lui-même qui en agissait ainsi. Voici, ajoutait-elle, une comparaison qu'il m'a faite : « Voyez ce beau parterre, il y a toute espèce de fruits et de fleurs ; mais il y vient des insectes et toute sorte de bêtes ; ils piquent les fleurs et la maladie se met aux arbres. Alors le Seigneur dit : Je vais arracher tous ces arbres. Et il a commandé à ses anges d'arracher tous ces arbres. »

Le 31 août, après plusieurs extases où la sœur Marie parlait des malheurs à venir, elle faisait part à la maîtresse des novices[1] d'une angoisse qu'elle avait éprouvée pendant trois jours, au sujet du nouveau monastère : « J'ai entendu dire (surnaturellement) qu'il y a beaucoup d'agitation par ici et que tout le monde a peur. On dit que notre monastère serait très bon pour une caserne, et, voyez ma faiblesse, je me suis troublée. Je pensais : Comment! le bon Dieu m'avait fait voir cette place, comme je vous l'avais dit auparavant, et je m'étais donc trompée ? Et je me disais : Non, non, Dieu m'a fait voir tout cela... Et, en le pensant, j'entends une voix me dire : Pourquoi vous troublez-vous ? Oui, ce sera une caserne. A ces mots, j'entre dans l'angoisse et le trouble : Comment, dis-je, la Fondatrice a fait tant de sacrifices pour faire une caserne, au lieu d'une maison pour Dieu ? — J'étais dans une angoisse inexprimable, et, pendant trois jours, je suis restée dans une peine mortelle. Je crois que Jésus devait bien rire de moi. J'ai fait tout ce que j'ai pu

---

1. C'était la maîtresse des novices qui prenait les notes concernant sœur Marie de Jésus Crucifié.

pour me distraire ; mais toujours j'avais un ver rongeur dans la tête et dans le cœur ; j'étais dévorée de tristesse en pensant qu'on vendrait la maison et qu'on mettrait autre chose à sa place. Oh ! quels trois jours ! Voilà qu'après, dans ma peine, Dieu a eu pitié de moi ; j'ai dormi (extase) et j'ai rêvé des multitudes d'enfants ; ce n'était pas des enfants, mais des anges. Il y en avait un à chaque pierre, et ils jouaient d'une musique chacun, et d'un ton si céleste ! Il me semblait qu'on préparait quelque chose de magnifique ; mon cœur était consolé, et je disais : « Pourtant, il vaut mieux que la maison soit pour ces enfants à notre place que pour des soldats ! » Et une nuée verte les couvrait de toute part, comme pour les garantir... En même temps, je vis des nuages, des tempêtes, des pluies de toutes choses tomber sur la terre et rien n'arrivait à cette maison. Je me disais intérieurement : « Ces enfants portent bonheur à notre maison ; elle est tranquille, parce qu'ils l'habitent. » Et, au milieu de cette tempête, je vis des enfants écrire sur chaque pierre en disant : « La paix et le bonheur aux hommes de bonne volonté ! » A l'instant même, au milieu du préau, j'ai vu écrit en lettres d'or : Le nom de Dieu efface les péchés du monde et rend le cœur de l'homme joyeux, ivre de bonheur ! Et j'entends une voix qui m'adresse des reproches en disant : Ame de peu de foi ! Je désire une caserne de soldats qui prient et qui gardent les âmes. A ces mots, j'ai été remplie de joie et de paix : autant la peine était grande, autant la joie l'a été. »

Cette même année 1876 fut marquée pour la Servante de Dieu d'une grâce extraordinaire que le Sauveur n'accorde qu'à des âmes d'élite. Nous voulons parler de cette union entre Jésus et l'âme, de cette donation réciproque, totale et parfaite, de ce contrat irrévocable d'amour, passé entre Dieu et la créature, que les mystiques ont coutume de désigner sous le nom de mariage spirituel. On peut dire que toute la vie de sœur Marie de Jésus Crucifié n'avait été qu'une longue préparation à cette faveur de choix. Le carême de cette année en fut la préparation immédiate. La couronne d'épines reparut autour de la tête de la fervente carmélite; ses stigmates se rouvrirent au cœur, aux mains et aux pieds. Puis, quand le divin Époux jugea que sa fiancée était suffisamment parée de ces joyaux de la souffrance et de l'amour, il l'éleva à la dignité d'épouse par une sorte d'union sacramentelle, comme il avait fait trois siècles auparavant pour la séraphique Térèse. Écoutons ce prodige de la bouche même de l'heureuse privilégiée en extase. D'invisibles messagers lui donnaient le choix entre quitter la terre sans délai ou bien y vivre quelque temps encore au milieu des épreuves figurées par une forêt sauvage.

« Les enfants disent : « Si vous passez la forêt, vous tomberez. Si vous allez vite à Jésus, le Seigneur vous donnera ce que vous désirez : c'est à présent le moment de la décision. »

« Mais si je vais à présent, je n'aurai rien à offrir à mon Dieu. J'aurai le temps de jouir et je n'aurai pas le temps de souffrir! Qu'y a-t-il de plus agréable à Dieu? Dites à mon Dieu que je veux ce qui lui est le plus agréable : j'accepte doubles tourments pour que l'*Olivier* donne la lumière au *Rosier*[1]!

« *Pourtant, si je dois faire une chute et offenser Jésus,*

---

1. On comprit souvent que, dans l'extase, l'Olivier désignait la sainte Église, et le Rosier la France.

(Note du Carmel.)

vite, je veux aller à Lui. Mais, s'il promet de me garder, j'accepte tous les tourments...

« *Je veux les deux, mon Dieu !* »

« Le Seigneur me dit : « Ma fille, je te donne le choix ».

« Et moi, je dis : « Mon Maître, je te laisse le choix !... » Je sais que vous choisirez le mieux ! J'accepte tous les tourments pour un petit regard de vous. »

Elle écoute et dit : « Non, non, ne me tentez pas. Je laisse le choix à mon Dieu ! »

« Heureuse l'âme qui se confie au Seigneur ! »

« Que m'importe de marcher dans la cendre brûlante ! Eh bien, si je dois être aveugle, j'aime mieux la cécité que d'avoir des yeux et de ne pas voir mon Dieu... ; ne me tentez pas...

« Deux hommes se disputent en moi... L'un veut prendre la défense de mon *Olivier* et de mon *Rosier*, et l'autre voudrait partir... Mais, Seigneur, ne les écoutez pas, je ne me prononcerai jamais.

« La mère connaît ce qui est mieux pour l'enfant, mais l'enfant peut-il connaître le mieux pour lui ?

« J'ai mieux que père et mère, j'ai mon Créateur qui m'enveloppe !... Je mangerai le pain qu'il me donnera.

« Vous voyez, mon Dieu, l'un penche pour rester, et l'autre voudrait s'échapper...

« Je ne suis maîtresse ni de l'un ni de l'autre, mais votre bon plaisir !

« Si mes os doivent être rompus, si ma chair tombe en morceaux, que m'importe, si mon Dieu en a du plaisir ?... Ce que mon Maître voudra de moi, je le veux... Vous me demandez si je suis contente ?... Demandez au prisonnier s'il préfère demeurer dans la prison ou se promener au jardin... S'il préfère demeurer aux travaux ou en liberté... Je sais que je n'offense pas Jésus en demandant à partir !... *Mais, si je dois lui faire un tout petit plaisir, je resterai.*

« Ah ! à la bonne heure, vous avez compris ! »

Jusqu'ici, elle avait paru converser avec un être surnaturel. Maintenant, elle se prosterne et se relève en disant : « Eh bien, eh bien, j'accepte de tout mon cœur !... Il en vaut bien la peine pour mon Créateur !... Tout passe !... Je suis heureuse que mon Créateur choisisse... On écrit... Moi, je n'écris rien, Jésus fera tout pour moi !... Ce que je demande, c'est que l'*Olivier* soit transporté au jardin, que son *Vicaire*, son Clergé, ses membres prennent leurs dispositions en Dieu...

« Si j'avais choisi ! Mais le Seigneur me gardera et *Il me mettra la bague* et j'irai en paix : Il ne permettra pas que je tombe. »

Ici, elle baisa son doigt annulaire de la main gauche. Elle fit le mouvement de sortir une bague et de la passer au même doigt de la main droite où elle la baisa de nouveau. Et, chaque fois que, dans la suite, elle baisa son invisible anneau, ce fut toujours sur ce même doigt.

Elle regardait sa bague avec admiration et cette vue la transportait de joie céleste. Elle continua : « Je la garderai, ma chère bague... Je ne savais pas qu'il y eût une bague cachée pour moi... Elle est lourde et légère... Je n'ai jamais reçu une bague... Je suis contente... Je ne l'ai pas méritée ! »

Elle la baise encore et paraît vouloir avec son doigt épeler quelques mots qu'elle y voyait écrits : « Il y a trois mots écrits, dit-elle, ceci... » Des transports de joie l'empêchent de continuer. — Un instant après elle reprend : « Ceux qui disent : « Faites ce que vous voudrez », recevront une bague... : quand Dieu nous a créés, il nous a laissé la volonté ; celui qui la donne à son Créateur recevra une bague... On vous donnera une bague!... C'est tout ce qu'on peut désirer sur la terre!... C'est la *bague de l'alliance!*... Quand on donne la bague de l'alliance, quoiqu'on passe par le feu, *par le lion*, on le sent tant qu'on peut, mais respect à cause de l'alliance... Mon cœur me tourmentera, mais respect à cause de l'anneau de l'alliance. Du ciel et de la terre, on me jettera des pierres, mais, au fond, respect à cause de l'alliance.

« O mon Tout, je ne l'ai pas méritée... J'ai reçu un prix pour l'ingratitude. On me la donne pour cadeau. Elle est lourde, mais légère... Ne sortez plus! »

Elle faisait un mouvement comme pour l'enfoncer dans son doigt : « Si j'avais écouté la chair et l'enfant, je serais partie! »

La construction du nouveau monastère s'était faite avec tant de rapidité que le 21 novembre de cette année 1876, eut lieu la translation du Carmel provisoire au Carmel de la Colline de David. Monseigneur le Patriarche célébra la première messe pendant laquelle eut lieu la délivrance d'un grand nombre d'âmes du Purgatoire, dont la sœur Marie fut, dans le secret, l'heureux témoin. Peu de jours après, elle était ravie dès le matin et chantait l'Amour dans des transports indicibles; elle paraissait contempler une procession qui passait devant elle; un moment, elle s'inclina profondément comme pour adorer. Elle disait : « L'un en passant m'a donné une rose[1] et l'autre me l'a prise. Je les ai vus tous sortir

---

1. Cette rose était invisible, mais un parfum exquis s'en exhalait, la petite sœur en était embaumée, ainsi que le lieu où elle se trouvait. L'aumônier qui entrait pour dire la messe au chapitre, pendant les travaux qu'on faisait à la chapelle, sentit, ainsi que toutes les sœurs, cette délicieuse odeur.

(Notes du Carmel.)

avec des palmes, c'est alors que le Seigneur a passé et qu'Il m'a dit : « Fille, sais-tu qui je suis? Je suis Celui qui ressuscite les morts, je suis le Maître qui anime l'âme... Je marcherai devant toi comme un Pasteur devant sa brebis. »

« Il est habillé de bleu, c'est un bleu-lumière. Qu'est-ce que cela veut dire? Pourquoi les uns sont-ils blancs de lumière, les autres bleus de lumière, d'autres jaunes de lumière, verts de lumière? »

« Mon cœur ici-bas n'en peut plus. Et comment voulez-vous que je vive, moi? Ce moment, ce regard, tout est gravé dans mon cœur... »

Elle ajouta : « Le Seigneur dit : « Respectez le silence du cloître d'en haut et d'en bas ». Notre Mère sainte Térèse m'a grondée d'avoir parlé dans un lieu régulier. »

« Térèse et Catherine (vierge et martyre) ont fait le tour de la maison et elles sont contentes... Si vous êtes fidèles, vous aurez une sainte vie et une sainte mort. »

Le 28 décembre, la sœur Marie s'écriait, après un long ravissement : « Le Seigneur m'a montré tout! J'ai vu la colombe de feu!... Adressez-vous à la colombe de feu, à l'Esprit-Saint qui inspire tout... On m'a dit : « Suis-moi ». Et j'ai vu tous les arbres et les montagnes tressaillir. La paix est mon partage, la paix et la croix sont mon partage, mais la croix et le découragement sont le partage de l'ennemi et de ceux qui écoutent l'ennemi. »

Aux recommandations qu'elle fait à la Communauté de la part du Seigneur, elle ajoute ces paroles : « Sainte Mère Térèse dit que si elle pouvait pleurer, elle pleurerait sur certaines Communautés, mais le temps vient où ces Communautés seront châtiées. »

Pour donner une idée de la manière dont Dieu éclairait la sœur Marie de Jésus Crucifié sur les événements qui se passaient à de grandes distances, citons quelques traits entre des milliers consignés dans les notes. « A présent, disait-elle le 28 janvier 1877, je comprends pourquoi j'étais tant dans l'angoisse hier. Le soir, avant minuit, j'ai vu qu'on se préparait dans un endroit lointain à massacrer des chrétiens. J'ai été saisie de frayeur. Les chrétiens avaient été avertis, mais ils ne pouvaient pas s'échapper. Quand je voyais faire les préparatifs, il faisait jour dans cet endroit.

« Ensuite, ce matin, vers deux heures, je vois que les méchants sont entrés dans les maisons des chrétiens pour les massacrer. Il y a d'un côté de la maison un morceau qui n'est pas achevé ou qui est tombé ; je suis montée par là jusqu'au haut et j'ai vu, dans la maison, le massacre. C'étaient des cris déchirants : on appelait au secours et personne ne pouvait venir ; on se battait, c'était affreux. »

A l'époque du désastre qui inonda Toulouse, au mois de juin 1875, la Voyante avait dit : Il y a des inondations dans notre pauvre France.

Le martyre de certains missionnaires était relaté avec tous ses détails dans les notes, pendant que l'événement se passait en Chine ou ailleurs.

Mgr Lacroix, évêque de Bayonne, fait mention d'un de ces faits, dans une lettre au cardinal Antonelli, en date du 6 février 1875, où il sollicite son intervention auprès de la Propagande pour hâter l'autorisation du départ des sœurs désignées pour la fondation de Bethléem. Sa Grandeur le cite ainsi :

« Le récit du martyre de V. M. Baptifault, prêtre missionnaire dans le Yun-nan, en Chine, publié par l'*Univers,* dans son numéro du 21 janvier 1875, nous l'avions écrit déjà ici, sous la dictée de la personne que vous savez, dès le 17 septembre 1874, à huit heures du matin, quelques heures à peine après que ce drame sanglant venait de s'accomplir, si loin de nous, dans le Yun-nan, en Chine, et sans que rien d'humain puisse expliquer l'exactitude du fait et des détails les plus minutieux, dictés ici, à si grande distance, par notre pieuse Voyante.

« Vous pouvez, Éminence, signaler ce renseignement en mon nom, au Saint-Père, comme garanti par moi, et très authentique. »

Au mois d'août, sœur Marie disait : « La semaine dernière, Notre-Seigneur m'a promis quelque chose de consolant pour la France : que l'épreuve ne serait pas aussi mauvaise qu'il l'avait dit, à cause de la charité qu'elle a eue pour le Saint-Père ; c'est à Lui-même qu'elle l'a faite et c'est pour cela qu'Il épargnera les coups à la France ; cela arrivera, mais pas si mauvais, et seulement pour purifier la France. »

« Un jour, après la sainte communion, rapportait encore sœur Marie, j'ai vu une prairie fleurie : elle était très jolie ; il y avait d'un côté une rivière et de l'autre une mer ; la prairie était au milieu. Dans la prairie, il me semble que Notre-Seigneur se promenait. Il n'était pas comme un Dieu, mais comme un homme, comme quand Il était sur la terre. Après, je vis un chien qui courait autour de la mer et de la rivière. Je ne savais pas alors que cet homme que je voyais, était Notre-Seigneur ; je n'y pensai même que lorsque j'entendis sa voix dire au chien qui galopait : « Satan, Satan, vous avez vu mon peuple : vous l'avez persécuté, et vous avez vu qu'il donne sa vie pour moi, sans aucun murmure contre moi! car il pouvait faiblir et dire : « Si c'était Dieu, il pourrait nous délivrer ». Au lieu de cela, il n'a pas murmuré. Donne-m'en un qui donne sa vie pour toi! » — Satan a répondu : « Oh! il y a beaucoup de peuple qui vous trahit! » — Notre-Seigneur lui a dit : « Allez, je vous donne tout pouvoir sur la terre, et vous verrez si mon peuple ne vient pas tout à moi, à hauts cris ; et vous verrez celui qui me trahit, s'il ne criera pas vers moi. Allez, je vous donne tout pouvoir sur la terre ; mais souvenez-vous que l'avenir sera à votre honte. Vous avez vu mon serviteur N..., que vous avez tourmenté, et qui a échappé à vos mains. Vous l'avez déchiré pendant quatre jours ; vous lui avez coupé les jambes, arraché les yeux et les doigts ; ces tourments ont duré quatre jours entre vos mains ; avez-vous vu s'il s'est plaint contre moi? Vous avez vu qu'il prêche toujours mon nom, et qu'il oublie ses douleurs pour penser à Jésus. Je vous le dis en vérité, allez ; je vous donne tout pouvoir sur la terre, mais ce sera à votre honte. » Notre Seigneur avait l'air tout fier en disant cela. Oh! qu'il est bon, Jésus, qu'Il est aimable! Il m'a dit le nom de ce martyr, mais je l'ai oublié : c'est un nom étranger. Puis, je me suis réveillée[1]. »

---

1. Dans une extase du 28 décembre 1876, sœur Marie de Jésus Crucifié avait dit au sujet de la Fondatrice du Carmel de Bethléem : « Oh! cette chérie! combien Dieu l'aime! quelle belle mort elle fera, le Saint-Esprit sera là pour l'assister! » La pieuse demoiselle habitait depuis près de huit années le Carmel qu'elle avait fondé, années pleines de bonnes œuvres et de rares exemples de sainteté, lorsque, le 5 mars 1887, assistant à la messe que célébrait le Père Estrate, elle s'assit à l'épître ; et, à ces mots : « J'entendis une voix du ciel me disant : Écris : heureux les morts qui meurent dans le Seigneur. Maintenant déjà, l'Esprit dit qu'ils se reposent de leurs travaux, car leurs œuvres les suivent », elle rendit sa belle âme à son Créateur.

(Notes du Carmel.)

CHAPITRE XVII

Vertus de sœur Marie de Jésus Crucifié.

Pour réaliser de grands et adorables desseins, Dieu avait doué la sœur Marie de Jésus Crucifié d'une intelligence pénétrante et même supérieure. Il lui avait donné un cœur ardent, une volonté inébranlable qui la fit parvenir, malgré mille obstacles, à créer dans son Église des œuvres immortelles. Pourquoi Dieu l'a-t-il choisie? Y a-t-il un motif pour que Dieu ait abaissé ses regards sur cette enfant? Le motif premier, unique, c'est sa volonté. Dieu choisit qui Il veut pour ses œuvres. Mais comme cette âme, cependant, était bien faite pour accomplir les divins desseins! Petite-fille d'un martyr de l'Église de Dieu, le sang de ce grand-père a crié jusqu'à Dieu et la vertu de ce sang a obtenu du Très-Haut ce miracle de sainteté, ce miracle de vie prodigieuse, telle que nous l'avons connue dans cette admirable enfant. La vertu des ancêtres ne se perd pas aux yeux de Dieu et Il sait, à son jour, à son heure, récompenser ces vertus.

Nous l'avons vu déjà, l'âme de cette religieuse ne vivait que de foi. Tous les jours elle remerciait Dieu de l'avoir faite enfant de son Église : « Je suis fille de l'Église, répétait-elle souvent avec transport comme sa séraphique Mère Térèse. Dieu est mon Dieu, Jésus est mon Père, Marie est ma Mère, les anges, les saints sont mes frères! » Quelle noblesse que celle de la foi! Cette foi se traduisait par un amour vraiment filial et virginal pour tous les enseignements de l'Église. Toute hésitation en présence de la simple direction ou indication de l'Église la révoltait; elle ne comprenait pas qu'on pût marchander à cette Mère son amour, son respect et son obéissance.

Son espérance était pleine de certitude, d'élan et de force. Quoiqu'elle se crût la plus grande pécheresse du monde, elle qui a toujours conservé son innocence baptismale, elle ne désespérait jamais de la miséricorde de Dieu. Le Seigneur l'a conduite par les voies les plus douloureuses : très souvent les ténèbres étaient si épaisses dans son âme, qu'elle se demandait en tremblant si elle serait sauvée.

Elle disait, le 17 janvier 1876 : « Hier, il me vint une foi très vive en Dieu, mais en même temps la crainte d'être abandonnée de Lui. Tout ce qu'Il a fait pour moi s'est présenté, et aussi toutes mes ingratitudes... et en même temps la pensée que tout est fini pour moi. Je disais : Jamais ne voir Dieu, jamais!... Je ne puis y consentir, c'est un tourment qui me grille jusqu'aux os. Et je dis : « Seigneur, plutôt être éternellement rôtie, coupée, moulue comme la farine ; mais, de grâce, que je vous voie! »

« Alors, ce matin, je commence à faire la lessive toute seule. Je ne sais ce que j'aurais fait de mon corps; j'aurais transporté les montagnes, j'aurais tiré toute l'eau de la citerne ; j'aurais lavé toute la maison du haut en bas, sans le sentir, tellement était grand mon tourment de penser que jamais je ne verrais Dieu.

« Voici ce qui m'a soulagée. Le chien a fait une faute,

je l'ai frappé et il inclinait un peu plus la tête. Après, je vais au réfectoire et il arrive, je le chasse et il revient; je le chasse encore et il s'assied à la porte et il me regarde d'un air qui excite ma compassion. Alors je lui ai donné un morceau de pain. En même temps, la pensée de la bonté de Dieu pour l'âme qui revient à Lui comme ce chien revenait à moi, me saisit, et je sentais qu'il Lui était encore plus impossible de n'avoir pas compassion de nous... Mon cœur est pénétré, mes peines disparaissent; j'étais malade comme à l'agonie, mais tout l'ouvrage était fini. »

Par une permission de Dieu, le démon essaya ainsi mille fois de la faire tomber dans le désespoir, en lui persuadant que Jésus l'avait abandonnée, et toujours la sœur répondait au démon : « J'espère en la miséricorde de Dieu ». Elle prêchait l'espérance à toutes les âmes découragées ou même coupables : « Dieu, disait-elle sans cesse, pardonne tout à un cœur droit, contrit et humilié. »

Cette espérance en Dieu, elle l'a poussée jusqu'à une sublime imprudence. Tant qu'elle resta servante, elle ne garda jamais un sou de ses gages; elle donnait tout aux pauvres, à mesure qu'elle recevait son salaire. Toujours, elle a entrepris ses voyages sans argent, et toujours la Providence est venue à son secours.

Elle nous racontait, un jour, le trait suivant relatif à l'époque où elle avait quitté sa famille pour suivre l'inspiration de Dieu.

« Un jour, nous avions débarqué, je ne savais que devenir, je n'avais rien mangé depuis longtemps; j'avais faim, et rien pour acheter quoi que ce soit; je ne connaissais ni l'endroit, ni personne, et je ne pouvais rester dans la rue. Je suivis les passagers et je rentrai avec eux dans un hôtel, je trouve une chambre ouverte, j'y entre et je me trouve seule. La faim que j'avais était telle que j'allais pleurer, mais je me dis : mieux vaut prier. Je vois quelqu'un qui entre et qui prépare sur la table un bon dîner ; on me dit de manger. Je pense : c'est la sainte Vierge, et je dînai. La maîtresse d'hôtel vint à moi avec beaucoup de bonté et me mit dans la main une pièce d'or de sa coiffure[1] et elle me dit : « Quand vous sortirez, vous la donnerez à mon mari pour payer votre dîner ; s'il ne la veut pas, vous la garderez pour vous. » Le maître de l'hôtel ne voulut être payé en aucune manière[2].

Une autre vertu qui distingue cette belle âme et qui les résume toutes, c'est l'amour de Jésus. Elle aimait Dieu d'un amour pur, désintéressé, constant et héroïque. Son cœur était comme un brasier ardent. Le seul nom de Jésus faisait battre ce cœur et lui donnait des transports. Souvent, elle tombait en extase en l'entendant prononcer, et comme, à sa grande confusion, cela lui arrivait en présence des sœurs, elle les conjurait de ne pas répéter devant elle ce nom adorable.

Par amour, elle avait fait à Dieu les plus durs sacrifices : sacrifice des richesses, des plaisirs, de sa patrie, de ses aises, de sa liberté ! Elle ne savait que Jésus et Jésus Crucifié.

Elle lui témoignait son amour par une délicatesse virginale de conscience qui faisait qu'elle avait peur, non seulement du péché, mais encore de l'ombre même du péché. S'il lui arrivait de tomber dans une imperfection où elle craignait qu'il n'y eût quelque volonté de

---

1. Dans certaines parties de la Palestine, les femmes ornent leur coiffure de pièces d'or ou d'argent.
2. Notes du Carmel de Bethléem.

sa part, elle en éprouvait une désolation extrême. On peut dire en effet que, durant sa vie et surtout au terme de sa carrière, le caractère distinctif de son amour pour Jésus était l'horreur du péché.

Le second caractère de son amour pour Jésus, c'était un zèle brûlant pour la gloire de Dieu. Et ici encore, elle ressemblait bien à sa séraphique Mère sainte Térèse, qui fut consumée, jusqu'au dernier jour de sa vie, dans les flammes du zèle le plus ardent.

Sœur Marie de Jésus Crucifié ne se contentait pas d'avoir du zèle pour sa propre perfection, elle voulait encore qu'on aimât Dieu autour d'elle. Elle était jalouse de la perfection de ses sœurs, en qui elle voyait autant d'épouses de Jésus. Lisant dans leurs âmes comme dans un livre ouvert, et suivant jusqu'au vol rapide et capricieux de l'imagination, elle les avertissait avec force et bonté de tout ce qu'elle apercevait de défectueux dans leur vie; mais elle ne le faisait qu'après en avoir reçu la permission de la Mère Prieure. Sa parole était en même temps terrible comme celle d'un juge, douce et caressante comme celle d'une mère. Un acte d'humilité de la part de la coupable la désarmait et la rendait souriante. Elle répondit un jour à une sœur qui avait manqué au silence et qui lui demandait en larmes si Jésus lui pardonnait : « Jésus ne gronde que pour pardonner ».

Une sœur converse du Carmel de Pau, atteinte d'une grave infirmité qui ne lui permettait pas d'observer toute l'austérité de la règle, dit un jour tout bas quelques mots à la sœur Marie. Celle-ci prit aussitôt un air très sérieux. Après quelques instants d'un silence solennel, elle lui dit : « Veux-tu ta condamnation?... Si tu veux ta condamnation, tu seras guérie à l'instant! »

Elle garda envers sa compagne une attitude sévère pendant une partie de la journée, pour lui apprendre à ne demander que la volonté de Dieu.

Plus tard, alors que cette sœur toute peinée s'offrait sans doute à souffrir davantage, la sœur Marie lui dit : « Non, mon Dieu, votre volonté ! ça suffit. »

Un autre jour, comme cette bonne sœur sortait du parloir, elle lui dit : « Tu as prononcé une parole légère ; réfléchis, tu la reconnaîtras. » Après une assez longue recherche, la sœur avertie se rendit compte du manquement et avoua qu'elle s'était oubliée.

Mais le zèle de sœur Marie de Jésus Crucifié s'exerçait encore auprès de toute âme qui l'approchait. Combien de prêtres à qui elle a fait le plus grand bien ! Combien d'âmes du monde qui lui doivent, non seulement de marcher dans la voie de la vertu, mais encore dans la voie de la plus haute perfection ! Elle voulait implanter l'amour de Jésus dans tous les cœurs et le zèle pour la gloire de Dieu que donne toujours cet amour.

Mais il y a eu encore quelque chose de plus admirable dans l'amour de cette belle âme pour Jésus : c'est son amour de la croix. La croix était toujours le livre ouvert sous ses yeux qui lui parlait de l'amour de Jésus, et, afin de rendre au divin Maître amour pour amour, elle ne soupirait qu'après la croix. Aussi Dieu a-t-il pleinement répondu à ses ardents désirs. Il l'a fait passer, non seulement par les croix ordinaires, mais encore par les croix les plus extraordinaires. Très jeune encore, elle a été martyrisée. Ensuite le corps de cette angélique enfant a été livré à la puissance des légions de l'enfer. Or, quel exemple de force, de fermeté dans la pratique de la vertu n'a-t-elle pas donné au monde, malgré toutes les persécutions, les tentations et les poursuites de Satan ! Et lorsque Dieu la fit passer encore par la plus rude de toutes les épreuves, la persécution des gens de bien, de ses propres supérieurs, elle ne sut que prier pour eux et pousser la vertu jusqu'à hâter la construction du Carmel de Bethléem pour délivrer des flammes du Purgatoire l'âme de celui qui l'avait fait tant souffrir !

Il était beau de la voir auprès des sœurs malades se dépenser en soins et en tendresse, cherchant, avec une sollicitude plus que maternelle, tout ce qui pouvait les soulager. On peut dire qu'elle se faisait infirme avec les infirmes, relevant leur courage par des paroles du ciel.

Cette âme virginale, pour qui toute la création n'était qu'un miroir, aimait jusqu'aux animaux qu'elle invitait à bénir le Seigneur. Citons-en un trait charmant. Elle aimait particulièrement les abeilles, à qui elle parlai de leur Créateur, chaque fois qu'elle passait devant leur ruche. Un jour, voyant qu'un essaim s'apprêtait à sortir, elle lui dit : « Petites créatures du bon Dieu, si vous partez sans que nous vous voyions, ne vous échappez pas, mais restez par terre jusqu'à ce que j'arrive, et alors vous volerez sur l'arbre. » Le lendemain, l'essaim sortit, en effet, et lorsque la sœur Marie s'en aperçut, il s'était déjà posé à terre dans la prairie. Aussitôt qu'elle apparaît, les abeilles s'envolent sur l'arbre d'où elles semblent vouloir bientôt se disperser. La sœur Marie invite alors ses compagnes qui l'avaient suivie, à réciter le *Veni Creator,* et elle dit aux abeilles : « Au nom de Jésus, entrez dans la ruche! » Le *Veni Creator* n'était pas achevé, que toutes se hâtaient d'entrer dans la ruche qui était au pied de l'arbre. La puissance de Dieu et l'obéissance de ces petites créatures mettaient la sœur hors d'elle-même et la ravissaient d'admiration.

Mais la vertu qui a le plus brillé dans la sœur Marie de Jésus Crucifié, c'est l'humilité. L'humilité est comme le sceau apposé à tous les actes de sa vie : elle forme à elle seule ses armes, si je puis m'exprimer ainsi. Dieu lui avait si bien montré son néant, qu'elle ne fut même pas tentée de vanité au milieu des grandes œuvres auxquelles sa vie a été mêlée. En face de la louange elle répétait souvent, comme d'ailleurs en présence du blâme : « Je suis ce que je suis devant Dieu. Je ne suis que péché, misère, ingratitude. Mon Dieu, faites-moi miséricorde ! Conjurez le ciel et la terre pour moi, afin que je sois sauvée. A cause de mes iniquités, je ne profite d'aucune grâce ! »

Par humilité, elle a demandé toujours à rester sœur converse ; par humilité, elle s'est toujours portée vers les plus bas emplois ; par humilité, elle n'a aimé que les persécutions, les mépris et les calomnies ; elle aurait voulu n'être vue ni connue de personne autre que de Dieu. Dans toutes les instructions qu'elle adressait aux âmes par obéissance, elle revenait sans cesse sur l'humilité : « Soyez petites, disait-elle, petites comme un ver de terre, mais comme un ver de terre sous terre. Le ver de terre sur terre est foulé aux pieds ou dévoré par d'autres animaux ; le ver de terre sous terre vit, et il est à l'abri de tous les dangers. » — « L'humilité, disait-elle une autre fois, a la lumière de Dieu, elle fait voir Dieu. Si vous tombez dans le péché, ne vous découragez pas, mais relevez-vous en vous abaissant. Bienheureux l'homme qui cherche la bassesse, l'enfer entier ne peut l'ébranler. »

Le Vendredi saint 1876, pendant qu'elle endurait des souffrances indicibles, provenant des stigmates ouverts, elle fut ravie en extase et s'écria : « Où cacherai-je tous mes bijoux pour aller puiser de l'eau, afin que les voleurs ne les prennent pas? Seigneur, ne le permettez pas. Voici ce que je ferai : je mettrai une ceinture sur ma chair avec mes bijoux et j'irai mendier auprès des voleurs; je dirai : Donnez-moi quelque chose à manger. De la sorte, au contraire, les voleurs auront compassion de moi; j'irai et je pourrai revenir à la maison après avoir puisé l'eau... J'appelle le maître des voleurs et je lui dis : « J'ai faim, j'ai soif. » Et lui m'a dit : « Puisez et partez. » — S'il avait su!...

« Faites comme moi », continuait-elle et, paraissant s'adresser à quelqu'un : « Si tu ne peux cacher tes bijoux, donne-les, je les cacherai. — J'ai ramassé un grand sac d'olives, je le porte sur mes épaules. On me dit : Qu'est-ce que vous portez là? Je réponds : C'est de la terre pour bâtir ma maison qui tombe en ruines. — Et, si on s'était douté que c'étaient des olives, on m'aurait tuée. — J'ai trouvé le Seigneur et il m'a dit : Qu'est-ce que tu fais? — Je vole, mon Dieu, est-ce permis? — Je permets, ma fille, à toute âme de voler l'humilité. — Je vous confesse, Seigneur, ce qui m'est arrivé avec les voleurs. Et il m'a dit : Vous avez bien fait. — J'ai dit : J'ai caché de l'argent, puis des olives : ai-je menti? — Non, ce n'est pas mentir, vous avez bien fait; vous devez vous cacher aux yeux des voleurs... — Quelqu'un dit : Je travaille tous les jours, j'ai cueilli ce froment. Alors les voleurs l'ont tué, ils ont pris son sac, et ses enfants sont morts de faim. Passons tout nus dans l'humilité, l'ennemi ne peut pas vous toucher parce que vous êtes pauvre; mais si vous êtes chargés d'argent, on vous tuera.

,Tout cela, ce sont des comparaisons. Nous ne mentons pas : si Dieu nous abandonne, nous sommes terre. Quand nous disons que nous avons faim et soif, c'est vrai : la terre a soif. Croyez-vous, lorsque je dis cela aux voleurs, que je sens que je mens? Non. Et pour les olives non plus : je sais que les olives sont à Dieu et la terre m'appartient. Purifiez votre intention. »

Voici comment elle rendait compte un jour des dispositions qui l'animaient au moment de s'approcher de la sainte Table : « Je dis à Jésus : Seigneur, je suis une enfant ignorante, je suis aveugle, j'ai mal à la jambe, je suis faible ; je viens à vous pour y voir, je viens à vous pour que vous me fassiez marcher, pour avoir la force, pour avoir la vie. Ayez pitié de votre enfant, sa nature la tache, son orgueil la salit... Venez, venez me donner la force, de crainte que le lion ne me dévore. Venez : votre regard me guérit ; et tout sera à vous. Un regard, c'est la vie, c'est le charme ! Prenez mon cœur, mon âme : faites-en un avec vous pour la présenter au Père Éternel. Sans vous, je suis nue : venez me revêtir ; je suis malpropre : venez me laver ! »

Que de pages ravissantes la sœur Marie a dictées sur l'humilité ! Toutes les autres vertus de son âme se groupaient autour de cette vertu. L'humilité était, pour ainsi dire, le soleil qui les éclairait, la terre qui les faisait vivre et grandir, le manteau qui les protégeait.

Une âme aussi distinguée par l'humilité ne pouvait être qu'une âme obéissante. Et, en effet, toute sa vie ne fut qu'un grand acte d'obéissance. Elle appelait l'obéissance les ailes de l'âme religieuse.

« L'obéissance, disait-elle, est à l'âme ce que les ailes sont à l'oiseau.

« Malheur à l'homme qui ne sacrifie pas tout à l'obéissance : son désir, sa volonté, tout ce qui plaît à l'homme ; s'il ne fait pas ce sacrifice, il ne verra jamais Dieu.

« L'âme qui obéit à Dieu, obéit au Supérieur : celle-là est reine de la paix et de la joie.

« Et celle qui n'obéit pas à Dieu, n'obéit pas au Supérieur, et celle-là est reine du trouble et de l'agitation. »

Elle disait un jour à une sœur : « Toi, pratique seulement l'obéissance à l'autorité. La soumission et l'obéissance sont deux cierges pour éclairer l'âme dans les ténèbres... C'est dans le moment noir, terrible, qu'il faut se laisser conduire par l'obéissance.

« Il faut toujours obéir, soumettre sa volonté à celle de ses supérieurs.

« Il ne faut pas faire de réflexions. Dieu n'aime pas une âme qui n'obéit pas, qui ne soumet pas son jugement. Il ne faut pas marchander avec Jésus. Si vous faites pour Lui, faites en entier : Il n'aime pas les demis. Une âme qui ne lui donne pas tout, est comme une âme tiède, et Jésus la vomit de sa bouche. »

Pendant ses épreuves, à Mangalore, son confesseur, le Père Lazare, lui avait ordonné de cracher sur tout ce qu'elle verrait dans l'extase. Or, un jour, accablée de souffrances de toute sorte, elle répétait à Notre-Seigneur ce qu'elle lui avait dit bien des fois : « Mon Dieu, pourvu que j'arrive à vous, je suis prête à venir par l'eau, par le feu, par l'enfer même, si vous voulez ; mais que je vous trouve ! »

« Tout à coup, dit-elle, j'ai aperçu quelqu'un devant moi. J'ai craché et Notre-Seigneur (il me semble que c'était Lui) a souri et a dit : C'est bien, ma fille, crache. Ce n'est pas ton confesseur qui te le fait faire ; c'est moi qui lui inspire de te le commander. Pourquoi pleures-tu? Je suis plus près de toi que jamais; ne te désole pas. Mais je veux que tu souffres toujours, dis-le à ton confesseur. »

Après ces paroles, ses souffrances cessèrent et son cœur se trouva rempli de joie et de paix.

Pendant un sermon, racontaient ses supérieures, elle s'écriait : « Dieu est tout amour et moi, je suis néant! » Elle éclatait en transports. Nous lui dîmes à l'oreille d'attendre en silence la fin du sermon; elle se tut immédiatement; mais bientôt, nous en eûmes du regret, et nous priâmes tout bas pour qu'elle recommençât à parler. Immédiatement, elle éclata de nouveau en transports d'amour et en paroles embrasées.

Un jour, pendant le dîner, au réfectoire, elle fut ravie; elle paraissait contempler un être invisible, à qui elle présenta son bol plein d'eau; puis, retirant le bol, elle le pressa sur son cœur. L'obéissance l'ayant appelée, elle sort aussitôt de table, tenant son bol d'une main et un morceau de pain de l'autre. Elle suivit la Prieure à sa cellule, puis à la récréation, en disant des paroles ravissantes sur l'amour et l'obéissance. Citons-en quelques-unes : « L'amour n'en peut plus, il est en défaillance... Le Seigneur m'a dit : Donnez à manger, donnez à boire. En même temps, Il demande et, en même temps, Il pose la main sur le bol pour ne pas prendre. J'ai donné et il m'a rendu la tasse et il m'a dit : Gardez-la...

« Le Seigneur dit : Bienheureux ceux qui persévéreront à travers tout; bienheureuse l'âme qui s'abandonnera au Seigneur en renonçant ses idées : elle sera reine. »

Parler des révélations qu'elle avait eues, était ce qui

lui coûtait davantage; elle eût mieux aimé plusieurs jeûnes et autres pénitences que l'obligation imposée par le Seigneur de tout répéter à l'autorité; elle passait néanmoins par-dessus toutes ses répugnances pour obéir, et, une fois qu'elle avait tout dit, elle n'y pensait plus.

Elle aimait la pauvreté religieuse et elle la pratiquait d'une manière parfaite; toujours elle recherchait ce qu'il y avait de plus pauvre. Un habit bien usé et rapiécé la comblait de joie. A la cuisine, elle ne laissait rien perdre et elle tirait parti de tout. Il advint un jour qu'elle trouva le lait caillé. Aussitôt, s'adressant à Dieu, elle lui dit : « Vous savez que j'ai besoin de lait pour les sœurs; je vais le faire cuire; bénissez-le, et, au lieu qu'il se gâte davantage, faites-le revenir bon tout à fait. » Sa compagne restait incrédule; elle dut cependant bientôt constater que, en cuisant, le lait était redevenu liquide et bon, de sorte que personne n'en fut privé.

Dans son enfance, elle avait reçu du divin Maître, au sujet de cette vertu, un enseignement admirable. Elle avait vu Notre-Seigneur au bord de la mer et Il lui avait dit : « Tu vois cette mer immense : eh bien, ne prends de son eau que la quantité qui te sera nécessaire; quoique la mer ne puisse s'épuiser, n'en use que dans la mesure de ton besoin. C'est pour te donner un exemple de la pauvreté que tu dois pratiquer. »

Elle ajoutait : « Grâce à Dieu, je compris la pauvreté, et je crois l'avoir pratiquée depuis ».

Pendant ses extases, elle a souvent recommandé, de la part de Dieu, la pratique scrupuleuse de cette vertu et elle s'est élevée avec force contre les moindres manquements sur ce point, affirmant qu'ils contristaient le cœur de Dieu. Elle regardait à une épingle, à une miette. Elle voulait le nécessaire, mais le surplus la contristait. « Pour une grande réparation absolument nécessaire, disait-elle, dût-elle coûter un million, le Seigneur enverrait de quoi la faire ; mais pour une paille employée inutilement, il est blessé et il enverrait un châtiment. Pour un trou bouché sans nécessité, il saurait bien en ouvrir dix d'un autre côté. »

Par son amour pour la pauvreté, la sœur Marie a mérité d'être le principal instrument de la fondation du Carmel de Bethléem, destiné à honorer la pauvreté de Jésus dans sa crèche.

Plusieurs circonstances de sa vie nous ont montré l'estime qu'elle faisait de la virginité. De bonne heure, elle en avait compris toute l'excellence et elle avait promis à Dieu de demeurer vierge. Fidèle à sa parole, elle a emporté dans la tombe la virginité du cœur, de l'esprit et du corps.

Une fois, pour triompher d'une forte tentation, elle mit un doigt dans le feu et elle le tint dans les flammes si longtemps que le doigt en resta tout contrefait. Une autre fois, pour la même cause, elle passa un fer rougi sur sa chair nue. Pendant la possession de quarante jours, il ne fut jamais permis au démon de prononcer une seule parole ou de faire un seul mouvement qui pût blesser tant soit peu la modestie. Toute sa personne respirait, pour ainsi dire, la virginité ; on ne pouvait la voir et l'approcher sans se sentir saisi de respect. Les grandes œuvres accomplies par elle prouvent jusqu'à quel point sa virginité a été féconde.

Du reste, le corps ne comptait plus pour elle ; elle l'aurait détruit et anéanti par les austérités, si l'obéissance ne l'avait arrêtée dans cette voie.

Les jeûnes au pain et à l'eau, pendant quarante jours, sont fréquents dans sa vie ; il lui arriva même de jeûner de la sorte une année entière. Que de rudes pénitences n'a-t-elle pas pratiquées pour le salut de villes et de nations en danger ! Ses souffrances étaient continuelles et malgré cela, elle courait aux travaux les plus pénibles.

« Un jour que, fortement en proie à des angoisses et à des peines intérieures, elle n'avait pas communié, elle se rendit, pendant que les sœurs faisaient l'action de grâces, dans une salle remplie de caisses énormes pleines de linge. Un nouvel arrangement était à faire et elle voulait se hâter de s'y employer pour épargner ce travail aux sœurs. Celles-ci la trouvèrent en extase, balayant et ayant déjà tout changé de place. On lui demanda : « Qui a placé là ces caisses? » Elle répondit en nous en montrant une fort grande : « Un enfant l'a prise de ce côté, un autre de celui-là et j'ai aidé un peu au milieu. Quand vous êtes entrées, ils sont partis. » Trois de ces caisses avaient été ainsi transportées et placées sur des tréteaux. On la vit porter la dernière, la plus petite, et la mettre sur une des grandes, ce que deux sœurs n'auraient pu faire. Tout ce travail n'avait pas duré plus d'un quart d'heure. La sœur acheva le balayage avec soin en disant : « Les élus de Dieu sont propres[1]. »

Le 31 juillet 1877, quoique très souffrante, elle alla laver du linge à la buanderie. Tandis qu'elle y était occupée, elle tomba dans une délicieuse extase, sans pourtant interrompre le travail ; l'heure du repas ayant sonné : « On dit qu'il faut aller dîner », dit-elle. Elle y fut et revint ensuite ; on voyait le linge qu'elle frottait blanchir à vue d'œil entre ses mains. Elle paraissait

---

1. Notes du Carmel.

voir l'ennemi (Satan) et lui disait : « Rien pour toi, le travail pour Jésus! » Et s'adressant aux sœurs : « La Bête me dit : « Si tu travailles comme ça, tu mourras. » — « Eh bien, tiens. » Et elle frottait avec plus d'ardeur. « Il faut tout soumettre à l'Autorité, disait-elle, autrement la Bête danse. » Paraissant encore lui parler, elle ajouta : « Allez chercher en ville qui voudra vous écouter ; ici, toutes ont donné leur volonté pour mon Créateur. Il ne veut pas quitter le monastère, parce qu'il voit Dieu au milieu... Eh bien, reprit-elle, j'avertirai toutes les sœurs... »

Sa vie s'écoulait ainsi dans le martyre de tout son être crucifié, ne trouvant sur la terre rien de plus beau que l'acceptation de la souffrance pour Jésus, de quelque part qu'elle lui vînt et sous quelque forme qu'elle se présentât.

Pendant sa retraite de profession, accablée un jour par le poids de ce qu'elle appelait ses iniquités, elle avait dit : « Seigneur, que voulez-vous que je fasse? C'est fait, Seigneur ; vous savez la douleur que j'en éprouve dans mon cœur. La multitude de vos miséricordes effacera la multitude de mes péchés. Seigneur! vous êtes l'Être et je suis le néant ; vous êtes Dieu et je ne suis qu'un grain de poussière. Il faut que Celui qui existe éternellement ait pitié de celui qui n'est rien, et que Celui qui est Dieu éternellement fasse miséricorde à celui qui n'est qu'un grain de poussière. Souvenez-vous, Seigneur, de l'ouvrage de vos mains!

« Puis, je me suis abandonnée à toute foi, à toute espérance, à toute confiance. Et je suis restée toute la nuit dans ces sentiments. Et aujourd'hui, ce matin, *je me suis endormie* et j'ai vu Notre-Seigneur ; sa figure, sa face, sa tête, ses pieds, ses mains, tout son corps était couvert de poussière. Il paraissait accablé de tristesse, de peines, d'angoisses ; il me semblait que la sueur sortait à grosses gouttes de son corps. Et en même temps, je me suis prosternée et j'ai adoré. Et alors, je désirais, il me semble, prendre toutes les peines, toutes les tristesses, toutes les angoisses, toutes les souffrances pour en délivrer Jésus, pour le consoler. Et alors, j'ai entendu une voix me dire : Ma consolation sera pour toi épines ; le parfum de mes roses sera pour toi angoisses, et mes délices seront pour toi tourments. — Seigneur, ai-je dit, voilà tout ce que je désire de vous, et tout a disparu. »

La prudence du serpent s'unissait dans cette âme à la simplicité de la colombe. Interrogée souvent en des cas difficiles, ses réponses portaient toujours le cachet d'une sagesse toute céleste ; d'un mot, elle résolvait les plus grandes difficultés et elle indiquait la marche à suivre. Sa prudence embrassait encore les détails les plus minutieux de la vie, et elle disait sur toutes choses ce qu'il y avait de mieux à faire.

Son admirable simplicité n'était que l'expression de sa droiture parfaite. « Le Seigneur, répétait-elle souvent, déteste la duplicité et il aime le cœur droit.

« La religieuse qui m'a cousu le cou me disait à chaque point qu'elle faisait : « Souvenez-vous de marcher avec un cœur droit et un esprit humilié ».

« Le cœur droit et l'esprit humilié, Dieu les gardera. Si un homme a toute espèce de qualités et n'a pas le cœur droit et l'esprit humilié, on ne me trouvera pas dans sa maison. Si un homme a toute espèce de défauts, de misères, mais s'il a le cœur droit et l'esprit humilié, on me trouvera dans sa maison, dit le Seigneur.

« Celui qui n'a pas le cœur droit, craint l'homme.

« Le cœur droit a la crainte de Dieu et non pas de l'homme.

« Celui qui craint la créature me met de côté, dit le Seigneur. »

La sœur Marie était la joie des récréations pendant qu'elle-même se récréait délicieusement avec les habitants du Paradis. Il y avait quelque chose de suave, d'enfantin dans ses gestes, ses paroles et le ton de sa voix. Écoutons-la :

« Jésus dort ou plutôt *Il fait semblant,* mais Il voit tout, tout, jusqu'au plus profond du cœur... Méfiez-vous de Jésus !... Il paraît dormir, méfiez-vous-en, mais d'une sainte méfiance... Jésus dort, il faut le réveiller : ce sont les actes de Marie qui le réveillent doucement. Marie, ce sont les âmes qui l'aiment... Il a faim, Jésus : il faut le nourrir ; quand il y a un acte d'obéissance qui se présente et qui nous coûte beaucoup à faire, c'est un mets fortifiant que nous donnons à Jésus ; si c'est un acte de charité, de renoncement, quelque chose de dur, d'amer, c'est une douceur pour la bouche de Jésus : il le mange, il est content... Il aime à s'amuser, Jésus ! Il s'amuse avec les petits actes cachés qu'on lui donne... Vous trouverez un acte de charité, une petite chose à faire... : vous prenez cela sur vous et vous le cachez... Il faut cacher, cacher ; alors Jésus s'amuse de ces petites choses cachées que vous lui donnez, mais il ne faut pas le dire ensuite. Non, ce serait le reprendre à Jésus. »

Jamais on ne vit la sœur Marie de Jésus Crucifié occupée d'elle-même. Penser aux autres et se dépenser pour eux, était sa vie.

Il n'est pas étonnant que, avec de telles vertus, elle exerçât sur les âmes le plus grand ascendant. Lorsqu'elle parlait de la part de Dieu, il y avait tant de majesté dans toute sa personne, tant de feu dans son regard et tant d'autorité dans son accent, qu'il était impossible de ne pas se soumettre. Tous ceux qui l'ont approchée avec foi et après avoir prié, ont subi cet ascendant salutaire. Elle n'en profitait d'ailleurs que pour les enraciner davantage dans le bien, en les plongeant de plus en plus dans les profondeurs de l'humilité. Ses paroles s'imprimaient dans l'âme : elles étaient en même temps un glaive, une lumière et un baume. Que d'âmes elle a remises dans la vraie voie! Combien d'autres ont été relevées de leur abattement et consolées dans leurs peines! Après l'avoir entendue, on se sentait meilleur et plus fort.

Elle ignora toujours l'art de flatter. « Le Seigneur, disait-elle, ne veut pas qu'on fasse de compliments. » Pour elle, elle disait la vérité, rien que la vérité; et, afin de la faire accepter, surtout quand elle était dure, elle l'enveloppait de paraboles ravissantes. Nombreuses sont les âmes dont elle lisait les plus secrètes pensées. Certaines de ces âmes, plus privilégiées, ont été toujours suivies de son regard. Pour celles-là, elle était pleine d'exigences divines : toujours le fer à la main, elle retranchait tout ce qui pouvait y rester d'humain. Dans toutes ces communications surnaturelles que Jésus la chargeait de transmettre, elle s'appelait la petite commissionnaire du bon Dieu. « Le bon Dieu, disait-elle, m'a confié cette charge dans sa maison, parce que je ne suis pas capable de faire autre chose. A d'autres les nobles emplois de l'intérieur; pour moi cet humble emploi des commissions à faire à l'extérieur. »

CHAPITRE XVIII

Révélations. — Mort de Pie IX. — Élection de Léon XIII. — Mort de la sœur Marie de Jésus Crucifié.

La sœur Marie de Jésus Crucifié savait que l'heure de sa délivrance était proche. La terre ne lui était plus rien, elle ne soupirait qu'après le ciel, elle ne regardait que le ciel. « Hâtez, Seigneur, hâtez le moment de mon départ, je m'ennuie sur la terre! Je suis comme un enfant qui a perdu son père et qui court à sa recherche. Vous êtes bon, Seigneur, mais vous êtes dur! Ah! si j'étais Jésus et si vous étiez sœur Marie de Jésus Crucifié, je ne vous laisserais pas languir si longtemps! Je suis comme l'oiseau emprisonné dans sa cage : ouvrez-moi la porte, afin que je prenne mon essor vers vous! »

Elle disait dans une extase : « L'âme et le corps se disputent ensemble; le corps ne trouve pas assez de place pour l'âme et l'âme est trop serrée. L'âme dit : Je ne puis plus vous supporter, vous m'étouffez. Ils attendent le Seigneur pour les séparer, ils sont trop aigris; ils ne peuvent pas rester ensemble. Le corps dit : Je ne vous garde pas par force, partez, vous me débarrasserez! L'âme dit au corps : Que m'importe à moi, si je puis faire un trou et m'échapper? L'un dit : Vous me faites trop souffrir, partez! Et l'autre dit : Je ne puis pas, ouvrez-moi quelque fenêtre. Le corps dit : Je veux aller à mon néant ! Et l'âme dit : Je veux aller à mon Créateur ! je veux sortir de cette prison ! Comment le monde peut-il dire : Mettons-les en prison, tandis que nous sommes en prison ? Pauvre monde, tu es aveugle ! Pour moi, s'il plaît au Seigneur de me délivrer... Nous traitons le corps comme un esclave, mais, quand il s'entête, on ne peut le réduire, il a des caprices. Il faut que l'âme reste en souffrance dans ce misérable corps par force. Je l'aimerai quand il m'ouvrira la porte... C'est le Seigneur qui décidera. »

Les révélations et les extases continuèrent à Bethléem comme à Pau[1]. Et cependant, elle se dépensait aux plus gros travaux avec une générosité sans égale. A la voir agir, on n'aurait jamais soupçonné le martyre intime de son âme, cette soif de l'éternité qui la consumait. Pendant la récréation, elle était souvent ravie, et elle avait encore, pour récréer ses sœurs, des paroles instructives et des manières inimitables.

Un jour, après avoir parlé du mérite de la souffrance et de l'obéissance, elle ajoutait : « Faites comme les

---

[1]. Combien de fois n'a-t-elle pas fait la cuisine en extase, chantant avec les habitants du Paradis et battant la mesure sur la marmite, ou la poêle, faisant frire, tournant et retournant ce qui était sur le feu avec un soin parfait, le retirant à point, et tout cela sans qu'il parût que ses yeux y fussent fixés ! Que de fois, la fin de l'extase la surprenant au fourneau, on la voyait faire un grand signe de croix, comme toujours quand elle revenait à son état ordinaire. Il était rare que l'on ne pût alors se retirer pour la laisser seule, ce que l'on faisait autant que possible pour lui épargner la peine d'avoir été vue ainsi. Quelquefois, afin d'éviter cet état ou en sortir quand il commençait à cesser, elle enfonçait dans sa chair une épingle qu'elle avait peine à retirer ensuite ; cette opération fut une fois si profonde et l'extase dura si longtemps, qu'il lui en resta une plaie difficile à guérir. Sa conscience l'ayant obligée de parler de ce genre de résistance à l'action de Dieu, son confesseur lui défendit de recommencer.

(Notes du Carmel.)

abeilles : cueillez le miel partout où vous le trouverez ; puis, cachez-vous dans votre ruche, vous trouverez tout à la fin. » Et elle reprenait : « Il y a beaucoup plus de miel dans l'épine que dans la fleur ».

Et encore : « Veillons sur le chemin où nous marchons, de peur que l'ennemi ne nous trompe. Faisons souvent le signe de la croix. Je vous dis ce que le Seigneur m'enseigne. Quand vous êtes tentées, dans quelque lieu que vous soyez, mettez-vous à genoux devant le Seigneur. Dites : Seigneur, je renonce à Satan, à ses œuvres, je ne veux que votre Esprit. Vous ne savez pas ce qui est bien, ce qui est mal, dites à genoux du fond du cœur : Seigneur, je renonce à Satan, à ses œuvres, à ses affections, je ne veux que vous et votre Esprit. Et vous verrez que vous serez toujours victorieuses, si vous êtes fidèles à ces paroles ; car souvent vous recevrez des coups, des blessures.

« Savez-vous ? Il y a un vieillard qui est dans le service du Seigneur depuis cinquante ans ; il n'a combattu qu'avec ces mots : Seigneur, je renonce à Satan, à ses œuvres, à ses affections, je ne veux que vous et votre Esprit... Et à présent, il s'en va victorieux. Il a fait des conversions, il a fait plusieurs choses très utiles... Le démon lui disait : Vous êtes bon, pacifique, je vous tente et vous résistez. Il entendait Satan et il le chassait par ces paroles. Le malin esprit a éprouvé ce cher vieillard par l'orgueil, par la calomnie. Et Satan, après avoir poussé les hommes de cette manière contre lui, venait lui dire : Voyez, on vous calomnie. Et lui, toujours de combattre l'ennemi par ces paroles qui sont une poudre, un canon ; c'est comme mettre quelqu'un dehors et fermer la porte. »

Une autre fois, parlant de l'oraison, elle disait : « Il

faut avoir des armes à l'oraison et s'en servir. » « Et quelles armes? » lui demanda-t-on. Elle répondit avec une amabilité et une grâce inexprimables : « Il faut avoir la hache; et, si on trouve en soi un défaut, un obstacle, quelque chose enfin qui doit être exterminé, là, un bon coup de hache! La hache, c'est la bonne volonté. Puis, s'il vient un étranger, des distractions qui détourneraient de Dieu, vite un coup de fusil! » Et ailleurs :

« Ne regardez pas la terre, mais l'éternité... Dieu vous enverra des contradictions. Si vous les acceptez bien, Dieu vous accorde des grâces et vous bénit; mais si nous nous révoltons contre la créature et contre Dieu, il nous envoie promener... Il laisse l'âme à elle-même... Il lui tend encore la main... Elle refuse... Et il dit : Je te tends la main; mais puisque tu ne le veux pas, je te laisse; tu n'es pas de mes enfants!... Et c'est quand elle est arrivée à n'avoir ni foi ni amour que Dieu lui a encore tendu la main et qu'elle l'a refusée. « Alors tu étais tentée et tu n'as écouté que la tentation. Je voulais te retirer de cet état et tu ne l'as pas voulu. Je ne te connais pas. »

« Quand il y a une branche sèche, que fait-on? On la coupe, n'est-ce pas? et on la jette dans le feu. Autrement, elle gâterait les autres, elle communiquerait la maladie aux autres branches. »

Enfant de la sainte Église jusqu'au fond des entrailles, elle souffre de toutes les humiliations infligées par les méchants à cette mère surnaturelle. Sa dévotion pour le Pape grandit toujours. Dieu l'en récompense en lui faisant connaître d'avance la mort de Pie IX et l'élection de Léon XIII.

Au commencement de décembre 1877, elle disait :

« J'ai vu deux enfants (anges) préparer un lit pour le Saint-Père. Je l'ai vu plusieurs fois. Puis la sainte Vierge tenait une couronne au-dessus de sa tête, mais il manquait une rose sur le devant; il y manque encore quelque autre petite chose. »

Dix ans auparavant, au mois d'août 1867, saint Élie, parlant de Pie IX à la voyante, lui avait dit : « Ce Père est un saint! Après lui, il en viendra un autre comme aucun autre; il souffrira beaucoup entre les mains de Dieu; il n'y aura pas de croix comme celles qu'il aura. Le troisième Saint-Père sera le Séraphique. »

Dans une extase du 21 janvier 1878, elle parlait de Pie IX, disant : « Mon Père va partir... On se prépare à la procession. On loue Dieu... Une multitude de vierges et le Seigneur à leur tête viendront chercher mon Père. Il m'a bénie sur le front avec le doigt qui tient Jésus. Je suis heureuse de mon Père... Les oiseaux chantent, la terre tressaille et le ciel aussi... Quand une âme est fidèle, oh! comme tout est content!... »

Dans une longue lettre adressée au Patriarche de Jérusalem[1] le 27 janvier 1878, elle disait au sujet de Pie IX : « J'ai vu que notre bien-aimé Père et Pontife Pie IX va partir bientôt, sa couronne est achevée. Il y a quelques jours, j'avais vu qu'il y manquait une rose; mais à présent, j'ai revu la couronne et il n'y manque rien. La sainte Vierge la tient dans ses mains, prête à être posée sur sa tête.

« J'ai vu aussi comme une procession qui se prépare à venir le chercher et je vois le Saint-Père comme sous la forme d'un enfant, d'une hostie, enfin

---

1. Durant ses visions et extases, elle reçut souvent l'ordre de soumettre à l'autorité supérieure, en tout ou en partie, ce qu'elle voyait et entendait.

d'une manière que je ne puis pas expliquer. Il m'a fait un signe de croix sur le front et il m'a dit : « Enfant, je vous bénis, je ne sais si c'est dans le délire ou en réalité que je vous vois, mais je suis malade : priez pour moi ». Et moi, voyant la procession qui se prépare pour lui, j'ai pensé : C'est vous qui devez prier pour moi, mais je ne l'ai pas dit... Seigneur, ai-je dit, permettez qu'il voie le triomphe de l'Église. — Il en a vu l'aurore, m'a répondu Jésus. — Comment, Seigneur, et il n'a pas vu rétablir ses droits? — Et Jésus a repris : N'a-t-il pas vu ses brebis se retourner vers son bercail? »

Et le 3 février 1878, elle ajoutait : « J'ai vu la sainte Vierge qui tenait dans ses mains notre bien-aimé Père et Pontife Pie IX. » Quatre jours après, Pie IX faisait une mort de prédestiné [1].

Durant une longue extase du 17 février, elle parut voir le Saint-Père Pie IX dans la gloire et elle s'écria avec transport : « Mon Père me dit : Adieu, enfant, à bientôt! » Un peu plus tard, elle donna, de la part de Dieu, quelques avertissements à la Communauté et elle ajouta : « Que le bon Dieu est bon de vous avertir! C'est notre Père qui a obtenu cela pour vous. » Parlant de sa mort, elle disait : « Il a dit à ses enfants : « Adieu, enfants, je souhaite que vous soyez fidèles. Regardez : Tout passe! » Elle ajoutait : « Voyez, quand mon Père est mort, il me semble que le ciel et la terre étaient triomphants et voulaient l'accompagner. Pourtant, il avait un corps comme nous. Il dit que rien ne vous empêche de devenir saintes comme lui.

---

1. Le 10 février, on apprenait par dépêche la mort du Saint-Père. — Comme la dépêche n'était pas officielle, on mettait en doute la réalité de sa mort, mais l'extatique assura que c'était bien vrai.

« Ce matin, un autre cher petit Père est parti comme Lui (le Saint-Père) ; je ne l'ai pas connu sur la terre, mais je le vois à présent. Il a le même honneur, la même gloire devant Dieu que notre Père. Aussi, toutes les créatures l'accompagnent. Cher petit Père ! » Et elle répétait avec un air de joie ineffable : « Cher petit Père, je suis jalouse[1]. »

Passons maintenant à l'élection de Léon XIII. Voici ce qu'elle disait le **18 février 1878** :

« J'ai vu le Saint-Père que Dieu a choisi. Notre-Seigneur tient ses mains sur sa tête ; il l'a élu, Lui, très humble. Il prie et il cherche parmi les cardinaux quel est le plus humble pour le choisir, et, en même temps, Dieu le choisit comme le plus humble. Il a l'air de repousser avec ses mains celles de Notre-Seigneur, ou plutôt la dignité, et, plus il la repousse, plus Dieu presse ses mains sur sa tête.

Durant une extase des jours suivants, elle disait : « Le successeur de mon Père est choisi. Saint François l'aime et saint Dominique le presse sur son cœur ! Dieu l'a consacré ! Dieu l'aime et il aime Dieu. Nous aurons un Père petit, humble, qui a l'esprit de dégagement. Il laisse les honneurs pour les autres ; il n'a pas le moi. Il aime la pauvreté. Dieu l'a consacré. Il dit : « Je ne suis pas capable », et Jésus dit : « Je serai avec vous ». — « Oh ! quel bonheur, nous allons avoir un bon Père ! »...

Le 24 février, Notre-Seigneur lui ordonna de communiquer ce qui suit au Patriarche de Jérusalem : « Il y a huit jours que j'ai vu le nouveau Saint-Père. Voici comment :

---

1. Elle parlait d'un simple prêtre.

« Je l'ai vu dans un endroit solitaire, il prie. Il sent que le Seigneur le destine à être Pape et il prie le Seigneur de lui épargner cette croix. Il en montre d'autres au Seigneur, parce qu'il les trouve plus humbles que lui. Il me semble pourtant que c'est lui qui est le plus humble et le plus digne. Il dit : Seigneur, ayez pitié de moi ! Il croit qu'un autre est plus capable et qu'il fera mieux que lui. Et le Seigneur met ses deux mains sur sa tête et il dit : Je vous consacre maintenant et pour toujours mon Pasteur.

« Cette nuit (24 février), j'ai vu le Souverain Pontife. Il était à genoux et j'ai vu Notre-Seigneur qui pose ses mains sur sa tête en disant : *Stella versa* ou *bersa*[1], je n'ai pas bien retenu le dernier mot. Je n'ai pas compris si c'est son nom ou si cela signifie quelque chose. Notre-Seigneur s'est retiré après ces mots.

« Saint François d'Assise s'approche et l'embrasse au front et il se retire respectueusement.

« Saint Dominique vient et l'embrasse sur l'épaule droite.

« Puis vient saint Ignace, qui l'embrasse sur les deux épaules.

« Ensuite est venu saint Augustin, qui l'a embrassé sur la tête, au-dessus du front.

« J'ai vu saint Jérôme venir l'embrasser sur le cœur. Après saint Jérôme, j'ai vu le premier Patriarche de Jérusalem qui a versé son sang (j'ai oublié son nom), venir le saluer tout joyeux.

« Ensuite, j'ai vu plusieurs saints et plusieurs enfants qui sont venus le saluer.

---

[1]. Les armes de Léon XIII portaient une étoile projetant ses rayons de haut en bas.

« La sainte Vierge est venue après, elle l'a entourée de ses bras et elle l'a pressé sur son cœur.

« Je ne sais ce que sera ce saint Pape. Je ne puis le définir, mais je puis dire que je suis heureuse d'être sous son règne.

« Je confesse qu'avec toute ma joie, la curiosité me tourmente un peu de savoir ce que signifiaient ces différents baisers, mais je suis ravie de joie dans mon âme. C'est très consolant pour nous. Le Seigneur m'a dit : « Écrivez cela à votre Père, qu'il garde cette lettre, car elle figure des choses que l'avenir fera connaître. »

Dans le courant de ce mois de février, elle parlait, dans une extase, de la Mère Émilie Julien, Supérieure générale des Sœurs de Saint-Joseph de l'Apparition, morte le 27 janvier dernier. Elle disait : « Oh! elle est avec Jésus... On la croit au Purgatoire et qu'elle y souffre beaucoup; on prie et elle est avec Jésus! — Ma Mère, priez pour nous... »

Il y avait plus d'un an que parfois, poussée par une inspiration divine, la sœur Marie demandait à Monseigneur le Patriarche de Jérusalem l'autorisation de fonder un Carmel à Nazareth; elle lui rappelait, avec une simplicité et une naïveté charmantes, qu'il n'avait pas voulu d'abord de Carmel à Bethléem, et elle ajoutait qu'en réparation, il devait demander lui-même à Rome d'autoriser cette nouvelle fondation. Le 10 avril 1877, comme elle lui en parlait encore au parloir : « Vous me reprochez toujours cela, lui répondit Monseigneur en souriant avec bonté; eh bien, je vais écrire à Rome pour demander cette autorisation ». Non seulement le vénéré Patriarche exécuta sa promesse, mais encore il chargea quelqu'un de trouver à Nazareth un ter-

Carmel de Nazareth.

rain pour le nouveau Carmel, dès que Rome en eut autorisé la fondation.

« Savez-vous, disait la sœur Marie en extase le 25 avril 1878, j'ai oublié de vous dire que, la nuit dernière, j'ai vu un jeune homme comme un voyageur, avec un bâton à la main : je ne sais si c'est Jésus, je ne sais pas qui c'est... Il était, je crois, avec saint Joseph. Il m'a dit qu'il voulait doter Nazareth. Je lui ai dit : Vous voulez donc être comme Sœurette[1] ? Et Jésus la récompense ! — Et Lui m'a répondu : Je suis plus grand, plus riche que Sœurette. Je suis plus que Sœurette !... — Il m'a beaucoup frappée... Je ne sais pas si c'est Jésus ; il paraît avoir de dix-huit à vingt ans. » Elle paraissait le voir et disait : « N'est-ce pas que je ne vous ai rien demandé ? Il m'a promis de tout faire. Il n'a besoin de rien pour la maison[2]. Il a fait un papier, j'ai vu l'écriture : il est en toutes les langues. Je lui ai dit : Je ne vous ai rien demandé au moins ? C'est vous qui avez été inspiré ! Il a donné le papier écrit à saint Joseph. » Elle s'écriait, ou plutôt elle chantait avec des transports indicibles : « Un fondateur !... mon cœur tressaille d'allégresse. Nazareth est doté ! »

Le Sauveur charge encore à cette époque sa petite servante de commissions importantes pour l'autorité ecclésiastique. En même temps, elle lit dans les cœurs et continue à voir les événements à distance. C'est ainsi

---

[1]. La sœur Marie appelait ainsi la Fondatrice du Carmel de Bethléem.
[2]. Sans préjuger la réalité surnaturelle de cette vision rapportée dans les termes mêmes de sœur Marie de Jésus Crucifié, nous remarquerons seulement que les paroles du « jeune homme » se sont réalisées ; aujourd'hui, malgré des difficultés sans nombre, provenant des autorités locales et de la disposition du terrain, un nouveau Carmel s'élève gracieusement sur une colline dominant Nazareth et ses sanctuaires.

qu'elle répétait, le 18 novembre 1877, après une muette contemplation et avec des transports de joie : « Louons Dieu, bénissons son saint Nom ! Oh ! qu'il est beau, oh ! qu'il est bon ! Il y a là un enfant qui n'a pas voulu lâcher l'hostie à l'ennemi ; il est martyr. A présent, il a une gloire qu'on ne peut exprimer. Ils l'ont souffleté, ils lui ont coupé les mains, lui ont marché dessus, et ils n'ont pu la lui arracher. Le Seigneur l'aime ! Il l'aime tant qu'on ne saurait le comprendre ! C'est sa fête aujourd'hui et il faut se réjouir. Le ciel se réjouit et la terre aussi doit se réjouir. Nous aurons un nouveau Protecteur parce que le ciel l'aime ; le Seigneur l'aime. »

Les anges, par leurs fréquentes apparitions, préparent leur sœur aux joies de la patrie. Ils lui font entendre leurs chants et cette musique céleste la transporte et la fortifie même corporellement. La sainte Vierge n'a garde d'oublier sa fidèle enfant. Elle lui fait comprendre que son livre s'achève, que la mort approche, que le ciel l'attend. Jésus surtout réjouit sa servante. Il lui a déjà montré la récompense des vierges dans la gloire. Voici comment elle décrit cette gloire de la virginité :

« L'Époux marche, dit-elle, et la vierge le suit, et sur le front de la vierge est écrit le nom de l'Agneau ; la chair de la vierge et la chair de l'Agneau ne font qu'un. O vierge prudente et fidèle ! Si vous blessez la vierge, vous blessez l'Agneau ; si vous honorez la vierge, vous honorez l'Agneau. La vierge chante toujours ; elle suit l'Agneau et jamais elle ne se fatigue ; et elle s'incline et elle donne son parfum dans la mesure où elle a mérité sur la terre. O vue de l'Agneau, mon soleil, ma vie ! Mon âme n'en peut plus, mon âme n'en peut plus! — O vierge prudente! le nom de l'Agneau est toujours écrit sur ton front.

« Rose Térèse a le nom de l'Agneau écrit sur son front, c'est par l'amour qu'elle l'a mérité. — Rose Térèse dit : « Ma fille, marchez toujours à la suite de l'Agneau. Souvenez-vous que l'ange écrit vos soupirs, vos pas et tout... Je t'appellerai fille chérie, si tu fais tout pour l'amour... L'âme qui porte le nom de l'Agneau, la terre, les rochers, tout tremble devant elle.

« Je vois l'Agneau et les vierges le suivent; je ne croyais pas qu'il y en avait autant. Il y en a beaucoup, beaucoup. J'y ai vu Rose Térèse, Marie des Anges, Madeleine de Pazzi et Marguerite-Marie !... Chacune d'elles a son parfum distinct selon la vertu qui a dominé en elle. Il y a un chemin large en forme de couronne autour d'une montagne ; l'Agneau marche dans ce chemin et les vierges le suivent. Et de chaque côté du chemin, il y a un grand nombre de rangées de fleurs les unes derrière les autres. Ce sont des roses, des violettes, des fleurs de toute espèce, qui donnent leur parfum en rapport avec la vertu pratiquée par les âmes qui ne sont pas vierges, mais qui jouissent cependant de la béatitude. Lorsque l'Agneau passe, elles s'inclinent toutes et elles donnent leur parfum. Les plus élevées en mérite sont devant; leurs tiges sont plus grandes; et, quand l'Agneau passe, elles le touchent en s'inclinant.

« Les vierges suivent l'Agneau et elles chantent un cantique que personne autre ne peut chanter. La vierge n'est pas seulement la vierge de corps, la vierge de pureté; c'est surtout la vierge de charité. Celle qui manque à la pureté fait le mal pour elle; mais celle qui manque à la virginité de la charité blesse, de plus,

Jésus. Il est plus grave de manquer à la virginité de la charité qu'à la virginité de la pureté. »

A certaines heures, la sœur Marie endure une véritable agonie de délaissement intérieur. Le désir du ciel devient de jour en jour plus véhément. Elle demande des prières à tous ceux qu'elle aime, afin que ce départ soit anticipé. Elle s'adresse aux anges eux-mêmes pour obtenir cette grâce. Rapportons, d'après son récit, quelques paroles d'un de ces colloques célestes :

« J'en ai vu deux qui disent : « Prenez cette enfant avec vous, elle ne peut plus rester sur la terre! » Je me suis approchée tout doucement et je leur ai dit : Dites-le Lui... Le Seigneur m'a vue et il a été un peu fâché... Voilà ce que c'est que la curiosité, mais Il me pardonnera, parce que c'est le désir d'aller à Lui... Seigneur, ayez pitié de cette enfant, elle souffre là-bas. Il regarde d'un œil qui n'est pas compatissant... Les enfants disent : Pitié pour cette enfant!... Il regarde... Je sens qu'Il m'aime... Il m'aime et Il ne veut pas... Ses cheveux tombent sur ses épaules, ses regards percent le cœur!... »

Au mois de janvier 1878, elle était délicieusement ravie et disait au sujet de sa mort : « Il m'a promis : bientôt, bientôt! il ne me manque que ça », et elle montrait l'extrémité de son doigt. Elle était debout et paraissait regarder un être invisible : « Oui, dit-elle, ah! oui, heureux le jour! oui, je l'ai vu et je l'ai là toujours écrit », et elle montrait son cœur. « C'est beau quand on voit tout ça, mais c'est très difficile. Et personne ne fait autant de chutes que moi. Je m'étonne, je devrais être brisée; n'avoir plus de bras et de jambes. Non, je ne lève pas la tête, je l'ai bien basse. Pourtant, je désire la lever pour te voir, ô heureux jour! »

Dieu permettait ainsi que tout concourût à crucifier cette belle âme avant de la rappeler à Lui. Elle était profondément persuadée de l'imperfection de tous ses actes ; elle se croyait la plus coupable de toutes les créatures. La crainte d'offenser Dieu la brisait et elle répétait : « Je ne puis plus vivre, ô mon Dieu, retirez-moi ! »

Un jour, en parlant de ses dispositions intérieures, elle disait : « Mon Dieu, que nous sommes peu de chose ! Comment l'homme peut-il s'attribuer quelque bien ? Hier, je sentais Dieu qui me tirait, et je luttais (contre l'extase). Je lui disais : Allez un peu plus loin... Il me comprend, Lui... Je le fuyais autant que je pouvais et je me suis endormie. Cette nuit, je ne sentais plus Dieu. Aujourd'hui, je voudrais penser à Lui, m'en approcher et Il est loin. Je l'appelle, je Le conjure et je reste toute vide... Mon Dieu, est-il possible de dire que l'homme peut quelque chose ? Pourtant, j'ai un sentiment intime, profond, que, malgré toutes mes infidélités, Dieu m'aime et qu'Il me sauvera par sa pure miséricorde. »

Quelquefois, emportée par la vivacité de son zèle, elle tombait dans quelques imperfections apparentes qui lui faisaient passer la nuit dans les gémissements et les larmes : elle n'osait s'approcher de la sainte Table. Et cependant, racontait-elle, « l'enfant » lui avait dit : « Pourquoi laissez-vous Jésus ? Au ciel, vous ne pourrez pas recevoir votre Créateur. Pourquoi craindre, ici-bas, de recevoir votre Créateur ? »

Au printemps de l'année 1878, la Prieure du Carmel, accompagnée d'une autre sœur et de l'humble petite sœur converse, se rendit à Nazareth pour visiter le terrain du futur Carmel. Ce fut Mgr Bracco, Patriarche de

Jérusalem, qui choisit l'emplacement le plus convenable pour y élever le monastère. L'heure n'est pas venue de faire connaître les faits merveilleux qui eurent lieu durant ce voyage; nous dirons seulement que la Voyante indiqua de la manière la plus précise certains terrains sous lesquels on trouverait des restes de vénérables sanctuaires, ce qui s'est vérifié dans la suite.

De retour à Bethléem, la sœur Marie se dévoua sans mesure à l'achèvement des travaux de construction par la surveillance la plus active. On admirait de plus en plus les voies de Dieu dans cette âme, mais on redoutait que ce trésor, qui devenait de plus en plus précieux en se dégageant de tout alliage par les épreuves, ne fût bientôt enlevé à l'affection de tous. Pour elle, elle savait que son exil allait finir, et cette pensée la ravissait et la transportait : « Je verrai mon Dieu, s'écriait-elle... Pas de loin comme je le vois à présent, mais en réalité, en vérité... Je verrai le Dieu vivant!... J'entendrai sa voix... mes os et ma chair seront rassasiés de joie... Après avoir été dans un abîme, je serai dans un palais avec Lui!

« Quand je vous verrai, tout en moi reprendra vie et une nouvelle puissance en vous, mon Dieu! O mon Dieu, que le monde est aveugle de craindre la mort!... Cette heureuse mort!... O mort favorable, rendez-moi vite à mon Bien-Aimé!... Oui, vous êtes favorable, vous délivrez de la prison... Sortir des ténèbres pour paraître au jour!... Je verrai mon Dieu!... Le Seigneur l'a promis!... »

Le 2 août[1], elle entendit ces paroles : « Le Seigneur a

1. L'Aumônier du Carmel disait dans le courant de ce mois d'août, à la Prieure du Carmel, en parlant de la sœur Marie de Jésus Crucifié dont le concours lui était souvent nécessaire pour parler arabe aux ouvriers :

pitié de vous! vous aurez une souffrance atroce, mais un peu courte. »

Le 4 août, elle annonce sa mort très prochaine dans deux lettres écrites au Supérieur des Prêtres du Sacré-Cœur de Bétharram et au Père Estrate.

Écoutons le récit d'une carmélite [1] de Bethléem sur les derniers jours de cette vraie fille de sainte Térèse, sur sa mort et sur ses funérailles.

22 août 1878. Sœur Marie de Jésus Crucifié souffre beaucoup. Néanmoins elle se porte au travail avec des efforts inouïs et un dévouement admirable.

Elle nous a dit quelquefois : « Je fais mon possible pour qu'on aille vite, afin qu'après ma mort, vous soyez tranquilles et en repos ».

Ce matin, elle était très faible, et, malgré cela, elle se préparait à redoubler de vigilance. Deux fois, elle est tombée au jardin.

Vers dix heures, encore au jardin, et remplissant un acte de charité, elle montait un mauvais escalier d'où elle est tombée, et elle s'est fracassé le bras gauche. C'était sa troisième chute. Elle est tombée sur une caisse du géranium miraculeux, demandé par elle à Notre-Seigneur comme signe de la fondation du Carmel de Bethléem.

Dès le premier instant, la pauvre enfant a beaucoup souffert et elle a dit à notre Révérende Mère : « Mère, c'est le signal du départ »; et à d'autres sœurs : « Je suis sur la voie du ciel, le désir de toute ma vie va s'accomplir : je vais aller à Jésus. »

« Voilà une prophétie de cette enfant qui ne va pas se réaliser : elle avait dit qu'elle n'achèverait pas les trois ans depuis son arrivée; nous y sommes dans quelques jours, et elle est pleine de vie. »

1. Son ancienne maîtresse de noviciat et sa secrétaire.

On lui donna et on lui fit donner tous les soins nécessaires en pareille circonstance.

Elle offrait ses cruelles douleurs pour l'Église et la France, pour le Carmel de Pau, pour la Congrégation de Bétharram, pour notre Communauté, demandant que ce Carmel marche toujours en la présence de Dieu et aussi pour le retour à Dieu d'une âme infidèle[1].

24 août. Depuis le moment de la chute de notre bien-aimée sœur, le mal s'est aggravé, surtout depuis hier; on craint la gangrène.

Ce n'est qu'avec beaucoup de peine et un redoublement de souffrance générale qu'elle a pu recevoir à jeun la sainte communion à l'infirmerie.

Ses douleurs à la poitrine et au cœur ont redoublé. Des étouffements sont survenus, et le tout avec une telle intensité, qu'elle oubliait son pauvre bras, qui cependant la fait horriblement souffrir; les os sont fracassés en plusieurs morceaux entre le poignet et le coude.

Elle s'offre au bon Dieu pour endurer tout ce qu'Il voudra en cette vie pourvu qu'Il lui fasse miséricorde pour l'autre. Du reste, c'était sa prière continuelle, depuis une vingtaine de jours surtout; quant à la souffrance, elle paraît avoir été bien exaucée.

25 août. Notre chère sœur est très mal depuis ce matin. Le docteur-chirurgien, que nous avons fait venir de Jérusalem, a constaté une gangrène qui n'est pas ordinaire et qui est très avancée. Il ne lui donne qu'un ou deux jours au plus de vie. La consternation est dans tous nos cœurs et sur tous les visages, la vie de cette chère enfant nous étant à toutes et à chacune plus chère

---

1. Il en a été question au chapitre xv, p. 254.

CHAPITRE XVIII.

que notre propre vie. Pour elle, qui comprend son état, elle est calme et abandonnée à Dieu.

Dans l'après-midi, le R. Père Guido, religieux franciscain[1], notre confesseur extraordinaire, est venu visiter notre chère crucifiée. Il l'a confessée et lui a porté le saint Viatique. Elle soupirait après le moment de recevoir son Bien-Aimé et elle répétait : « Venez, Seigneur !... Seigneur Jésus, venez ! » Les grâces, indulgences et absolutions étaient prodiguées à notre bien-aimée Sœur qui les recevait avec sa pleine connaissance. Elle ne perdait pas un seul mot de toutes les prières et elle faisait assez facilement le signe de la croix.

Bientôt après, Mgr le Patriarche, qu'elle avait désiré voir, vint lui apporter encore de nouvelles grâces et de nouvelles bénédictions.

Elle témoigna le désir de recevoir l'Extrême-Onction et Monseigneur voulut bien la lui donner. Il était assisté du R. Père Guido et du Père Belloni. Elle demanda ensuite pardon à la Communauté de toutes les peines et de la mauvaise édification qu'elle avait pu nous donner. Ce fut dans des termes si touchants, que nous fondions en larmes.

Après la cérémonie, Monseigneur lui dit : « Vous êtes prête à partir maintenant ? » — « Oui, mon Père. » — « Êtes-vous résignée à la volonté de Dieu pour la vie ou pour la mort ? » — « Oui, mon Père. »

Et comme elle manifestait un grand désir ou plutôt une grande joie de mourir, Monseigneur lui demanda si elle ne se résignerait pas à vivre, si le bon Dieu le voulait. Elle a répondu : « Oui, mon Père ». Mais elle ajoutait aussitôt : « Une bonne mort, une bonne mort ! »

---

[1]. Directeur de Casa-Nova, à Jérusalem, et, depuis, archevêque d'Alexandrie.

Elle dit à Monseigneur combien elle était heureuse et qu'il ne lui manquait plus rien. Puis elle le remercia et lui dit que, dans l'éternité, elle ne l'oublierait pas et qu'elle demanderait au bon Dieu de fortifier sa santé.

En la quittant, Monseigneur la laissa comblée de grâces et dans une douce paix.

Peu après, le chirurgien entra et il fit quelques incisions et quelques brûlures à son pauvre bras, afin de tâcher de nous la conserver quelques heures de plus. Elle ne les sentit pas; déjà la gangrène avançait vers le côté, les épaules et le cou. Elle suivait tous les mouvements du médecin et elle était aussi calme que si l'on avait travaillé sur du bois. Elle le remercia de ses soins, elle le fit encore plus tard en disant que Jésus le lui rendrait.

Dans la soirée, elle parut moins souffrir; mais, vers onze heures, le mal augmenta; déjà sa langue s'embarrassait. On fit entrer le Père Belloni, notre confesseur, et le Père Chirou, notre aumônier, qui passaient la nuit au tour extérieur, et qui vinrent la fortifier par des paroles d'espérance. Ils lui demandèrent si elle avait quelque chose qui lui fît de la peine : « Oh! non, dit-elle, je n'ai rien pour personne, je suis tranquille ». Et, s'adressant aux Pères, elle ajouta : « Maintenant, je ne puis pas parler; mais, dans l'éternité, je prierai pour vous, je n'oublierai personne ».

Un peu auparavant, elle avait dit : « Merci, Jésus, merci, Marie! Tout passe! C'est fini! Ce n'est pas le bras qui m'emporte, c'est ça. » Et elle montrait sa poitrine et son cœur.

Elle dit encore : « Je pense aux bontés de Dieu à mon égard et à mes ingratitudes. Lui, toujours bon pour moi et moi, toujours ingrate! Mais j'ai confiance. »

Dans un autre moment, on lui demandait si elle ne regrettait pas de partir avant que l'œuvre de Bétharram à Bethléem ne fût faite[1]. Elle répondit : « C'est fait au ciel; par conséquent, ça se fera sur terre ».

Durant ces quatre jours de maladie, elle invoqua souvent sa Mère du ciel, quelquefois sous le titre de Mère d'amour; elle l'appelait encore ainsi dans la dernière nuit de sa vie.

On l'entendit répéter plusieurs fois : « Que le nom de Dieu soit béni ! »

Après minuit, les Pères lui portèrent le saint Viatique et l'indulgence de notre Ordre *in articulo mortis* lui fut appliquée.

Elle était radieuse, rayonnante, et semblait déjà posséder le ciel.

Plus tard, comme on lui parlait de quelque chose, elle reprit doucement : « Laissez-moi avec Jésus et penser à ses bienfaits ! »

Aux commissions qu'on lui donnait pour le ciel, elle disait : « A présent, je suis trop fatiguée, mais dans l'éternité ! »

Pourtant, elle nous dit dans un autre moment : « Souvenez-vous que tout passe, et que nous n'aurons, à la mort, pour nous justifier devant Dieu, que ce que nous aurons fait pour Lui pendant la vie ! »

Elle témoigna aussi son bonheur de mourir en religion.

Vers une heure, nous voyant encore autour de son

---

1. Il était question de fonder une résidence de prêtres du Sacré-Cœur de Bétharram à Bethléem pour desservir le Carmel. Déjà, la sœur Marie en avait sollicité l'autorisation à Rome. Grâce à ses instances, Mgr le Patriarche de Jérusalem avait agréé un de ces prêtres comme aumônier du Carmel. Le Père Chirou était arrivé le 20 juillet 1877 pour remplir cet office.

lit, elle nous dit : « Allez vous coucher ; c'est assez de deux pour rester. Ne croyez pas que je partirai encore. Je partirai certainement, mais j'ai encore beaucoup à souffrir : je vous appellerai. »

Elle oubliait, selon son habitude, ses cruelles souffrances et elle cherchait à nous faire croire qu'elle était mieux pour nous donner le courage de la quitter. Elle était touchante de naïveté et de tendresse en disant : « Ma Mère, allez vous reposer. Ma sœur, allez vous reposer. » Elle en nomma plusieurs, surtout les plus faibles, et toutes protestaient qu'elles ne la quitteraient pas.

Nous omettions de mentionner qu'après la communion, sa langue est redevenue complètement libre.

Quelques-unes des sœurs se résignèrent enfin à la quitter et elle en paraissait tout heureuse. Mais bientôt le cœur nous ramenait auprès de ce cher trésor que nous étions au moment de perdre. On regrettait une seule minute passée loin de notre bien-aimée petite sœur.

Vers quatre heures et demie, elle dit avec une expression qui ne saurait se rendre, ou plutôt elle s'écria : « Comme le cerf altéré soupire après l'eau du torrent, ainsi mon âme soupire après vous, ô mon Dieu! »

A cinq heures moins un quart, elle eut une forte crise d'étouffement. Soudain, elle se met à genoux sur sa couche, et, joignant ses mains, elle dit avec force : « Je vais mourir, c'est le moment. Appelez toutes les sœurs ; j'étouffe ». Elle se lève sur son séant, et elle fait quelques pas précipités vers la porte ouverte. Là, elle serait tombée si deux sœurs ne l'avaient fait asseoir sur une chaise et ne l'y eussent soutenue. Elle eut un moment de grandes souffrances.

La Communauté était réunie. Nos deux bons Pères

étaient rentrés pour l'assister. A cinq heures, on sonna l'Angélus, elle fit le signe de la croix et on vit ses lèvres remuer.

Un instant après, elle jeta par côté un regard de surprise et de dédain; mais aussitôt sa figure redevint sereine; son regard s'illumina comme dans l'extase, mais seulement pendant la durée d'un éclair.

Elle parut alors revenir de cette crise. Elle eut encore la force et l'énergie de faire quelques pas. Puis, de nouveau, ses forces la trahirent.

Ainsi elle a conservé toute sa connaissance et sa force de volonté jusqu'au dernier moment.

On lui suggéra cette invocation : « Mon Jésus, miséricorde! » et elle dit : « Oh! oui, miséricorde! » Ce furent ses dernières paroles. On lui fit baiser le crucifix. Il y avait à peine quelques minutes qu'elle était de nouveau couchée. Le Père Belloni interrompit les prières de la recommandation de l'âme pour lui donner une dernière absolution, et aussitôt elle rendit sa belle âme à son Créateur, sans agonie, avec un sourire céleste dans le regard et si doucement, qu'à peine avons-nous pu nous en apercevoir. Il était cinq heures dix minutes du matin.

Nous étions toutes là, heureuses d'assister à une si belle mort qui ne nous laissait qu'une douce paix au milieu de nos larmes... Quoique notre chère sœur nous eût dit qu'elle ne finirait pas les trois ans à Bethléem, le bon Dieu permettait que nous n'y réfléchissions guère. La pauvre enfant elle-même, quelques heures avant de mourir, attendait encore, semblait-il, la souffrance atroce qui lui avait été prédite; c'est que, dans sa ferveur et sa générosité, elle comptait pour rien ce qu'elle avait souffert jusque-là.

Quoiqu'elle n'eût rien négligé pour avancer les travaux du monastère, elle est partie en laissant des murs inachevés ; ainsi, elle ne vit pas le monastère terminé, comme elle nous l'avait encore prédit plusieurs fois.

Comme c'était son droit, le Carmel de Pau désirait posséder son cœur. Nous avions prévenu le chirurgien qui la soignait et qui vint, vers huit heures, procéder à l'ouverture du corps. Aussitôt qu'il vit le cœur, il y remarqua comme une cicatrice ; avant de l'enlever, il appela nos deux Pères et il nous a fait voir à tous une ouverture dont les deux bords paraissaient desséchés, ce qui prouve, ajoutait-il, que cette ouverture n'a pas été faite pendant l'opération.

Le Père Belloni lui fit cette reflexion : « Mais, est-ce qu'une maladie ne peut pas faire cela ? » — « Non, répondit-il, ce cœur n'a jamais été malade. »

On le déposait dans un plat au moment où quatre prêtres du Patriarcat et bientôt un cinquième entraient à l'infirmerie, sur la demande du chirurgien, pour servir de témoins. Dieu avait permis qu'ils se trouvassent à cette heure au tour extérieur du monastère, car Monseigneur le Patriarche les avait envoyés pour régler l'heure et la cérémonie de l'enterrement. Tous ont pu examiner à loisir le cœur ; une constatation de ce qui s'est passé sera écrite par ces messieurs.

Un jour plus tard, le chirurgien nous fit encore remarquer que la blessure traversait le cœur de part en part, laissant à l'un des côtés une ouverture moins large.

Le corps de sœur Marie de Jésus Crucifié conserva pendant plusieurs heures une beauté de paradis comme le disait le médecin.

Toute la journée, ses bras restèrent flexibles, et, chaque fois que l'on ne tenait plus ses mains, ils s'étendaient d'eux-mêmes en forme de croix. Quand on eut extrait le cœur, un sang chaud, liquide et vermeil ne cessa de couler jusqu'au soir, par la plaie de la poitrine.

Une fois dans la bière, on vit à trois reprises ses bras sortir d'eux-mêmes du cercueil. Après que notre Révérende Mère les lui eut plusieurs fois repliés en vain, elle lui dit : « Mon enfant, par obéissance, restez les bras baissés, afin qu'on puisse fermer le cercueil. » Et la chère enfant, qui avait porté l'obéissance jusqu'au miracle pendant sa vie, obéit encore après sa mort, et ses bras restèrent immobiles.

On la descendit au chœur et on l'entoura de roses, de lis et de lumières. Les rosiers ombrageaient sa tête et les lis formaient une couronne autour de son cercueil.

Nos cœurs étaient bien émus et consolés en même temps. C'était en ce même jour et à peu près à la même heure, qu'on s'aperçut qu'elle recevait une blessure surnaturelle, au Carmel de Pau, le 26 août 1867, après les premières vêpres de la Transverbération du cœur de notre Mère Sainte Térèse, dont nous faisons l'office. Nous avons passé la nuit auprès de ce cercueil qui renfermait ce que nous avions toutes de plus cher ici-bas.

Le 27 août, un nombreux clergé s'était rendu à la chapelle pour la messe de l'enterrement, qui fut célébrée par don Valerga, secrétaire de Mgr le Patriarche de Jérusalem.

Le concours fut immense à ses funérailles ; un seul cri s'échappait de toutes les bouches : « La sainte est morte ».

Après la messe, le clergé entra dans la clôture, ainsi que le Consul de France. Tous portaient un cierge à la main et cette cérémonie funèbre ressemblait plutôt à un triomphe qu'à un deuil. Seize prêtres du Patriarcat entouraient le cercueil.

Enfin, le moment de la dernière séparation était venu. Notre cher trésor, ou plutôt son enveloppe mortelle allait nous quitter pour toujours, mais en nous laissant une paix qui surpasse tout sentiment, même celui de la douleur et du vide immense qui s'est fait au milieu de nous [1].

---

1. « Quel récit et quelle mort ! écrivait M. Chesnelong, alors sénateur.
Le récit est simplement un chef-d'œuvre, d'autant plus admirable que l'art en est absent et que la beauté y jaillit, spontanément, toute vive et tout entière, de la vérité des faits et de la sincérité de l'émotion.
La mort est d'une sainte. Quelle résignation dans la souffrance ! Quelle confiance dans la bonté divine ! quelle aspiration aux joies éternelles ! quel détachement héroïque de soi et quelle tendresse attentive pour les autres ! quelle association sentie avec Jésus dont le doux Nom se mêle à tout : ici, à l'expression de la reconnaissance, et là, à la promesse de la récompense, à l'invocation de la miséricorde comme à l'élan vers la gloire du triomphe ! Ce grand silence de la nuit..., cette parole qui vient l'interrompre : « Comme le cerf altéré... » ; puis, cette sollicitude pour ses compagnes qui veillent ; le départ de quelques-unes ; leur prompt retour auprès du cher trésor dont on ne doit pas longtemps jouir ; puis encore la mort pressentie, le rappel de toutes auprès de la couche funèbre, le dernier agenouillement, le dernier cri de miséricorde et le dernier : « Merci » à Jésus, ce dernier regard rapide comme l'éclair qui commence par un mépris jeté à ce qui passe, se continue par une tendresse aux âmes dont on se sépare pour aller se perdre dans la contemplation radieuse de l'infini, et enfin, la dernière absolution du prêtre, au mot du *Proficiscere*, l'âme qui se détache sans effort en jetant doucement son dernier souffle, discrète dans le triomphe comme elle le fut toujours dans la vertu ; comme tout cela est vrai, beau, grand, illuminé de sainteté !... »

CHAPITRE XIX

Après sa mort [1].

Les habitants de Bethjallah, village distant d'un quart d'heure de Bethléem, assurent avoir vu, le lendemain de sa mort, un arc-en-ciel sur le monastère avec une couronne verte au milieu.

Au moment où sa belle âme s'envolait vers son Créateur, une sainte religieuse [2] la vit, pendant son sommeil, sous la forme d'une admirable colombe. Voici du reste le récit qu'elle en adressait au R. Père Estrate.

« Dans la nuit du 25 au 26 août (1878), je fus tout à coup transportée sur le bord de la mer; j'étais effrayée de voir cette étendue d'eau, la mer était mauvaise; cependant, je devais m'embarquer pour un long voyage, je ne voyais pas de bateau pour la traversée, j'étais seule et je devais partir sans retard. Tout à coup un oiseau blanc comme la neige se montra voltigeant sur les eaux où il étendait ses longues ailes bordées d'or; il arriva d'un

---

1. Ce chapitre et les chapitres suivants ont été ajoutés d'après les notes du Carmel.
2. La Mère Marie de Sainte-Marine Verger, alors Supérieure de la maison du Bon-Pasteur de Perpignan et qui, en 1892, fut élue Supérieure générale de sa Congrégation. Elle mourut en odeur de sainteté le 30 mai 1905, à l'âge de 82 ans. Durant les treize années de son généralat, elle fonda soixante-sept maisons du Bon-Pasteur au milieu des plus rudes épreuves, sans que rien pût ébranler son courage et sa confiance en Dieu.

vol rapide près de moi sur le rivage, il me fit signe de me mettre sur ses ailes; j'hésitais malgré la confiance que m'inspirait cette blanche colombe (beaucoup plus grosse que les colombes ordinaires); dans ma pensée, j'y voyais du surnaturel, je crus que le bon Dieu envoyait un ange à mon secours. Comme je craignais encore, cet oiseau me parla et me dit : « Mettez-vous sur mes ailes et je vous porterai là où le bon Dieu vous veut ». Et comme je voulais objecter ma pesanteur, il me prit avec son bec et je me sentis moi-même légère comme l'oiseau qui me portait; la peur que j'avais eue cessa alors; nous allions en pleine mer, plus vite que le vent. La mer était calme, le soleil se reflétait sur les eaux; je me sentais tout enflammée d'amour de Dieu, je ne cessais de le bénir de sa protection envers moi; je savourais, pour ainsi dire, un avant-goût du ciel.

« Après une longue traversée sans fatigue, nous arrivâmes sur une belle plage. L'oiseau me déposa sur le rivage; puis, me regardant d'un œil intelligent et innocent, il me dit : « Voyez-vous là-bas ce magnifique jardin? suivez cette route, elle y conduit; admirez ces belles fleurs et, lorsque vous serez arrivée là, vous verrez un magnifique palais : c'est là la demeure de celui qui m'a envoyée vers vous, il vous prépare une belle fête; entrez donc et présentez vos hommages au maître de ce palais en lui exprimant toute votre gratitude pour ses bontés envers vous; je vous reprendrai pour assister à la messe qui se dira dans une heure; j'ai une mission à remplir; à bientôt, je serai là pour la fête. »

« Je suivis mon chemin, je voyais comme dans une ombre le palais qu'on m'avait désigné; j'arrivai sans fatigue; je trouvai à la porte du palais un domestique en grande livrée; il me parut être instruit de mon arrivée; avec un air gracieux et modeste, il me pria d'entrer et, comme je traversais un vaste vestibule, je sentis un parfum odoriférant : toute sorte de fleurs aux parfums délicieux ornaient les larges corridors que nous traversions; c'est là que la charmante colombe vint me rejoindre et, avec un air satisfait, elle me dit : « Je bénis Dieu de votre heureuse arrivée, suivez-moi ». Je la suivis quelques minutes, puis elle s'arrêta et me déposa sur le front je ne sais quel baume odoriférant et je fis le signe de la croix. La colombe me dit : « Entrez dans la maison de Dieu; c'est en ce moment que va commencer la messe, je vais vous être unie; faites la sainte communion et je vous reverrai ensuite; faites votre action de grâces avec foi, confiance, amour, et abandonnez-vous entre les mains de Jésus pour le laisser librement agir en vous. » Voulant savoir qui me parlait ainsi de la part de Dieu, je dis avec naïveté à cette chère colombe : « Dites-moi, je vous prie, qui vous êtes ». — Elle me répondit : « On vous a beaucoup parlé de moi, je me ferai connaître à vous après votre action de grâces. » J'entrai dans cette magnifique église dont on m'ouvrit la porte; je me mis dans un coin pour me recueillir, ce n'était pas difficile, il me semblait être toute en Dieu; les personnes qui étaient présentes en ce saint lieu étaient ravissantes, d'une beauté céleste; je me voyais comme un grain de poussière; je ne pouvais assez m'anéantir. Des groupes d'anges se laissaient voir près de l'autel et faisaient retentir de leur chant ce bel édifice; la douceur, la suavité de leurs voix me transportait; j'étais tout absorbée en Dieu et lorsque vint le moment de la communion, je n'osais m'approcher pour participer à ce céleste banquet; mon charmant oiseau blanc vint alors s'appuyer sur mon épaule droite; il me donna un coup de bec significatif pour me faire approcher. Je me levai à l'instant et je me présentai à la Table sainte, au milieu des anges prosternés ; l'un d'eux fixa sur moi un regard ; il semblait me montrer par son attitude le respect et l'amour qui devaient m'animer dans cet instant suprême. Je reçus donc Jésus dans ma bouche et surtout dans mon cœur !... Je ne sais ce qui se passa alors ; je fus tout absorbée dans mon bonheur ; je priai pour tous ceux qui m'étaient chers, pour vous, mon bon Père, pour Sœurette chérie de Jésus[1]. Je sentais le plus ardent désir de vous faire partager mon bonheur, afin que vous soyez témoin de cette belle fête.

« Un moment après, ma colombe, selon sa promesse, vint me retrouver, elle se montra d'abord sous la forme qu'elle avait toujours eue, puis, tout à coup, elle se transforma, je vis une figure d'une beauté ravissante ; elle avait conservé ses ailes d'or et elle me dit : « C'est à ce céleste banquet que je vous donne rendez-vous chaque jour, je serai là auprès de vous et je présenterai moi-même vos prières à Jésus ; c'est là également que je donne rendez-vous à tous mes amis de la terre ; vous y trouverez tous la nourriture de vos âmes et la force dont vous avez besoin ; soyez bien fidèles, nous nous reverrons ; que le souvenir de ce que vous avez vu vous soutienne dans les jours mauvais ! Je suis sœur Marie de Jésus Crucifié ! » Vous pouvez, bon Père, vous faire une idée de ce que j'ai éprouvé en m'éveillant ; il était près de cinq heures, le 26 août[2] ; je ne vous fais aucun commentaire, ce n'est qu'un rêve, il

1. C'était, on s'en souvient, l'aimable qualificatif par lequel sœur Marie de Jésus Crucifié avait coutume de désigner Mlle Dartigaux.
2. En Palestine, il devait être près de 7 heures. On a vu que sœur Marie de Jésus Crucifié était morte le 26 août 1878, le matin même du rêve dont il est ici question.

m'a fait éprouver un bonheur indicible ! A six heures, je fus à la sainte messe et je fis la sainte Communion avec les dispositions qui m'avaient été si bien démontrées, mais, hélas! tout avait disparu... Veuillez, mon bon Père, expliquer vous-même ce rêve, si vous croyez, devant Dieu, que je puisse en tirer des fruits de sanctification pour mon âme. »

Le mois suivant, la même religieuse se réveillait pendant la nuit en voyant une grande clarté : « Au milieu de cette clarté, écrivait-elle au R. Père Estrate, je vis une colombe au milieu de rayons lumineux. Je demandai à cette colombe ce qu'elle voulait de moi; elle me regardait avec des yeux intelligents et affectueux. Tout à coup, au lieu de la colombe, je vis, au milieu de ces rayons de lumière, notre sainte, telle que je l'avais vue dans mon rêve du 26 août; puis, comme je la fixais pour lui demander de nouveau ce qu'elle voulait de moi, elle me dit : « Afin que vous n'ayez plus de doutes, c'est moi », et elle se montre en religieuse, telle qu'elle était sur son portrait, mais avec un visage illuminé et un sourire céleste. Elle continua : « Levez-vous et baisez les plaies de votre Christ, vous avez oublié de le faire en vous couchant ». J'ai un grand Christ dans notre cellule, il est extrêmement imposant ; tous les matins et tous les soirs, je baise avec respect et amour chaque plaie de Jésus : il est vrai que j'avais oublié de le faire en me couchant; je me levai à l'instant et je serrai le Christ sur mon cœur en lui demandant pardon ; je baisai ses plaies. Lorsque je mis la bouche sur la plaie du cœur, il me sembla que la vie était dans ce Christ et je sentis un parfum odoriférant.

« Ma petite sainte, que j'avais perdue de vue pendant ce temps, était toujours là, elle me regardait faire. Je lui demande de nouveau si elle désirait quelque chose de moi ; elle me dit : « Vivez ici-bas comme les anges, ne cherchez que l'amour de Jésus, gagnez-lui des âmes par vos prières et vos sacrifices ; soyez unie avec le Père et Sœurette chérie, dites-leur que vous m'avez vue ; travaillez sans cesse au bien des âmes : Dieu vous prépare une belle récompense ; soyez bien fidèle au milieu de vos épreuves. Si Dieu le permet, je vous verrai quelquefois ; adieu, je suis heureuse ! »

« Oui, bon Père et chérie Sœurette, écrivait encore la même religieuse l'année suivante (1879), au R. Père Estrate et à Mlle Dartigaux, le 2 juillet, pendant la sainte messe qui fut dite la première fois dans notre maison de Troyes, je vis ma chère colombe et elle m'apportait avec elle un avant-goût du ciel. Je n'étais plus sur la terre, mon esprit et mon cœur jouissaient de Dieu d'une manière inexprimable... J'avais cette sainte enfant près de moi, je sentais sa présence, elle m'enflammait d'amour pour Jésus... Elle m'accompagna à la sainte Table, c'est-à-dire à l'autel. Je reçus le bon Jésus qu'elle avait tant aimé et il me semblait qu'elle m'obtenait tout ce que j'avais désiré et demandé par son intercession. Après mon action de grâces elle me dit :

« Soyez toujours unie à Jésus et bien anéantie, ne vivez que d'amour et de sacrifice, n'ayez pas peur, Jésus vous soutiendra ; c'est par cette vue qu'on fait de grandes choses pour Dieu et que l'on obtient toute sorte de faveurs ; fais part aux deux amis de ton bonheur ; jouissez ensemble des faveurs qui vous ont été accordées, unissez-vous pour faire le bien ; mettez en commun tout ce que vous acquerrez de mérites par vos sacrifices ; et vous, usez-vous au service des âmes et prenez tous les moyens de les gagner à Jésus ; ne refusez sous aucun prétexte les âmes qui se présentent : Jésus veillera sur vous. Si vous agissez ainsi, ne craignez rien... Faites part au Père et à Sœurette de ce que je vous dis et suivez leurs conseils ; courage et entier abandon à Jésus !... » Tout finit là, mais cette fois, la réalité m'a plus impressionnée que le rêve ».

Dans une de ses extases (16 juillet 1876), sœur Marie de Jésus Crucifié avait dit, en parlant de son cœur : « On l'emportera dans la maison paternelle, là où l'enfant a son berceau (le Carmel de Pau). Trois de mes frères de Bétharram viendront le chercher : ils feront trois stations. » En effet, deux mois après sa mort, trois prêtres du Sacré-Cœur de Bétharram, venus de France avec la fondatrice, Mlle Dartigaux, arrivaient à Bethléem. Toutes les paroles de la Voyante citées plus haut s'accomplirent à la lettre. Ces Pères qui emportaient le cœur de sœur Marie de Jésus Crucifié, firent en effet trois stations : à Rome, à Lorette et à Montpellier, avant d'arriver à Pau, où le précieux trésor fut remis au Carmel.

Notre-Seigneur avait confié à sa petite servante, longtemps avant sa mort, la mission de travailler à une autre œuvre en assurant qu'elle réussirait. C'était la fondation d'une résidence des Prêtres du Sacré-Cœur de Bétharram à Bethléem. — Une lettre dictée par elle pour obtenir cette autorisation fut adressée à Rome, à la Propagande. Sans se rebuter d'un silence prolongé, elle écrivit de nouveau, et, ne recevant pas davantage de réponse favorable, elle écrivit directement au Saint-Père ; cette lettre fut remise à Mgr le Patriarche qui devait l'apostiller avant de l'envoyer à Rome.

Après ces demandes, Notre-Seigneur lui fit connaître que la permission susdite ne serait accordée qu'à la fondatrice du Carmel de Bethléem, Mlle Dartigaux. C'est ce qui arriva.

Dans la première quinzaine de décembre 1878, on recevait au Carmel de Bethléem, de la Propagande, un refus absolu aux demandes adressées pour cette fondation. Mais le 15 décembre 1878, Mlle Dartigaux, agenouillée en audience particulière aux pieds de Sa Sainteté Léon XIII, au Vatican, obtenait la permission sollicitée de fonder une résidence de Prêtres du Sacré-Cœur à Bethléem[1]. La pieuse fondatrice n'avait pas caché au Saint-Père que Notre-Seigneur voulait cette œuvre d'après la révélation qu'Il en avait faite à sa servante, sœur Marie de Jésus Crucifié. Voici, du reste, sur ce même sujet, quelques détails d'un témoin autorisé, le R. Père Prosper Chirou.

Irún, 14 décembre 1911.

Quand la fondatrice du Carmel de Bethléem eut résolu de faire bâtir une maison pour les futurs aumôniers de Bétharram, la Prieure me chargea d'aller voir un architecte français, nommé Guillemot, qui résidait à Jérusalem, et de le prier de faire un plan. Sur quelques-unes de mes indications, l'architecte se mit à l'œuvre. — La petite sœur (sœur Marie de Jésus Crucifié) voulait, ce qui fut

---

1. La veille de ce jour, Mgr Agnozzi, secrétaire de la Sacrée-Congrégation, s'était rendu au Vatican pour présenter au Saint-Père la décision de la Propagande au sujet de la requête que Mlle Dartigaux venait d'adresser à Sa Sainteté par la Sacrée-Congrégation : « Qu'a répondu la Sacrée-Congrégation ? » demanda Léon XIII au secrétaire. — « Elle a refusé à l'unanimité. » — « Eh bien, moi, je commande que cette fondation se fasse. Cette demoiselle se charge de tous les frais, nous n'avons pas le droit de nous opposer à cette œuvre. Du reste, la Palestine et la Syrie sont un champ assez vaste pour que plusieurs ouvriers puissent y travailler en même temps. »

Résidence des prêtres du Sacré-Cœur de Bétharram à Bethléem.

exécuté, deux pavillons aux extrémités du corps central. Bientôt, les plans furent terminés et envoyés à qui de droit. Les critiques surgirent de tous côtés. Un jour, je dis à la petite sœur : « Eh! eh! chère sœur, ça ne va pas bien, on trouve que notre maison sera trop vaste pour quatre pères et deux frères coadjuteurs. »—« Laisse dire, me répondit-elle, tu verras qu'elle sera trop petite; on viendra en grand nombre de Bétharram. La fondatrice m'approuvera. » On peut apprendre par ce qui s'est passé qu'elle avait raison[1].

Pendant que l'on terminait le dernier étage du monastère des Carmélites et que l'on construisait au jardin une buanderie, etc., la Mère Prieure me faisait entrer au chantier pour surveiller les ouvriers. — La petite sœur était là, servant d'interprète, car, seule, elle savait parler arabe. De temps en temps, elle me parlait de Jésus, de son désir d'aller vite à lui et, plusieurs fois, elle me répéta ces paroles : « Père, je sens que Jésus m'appelle, je vais bientôt le voir ». Un jour, comme ennuyé, je lui dis : « Bah! vous êtes toujours la même; sans cesse vous me dites que vous allez nous quitter et jamais le moment n'arrive; hâtez-vous, il ne vous reste que trois mois. » Je savais qu'elle avait annoncé dans une extase qu'elle ne resterait pas trois ans à Bethléem. Quelque temps après cette conversation, portant deux arrosoirs d'eau, un à chaque main, pour faire boire les ouvriers, la petite sœur tombe en montant un escalier provisoire. On la transporte à l'infirmerie, on appelle le médecin qui constate que le bras gauche est cassé. Malgré tous les soins empressés des

---

1. Aujourd'hui, cette vaste résidence, bâtie par Mlle Dartigaux, est à peine assez grande pour contenir le noviciat et le scolasticat de Bétharram.

bonnes sœurs et du médecin, la gangrène arrive rapidement, et la sœur Marie de Jésus Crucifié meurt avec la plus parfaite résignation à la volonté de Dieu. Quelques heures avant qu'elle ne mourût, j'allai la voir à l'infirmerie et je lui demandai ce qu'elle pensait de notre résidence à Bethléem. En ce moment on sollicitait du Saint-Siège l'autorisation de fonder cette résidence pour le service spirituel du Carmel. La petite sœur me répondit en propres termes : « C'est fait au Ciel, par conséquent, ça se fera sur terre ». En effet, quelques mois après, la veille du premier de l'an, selon mon habitude, j'allai offrir les vœux de bonne année à Mgr le Patriarche Bracco. Quand j'eus fini, il me dit : « Et moi, je vous annonce que Bétharram est autorisé de Rome à établir une résidence à Bethléem. »

Voilà ce que je déclare et garantis être la vérité pure et simplement rédigée.

Prosper Chirou,

prêtre du S.-C.

Depuis la mort de sœur Marie de Jésus Crucifié, plusieurs carmélites, soit à Bethléem, soit à Pau, ont senti des parfums d'une suavité toute céleste dans plusieurs endroits de leur monastère. Ceci nous rappelle que, pendant sa vie, ces mêmes parfums délicieux s'exhalèrent à plusieurs reprises du corps de la sœur.

Les Dames de Nazareth à Chef-Amar, qui possèdent un morceau de linge teint de son sang, nous ont écrit pour attester qu'il s'en exhale un suave parfum.

Son frère Paul, qu'elle n'avait pu revoir depuis son enfance, vint sonner au Carmel de Bethléem peu de temps après sa mort. Il nous parla de sa première enfance ; il nous raconta comment elle avait été recueillie par un oncle paternel et sa disparition à l'âge de treize ans environ.

Il nous dit qu'il avait reçu la lettre qu'elle lui avait fait écrire à cette époque pour l'inviter à venir la voir, mais que, ne l'ayant pas trouvée dans sa famille, à Alexandrie, il avait cru, comme tous ses parents, qu'elle l'avait trompé.

Paul Baouardi mourut en mars 1890. Le prêtre catholique qui l'assista à sa mort, attesta à Don Sisha, alors curé latin de Saint-Jean d'Acre, qui l'a consigné dans une lettre que possède le Carmel de Bethléem, que, trois jours avant son trépas, sa sœur Marie de Jésus Crucifié lui était apparue et l'avait averti que, dans trois jours, il ne serait plus de ce monde ; ce qui s'était vérifié. — Les Grecs-catholiques qui l'ont assisté à son agonie ont raconté maintes fois à ses enfants, Georges et Marie[1], qu'il était étonné qu'ils ne vissent pas sa sœur comme lui. La chambre était tout embaumée d'une odeur d'encens ; ces bonnes gens cherchèrent dans tous les coins d'où pouvait venir ce parfum ; ils ne trouvèrent rien.

C'est bien ce parfum ou celui de la violette que répand quelquefois encore le linge de ses stigmates.

Pour compléter ce chapitre, nous rapporterons encore quelques guérisons attribuées à la Servante de Dieu et que nous laissons à l'autorité compétente le soin d'apprécier.

Le médecin, qui la soigna durant sa dernière maladie, a assuré qu'il avait été guéri d'un mal horrible au pied par la seule application d'un linge qu'il avait trempé lui-même dans son sang.

1. Marie est aujourd'hui sœur converse au Carmel de Bethléem ; Georges est établi à Bethléem, près de l'Aumônerie du monastère.

La religieuse du Bon-Pasteur qui l'avait vue sous la forme d'une colombe, nous écrivit que son beau-frère avait été immédiatement guéri d'un mal à la main que les médecins devaient amputer pour éviter la gangrène, par l'application d'un linge teint du sang de sœur Marie de Jésus Crucifié. Ce linge répandait un suave parfum.

Une jeune mère, après avoir été toute une journée dans un danger imminent, fut délivrée aussitôt que l'on eut posé sur elle un objet qui avait servi à sœur Marie de Jésus Crucifié (Pau, 1880).

Une religieuse, atteinte d'une maladie de cœur et de vomissements continuels qui l'avaient réduite à une extrême faiblesse, ne recevait aucun soulagement de tous les soins du médecin. Elle commença une neuvaine pour obtenir sa guérison par l'intercession de sœur Marie de Jésus Crucifié ; dès le lendemain, un mieux sensible se produisit. Elle attacha à sa flanelle un petit sachet contenant des cheveux de la sœur, et, dès ce moment, les vomissements cessèrent entièrement. Depuis lors, malgré son peu de force, elle n'a jamais cessé de remplir son emploi, et elle peut même faire la classe sans être incommodée, ce dont elle avait été incapable depuis bien des années.

(Saint-Maurice, Yonne, 1881.)

Mme P..., de Bayonne, écrivait, le 22 juillet 1881, à la Prieure du Carmel de Pau :

« Que Dieu soit exalté dans ses saints et saintes! la sainte enfant du Carmel que j'ai eu le bonheur de connaître et que j'ai invoquée avec foi et confiance, a eu pitié de moi et m'a rendu la santé. Oh! qu'elle est puissanté, cette si bonne sœur Marie de Jésus Crucifié ! Je suis pénétrée de la plus vive reconnaissance, je n'ai pas d'expression pour dire tout ce que je ressens pour elle... Je le dis bien haut et je voudrais le publier partout : c'est elle qui m'a guérie, qui m'a rendu la santé que j'avais perdue depuis quatorze ans; aujourd'hui, je fais comme tout le monde... J'ai la ferme confiance qu'elle achèvera ce qu'elle a si bien commencé, et que cette santé, qu'elle m'a fait recouvrer, ne servira que pour travailler efficacement à mon salut. »

Une jeune dame, dangereusement malade, eut l'inspiration de passer à son cou un chapelet qu'elle tenait de sœur Marie de Jésus Crucifié; le danger disparut et elle fut rendue à la santé pour le bonheur de ses enfants.

(Marseille, 1882.)

Avant son départ pour Bethléem, sœur Marie de Jésus Crucifié avait dit à sœur Agnès du Carmel de Pau que le bon Dieu rendrait à sa sœur Mme S*** ce qu'elle avait fait pour la fondation. Cette dame avait offert plusieurs dons pour la sacristie et la communauté.

Quelques années plus tard, son mari tomba malade; il ne pratiquait pas, et lorsqu'il fut en danger, on ne pouvait lui parler des derniers sacrements. Un jour, il se réveille comme d'un sommeil et il demande un prêtre. Depuis ce moment, il priait, il était admirable de résignation et de patience au milieu d'atroces souffrances. Le Père Berdoulet, prêtre du Sacré-Cœur de Bétharram, qui l'assistait, lui montra un jour la photographie de sœur Marie de Jésus Crucifié qui avait déjà quitté la terre et que le malade n'avait jamais vue. Aussitôt qu'il la vit, il la prit et la baisa plusieurs fois en disant : « C'est elle qui m'a converti, c'est bien elle qui m'a converti ». Il était hors de lui de joie et de bonheur.

Dès les premiers jours de cette maladie, que la sœur Agnès ignorait, sœur Marie de Jésus Crucifié l'en avertit pendant son sommeil, lui disant que son beau-frère allait mourir. Cette nouvelle lui fut bientôt confirmée par les lettres de sa sœur.

Les faits suivants se passèrent du vivant même de sœur Marie de Jésus Crucifié :

Une sœur de Saint-Joseph de l'Apparition, bien connue en Palestine par sa charité, a attesté par écrit le fait suivant que nous citons d'après son témoignage.

Cette religieuse avait été envoyée par ses Supérieurs dans l'île de Chypre en janvier 1874. Sa santé était déplorable et son état ne fit que s'aggraver, quelques mois après, par suite d'une forte fièvre reparaissant tous les quinze jours et suivie de vomissements de sang. Les médecins consultés déclarèrent que la sœur était poitrinaire et qu'elle n'avait que peu de temps à vivre. Ce triste état se prolongea jusqu'en 1876. A l'automne, le mal empira de telle sorte que les médecins prescrivirent à la sœur le repos le plus absolu et même d'éviter tout mouvement. Sa Supérieure, la voyant comme à l'agonie, mit plusieurs fois une glace devant sa bouche pour s'assurer si elle respirait encore. On lui avait dit de faire le sacrifice de sa vie et elle avait reçu le saint Viatique : prête au redoutable passage, elle attendait son dernier moment avec tranquillité. Or, il arriva qu'une nuit, vers onze heures du soir, elle vit sœur Marie de Jésus Crucifié, élevée du sol à une grande hauteur, ravie en Dieu, les bras en croix, en face d'elle, au milieu d'une lumière qui éclairait la chambre comme en plein jour. Elle avait son costume religieux. « Quant à moi, dit la sœur N***, je ne l'avais jamais vue et je savais que c'était elle et je savais qu'elle parlait avec le bon Dieu, je ne dormais pas du tout. Je l'appelle par son nom et elle me répond. Je lui dis : « Marie, demandez au bon Dieu (je savais qu'Il était là, mais je ne sais comment) si je vais mourir ». Elle parla à Notre-Seigneur; moi, je ne vis qu'elle et je n'entendis qu'elle. Après quelques secondes, elle me dit : « Non, vous ne mourrez pas jeune, vous avez un grand bien à faire ». Puis, je lui dis : « Demandez-lui si je persévérerai dans ma sainte vocation jusqu'à la mort ». Elle me répondit comme la première fois après quelques secondes : « Avec la grâce ». Enfin, à tout ce que j'ai demandé pour mon âme, elle me répondit, puis elle disparut, et ce qu'elle m'a annoncé m'est arrivé réellement.

« Je me suis rétablie à partir de ce moment. L'année d'après, je fus en état de supporter le voyage et je partis de Chypre pour Jaffa. Voilà que les Carmélites de Bethléem passent par Jaffa pour aller à Nazareth. Quel ne fut pas mon bonheur en reconnaissant Marie, mais telle que je l'avais vue en Chypre. Le bon Dieu m'en est témoin, car c'est bien pour Lui que j'écris ceci. Nous avons été si heureuses de nous voir, surtout moi ! Elle alla à Nazareth ; à son retour, elle me dit : « Vous irez à Nazareth, vous autres, avant nous ». — Puis elle ajouta : « Saint Joseph aime beaucoup votre ordre ». Elle me dit encore : « Tu ne me verras plus ». Elle me dit le peu de temps qu'elle avait à vivre, elle m'annonça sa mort et le mois où elle devait mourir. Elle me dit aussi : « Après ma mort, on t'enverra un souvenir ». En effet, un mois après sa mort, la Mère de l'Enfant Jésus m'écrivit un petit mot et m'envoya une image de l'Enfant Jésus. Sœur Marie avait tellement baisé ses pieds qu'on y voyait la trace de ses lèvres.

« Voilà devant Dieu et uniquement pour sa plus grande gloire, et comme je le dirais au moment de ma mort, comment la chose s'est passée.

Jérusalem, le 30 octobre 1895.

Sœur N...
Religieuse de Saint-Joseph de l'Apparition.

On aimera encore à lire la lettre suivante de Monsignor Valerga, neveu du premier Patriarche de Jérusalem.

« Après bien des hésitations et des résistances causées par le fait que mon oncle, le Patriarche Valerga, était opposé à l'entrée des Carmélites en Palestine, je me décidai enfin à visiter ces religieuses. A peine avais-je franchi le seuil[1] que je fus accueilli par la sœur Marie de Jésus Crucifié elle-même, qui s'écria presque plaisamment : « Oh! voilà celui qui ne voulait pas venir voir les Carmélites, voilà celui qui ne voulait pas me voir! » Elle ajouta quelque autre parole dont je ne me souviens plus et dit qu'elle allait prévenir la Supérieure.

« Celle-ci vint et ayant eu avec elle un court entretien : « Mais vous voulez sans doute, observa-t-elle, voir la sœur Marie de Jésus Crucifié ? » — « Précisément, c'est ce que je désire et même je vous le demande. » J'eus alors avec la sœur Marie de Jésus Crucifié un échange d'explications au sujet des difficultés que mon

---

1. Les Carmélites étaient encore à Casa-Nova.

oncle le Patriarche avait faites à l'entrée en Palestine des Carmélites de Pau.

« Je mis ensuite la conversation sur le terrain des pensées intimes. Sur tout, elle me répondit bien, sauf sur un point au sujet duquel elle me dit qu'elle ne pouvait me satisfaire tout de suite, mais seulement un peu après. Il s'agissait d'un songe qui, en ces jours, m'avait troublé, et d'après lequel il m'avait semblé que ma mère était passée à une autre vie. Peu après, on me présenta la Communauté. Toutes les sœurs étaient devant moi et au milieu d'elles, sœur Marie de Jésus Crucifié. Tout à coup, elle regarde le ciel avec des yeux rayonnants et quelque chose de céleste dans la physionomie qui était absolument nouveau pour moi et qui me causait une impression dont je ne savais pas me rendre compte : « Je te donnerai tout à l'heure, me dit-elle, la réponse que tu m'as demandée » ; c'était au sujet de ma mère et de quelques autres choses secrètes. Elle me rassura bientôt : « Ne crois pas aux songes, me dit-elle, ta mère est bien vivante ». Et, en effet, ma mère vécut encore plusieurs années, étant morte en 1890. Je me recommandai ensuite à ses prières et elle-même me pressa de me souvenir d'elle dans les miennes, disant que je devais bien le faire, puisque c'était moi qui devais l'ensevelir dans peu de temps. Je n'attachai pas alors grande importance à cette parole, mais voici comment elle se réalisa.

« Il faut dire que la veille de la mort de la sœur, Monseigneur était retourné à Bethjallah, après avoir administré les derniers sacrements à la moribonde, et je me trouvais moi-même dans cette localité avec plusieurs autres prêtres du Patriarcat. La nouvelle de sa mort nous arriva le lendemain. Le soir de ce jour, on n'avait pas encore décidé qui ferait le service funèbre, le matin suivant. Don Belloni renvoya cet honneur au curé de Bethléem : celui-ci prétexta des occupations. Don Emilio, Don Teofilo, Don G. Marta, je ne sais pour quels motifs, refusèrent de faire la cérémonie. A la fin, on vint me trouver dans ma chambre où j'étais déjà couché et l'on m'imposa plutôt qu'on ne me pria de chanter la messe.

« Je fis donc le service funèbre et c'est seulement alors que, selon le rituel des Carmélites, je jetais la poignée de terre sur le cercueil de la sœur, que je me souvins de la prophétie : « C'est toi qui m'enseveliras » ; j'en fus tellement ému que je ne pus terminer l'oraison. L'assistance s'en aperçut.

*
* *

« La veille de la mort de la sœur, un exprès, porteur d'une lettre de Don Belloni, se présenta à Mgr Bracco, alors à Jérusalem. C'était pendant le dîner, un dimanche. La lettre annonçait que la sœur Marie de Jésus Crucifié était dans un état fort grave et désirait voir le Patriarche.

« Le repas fini, Monseigneur part ; je l'accompagnais avec un janissaire. A la porte du couvent, nous attendaient Don Belloni, le Père Curé de Bethléem et le Père Guido. Le Patriarche se rendit auprès de la malade et, l'ayant vue, il conclut à la nécessité de lui administrer sans retard le saint Viatique.

« Don Belloni renvoya cet honneur au Père Curé, celui-ci au Père Guido. Nul des trois ne voulant remplir cet office, on conclut que, le premier Curé du diocèse étant présent, c'était à lui qu'il fallait laisser cet honneur et ce devoir. Et on l'en pria. Monseigneur accepta.

« Cela fait, comme le mal empirait, on résolut de

donner l'Extrême-Onction à la malade. Même discussion et même conclusion que pour le Viatique; cette fois encore, Monseigneur accepta. Il ne se décidait pas à quitter le chevet de la malade, et c'est seulement à la nuit tombée que nous reprîmes le chemin de Bethjallah.

« Arrivés près du tombeau de Rachel, comme je cheminais à une faible distance de Mgr Bracco, je le vis s'arrêter tout à coup et se frapper le front comme touché de quelque chose de grave ; puis, il s'écrie : « Voilà une prophétie réalisée! » — « Comment cela? » lui dis-je en m'approchant. — « C'est que, reprit-il, la malade m'avait prophétisé que je lui donnerais le Viatique et l'Extrême-Onction, et je viens, en effet, de lui administrer ces sacrements. »

« Le lendemain, on venait nous annoncer la mort de sœur Marie de Jésus Crucifié.

« Je note expressément que Monseigneur le Patriarche était fort réservé sur toutes ces choses et qu'il a pu être le confident d'autres choses encore dont je n'ai pas connaissance.

* *

« J'ai entendu raconter que dans un jardin (à Pau ou à Mangalore, je ne saurais le dire), la sœur Marie de Jésus Crucifié eut le cœur transpercé comme on le raconte de sainte Térèse. Et, en effet, quelques heures après sa mort, un certain Carpani, qui faisait office de médecin, vint faire l'ablation du cœur. Le cœur enlevé, on le mit sur un plat, afin que tous pussent l'examiner. J'étais présent avec Don Belloni, Don Emilio, Don Teofilo, Don Giovanni Marta, Don Riccardo Branca. Nous pûmes tous constater que le cœur portait la cicatrice d'une blessure qu'on aurait dite produite par une large pointe de fer... Le cœur ainsi placé dans le plat passait de main en main, de sorte que tous les prêtres présents et les religieuses elles-mêmes ont pu constater ce fait merveilleux.

« Nous pûmes constater aussi que, aux pieds et aux mains, la sœur portait les cicatrices de plaies semblables à des trous. A ce sujet, Don Belloni, confesseur de la sœur Marie de Jésus Crucifié, m'assura que, de son vivant, quand on mettait à la lumière une de ses mains, on eût dit que la chair en était transparente à l'endroit des stigmates.

« Nous pûmes tous encore constater la trace visible d'une large blessure reçue au cou. La sœur Cyprienne (sœur de Saint-Joseph de l'Apparition) m'a raconté que la sœur Marie de Jésus Crucifié, se trouvant à Alexandrie, avait été frappée au cou par l'arme tranchante d'un misérable qui la jeta dans un fossé où elle serait morte, si la sainte Vierge ne l'avait sauvée de ce péril.

« Peu de jours après la sépulture, j'ai entendu raconter que, l'opération de Carpani pour l'ablation du cœur étant terminée, le cadavre avait étendu les bras en forme de croix et était resté dans cette position jusqu'à ce que vint le moment de le placer dans la bière. La Mère Prieure ordonna alors au cadavre de plier les bras... Le cadavre obéit à cet ordre et la sœur fut ensevelie. »

APPENDICE

OPINION DE PLUSIEURS PERSONNES REMARQUABLES
SUR LA SERVANTE DE DIEU.

**Lettres de Mgr Lacroix, évêque de Bayonne,
à la Mère Prieure du Carmel de Pau.**

Bayonne, 11 avril 1868.

Révérende Mère,

Les faveurs que reçoit de Dieu la jeune Arabe à laquelle vous avez donné l'hospitalité, me paraissent admirables et dignes du plus grand intérêt. J'espère avoir la consolation de voir cette heureuse stigmatisée, d'ici à peu de temps, à l'occasion de mon voyage à Pau. Veuillez lui continuer vos bons soins ; vous seconderez ainsi les attentions divines au sujet de cette élue du ciel et de cette imitatrice de Jésus Crucifié. Je me recommande à ses prières et aux vôtres et je vous bénis toutes au nom du Seigneur.

† FRANÇOIS, évêque de Bayonne.

Il importe que ce qui se passe de merveilleux, par rapport à l'état de la stigmatisée, demeure secret et ne sorte pas du monastère jusqu'à ce que le bon Dieu en décide autrement.

Bayonne, 16 septembre 1868.

Révérende Mère,

Je vous remercie des détails que vous m'avez transmis au sujet de notre chère sœur Marie de Jésus Crucifié et qui font suite aux autres renseignements si importants et si intéressants que j'avais déjà reçus. J'entends, ainsi que vous me l'annoncez, que le tout soit réuni par vos soins et par ceux de vos bien-aimées sœurs de la Communauté pour l'historique complet de ce grand événement, afin qu'il se conserve et serve à l'édification dans le temps à venir, comme dans le temps présent.

Je suis bien sûr que vous serez toutes bien fidèles aux recommandations et instructions qui vous ont été si sagement et si merveilleusement données et qu'il en résultera un grand bien pour le Carmel et la perfection de toutes les filles de Sainte Térèse.

Je me propose de venir célébrer une messe d'action de grâces, dans votre monastère, le plus tôt que mes occupations me le permettront, pour remercier le divin Sauveur de son ineffable bonté et des grâces extraordinaires dont Il a voulu combler sa très pieuse et fervente fille Marie de Jésus Crucifié et aussi tout le monastère.

J'ai vu, à Bayonne, votre Révérendissime Père Général, mais il ne m'avait pas dit qu'il se proposait de visiter votre maison de Pau. Ouvrez-lui en les portes lorsqu'il y viendra, et dites-lui qu'il aura tous les pouvoirs dont il croira devoir user dans cette visite et il les aura tous sans aucune restriction.

Je vous bénis, ma bonne Mère, et, avec vous, toute la Communauté ; je vous remercie des fruits bénis que la très sainte Vierge avait daigné me réserver, ainsi que notre sœur Marie de Jésus Crucifié.

Soyons-lui de plus en plus reconnaissants, à cette auguste et si tendre Mère du Carmel, qui vous prodigue de si précieuses et de si douces consolations.

† François, évêque de Bayonne.

Lettre de Mgr Lacroix, évêque de Bayonne, à sœur Marie de Jésus Crucifié, à l'époque de son départ pour Mangalore (août 1870).

Très chère fille de Jésus Crucifié,

Vous allez donc loin et bien loin, mais pour Jésus et pour le faire connaître, pour le faire aimer et honorer. Il sera avec vous toujours ; suivez-le avec sa croix, ou plutôt demeurez toujours attachée à sa croix, disant avec saint Paul : « Je suis avec Jésus attachée, clouée à sa croix », en sorte que vous soyez inséparables, Jésus et vous ; que vous n'ayez qu'un même esprit, un même cœur, une même âme, un même corps, une même existence.

Marie de Jésus Crucifié restera sans cesse avec la divine Mère de Jésus. Priez bien pour moi, chère fille, je le fais chaque jour pour vous à la sainte Messe. Oh! combien de fois, chaque jour et chaque nuit, je penserai à Marie de Jésus Crucifié, m'unissant à vos prières et vous unissant à mes sacrifices, surtout à celui de l'autel!

Écrivez-moi autant de fois que vous en aurez l'occasion, je ferai de même.

Je vous bénis du fond du cœur.

† FRANÇOIS, évêque de Bayonne.

Lettre de Mgr Lacroix, évêque de Bayonne, à Mgr Bracco, Patriarche de Jérusalem.

Vénérable Frère,

Les Sœurs carmélites placées près de la Crèche de N.-S. J.-C. par la volonté du Très Saint Pape Pie IX et par votre bon plaisir, m'ont très souvent parlé dans leurs lettres de votre très affectueuse charité pour elles, ce qui m'a été très agréable.

C'est pourquoi je vous rends de très amples actions de grâces pour votre bienveillance, et je suis certain que cette bienveillance durera toujours, car vous êtes le père et, pour ainsi dire, la mère de ces sœurs.

Vous êtes heureux, Vénérable Frère, parce que le Christ nous a dépouillés afin de vous enrichir : vous possédez, en effet, de précieuses perles, et, parmi ces perles, une perle plus brillante, à savoir, Marie de Jésus Crucifié. Oui, je le confesserai et je ne le nierai pas, je le confesserai devant Dieu et devant ses anges : cette sœur est un admirable trésor de toutes les vertus et principalement un trésor de foi, d'humilité, d'obéissance et de charité, et, pour tout dire, en un mot, elle est un miracle de la grâce de Dieu.

Avant de mourir, je vous conjure, Vénérable Frère, de garder un aussi beau dépôt avec le plus grand soin et avec le plus grand amour, et vous recevrez le centuple en cette vie, et au ciel vous posséderez la vie éternelle.

Je me recommande instamment à vos prières.

Votre, etc.

† FRANÇOIS, évêque de Bayonne.

(La copie de la traduction de cette lettre, dictée en latin par Mgr Lacroix au R. Père Estrate, ne portant pas de date, on peut l'assigner aux années 1876-77.)

Au sujet de la signature donnée par Sa Sainteté Pie IX pour la fondation du Carmel de Bethléem, le cardinal Franchi disait : « Je n'y comprends rien ; il y a quelque chose là-dessous ; jamais le Saint-Père n'a fait un acte semblable ! Et maintenant, c'est moi qui suis le Protecteur de cette œuvre ; comme les temps sont mauvais, s'il survenait quelque difficulté, qu'on s'adresse à moi, je m'en charge. » De même, le cardinal Antonelli disait que jamais œuvre ne s'était faite à Rome comme celle-là. Et, parlant de la sœur Marie de Jésus Crucifié, il dit de la part du Saint-Père de continuer à la diriger comme on avait fait, qu'elle était dans la bonne voie.

Une communication très importante concernant la sainte Église et l'auguste personne de Pie IX avait été confiée au Père Bordachar et au Père Estrate par Mgr l'évêque de Bayonne, qui l'avait reçue de sœur Marie de Jésus Crucifié. Ils avaient, en remplissant leur mission, parlé de la voie surnaturelle de l'humble sœur converse, c'est ce qui explique quelques-unes des paroles du cardinal Antonelli, citées plus haut. La vérité des révélations contenues dans la communication dont il vient d'être question, avait aussi été pleinement constatée.

« Voici ce que j'ai entendu raconter à M. Chesnelong, sénateur, dans sa visite à Bétharram, les 4 et 5 octobre 1893, au sujet de sœur Marie de Jésus Crucifié.

« A l'époque où M. Chesnelong négociait à Rome avec d'autres catholiques éminents, comme lui, la fondation du Carmel de Bethléem, l'abbé Bordachar, qui se trouvait avec ces Messieurs, était aussi celui qui ressentait plus sensiblement, avec sa vivacité basque, les péripéties d'une affaire passant chaque jour par les phases les plus diverses. Or, chaque jour, sœur Marie de Jésus Crucifié lui écrivait une lettre exprimant admirablement l'état d'âme de l'abbé Bordachar au moment présent : « Vous voilà dans la joie ; à vos yeux, c'est fini, confiance d'enfant dans les choses humaines pleines de vicissitudes. » Le lendemain, de son couvent, elle voyait l'âme du cher abbé toute bouleversée. « Je vous vois, quel changement ! hier, une joie sans bornes ; aujourd'hui, une tristesse poussée jusqu'au découragement ! »

« M. Chesnelong a lu plusieurs de ces lettres ; elles manifestaient des dispositions si intimes, si diverses, avec une telle précision et pénétration, qu'à ses yeux, Dieu seul pouvait révéler ces choses à la Voyante : c'est sa conviction profonde. »

(Extrait d'une lettre du R. Père Etchécopar, Supérieur général des Prêtres du Sacré-Cœur de Bétharram, à la R. Mère Prieure du Carmel de Bethléem.)

Lettre de Monsignor Felice Valerga, camérier d'honneur de Sa Sainteté, Clerc-Bénéficier de St-Pierre.

Loano, 8 mai 1912.

J'allai un jour célébrer la messe dans la maison provisoire que les carmélites habitaient à Bethléem, avant que le monastère ne fût bâti et voici dans quelles circonstances. A mon arrivée, la messe du prêtre maronite était à moitié dite. J'avertis que je célébrerais moi-même aussitôt après, mais à voix basse, sans sonnette, de façon qu'on ne pût s'apercevoir du chœur où étaient les carmélites qu'il se disait une messe. Ainsi fut fait.

Et voilà qu'après la consécration, j'entends un grand mouvement de personnes et une voix forte qui s'écriait : « L'amour est tout, l'amour est tout ». C'était la sœur Marie de Jésus Crucifié. Son extase continua jusqu'après la messe, car, étant passé au parloir, je l'entendais encore, mais sa voix était plus douce. Elle vint et, devant moi, elle parla avec une éloquence étonnante des âmes sacerdotales, et, après une demi-heure, elle me congédia en me priant de dire au Patriarche qu'elle l'attendait le lendemain, ayant une communication importante à lui faire.

Retourné au Patriarcat, je fis à Mgr Bracco la commission de la sœur. Il ne parut pas surpris et il partit le lendemain pour Bethléem. Comme toujours, j'étais son compagnon de voyage. Le Patriarche eut un long entretien secret avec la sœur. Elle dut alors lui annoncer la petite révolution qui arriva à Jérusalem quelques jours après et le rassurer sur les conséquences de cet événement.

Monseigneur, à son ordinaire, n'en dit rien ; mais tous, au Patriarcat, nous eûmes la conviction de cette révélation de la sœur, soit à cause de la hâte avec laquelle elle l'avait appelé, soit à cause de l'assurance et de la certitude que le Patriarche montra lors de l'événement. Quelques jours après, en effet, le Patriarche avait à peine terminé sa messe, quand don Antonio Morcos vient l'avertir qu'il y a une vraie révolution dans la population de Jérusalem et que les latins ne croyaient pouvoir sauver leur vie qu'en se réfugiant au Patriarcat. Monseigneur permit qu'ils vinssent, mais il les rassura tous, leur certifia qu'il n'y aurait pas de sang versé. Je m'aperçus facilement que le Patriarche avait dû être informé par la sœur dans son dernier entretien des événements de cette journée, qui fut en effet, tant à Bethléem et à Bethjallah qu'à Jérusalem, une journée d'épouvante ; mais il n'y eut pas de malheur à déplorer.

Peu avant la mort de Pie IX, la sœur Marie de Jésus en extase vit une procession d'anges et de saints ; la sainte Vierge avait les bras ouverts pour recevoir l'âme en l'honneur de laquelle s'était formée cette procession. La sœur pensa que Pie IX était en péril de mort et que son âme était attendue en Paradis.

Ne sachant ni lire, ni écrire, elle se servit du ministère d'une sœur pour en écrire au Patriarche Bracco, qui, selon son habitude, quand il recevait de semblables communications qu'il n'était pas urgent de publier, la cacha dans son bureau.

Quelques jours après, Mgr Bracco reçoit du R^{me} Père Jérôme Priori un télégramme annonçant la mort de Pie IX. Ce R^{me} Père, ex-général des Carmes chaussés, était à Rome. Le Patriarche, doublement frappé, m'appelle et, comme s'il n'eût pas ajouté foi à la dépêche, me charge d'en demander, par télégramme, confirmation au R^{me} Père Priori. Le lendemain, nous reçûmes la confirmation demandée. Et le Patriarche expliqua à Don Emilio, qui lui-même me l'a raconté, comment il avait été averti de ce fait par la sœur Marie de Jésus Crucifié.

Dieu voulut manifester à la sœur Marie de Jésus Crucifié et, par elle, au Patriarche, la personne de l'élu qu'il destinait à gouverner l'Église. Elle écrivait, toujours par le moyen d'une secrétaire, à Mgr Bracco, avant l'élection de Léon XIII :

« Il me semble voir une grande salle où sont rassemblés tous les cardinaux occupés de la création du nouveau Pape. Je vois aussi un ange dans les airs portant une tiare ; peu à peu, il descend et semble poursuivre un des cardinaux.

« Je ne connais pas ce cardinal, mais je vois le blason qu'il met en tête de ses écrits et dans son palais. En voici la description. Au fond, le lis des rois de France. Au-dessus, un cyprès. Une bande blanche, un peu courbée, coupe le cyprès. Dans le vide, au-dessus du cyprès, brille une étoile qui envoie ses rayons en travers. Voilà ce que je puis vous dire. Mais si don Felice Valerga va dans le grand divan du Patriarche et prend l'album où se trouvent tous les cardinaux, je crois bien que je trouverais le cardinal dont j'ai décrit le blason et qu'on élit en ce moment. »

Sans manifester le contenu de la lettre, le Patriarche ordonne qu'on aille chercher l'album (Don Emilio était présent quand il donna cet ordre). A ce même moment, entre un Franciscain venu pour être secrétaire de Terre-Sainte et demandant le pouvoir de confesser. Il priait qu'on voulût le dispenser de l'examen, l'ayant déjà subi devant la Curie de Pérouse, et il présente le document qui en fait foi. On y voit les armes du cardinal Pecci. Je m'écrie à l'instant : « L'énigme est résolue, nous tenons le blason que décrit la sœur Marie de Jésus Crucifié ». Nous examinons l'album du divan et nous reconnaissons que le cardinal Pecci y a sa place. Plus de doute, ce cardinal doit être Pape et il ne nous reste plus qu'à attendre le télégramme qui nous l'annoncera. Il arriva le lendemain.

Lettre du R. P. Xavier, Carme déchaussé, Supérieur du Carmel de Bordeaux.

Carmel de Bordeaux, 18 novembre 1878.

Ma Révérende Mère,

Je ne saurais trop vous remercier de votre délicate attention ; je ne pourrais vous dire combien elle m'a touché. Je savais par un de nos religieux, le Père Marie-Éphrem, la mort de cette chère petite sœur qui était à mes yeux plutôt une créature angélique qu'une créature humaine. Comme elle est heureuse d'être entrée dans le sein de Dieu ! Quel accueil Notre-Seigneur aura fait à cette épouse si fidèle à son amour et qu'il a tant aimée lui-même! Depuis sa mort, son souvenir m'est venu bien des fois, mais il est toujours accompagné d'une sorte de suavité qui m'empêche de regretter qu'elle nous ait quittés. J'ai une ferme confiance que nous sentirons l'effet de sa puissante intercession auprès de Notre-Seigneur ; elle aimait tant sa famille spirituelle !

Si ma demande n'est pas indiscrète, je vous demanderai, ma Révérende Mère, l'autorisation de conserver la relation dont vous avez bien voulu m'envoyer la copie. Je veux en faire part à nos Pères ainsi qu'à quelques âmes pieuses qui trouveront, comme moi, une grande consolation à la lire.

Lettre du R. P. Hippolyte, Carme déchaussé.

Ma Très Révérende Mère,

J'ai lu à la communauté le récit de la sainte mort de notre chère sœur Marie de Jésus Crucifié et elle y a produit une impression des plus profondes. Plusieurs religieux n'ont pu entendre cette lecture sans verser des larmes.

Oh! merci, chère Mère, d'avoir pensé à moi dans cette douleur de famille ; merci de m'avoir mis au nombre de ceux qui ont toujours eu de l'estime pour cette bienheureuse et sainte Enfant.

Ayez encore la charité, ma Très Révérende Mère, de mettre à part, pour moi, des linges qui ont été appliqués à ses saintes blessures. Tout ce qui me viendra de cette enfant, je le garderai comme une vraie relique.

F. M. Hippolyte.

Carmel d'Agen, 3 octobre 1878.

Extrait d'une lettre du R. Père du Bourg, Recteur des Jésuites.

Montpellier, 18 septembre 1878.

... La voilà donc (sœur Marie de Jésus Crucifié) qui a quitté la terre, où elle était comme étrangère, et s'est réunie à Jésus, qui l'avait tant attirée à lui et par des voies si extraordinaires ; c'est une chose qui me semble toute naturelle. Avec la droiture et la simplicité que je lui connaissais et qui me rassuraient pleinement sur ce qu'il y avait de surprenant et d'étrange dans la voie par où elle passait, il me semble qu'elle a été au ciel tout droit. Aussi l'idée de prier pour elle ne me vient même pas. Ce n'est que par réflexion et une sorte de raisonnement général que je songe qu'il est à propos de la recommander au bon Dieu au Saint-Sacrifice.

Vous avez suivi en détail tout ce qu'elle faisait et disait et ce que le bon Dieu a fait ou a permis qui se fît en elle. Et je vous recommandais d'en prendre note soigneusement, afin qu'on pût se rendre compte un jour de tout cela, s'il plaisait au bon Dieu d'en tirer sa gloire et l'édification des âmes.

En causant avec le bon Père Lazare, j'ai vu avec plaisir que nos pensées avaient toujours été d'accord : que, tout en suivant de très près cette chère petite âme, tant qu'il en avait été directement chargé, il s'était toujours tenu dans une discrétion complète et très prudente. C'est lui qui avait tenu et fait accepter la résolution qu'elle souhaitait elle-même, qu'on la plaçât au rang des sœurs converses, et qui recommandait qu'on ne fît pas tant d'attention à elle et pas d'éclat à son sujet. Je reviendrai le voir et nous causerons plus en détail de tout cela.

P. du Bourg.

LETTRES DE SŒUR MARIE DE JÉSUS CRUCIFIÉ
A la Mère Prieure du Carmel de Pau.

Mangalore, juillet 1871.

Ma Mère chérie et bien-aimée,

Je viens vous les dire, les souffrances de notre chérie Mère Élie ; cela vous fera du chagrin, mais vous verrez comme le bon Dieu a tout fait pour rendre belle la couronne de sa bien-aimée. Notre Mère n'a pas voulu tout dire alors, parce que la plaie était trop fraîche et ça l'aurait rendue trop sensible, mais elle n'a pas eu l'intention de rien cacher ; elle voulait au contraire vous dire tout, mais elle a craint de vous faire trop de peine.

Je commence à Port-Saïd. Mère Élie était très bien, la figure rayonnante ; depuis Marseille, sa santé était parfaite ; elle nous servait toutes, elle riait de moi parce que j'avais voyagé sur mer et que j'étais mal, tandis qu'elle qui n'avait pas l'habitude était très bien. Elle jouissait de corps et d'âme jusqu'à la mer Rouge et disait : « Quelle grâce d'avoir été choisie, moi, si vieille et si indigne, quelle grâce ! » Eh bien, le lendemain de ce jour, elle me dit : « Oh ! chère enfant, j'ai rêvé quelque chose qui me donne une grande crainte »... Alors je lui dis : « Mère, je vous en conjure, dites-moi ce que vous avez rêvé ». Elle répondit : « Non, il me semble que le bon Dieu ne le veut pas » ; et alors, j'ai été triste, mais je n'avais pas envie de le savoir, puisque le bon Dieu ne le voulait pas.

Après cela, sur la mer Rouge, vous savez, quand les autres sont tombées ? Mère Élie ne le savait pas ; elle reçut une grande consolation et puis après, elle est tombée sans connaissance. Ensuite elle se mit à chanter le psaume *Lætatus sum* et un autre : « Le Seigneur a exaucé ma prière »... Le médecin vint et lui, étonné, disait : « Quel bonheur d'être carmélite ! »

Le Père Lazare vient tout tremblant et va chercher le commandant qui dit ainsi que le médecin : « Il faut changer de cabine » ; et alors, le bon Dieu permit qu'on mît Mère Élie dans une autre plus mauvaise encore ; avec cette chaleur, il fallait deux heures pour ouvrir la fenêtre, puis le charbon était dessous. Le soir, on était si fatigué ! les hommes qui portaient le charbon criaient, allaient, venaient. Enfin il fut décidé de monter la nuit sur le pont.

Sœur Stéphanie mourut cette nuit-là. Mon Dieu, comme nous avons souffert! Le lendemain, on mit Mère Élie dans une cabine près de la cheminée du bateau ; le bon Dieu le permit pour la faire souffrir et aussi pour qu'il lui manquât beaucoup de choses, mais le bon Dieu fait pour sa gloire. Et moi, je la faisais aussi souffrir en lui répétant toujours : « Mère, si le bon Dieu vous disait de lui offrir deux roses, vous les lui donneriez? » Elle répondait : « Vous me tourmentez, et croyez-vous que je refuserais quelque chose au bon Dieu? » Quand nos Pères virent ces tristes choses, ils dirent : « Allons à Aden emporter le corps de sœur Stéphanie » ; et puis, ils sont venus nous chercher : Père Lazare était pâle comme un linge et Père Gratien aussi.

Pauvre Mère Élie, comme elle souffrait! elle ne voyait pas sœur Stéphanie et elle voyait porter ma sœur Euphrasie sur une planche par quatre hommes. Et elle, Mère chérie, on était obligé de la traîner... Et si vous saviez dans quelle route : des rochers, des montagnes, c'est affreux ; il faut voir pour comprendre.

Je vous dirai l'obéissance de ma sœur Euphrasie. Sur le bateau, elle ne pouvait se tenir une minute tranquille, il fallait être trois ou quatre pour la tenir et toujours elle remuait de souffrance et elle se serait jetée en bas. Alors le Père Lazare, désolé, craignant qu'elle ne tombe en chemin, lui dit : « Chère enfant, je vous ordonne par obéissance de rester tranquille tout le long de la route ». Elle n'avait pas sa connaissance, mais le bon Dieu permit qu'elle comprît et qu'elle ne bougeât plus jusqu'à la maison où, arrivée, elle a recommencé.

Mais, mon Dieu, quelle maison! c'était la nuit et on manquait de tout. On dut mettre Mère Élie dans un lit rempli de trous, plus mauvais que la planche. Nous ne le savions pas : elle en a souffert avec son pauvre corps déjà brisé de peines et de souffrances!

Elle voyait qu'on lui cachait les sœurs et cela lui faisait souffrir le martyre. On avait pensé à lui dire que sœur Stéphanie partirait avec Père Lazare et les Tertiaires. Et moi, pour la préparer, je lui dis alors : « Mère, vous auriez du chagrin de ne plus voir sœur Stéphanie, si elle partait avec Père Lazare? » Et elle dit : « Il n'est pas possible qu'elle parte sans venir me voir ! » — Une autre sœur lui disait : « Soyez tranquille, Mère, sœur Stéphanie est bien soignée ». Enfin, Père Lazare dit : « Impossible de lui cacher la vérité, il faut la dire ».

Pauvre Père, pas possible de dire tout ce qu'il souffrit et encore plus de nous laisser à Aden où tout manquait, avec le Père Gratien qui était malade aussi d'ennui et de douleur. Père Lazare ne savait que penser du bon Dieu, il se résignait, mais sa volonté lui semblait cruelle. Enfin il devait partir et Dieu sait tout ce qu'il a souffert.

Vous savez comme Mère Élie prit avec héroïsme la mort de sœur Stéphanie, puis, trois jours après, celle de sœur Euphrasie. C'était magnifique de voir cette mère si tendre accepter ces morts avec le calme des cieux. Elle se leva, toute malade qu'elle était, pour l'enterrement, et quand on chanta l'office des Morts avec les Sœurs du Bon-Pasteur, elle avait la voix plus forte que toutes avec la ferveur des anges sans pleurer; mais après, elle fut obligée de se mettre au lit de suite. Elle a souffert mille morts dans ce pays d'Aden; le vent lui semblait le feu de l'enfer, rien ne pouvait la soulager.

Depuis la mort des sœurs, elle voulait que tous ses enfants restassent auprès d'elle en bas, tant elle avait peur qu'on lui cache la mort de quelqu'une. Père Gratien non plus ne pouvait rester en haut; tous nous souffrions tant! nous avions besoin d'être ensemble pour nous consoler et nous fortifier. Mon Dieu, quand je vivrais mille ans, je te promets de ne jamais oublier Aden!...

— Une nuit que nos sœurs étaient en haut et moi en bas avec Mère Élie, je vois un voleur essayer d'entrer par la fenêtre... Je me mets alors à parler comme s'il y avait beaucoup de monde. Mère Élie disait : « Chère enfant, que faites-vous, venez vous mettre au lit »... Et moi, je parlais arabe : « Mais, pauvre enfant, vous avez perdu la tête? Je ne sais quel langage vous parlez; que vous me faites souffrir cette nuit!... » Et moi j'avais peur! tantôt je voyais un voleur avec un grand couteau près de la fenêtre où était le lit de Mère Élie; il y en avait deux qui cherchaient à entrer par une fenêtre ou par une autre. Si j'avais dit cela à chérie Mère, elle serait morte de frayeur; si j'avais appelé Père Gratien, il aurait été encore plus effrayé, parce qu'il sait que dans ce pays, on fait beaucoup de martyres (assassinats).

Enfin, jusqu'à trois heures, j'ai parlé très fort arabe, alors les voleurs sont partis sans oser entrer.

Les gens d'Aden sont excellents pour nous. Monsieur et Madame Consul (le Consul français) sont très bons, très bons. Il y avait aussi une dame protestante qui nous portait beaucoup de choses nécessaires; sa charité était magnifique; son mari était catholique, très pieux, très saint; il nous envoyait du lait et tout ce qu'il pouvait. Le monde du bateau était aussi parfaitement bon : comédiens et comédiennes surtout pleuraient et baisaient les pieds de sœur Stéphanie après sa mort.

Nous avions deux petits garçons, très bons, dévoués, mais paresseux : l'un s'appelait Bastien et l'autre Mahomet. Je voulus faire manger un peu de bœuf à Mahomet et il ne voulut jamais. Je lui demandai pourquoi ; il dit : « Parce que les bœufs ont chauffé Jésus-Christ ». Alors je lui ai dit s'il ne mangerait pas du chameau ; il me dit non, parce qu'il a porté Mahomet. « Et le cochon ? » — « Non plus, Mahomet l'a défendu. » Quelquefois Bastien et Mahomet se disputaient ensemble, et puis, ils venaient se plaindre à moi : « Mama, mama, il m'a fait ça et ça » ; je les grondais tous les deux, et ensuite, je leur faisais baiser terre. Bastien, grand monsieur, a fait alors un acte terrible. Quand notre Mère dit cela au Père Alphonse, lui, très étonné, a dit : « Mais cette petite est un homme et non une femme, jamais personne n'a fait faire autant ». Ces deux enfants nous aimaient beaucoup. Quand le bateau français où était Mgr Marie-Ephrem est arrivé, ils sautaient de joie parce que cela nous faisait plaisir ; et quand nous partions, ils pleuraient, ce qui touchait beaucoup le bon cœur de Mère Élie.

Quand arriva le moment de partir, je fis tout ce que je pus pour la faire venir au cimetière voir sœur Stéphanie et sœur Euphrasie ; à peine arrivée, elle baise le tombeau, puis elle devint pâle, pâle, et tremblante comme tout. Elle me dit : « Ma fille, je n'y tiens plus, sortons d'ici. » J'ai fait tout pour la distraire, mais alors rien, rien ne pouvait consoler son cœur.

Enfin, nous sommes partis dans le bateau. Mère Élie était très bien, l'air de la mer lui a fait beaucoup de bien jusqu'à Madras. Mais arrivés là, comme pauvre chère Mère a souffert ! on était très bon où nous passions, mais on ne pouvait la soulager. A Calicut, elle était transportée de joie et disait : « Oh ! j'ai le bonheur de toucher enfin cette terre de l'Inde que saint François Xavier a évangélisée ! » Et puis les honneurs que l'on rendait à Monseigneur lui faisaient oublier un peu ses souffrances. Chère Mère, se fatigua-t-elle à cette procession, mais, mon Dieu, quelle patience admirable ! Pendant sa maladie, elle a souffert les choses les plus crucifiantes à la nature ; on voulait la guérir à tout prix et on a fait tout ce qui était contraire à son cœur et à son tempérament, le bon Dieu l'a permis. La Supérieure des Sœurs, très sainte, très bonne, très charitable, voulait la soigner comme dans ce pays, elle disait que cela la guérirait. Pauvre chère Mère Élie, elle avait besoin de choses fortifiantes et on ne lui donnait qu'un peu de farine de riz cuite avec de l'eau ; nos pauvres Mères ne pouvaient rien faire comme elles auraient voulu, parce qu'on leur disait qu'elles tueraient Mère Élie. Moi, une fois en cachette, j'ai donné quelque chose de fortifiant à Mère Élie, ce qui lui fit beaucoup de bien ;

quand on le sut, tout le monde fut contre moi et on me défendit d'approcher de son lit; elle s'en aperçut et ce fut pour elle un coup terrible. Elle voyait aussi que nos Mères n'étaient pas libres de s'approcher d'elle, elle aurait tant désiré n'avoir qu'elles pour la soigner... Mais elle faisait des actes de patience et de résignation héroïques : pas une plainte. On fit venir un médecin anglais, qui était de l'avis de la Supérieure des Sœurs. Monseigneur craignait d'être responsable, s'il ne laissait pas faire comme le médecin voulait. D'un autre côté, il souffrait de voir souffrir nos Mères. C'était de part et d'autre des agonies qu'il faut avoir senties pour comprendre, hélas! hélas!

On fit venir une femme qui a grande réputation pour guérir ces maladies; elle ressemblait à une sorcière : les cheveux tout droits sur la tête. Mon Dieu, quelle horreur elle nous faisait! Elle n'y voyait pas du tout : quand Mère Élie allait plus mal, elle disait qu'elle était mieux. Enfin, un médecin français vint aussi; il était de Mahé, et, dès qu'il la vit, il dit, comme nos Mères, qu'il lui fallait des choses fortifiantes.

Pauvre Mère! c'était trop tard! mais il ne faut pas avoir du regret, le bon Dieu a permis tout cela de toute éternité.

Monseigneur priait, priait; qui sait ce qu'il aurait fait pour sauver notre Mère?... Moi, je dis : « Il faut faire un vœu à sainte Anne : si elle guérit notre Mère, nous lui ferons bâtir une église »; mais elle n'a pas voulu m'écouter, notre Mère allait toujours plus mal. Et moi, j'ai été fâchée contre sainte Anne et je lui ai dit qu'on ne lui donnerait rien.

Père Lazare était d'un dévouement admirable; il portait la sainte Communion à Mère chérie à minuit. Oh! avec quel amour, quelle ferveur, quels transports, elle recevait son Jésus, comme elle était heureuse, même dans le délire! Cependant, il lui fallait encore embellir sa couronne : un grand chagrin lui était réservé. Monseigneur, voyant qu'elle n'allait pas mieux et étant obligé de partir pour Mangalore, dit à la Mère Élie qu'il devait partir et emmener des sœurs pour débarrasser un peu les sœurs de Saint-Joseph. Quelle peine alors, chère Mère, mais quelle vertu! elle n'a rien dit à Monseigneur; mais lorsque l'une des sœurs lui dit qu'elle n'avait pas voulu y consentir, alors elle a témoigné sa vive reconnaissance.

... Rien n'a manqué à sa gloire, rien. Devenue très mal, très mal, elle fit à Dieu le sacrifice de sa vie pour ses filles de Pau et de Mangalore, pour sa chère mission. Une fois, elle m'a prise entre ses bras et elle m'a arrosée de ses larmes. Dans ce moment, j'étais dans une immense douleur; elle voyait que je souffrais beaucoup et on ne me laissait pas faire tout ce que j'aurais voulu, parce qu'on avait peur que je lui fisse mal et elle m'appelait toujours; j'ai beaucoup souffert, le bon Dieu sait tout. Mais j'ai eu une grande et douce consolation. Mère chérie, avant de mourir, me regardait toujours, elle soupirait très fort en me regardant. Je me suis dit : Elle veut que j'aille... Enfin, n'y tenant plus, je vais à son lit. Alors, sa respiration cesse, elle devient douce, douce et elle meurt, chérie Mère, dans mes bras, sur mon cœur. Oh! quel moment!... Mais le bon Dieu donne un grand courage, je l'ai habillée. Vous dire comme elle est devenue belle après sa mort! on aurait dit une jeune vierge. On voyait la mort qui s'approchait d'elle; c'était affreux; l'enflure montait, montait comme les ondes de la mer. On a dit qu'elle a souffert tout le supplice des noyés, mais avec un courage, une patience plus qu'admirables. Tout le monde disait : « C'est une sainte! » Oui, oui, c'est une grande sainte!

Dans ce voyage, elle a souffert plus que toute sa vie. Là, comme partout ailleurs, on a reconnu son mérite et ses incomparables vertus; là, comme ailleurs, elle s'est oubliée elle-même, elle s'est sacrifiée pour les autres. Aussi tous l'ont aimée et vénérée. Son enterrement était une procession triomphante. J'espère que beaucoup de bien se fera par elle dans ce cher pays de l'Inde.

Un jour, je lui avais dit : « Mère, vous ne m'oublierez pas, si le bon Dieu vous prend au ciel? » — « Oh! chère enfant, me dit-elle, comment le pourrais-je? » Elle souffrait de penser que sa mort vous ferait chagrin, c'était une mère si tendre, si bonne! — Je renouvelle vos douleurs, chère Mère, mais c'est pour Jésus qu'il faut souffrir.

Que toutes nos chères sœurs prient beaucoup pour moi, afin que je me prépare bien à la sainte Profession.

Si vous saviez comme j'aime toujours mon chéri Carmel de Pau! Mon cœur y est tout entier dans celui de Jésus; une prière à tous mes ermitages et bientôt, moi aussi, j'espère être ermite. O joie, ô bonheur, ô Amour!

Adieu, sœurs chéries; et vous, Mère bien-aimée, bénissez votre petite enfant.

Sœur Marie de Jésus Crucifié.

Lettre de Sœur Marie de Jésus Crucifié à Mgr Lacroix, Évêque de Bayonne.

†

J. M. J. T.

Carmel de Mangalore, septembre 1871.

Monseigneur,

Votre petite enfant vient se jeter aux pieds de son bien-aimé et cher Père, le suppliant de lui donner sa sainte bénédiction. Vous êtes toujours le Père le plus chéri de votre petite servante. Si vous saviez, Monseigneur, comme je pense à votre maternelle bonté!... Aussi, devant le bon Dieu, je n'oublie jamais de recommander toutes vos intentions.

J'ai surtout pour vous une estime toute particulière, parce que vous aimez beaucoup la sainte Église et le si aimé Saint-Père!

Que vous êtes heureux d'avoir compris la vérité! Oui, l'infaillibilité a mis en rage tout l'Enfer! Satan bisque. Je vous le dis, cher et bien-aimé Père, je prie beaucoup, beaucoup pour le triomphe de la sainte Église et pour la France.

Ne croyez pas que le moment de la miséricorde de Dieu soit très éloigné... Toute la terre sera dans l'étonnement de la puissance du Dieu trois fois Saint...

Vous savez, Monseigneur, dans quel abîme j'étais enfoncée, mais Jésus m'a tendu la main. Il m'a retirée des filets du chasseur, de l'homme injuste et mauvais. A présent, je jouis de la paix des anges. Je sens que le Seigneur a exaucé les prières qu'on lui a faites pour moi; quoique si indigne, Jésus me veut pour son Épouse.

Dimanche dernier, fête de Notre-Dame de la Merci, j'ai été reçue au chapitre pour la profession et j'espère que le bon Dieu me la fera faire le jour où la petite Marie se présenta au Seigneur.

A présent, tous mes troubles sont finis, mais je souffre d'avoir tant et tant offensé le bon Dieu. Le sommeil (extase) que j'ai aussi, souvent, me donne de la peine et de la confusion, parce qu'alors le bon Dieu fait des choses qui me font douleur, mais je sens que, dans ce temps, il faut des âmes qui se font victimes et, je le vois, il y en aura beaucoup et aussi des martyrs des Prêtres du Seigneur...

Petit Carmel de Mangalore est béni du bon Dieu... Mère Élie, du ciel, nous voit et nous protège. Cette tendre mère veille sur nous.

J'ai la grande espérance que les méchants d'ici vont se convertir. Nous avons une maison de démons très près de notre jardin; musique du diable tous les soirs s'entend, hélas, hélas! il faut que nous la fassions tomber. Envoyez-nous beaucoup de vos saintes bénédictions pour que nous soyons saintes et surtout une très grande pour le jour de ma Profession; moi, je n'oublierai pas que vous êtes mon chéri Père.

Je suis, de Votre Grandeur...

Sœur Marie de Jésus Crucifié.

Lettres de Sœur Marie de Jésus Crucifié au R. Père Lazare, carme (son confesseur à Mangalore).

✝

J. M. J. T.

Carmel du Sacré-Cœur de Pau, 7 janvier 1873.

Mon Père,

Ne croyez pas, parce que je n'ai pas écrit, que je vous ai oublié; non, certes, jugez si un enfant ne dit pas tout à son Père!

Vous savez, mon Père, que Celui qui a mis le lien est au milieu de nous? Vous souvenez-vous, quand nous étions les deux auprès de la grille, vous dehors, moi dedans? Quand vous avez dit: « Ah! que je voudrais souffrir pour l'amour de notre cher Maître! » Que de désirs alors pour vous de souffrir! Voilà, à présent, qu'ils s'accomplissent.

Vous souvenez-vous aussi, mon Père, que quand Notre-Seigneur se montre à quelqu'un, chargé de sa Croix et couronné d'épines, ce n'est pas pour jouir? Mais vous le savez mieux que moi; vous me l'avez dit souvent, pourquoi.

Vous souvenez-vous aussi, mon Père, il y a un an et cinq mois, il a été dit : « Si c'était possible, la terre se soulèverait contre vous. Et si vous le portez généreusement pour l'amour de Celui qui vous a créé, votre épreuve sera abrégée » ? Pour moi, c'est mon désir qu'elle soit longue, vous le savez, mon Père!

Une personne demandait à Notre-Seigneur : Pourquoi telle personne souffre-t-elle? L'adorable Maître a répondu : « Parce que je l'aime. Et mes disciples, ceux que j'ai aimés le plus sur la terre, quelle récompense je leur ai donnée! Je suis tout-puissant, mais c'est le meilleur amour que je puisse leur donner; je n'ai pas d'autre récompense pour ceux que j'aime. » Eh bien, mon Père, maintenant la foi est affaiblie, la Religion et même les Communautés les plus saintes sont affaiblies, la foi y est affaiblie ; ayons la foi, nous, la foi de nos Pères, si elle s'affaiblit partout. Ne vous étonnez pas de tout ce que vous voyez et entendez à présent, et ne vous fâchez pas ; excusons, au contraire, tout le monde. Qu'est-ce que ça fait ? Que tout le monde dise blanc ou noir, nous ne sommes que ce que nous sommes devant Dieu. Pourquoi nous troubler ? Laissons les créatures nous juger ; de la sorte, le Seigneur n'aura pas le cœur pour nous juger. Soyons comme la femme publique : quand tout le monde l'a jugée, le Seigneur ne l'a pas condamnée. Quant à moi, tous les jugements des créatures ne m'ont pas troublée, même peinée...

Eh bien, mon Père, ne jugeons pas maintenant les autres comme on nous a jugés. Soyons jugés et non pas juges. Il me semble, mon Père, que le Seigneur permet tout ce qui arrive pour que sa parole s'accomplisse. Il a été dit que je ne vous verrais jamais et que nous ne saurions jamais de nouvelles l'un de l'autre ; mais ce sont les paroles des hommes et Dieu a dit tout le contraire.

Quant à moi, depuis que je vous ai quitté ou que vous m'avez quittée, je n'en ai eu jamais aucun regret, ni le désir de vous revoir ; je n'ai jamais adressé une prière à Dieu pour savoir de vos nouvelles.

Vous souvenez-vous, quand vous êtes venu me dire que vous ne reviendriez plus, ce que je vous ai répondu : « Pars, mon Père ; Celui qui vous a donné, vous a ôté ; que son saint Nom soit béni » ? Ce n'est pas moi qui vous ai choisi, c'est Dieu, et le bon Dieu qui s'est servi de vous pour me faire du bien, peut se servir d'autres. Je vous l'avais dit, je crois, une personne demanda un jour au Maître : « Est-ce que je dois attribuer à un serviteur, qui m'a fait du bien, le bien qu'il m'a fait ? »

— « Non, a dit le Maître ; si le serviteur a été fidèle, il mérite la récompense, mais pas le remerciement qui n'est dû qu'au Maître qui a donné le serviteur. » Encore, mon Père, si le Maître a un serviteur malade et qu'Il en envoie un autre pour le soigner, après que le malade est guéri, à qui doit-il le remerciement et la reconnaissance ? Il doit le remerciement et la reconnaissance au maître qui a donné le serviteur et aussi un peu de reconnaissance à ce serviteur, parce qu'il s'est donné de la peine pour le soigner.

Mon Père, n'attendez pas votre récompense dans ce monde, non ! mais dans l'autre. Je sais que vous désirez pour moi le bonheur et la tranquillité ici-bas. Eh bien, moi, je ne désire pas ça sur la terre pour vous, mais seulement dans le ciel.

Mon Père, je sais que vous souffrez et je vous en conjure, pour l'amour du Bien-Aimé, excusez tout, souffrez tout. Si on vous dépouille à la vue de tout le monde, excusez-les, souffrez-le; et si eux sont dans le besoin, dépouillez-vous pour les habiller, couvrez-les du manteau le plus doux, le plus tendre qu'il vous sera possible; faites cela, je vous en conjure, plus de dix fois encore.

Pardonnez-moi tout ce que je vous dis, mon Père, bénissez-moi et priez pour votre indigne petite fille

Sœur Marie de Jésus Crucifié.

†

J. M. J. T.

Carmel du Sacré-Cœur de Pau.

15 mars 1873.

Mon Père,

... Le bon Dieu demande surtout de vous deux choses. Le Cœur de Dieu désire ardemment de vous l'obéissance et la soumission aveugle d'un enfant qui vient de naître; ne faites pas une réflexion, mais laissez-vous mettre là où l'obéissance vous placera et soyez sûr... Il viendra des moments où vous aurez des tentations et des humiliations; supportez-les avec joie, sans murmure, et soyez sûr que la parole de Dieu, il faut qu'elle s'accomplisse; elle ne tombe pas sans fruit; souvent les hommes font tout le contraire, mais le Seigneur est fidèle dans sa promesse. Vous aurez des jalousies contre vous; partout où vous serez, vous aurez quelqu'un pour exercer votre patience, votre charité. Soyez fidèle, allez toujours en avant, soyez prêt à donner toujours votre vie pour ceux qui vous feront souffrir; pensez, ce n'est pas grand'chose ce que vous ferez pour eux, auprès de ce que Dieu prépare pour vous. La seconde chose que le bon Dieu demande de vous, c'est l'humilité et surtout la prudence.

Permettez-moi de vous le dire, vous n'êtes pas assez prudent. Aujourd'hui, plus que jamais, surtout dans ce siècle si trompeur, c'est très rare de trouver un cœur droit et sincère.

Oh! mon Père, pleurons tous les deux, si nous le pouvons, des larmes de sang de reconnaissance envers Dieu pour tout ce qu'Il a fait et tout ce qu'Il est prêt à faire encore pour nous. Ah! que nos cœurs sont petits pour aimer Jésus! Désirons continuellement et sincèrement, disons souvent : « Seigneur, je voudrais un cœur plus grand que le ciel, que la terre et que la mer, pour vous aimer. Je meurs de confusion de n'avoir pas aimé Jésus assez comme je le voudrais »...

Je vous en conjure... laissez parler, laissez dire tout ce qu'on voudra. Dieu est Dieu, et tout le ciel et toute la terre se retourneraient pour ébranler une âme que Dieu regarde, ils ne pourraient rien faire. Je ne vous dis pas cela pour moi, non! Je suis remplie de confusion devant Dieu, non pas devant les créatures, mais devant mon Créateur.

On pourrait me dire, comme on a déjà fait : que je suis pour le Ciel et puis que je suis pour l'Enfer; ni l'un ni l'autre ne m'ont réjouie ni troublée; nous sommes ce que nous sommes devant Dieu. L'exil est court; je n'ai qu'un désir, mon Père : aller à Dieu le plus vite possible et quitter cette terre, parce que je crains, en voyant des âmes si pures, si savantes, qui ont fait des chutes épouvantables; et moi, qui suis couverte de péchés et d'ignorance, que puis-je devenir? Oh! demandez au Seigneur de me retirer de cette terre, plutôt que de l'offenser. Oh! non, mille millions de fois, non! Je ne voudrais pas l'offenser! plutôt mourir!... Pardon, mon Père, de cette mauvaise lettre que je vous écris; pardonnez-moi, bénissez-moi, demandez sans cesse à Jésus qu'Il me garde toute pour Lui.

Votre indigne petite fille,
Sœur Marie de Jésus Crucifié.

PAROLES ET CONSEILS (FRAGMENTS)
RECUEILLIS PENDANT SES EXTASES.

1873. — Heureux l'homme qui persévère malgré tout!... Et malheur à celui qui faiblit au premier obstacle!

Malheur à l'homme, malheur à l'Ordre qui cherche son honneur, sa réputation aux dépens de la gloire de Dieu!

Petit troupeau, ne craignez rien, soyez petit. Ne craignez ni le tonnerre, ni la pluie, ni les montagnes, rien ne pourra toucher aux élus du Seigneur!... Marchez sous terre. Si vous voulez être grands, soyez petits. — Ne cherchez pas la grandeur de la créature; celui qui vous élève aujourd'hui, vous abaissera demain.

C'est mon honneur d'appeler l'Église : ma Mère... L'Agneau descend à chaque heure, à chaque instant. Allons, petits enfants, allons l'adorer : buvons son sang, c'est notre vie, la joie de nos cœurs : Terre, tressaille, c'est ton Sauveur !

Malheur à l'âme qui cherche à savoir le mystère de Dieu !
Bienheureux l'homme qui cherche la bassesse : l'enfer entier ne peut l'ébranler !
Aimez Dieu, ne cherchez que Dieu, tout le reste est néant !...
Malheur à l'homme qui ne regarde pas les œuvres du Seigneur !

Ceux qui suivent Jésus doivent mettre leur tête dans la poussière...
Regardez Jésus, Lui, le Maître du tonnerre, Il a courbé la tête ; laissez-Le agir ; le Maître du tonnerre écrasera tout quand le moment sera venu.
Ceux qui donnent des soufflets préparent des diamants pour la couronne.

Servez le Seigneur avec patience et anéantissement.
Ne dites pas : Celui-ci porte du fruit, celui-là n'en porte pas. Celui d'aujourd'hui n'en portera pas demain et celui qui n'en porte pas aujourd'hui en portera demain.
Si vous servez le Seigneur, servez-le tout nu. Ne portez pas deux vêtements, de peur qu'étant trop lourd, vous ne puissiez pas suivre Jésus.
Petites brebis, aimez celui qui vous donne des soufflets et pas celui qui vous donne des baisers.
Si tu te défends quand on te soufflette, tu perdras tout, mais si tu baises celui qui te frappe, Dieu te gardera.

Seigneur, enseignez-moi vos préceptes : par vous, je serai fidèle.
Seigneur, marquez-moi le chemin, vous me soutiendrez.
Mon cœur n'en peut plus, je suis étrangère sur la terre ! J'ai trouvé la joie de mon cœur en trouvant mon Créateur ! Le Tout suffit, on n'a plus besoin de rien sur la terre ; mon cœur est rempli, tout rempli.
Vous qui soupirez vers le Très-Haut, réjouissez-vous.
Heureux l'homme qui vous cherche, Seigneur, son cœur tressaille !
L'homme qui va vers la terre n'a que tristesses !
O homme, qui marches vers la terre dans le trouble, dans les pièges, vois ta force dans ta défaillance.

O Dieu d'amour, jette un regard sur ta poussière ! Mon âme languit, n'en peut plus ici-bas !

Méfiez-vous du lion rugissant... Vous le tuerez en vous baissant. C'est votre épée la plus tranchante.

Ton salut est avec le néant.

Lorsque le lion te poursuivait, si ton regard avait vu le Très-Haut, tu ne serais pas tombée si bas.

Il y a beaucoup de saints qui se sont sanctifiés *par l'orgueil*, parce qu'ils ont travaillé toute leur vie à le combattre et à faire le contraire de ce que l'orgueil leur inspirait. Quand il les portait à aller en avant, ils allaient en arrière ; à s'élever, ils s'abaissaient ; à ouvrir les yeux, ils les fermaient ; à parler, ils se taisaient... Et toujours comme cela...

Et tout vient de l'orgueil, mais c'est un grand bien d'avoir un défaut à combattre, c'est la plus grande des grâces.

Elle tournait et retournait dans ses mains le petit livre de la Règle et des Constitutions. Elle nous dit que toute notre perfection et sanctification se trouvait dans la pratique exacte de ce qui était écrit dans ce petit livre.

En parlant de la sainte pauvreté, elle dit qu'une sœur chargée du soin d'un parterre ne devait pas être la seule à en pouvoir cueillir les fleurs, vu que cela détournait du bon Dieu et rendait propriétaire, mais que tout devait être en commun ; cette sœur doit se réjouir que d'autres y viennent cueillir aussi, parce qu'alors, elle offre double fleur à Jésus. Elle ajouta qu'il serait bon, quand on change les ermitages, de donner le plus beau à la dernière et les moindres aux premières.

A qui ressemblerai-je ? Aux petits oiseaux dans le nid. Si le père et la mère ne leur portent pas à manger, ils meurent de faim. Ainsi est mon âme sans vous, Seigneur ; elle n'a pas sa nourriture, elle ne peut vivre !

A qui ressemblerai-je ? Au petit grain de froment jeté dans la terre. Si la rosée ne tombe pas, si le soleil ne le réchauffe pas, le grain moisit. Ainsi est mon âme, Seigneur, si vous ne faites tomber les rayons de votre grâce et les rayons de votre soleil ; mais si vous donnez votre rosée et votre soleil, le petit grain sera humecté et réchauffé ; il prendra racine qui donnera une belle plante avec beaucoup de bons grains.

A qui ressemblerai-je, Seigneur ? A une rose qu'on coupe et qu'on laisse sécher dans la main. Elle perd son parfum ; mais si elle reste sur le rosier, elle est toujours fraîche et belle et elle garde tout son parfum. Gardez-moi en vous, Seigneur, pour me donner la vie.

Je suis comme une lampe sans huile, la mèche de la lampe ne peut brûler sans huile ; si on veut l'allumer, le verre se casse et la lampe s'éteint. Ainsi mon âme est devant vous, Seigneur, vous êtes l'huile de mon âme ; sans vous, elle ne peut s'allumer, elle s'éteint ; faites couler l'huile de votre grâce dans la lampe de mon âme pour brûler devant vous.

A qui ressemblez-vous, Seigneur ? A la colombe qui donne à manger à ses petits, à une tendre mère qui nourrit son petit enfant.

Malheur, malheur à l'homme qui s'attache à la terre et qui ne pense pas un seul quart d'heure au Seigneur dans la journée !
Bienheureux celui qui a tout donné au Seigneur, ne garde rien, ne pense qu'à le louer, à le servir ; il vivra éternellement ! Beaucoup de ceux qui seront sur le trône seront renversés et foulés sous les pieds dans la poussière. Et ceux qui sont foulés dans la poussière seront sur des trônes.

L'âme qui souffre est comme un roi et une reine devant le Seigneur ; mais que celle qui ne souffre pas est bien pauvre et misérable !
Si tu gardes le silence et l'abandon à Dieu, Dieu te gardera.
D'où vient que l'agneau faiblit ? C'est parce qu'il n'a pas gardé le silence. Le silence, c'est la virginité, et nous avons promis le silence.
Si vous gardez le silence, vous garderez l'humilité, la charité, la douceur, l'obéissance et la patience.
L'âme droite ne dit pas ce qui la contrarie, ce qui la fait souffrir... Dieu vous laisse... mais si vous souffrez en silence, le Seigneur vous bénira... Dieu ne demande pas des mortifications. A présent, la moindre chose que vous faites est plus agréable à Dieu que les mortifications des anciens Pères et Patriarches.
La mère souffre quand elle enfante... Quand l'acte de vertu doit se faire, il faut souffrir.
A chaque bonne action, c'est une âme à gagner à Dieu... Si vous saviez !... Vous demanderiez à Dieu des occasions... C'est au moment où la nature se révolte qu'il faut se vaincre : si vous perdez l'occasion, l'âme est perdue.
Dieu donne la grâce à l'âme que vous avez enfantée, sauvée et

l'augmente à mesure que vous faites des actes. La vierge folle est folle parce qu'elle n'a pas fait des actes.

Ce n'est pas assez de porter l'habit de carmélite et d'avoir passé plusieurs années en religion, il faut faire des actes!

Si vous ne veillez pas, vous serez comme une mère stérile, si vous ne faites pas d'actes... Je désire que vous soyez comme la femme forte : tous ses enfants autour d'elle.

Oh! qu'il est admirable, Jésus! Mon Dieu, je vous adore! Vous êtes seul grand; j'adore votre grandeur, votre puissance! Vous êtes seul digne d'admiration... Qui est semblable à vous? Il n'y a pas d'autre Dieu semblable à vous sur la terre! Que je suis heureuse que mon Dieu m'ait créée pour l'appeler mon Dieu! Si vous m'aviez créée petite bête, je ne pourrais pas dire : mon Dieu. Je vous rends grâce de m'avoir donné l'intelligence; je vous la donne. Que je suis heureuse d'avoir un Dieu qui remplit le ciel et la terre! Que tout retentisse des louanges de mon Dieu! Que la montagne bondisse de joie. Que la terre tressaille!

L'amour sauve l'âme.

Bienheureuse l'âme qui n'a pas d'amour pour soi, mais seulement pour le Très-Haut.

Un jour, elle était si délicieusement ravie, qu'elle ne se contenait plus; elle dansait presque devant le Tabernacle, appelant Jésus : « Semence chérie ». Elle disait : « Semence chérie, elle vient tous les jours!... David dansait devant l'arche, et moi, devant le Tabernacle! L'Amour est là, l'Amour est là, c'est plus que l'arche! »

Quand le nuage noir tombera, c'est-à-dire l'ennui, le dégoût pour toute chose, chaque pas qu'on fera sera aussi méritoire que si on avait fait les choses les plus sublimes; maintenant, l'ennemi règne sur son trône. Il a une puissance très grande.

L'âme méprisée, humiliée, attire les regards du Très-Haut!

Si une âme gagne le cœur de Dieu, que lui importe à elle tout l'univers? Et si tous les rois de la terre sont pour elle, si elle n'a pas Dieu, que lui fait tout le reste?

Un riche, tous l'aiment, l'honorent. Le pauvre est méprisé, il n'a rien; mais s'il est humble... Quel est celui que le Seigneur honore?... C'est l'humilité!...

L'humilité est heureuse d'être méprisée, d'être sans rien, elle ne s'attache à rien, ne se fâche de rien. L'humilité est contente, l'humilité est heureuse, partout heureuse, l'humilité se satisfait de tout. L'humilité porte partout le Seigneur dans son cœur.

L'orgueil, tout le met hors de lui-même, tout l'ennuie, le fâche, l'abaisse. L'orgueil, tout le révolte, tout le désole ; il a l'angoisse dans ce monde et dans l'autre.

L'humilité a la joie dans ce monde et dans l'autre. L'humilité ne fait état de rien, elle est heureuse de tout ! Le Seigneur dit : Vois le ver de terre, à mesure qu'il s'enfonce, il est garanti, mais s'il se montre, on l'écrase... Le ver, quand la glace vient, la terre est sa chaleur ; quand c'est le soleil, la terre est sa fraîcheur.

L'humilité, c'est le royaume du cœur de Dieu ! — Il faut travailler pour l'humilité, il faut semer, alors Dieu donne l'humilité. Il ne faut pas dire seulement : « Donnez, Seigneur », non, mais il faut semer et travailler.

Il y a un homme dans une terre basse : s'il n'y a pas d'eau, il creuse et il trouve l'eau...

Un homme a faim, il demande au ciel... Eh bien, semez, travaillez et vous cueillerez. Selon que vous sèmerez, vous cueillerez : vous semez des épines, vous cueillerez des épines ; vous semez des roses, vous cueillerez des roses ; vous semez du froment pur, vous cueillerez du froment.

Ne jugez pas, c'est Dieu qui juge.

Quand vous voyez une déchirure à l'habit d'un autre, ne déchirez pas davantage, mais coupez un morceau de votre habit pour raccommoder le trou ; ne craignez pas, quand même vous resteriez toute nue. Je vous le dis et je vous le répète, déchirez votre habit pour couvrir votre prochain, Jésus vous revêtira de la robe nuptiale... Ne jugez rien, le Très-Haut jugera tout !

Bienheureux les petits, partout il y a place pour eux ! mais les grands, partout ils embarrassent.

Devant Dieu, si nous avons le manteau de la charité, nous aurons couvert notre robe sale, et selon que la charité sera grande, le manteau sera long et large pour nous couvrir... La charité, c'est un manteau blanc qui couvre toute espèce de choses.

Paix aux âmes de bonne volonté qui ne cherchent que le Très-Haut ! Un ange écrit leur nom dans le ciel, dans l'éternité !

Quand vous allez à l'oraison, soyez prêtes, préparez-vous d'avance.

On n'invite pas le Roi dans une maison sans la rendre libre, sans la préparer pour le recevoir ; autrement, il n'entre pas ou bien les officiers du Roi, les anges, ne l'inviteront pas à venir.

Ne murmurez pas sur la terre, car la terre est une perle précieuse pour ceux qui en profitent.

Petits agneaux, n'ayez pas peur de Dieu. Il va frapper la terre, il y aura des tremblements de terre; ne craignez rien; recourez à Dieu seul, restez en Lui, confiez-vous en Lui et ne craignez pas : sa miséricorde est immense. Il voudrait la répandre sur les hommes, mais la justice « bouche » la miséricorde. Les hommes ont peur de Jésus : ils le regardent comme un bourreau et pourtant ses yeux sont tout paternels!... Il est plus blanc que la neige! Il est fou de l'homme!... Il aime les petits, les faibles, il n'aime pas les grands...

Ne cherchez jamais d'appui dans les créatures, mais criez vers Dieu. Si vous tombez par quelque faute ou quelque peine au fond d'un précipice, criez vers Dieu; s'il n'entend pas, c'est-à-dire s'il ne vient pas, criez plus fort, touchez son cœur. Je vais vous enseigner une ruse. Dites-lui : « Seigneur, je suis seule, je suis au fond, bien bas, j'ai la jambe cassée, j'ai le bras cassé; je suis faible, je suis malade, venez, venez, voyez, je ne peux presque plus crier vers vous et je ne veux d'autre secours que vous! »

Je demande au ciel, à la terre, à la mer, aux arbres, aux plantes, à toutes les créatures : « Où est Jésus? » Et toutes me répondent sur le même ton : « Dans un cœur droit et un esprit humilié! »

Quand Jésus regarde ses élus, son regard fait fondre le cœur... Oh! ce regard!... Non, la terre n'a pas vu Jésus!... La terre est couverte de crimes!... Le Seigneur voudrait frapper et son cœur ne peut pas!...

Je suis comme un petit poisson hors de l'eau, il ouvre et ferme la bouche, il n'a pas d'autre soulagement. Et moi, je suis comme cela, je n'ai de soulagement sur cette terre que de soupirer après la céleste patrie...

Le Seigneur m'a fait voir l'enfer et Il m'a dit : « Il y a en enfer toute espèce de vertus, mais il n'y a pas l'humilité; et au ciel, il y a toute espèce de défauts, mais pas d'orgueil. »

C'est-à-dire que Dieu pardonne tout à l'âme humble et ne compte pour rien la vertu dépourvue d'humilité.

1874. L'humilité sincère de cœur, c'est Dieu qui la donne, mais il faut faire des actes... Quand il y a la vraie humilité, on ne se met pas en peine de l'estime, du jugement et du regard de la créature.

Il m'appelle fille d'Adam! et Lui aussi est fils d'Adam et il s'est fait fils d'Adam!... Fils d'Adam! s'écriait-elle avec transports.

Réjouissez-vous si on vous méprise, car vous êtes dans le manteau du Seigneur. Et si vous êtes estimée, honorée, pleurez des larmes de sang, car l'ennemi viendra vous voler. Que votre cœur tressaille de joie si vous êtes méprisée !... Les voleurs ne vont pas voler chez les pauvres, mais chez les riches.

Si une bête pouvait parler de vous, Seigneur, elle confondrait le monde entier !... Si une mouche pouvait parler, elle dirait vos grandeurs !...

Ce n'est pas Jésus qui condamnera le pécheur quand il paraîtra devant lui, c'est l'âme elle-même.

Le soleil, la lune, les étoiles, l'air, tout ce qu'il a foulé se tournera contre lui; et quand il verra Dieu, sa bonté, son amour, il ne pourra le supporter et il se précipitera lui-même dans l'abîme.

Mais Dieu présente à l'âme fidèle, quand elle paraît devant Lui, son amour, sa bonté, sa miséricorde et elle en est toute confuse, et elle se perd comme une goutte d'eau dans le sein de Dieu !

Une sœur désirant l'interroger et n'osant pas, elle répondit à sa pensée en lui disant : « On n'a pas besoin de demander des conseils, pas même de désirer d'entendre la parole d'un ange; il y a les commandements, les règles, tout est écrit; nous avons le chemin tracé devant nous, mais il faut marcher et marcher par le droit chemin. Si vous allez par côté, ou si vous restez ici par terre, à quoi sert la lumière? Mais si vous marchez dans le droit chemin, tracé devant vous, vous aurez la lumière, vous trouverez les pierres, les obstacles ôtés, Jésus vous gardera, il vous couvrira. »

Et elle étendait son scapulaire devant elle à une certaine hauteur, comme pour nous montrer que Jésus abrite, éclaire et conduit Lui-même les âmes qui marchent dans le chemin tracé par ses commandements, nos règles et l'obéissance. Elle a cité plusieurs versets du psaume *Beati immaculati* qui viennent à l'appui de ce qu'elle disait.

A qui comparerai-je mon Dieu? Si je me compare à Lui, comme une goutte d'eau à l'océan, ce n'est pas assez! Si toute la terre avait une seule goutte d'eau pour se rafraîchir, ce n'est pas assez! — Ainsi l'amour de tous les cœurs n'est pas assez pour vous, mon Dieu !... Moi, je suis la goutte d'eau et vous êtes l'Océan! Je désire un cœur plus grand que le ciel et la terre pour vous aimer!

Dieu fait sa demeure dans un cœur droit et humble. Entre Jésus et l'orgueilleux, il y a l'épaisseur d'une montagne, et, entre Jésus et l'âme humble, il y a l'épaisseur de la mousseline la plus fine.

Marie est partout où est Dieu ! Sans elle, nous serions perdus... L'ennemi fait des trous partout... Marie nous garde mieux que la meilleure mère ne garde son enfant.

J'ai dit au Seigneur : « Bienheureux ceux qui ont donné leur sang pour Dieu ! » Et Lui dit : « Plus heureux ceux qui font le sacrifice de leur vie continuellement pour mon amour, parce que ce sacrifice fait un chemin de parfums pour Jésus ! »

Mon Bien-Aimé est à toute la terre et à tous ceux qui veulent. Son esprit m'a ravi !

« Comment le voyez-vous ? » lui disait-on. Elle répondit : « Les anges ne peuvent lui donner une forme, et moi, néant, poussière, je pourrais lui en donner une ! Nous ne le voyons jamais tel qu'il est ! » — « Pourquoi, lui demanda-t-on, qu'est-ce que nous avons sur les yeux ? » — « Le voile de l'orgueil », dit-elle.

Dans une autre extase, elle répondit à une sœur qui allait faire sa retraite annuelle et qui lui demandait conseil à ce sujet : « Il faut commencer par rendre compte à Dieu comment nous avons employé sa fortune, ce que nous avons dépensé pour nous et pour les autres... Puis, quand nous aurons rendu compte, et que notre tête sera assez basse et que le Seigneur nous aura pardonné, alors nous danserons ! »... Elle traduisait bien par ces derniers mots le bonheur dont elle jouissait en ce moment.

Ayez beaucoup de charité ! Comme tu prépares le chemin pour ton frère, le Seigneur le prépare pour toi.

Si tu vois des pierres devant ton prochain, ôte-les sans qu'il le voie. Si tu vois un trou, remplis-le sans qu'il le voie, fais son chemin uni.

Si tu bouches le trou, autant que tu le peux, devant l'aveugle et qu'il ne veuille pas marcher dans ce chemin, ce chemin sera pour toi.

Si tu as soif et qu'on te donne de l'eau, donne ce verre à ton frère qui a soif; pourtant tu as plus soif que lui,... mais tu es sûr que le Seigneur te donnera à boire de sa main !

Quand tu tombes toi-même dans le trou, il ne faut pas te décourager, ni rester là, mais te relever au plus ô...

Oui, je suis à Dieu ! et je voudrais écrire avec le sang de mon cœur : Je suis à Dieu ! Je voudrais le montrer au ciel et à la terre et à toutes les créatures.

17 décembre. A mesure que le moment de communier approchait, son désir de recevoir ce pain céleste augmentait. Elle disait : « Je confesse que je n'ai point de charité. Seigneur, donnez-moi cette charité pure et sans mélange, car je confesse que je n'en ai pas ! Dieu est charité, donnez-moi vite mon Dieu. Je n'ai point de charité, donnez-moi Jésus, Il est la charité !... Donnez-moi vite mon Dieu; qu'Il me donne la charité. Donnez-moi vite mon Maître, mon Sauveur, ma charité, vite, vite ! »

Après l'action de grâces, elle parlait encore avec transports de cette charité : « J'ai raison, disait-elle, de demander la charité la plus pure; c'est un arbre. Oh! qu'il est beau! Il est magnifique! Cet arbre est comme le cèdre, ses feuilles comme la banane, ses fleurs comme la violette, ses fruits comme les olives.

« O arbre magnifique! Tes feuilles couvrent ceux qui sont nus! L'arbre porte tout, parce que c'est le bois de cèdre, le plus fort.

« La feuille couvre tout, parce qu'elle est très large pour couvrir ceux qui sont nus.

« La violette, c'est le silence qui couvre la charité et donne un parfum si doux.

« Le fruit, ce sont les olives, c'est la lumière qui éclaire toujours, qui domine sur les ténèbres. O charité, ô arbre magnifique! »

Ne regarde pas le prochain sans regarder le Seigneur ou tu tomberas dans un trou, bien bas!

1875. Malheur, malheur, malheur à celui qui, après avoir bu de l'eau d'un puits, y jette une pierre dedans.

Il faut pratiquer l'humilité! A une âme qui a l'humilité, Dieu pardonne toute faute.

Le Seigneur dit : « Donnez-moi un prêtre, un religieux qui a l'humilité, je ne lui refuserai rien ».

Mars 1875. Au sujet du Jubilé, elle disait : « Pour gagner le jubilé, il faut être sans le moi. Il faut le faire comme si on était au moment de la mort. Beaucoup en font les exercices et peu le gagnent... Quand on a gagné le jubilé, c'est pour la vie : l'Esprit-Saint se repose sur cette âme, elle est établie en Dieu. Toute la vie, elle aura la grâce pour combattre, elle conservera une forte haine du péché! Gagner le jubilé, c'est posséder les dons du Saint-Esprit. »

Servons le Seigneur tout nus !... Tout passe ici-bas, une chose ne passe pas : c'est l'amour!

Le Seigneur dit : « Quiconque cherchera à se donner la lumière de ce dont on n'est pas chargé, n'aura que ténèbres et angoisses... Dieu seul voit tout... Il a toute l'éternité pour juger. Et l'homme, qui n'a qu'une minute à vivre, veut juger!

Celui qui veut être le premier sera le dernier devant Dieu et devant les hommes.

Souffrez toutes les peines pour faire plaisir à votre frère. Dieu voit tout, écrit tout, chacun de vos pas.

Si vous croyez que vous avez plus d'intelligence que le prochain, le Seigneur vous aveuglera. Et le Seigneur donne l'intelligence à celui qui est petit et qui n'en a pas.

L'orgueilleux devient comme la pierre; ni la pluie, ni rien ne la pénètre... L'orgueilleux veut boire, l'eau tombe et elle n'entre pas et elle roule jusqu'à terre; la terre la boit et en profite!

J'ai vu un livre... Beaucoup de paroles y sont écrites et peu les comprennent. Si l'homme peut dire : Tout passe, *fiat,* Dieu seul remplit mon cœur, il n'y aura plus tant de difficultés sur la terre, elle produira sans tant suer et travailler... Si nous voulons, nous serons damnés... Et le ciel est entre nos mains!...

Les sociétés secrètes ont leurs assises dans l'enfer, les associés ont leurs pieds dans l'enfer comme les justes ont leurs assises et leurs pieds dans le ciel.

Pourquoi le Seigneur est-il irrité contre la terre? Pourquoi châtier la terre? Pourquoi châtier les royaumes? Parce que chacun ne se contente pas de son royaume, il va en chercher d'autres... Si une religieuse est fidèle, le Seigneur gardera aussi sa famille. Je vous le dis de la part de Dieu : Si une religieuse sait s'oublier pour faire le bonheur des autres, elle fera des miracles.

Le Seigneur ne vous reproche pas d'avoir péché, mais de ne vous être pas humiliées.

Tout gémit sur l'homme, sur l'ingratitude de l'homme. Le Seigneur dit : « Je n'en puis plus de l'homme! »

Soyez petites, soyez petites. Le Seigneur veut que je vous avertisse pour que vous soyez bien reconnaissantes et anéanties en sa présence.

Si vous gardez la Règle, la patience dans les petites occasions qui arrivent, Dieu vous gardera.

Je voudrais bien toujours suivre Jésus, mais je me pique partout... Heureuses les âmes sans péché! Je vais, et les épines me piquent les pieds; je me tourne et je me pique les mains. J'ai regardé Jésus et la poussière de mes péchés me vole dans les yeux... Voilà ce que peut faire le péché... Heureuses les âmes pures ! Ayez pitié de moi, mon Dieu !

Aimer ne suffit pas... Aimer et travailler, c'est tout. Aimer, c'est la semence; travailler, c'est germer, pousser et porter du fruit.

Le Seigneur a dit : « Je serai avec les petits, je n'aime pas les grands et je ne permettrai pas aux grands d'habiter dans ma maison ».

Le moi est ce qui perd le monde. Ceux qui ont le moi portent partout la tristesse, l'angoisse avec eux... On ne peut pas avoir Dieu et le moi ensemble... Si on a le moi, on n'a pas Dieu et, si on a Dieu, on n'a pas le moi... Vous n'avez pas deux cœurs, vous n'en avez qu'un... Tout réussit à celui qui n'a pas le moi, tout le contente... Où il y a le moi, il n'y a pas l'humilité, la douceur, aucune vertu : il prie, il supplie et sa prière ne monte pas, n'arrive pas à Dieu... Celui qui n'a pas le moi a toutes les vertus et la paix et la joie.

1876. Celui qui n'obéit pas à l'autorité n'obéira pas à Dieu. — Oui, les tourments de Dieu sont pour moi délices, et les délices des méchants sont pour moi tourments.

Le Seigneur a plus pitié d'un malade misérable, que du juste qui craint la terre.

« Celui qui craint la créature me met de côté », dit le Seigneur.

Le cœur droit tombe et se relève; il va à travers le feu, à travers tout, vers Dieu.

Un homme parle bien, mais il est faux, hypocrite; un autre a de mauvais desseins; pour le premier, je demande à Dieu de fermer sa bouche, qu'il lui vienne un abcès sur la langue. Et pour l'autre : « Allez, allez, Dieu vous bénira, parce que vous avez le cœur droit, vous cherchez la lumière : vos injures, vos blasphèmes, vous les pleurerez un jour. Allez, chéri, vous avez le cœur droit. »

La droiture, c'est notre salut : ne pas aller tout droit, c'est faire dix fois plus de chemin.

J'ai vu que celui qui supporte l'épreuve a son cœur qui devient grand, grand comme une chambre, et le Seigneur y habite.

Pas de familiarités (entre vous). Si vous étiez dans le palais de la Reine, vous vous inclineriez quand elle passerait... Vous êtes toutes des reines. J'ai entendu la plainte de Dieu qui dit : « Il y en a qui disent : « Je suis de Dieu » et qui arrachent l'arbre des autres et le plantent chez soi. Pourquoi ne pas arroser l'arbre?... Si l'homme faisait comme l'abeille, ramasser ici et là et donner à la reine,... je ferais la nourriture, moi... Mais si elle pense à elle au lieu de me donner... C'est pour cela que je l'abandonne à elle-même ! »

1878. Le Seigneur dit : Si vous faites quelque chute, humiliez-vous promptement, le Seigneur vous pardonnera ; mais si vous accusez le prochain, Dieu ne pardonne pas.

Je voudrais que, avant de dire un mot contre le prochain, on mette son doigt sur la flamme... Et pourtant, il faudra aller dans les flammes plus ou moins de mois et d'années selon la gravité de la faute... Une parole de nous a plus de gravité que d'une personne du monde... Par une charité mal entendue, nous manquons à une charité plus grande.

Le Créateur et le prochain, c'est la même figure.

Quand une religieuse est humble, obéissante, le diable est son esclave, et il faut que l'esclave obéisse, bon gré, mal gré. Et cette âme est assise en Dieu.

Couplets composés par sœur Marie de Jésus Crucifié

après la mort de la R. Mère Élie (1870).

(Plusieurs couplets ont été oubliés.)

Je chanterai, je chanterai,
Joie ou douleur je chanterai ;
La croix lourde et vraiment lourde,
Mais chemin court, oui, vraiment court.

Je chanterai, je chanterai,
Dans cet exil je chanterai :
Marie, ma Mère, gardez-moi,
Patience, douceur obtenez-moi :
Avec Jésus, bénissez-moi.

Je me retirerai dans un désert,
J'appellerai Dieu mon Sauveur,
Je parlerai tout bas, tout bas,
Je parlerai cœur à cœur :
Le sacrifice coûte cher !
Je l'offrirai de tout mon cœur !

Dans cet exil point de douceur ;
Allons, mes frères, allons, mes sœurs,
Suivons Jésus au Calvaire.
Dans cet exil point de douceur,
J'embrasserai avec joie
La croix de mon Sauveur !

Chants pendant ses extases

(1873-1875).

Je l'invitai, la terre entière, à te bénir, à te servir. C'est pour toujours, jamais finir ! A ton amour mon cœur uni.

Je l'invitai, la mer entière, à te bénir, à te servir. C'est pour toujours, jamais finir !

Je les appelai, je les invitai, petits oiseaux dans l'air, à te bénir, à te servir. C'est pour toujours, jamais finir !

Je l'appelai, je l'invitai, l'étoile du matin. C'est pour toujours, jamais finir !

Mon Bien-Aimé, oui, je l'entends, Il est tout prêt, en avant ! C'est pour toujours, jamais finir !

Rideau qui le cachez, ouvrez-vous, je veux le voir, mon Bien-Aimé, pour L'adorer et pour L'aimer ! C'est pour toujours, jamais finir ! A son amour mon cœur uni.

Voile épais, déchirez-vous, laissez-moi voir mon Bien-Aimé pour L'adorer et pour L'aimer. C'est pour toujours, etc.

Je l'appelai, je l'invitai, l'homme ingrat, à te bénir, à te servir, à te louer et à t'aimer. C'est pour toujours, etc.

Ici, elle paraissait brisée de douleur, car la terre, l'herbe, les fleurs, les bêtes sauvages même, qu'elle invitait à s'unir à elle pour bénir et servir leur Créateur, répondaient à son appel ; mais quand elle appela l'homme, l'homme resta sourd. Et elle disait, avec une expression de tristesse inexprimable : « O homme ingrat, la bête sauvage va te saisir, va te faire périr corps et âme !... Ne sois pas ingrat ! » Et l'homme restait insensible.

A l'amour, mon Amour, venez, ô Rois de la terre ! Venez, adorons-Le !

Je chante les grandeurs, la puissance de notre Créateur, car nous sommes l'ouvrage de ses mains, le prix de son sang. Venez, adorons-Le !

Il n'y a pas un Dieu semblable à Lui ! Venez... Venez, vous tous qui êtes sur la terre, ne vous arrêtez pas à ce qui est de la terre, car tout n'est que vanité et finira en un instant! Venez, adorons-Le!

Nous ne sommes que voyageurs et exilés sur cette terre. Venez, adorons-Le!

C'est notre Roi, c'est notre Père. Venez, adorons-Le!

C'est Lui qui a tout créé sur la terre. Venez, adorons-Le! Prosternons-nous à ses pieds, donnons-lui nos cœurs. Venez, venez Le louer, Le bénir! disons de bouche, de cœur : Il n'y a pas de Dieu semblable à vous. Venez, adorons-Le!

Adorons la Trinité qui n'est qu'un Dieu. O mystère incompréhensible! Venez, adorons-Le!

O trois immenses qui ne faites qu'un! O Puissance! Venez... Car sa colère est terrible sur les méchants. Venez...

L'animal, la bête sauvage tremble devant Lui; sa colère fait trembler la terre; méchants, venez, adorons-Le!

Sa bonté est paternelle pour ceux qui le cherchent. Venez...

Sa bonté et sa miséricorde pour le juste. Venez...

Toute la terre, les bêtes se réjouissent dans un profond respect. Venez, adorons-Le!

Le Bien-Aimé marche en avant!... Mon cœur est réveillé, mon âme réjouie!... Ton regard, ô source, m'anéantit! Terre, ouvrez-vous pour m'ensevelir, mon cœur désire quitter ici-bas pour te louer, Bonté suprême. Tirez-moi de la prison qui m'enchaîne!...

Je louerai toute ma vie le Seigneur! Mon âme sort d'un abîme, d'un fossé très profond...

Je prends les ailes de mon Sauveur... Oh! qu'il est doux d'être à vous!

O mon Sauveur, ton nom est grand. Il remplit le ciel! Tout le loue et est rempli de joie en sa présence!... Il m'a donné les ailes avec lesquelles j'ai volé; l'abîme où j'étais était profond, le Seigneur m'en a tirée. Dès ce jour, je suis dans son sein pour toujours. Heureux le jour, jamais finir!... Le Seigneur m'a prise dans sa patrie.

Que dites-vous, habitants de la terre? Le Seigneur m'a prise dans un abîme et Il m'en a tirée!

Le tentateur m'a foulée au chemin, il m'a empêchée de voir pour me conduire à Lui. Le tentateur a fermé le chemin et je déchire le voile de la terre comme les oiseaux qui volent.

O tentateur, le Seigneur m'a prise dans sa patrie!

Oh! quel trouble dans l'abîme où tu descends! O malheureux!...

Le Seigneur m'a tirée de l'abîme et portée si haut, moi, enfant d'Adam!

Il me donne des ailes pour voler; Il me donne mille fleurs pour semer dans la route que je vois; Il m'a placé une corbeille de fleurs entre les mains, tous les amis peuvent cueillir!

Tout le long du chemin j'ai semé. Les amis et les ennemis se sont empressés de prendre.

Il m'a donné des ailes pour voler et la corbeille de fleurs sur les genoux... Le ciel et la terre, tout souriait de son sourire immaculé.

L'amour est grand!... Tout ici-bas n'est rien!

NOTICE

Sur le R. P. Estrate, Prêtre du Sacré-Cœur de Bétharram

(1840-1910).

Le Père Pierre Estrate, né le 3 juin 1840, à Géronce, petite paroisse du diocèse de Bayonne, fit avec grand succès ses études au petit séminaire d'Oloron, dirigé par les prêtres du Sacré-Cœur de Bétharram. Sur la fin de ses classes, secrètement attiré par les exemples de ses maîtres, il sollicita son admission dans leur Institut naissant, dont le Fondateur, le Vénérable Père Garicoïts, vivait encore. Auprès du Père Garicoïts, le jeune postulant se trouvait à l'école de la plus haute sainteté. Toute sa vie, il en ressentit la bienfaisante influence. C'est là, on peut le dire, qu'il puisa, en même temps que le goût des études sérieuses, cet esprit de foi qui semblait percer tous les voiles et le guidait sûrement dans les régions surnaturelles ; c'est là qu'il acquit ou perfectionna cette sorte d'instinct catholique qui le menait droit à la vérité et l'avertissait des moindres compromissions doctrinales, même les plus subtiles et les mieux déguisées. Comme si le Vénérable Père Garicoïts eût pressenti l'avenir réservé à ses hautes qualités, il ne consentit jamais à se séparer de lui en faveur de ses œuvres ; de son côté, le jeune religieux appréciait trop les vertus et les leçons du saint Fondateur pour ne pas décliner les offres les plus capables de solliciter son zèle.

Ordonné prêtre en 1863, l'année même de la mort du Père Garicoïts, il fut tout de suite appliqué au travail des missions. Ici encore, il eut le précieux avantage de se former à l'école d'ouvriers apostoliques, tels que les PP. Vignolle et Higuères, ces hommes admirables dont la puissante voix a si souvent remué les populations béarnaises. Le Père Estrate devint lui-même très promptement un maître, passant avec la même aisance des plus humbles églises de village aux chaires de nos plus belles cathédrales du midi.

Dès ses débuts dans la carrière de missionnaire, le jeune prêtre se signala par une connaissance approfondie de la Sainte Écriture. Il en avait étudié, plume en main, les meilleurs commentaires, auxquels il ajoutait ses propres observations, suggérées par une lecture quotidienne. Dès l'âge de vingt-quatre ans, il prit l'habitude d'apprendre chaque jour, par cœur, dix versets du texte sacré, si bien qu'en quelques années, il eut confié à sa mémoire impeccable tout le trésor de nos saints Livres. De ce trésor, il savait tirer avec le plus heureux à-propos des choses anciennes et des choses nouvelles, en sorte que, plus d'une fois, ses auditeurs, charmés de cette saveur biblique, se crurent revenus à un autre âge et se demandèrent s'ils n'assistaient pas à l'homélie de quelque Père de l'Église.

Le Père Estrate n'avait que trente-deux ans lorsqu'il connut sœur Marie de Jésus Crucifié, à son retour de Mangalore (novembre 1871). Depuis cette date jusqu'au départ de la Servante de Dieu pour la Palestine (4 août 1875), le Père Estrate fut son Directeur. Dieu ne tarda pas à le rassurer sur les voies de la pieuse Carmélite par des signes trop évidents pour laisser subsister le moindre doute. On a vu, au cours de cette histoire, comment le Seigneur se servit de sœur Marie de Jésus Crucifié pour présenter et faire approuver à Rome les Constitutions des Prêtres du Sacré-Cœur de Bétharram. Nous n'avons pas à revenir sur un épisode déjà connu du lecteur.

C'est encore à Pau que le Père Estrate fit la connaissance d'une noble demoiselle, Berthe Dartigaux, aussi distinguée par sa piété que par ses richesses, qui devait faire revivre en Palestine le souvenir de sainte Paule et de sainte Eustochium. A elle seule, elle se chargea de la fondation du Carmel de Bethléem, ainsi que de son aumônerie. Lorsqu'elle eut assuré l'avenir de ce monastère, par un nouveau trait de ressemblance avec ses saintes émules, elle sollicita la grâce de finir ses jours auprès de ces vierges du Christ. Le Père Estrate, de son côté, après avoir suivi les Carmélites dans leur premier voyage de fondation, en 1875, vint s'établir définitivement sur la Colline de David, vers la fin de mai 1879. La réputation de celui qu'on prit bientôt l'habitude d'appeler un nouveau Jérôme, ne tarda pas à se répandre. Le bon Père se dépensa sans compter au service religieux des Filles de Sainte Térèse, non moins qu'à celui des communautés d'hommes et de femmes, dont le nombre, toujours croissant, ramène en Palestine l'âge d'or de la vie monastique. Dans l'espace de vingt-cinq ans, c'est-à-dire tant que ses efforts ne trahirent point son zèle, il n'a pas prêché moins d'une quinzaine de retraites aux prêtres du Patriarcat; ses prédications auprès de diverses communautés sont innombrables. Sa profonde connaissance de la sainte Écriture, des Pères, de la théologie, de l'ascétisme, de la mystique, lui permettait d'affronter les mêmes auditoires avec la même facilité et la même variété. Ses prédications terminées, il rentrait avec joie dans sa cellule.

Autour de lui se pressait, depuis 1890, une fervente jeunesse de son Institut, accourue près de la Crèche pour y poursuivre le cours des études ecclésiastiques. Ceux qui, dans l'intervalle de ces vingt années, de 1890 à 1910, eurent le bonheur de vivre sous sa direction, se souviendront toujours de la force et de l'assiduité avec lesquelles il leur prêchait, par l'exemple et la parole, l'esprit de foi, de prière, d'obéissance. Les regards toujours fixés sur l'image vénérée du Père Garicoïts, il eût voulu en imprimer tous les traits en chacun de ces jeunes religieux, pour en faire autant de saints, au cœur grand, à l'âme généreuse, *idonei, expediti, expositi*.

La confiance de ses confrères l'éleva à la charge du généralat à un âge où il ne songeait plus, disait-il, qu'à jouir des douceurs de sa chère solitude, en se préparant à la mort. Mais, dès que la volonté de Dieu se fut nettement manifestée, sans plus compter ni avec l'âge, ni avec les infirmités, ni avec les difficultés des routes lointaines, il entreprit la visite des résidences de l'Institut. Il revint à Bethléem, le 19 décembre 1909. Il y devait mourir.

Après avoir édifié ses enfants quatre mois encore, par son esprit d'oraison et de régularité, après les avoir nourris de ce pain de la parole dans la fraction duquel il excellait; au moment où il s'apprêtait à repasser les mers pour porter à d'autres les mêmes bienfaits, il s'éteignit doucement, sans agonie, le 8 avril 1910. Son corps repose derrière le maître-autel de la chapelle du Carmel, à quelques pas seulement de la dépouille mortelle de sœur Marie de Jésus Crucifié.

NOTICE

sur le Père Lazare de la Croix

(1828-1907).

Jean Bayle, en religion Frère Lazare de la Croix, qui fut pendant deux ans le confesseur et le directeur de sœur Marie de Jésus Crucifié dans l'Inde, naquit en 1828, non loin d'Agen, au sein d'une famille nombreuse et chrétienne. Après sa première communion, il fut envoyé à Toulouse pour y commencer des études professionnelles. Malheureusement, dans cette grande ville, la contagion de l'exemple l'entraîna à négliger quelque temps les pratiques de la religion. Il en fut de même à Avignon et à Lyon, où, pendant quelques années, il fut attaché à une administration civile. C'est cependant à Lyon qu'il entendit les premiers appels de la grâce. Un jour même, dans une nombreuse réunion, il ne craignit pas de prendre publiquement la défense de la très sainte Vierge, qu'on osait attaquer. La Reine du Carmel ne tarda pas à récompenser son courageux défenseur, en le conduisant bientôt au noviciat des Carmes. Il avait alors un peu plus de trente ans. Le frère Lazare fit son noviciat avec une ferveur de néophyte, et ses études théologiques avec une application et un succès dont sa vie entière a rendu témoignage. Il acquit dès lors et il développa toujours dans la suite cette sûreté de jugement, cette vigueur de décision, cette pratique des choses divines auxquelles Son Éminence Mgr de Cabrières se plaisait à rendre un hommage public au lendemain de sa mort.

En 1867, après cinq années passées au couvent de Montpellier, le Père Lazare était envoyé dans la mission que les disciples de saint Élie entretenaient alors aux Indes, sur la côte de Malabar. Sa vertu et sa sagesse le désignèrent au choix de son confrère, Mgr Marie-Ephrem, pour les délicates fonctions de vicaire général. En 1869, le Père Lazare revenait en Europe pour y chercher et conduire aux Indes le petit essaim des Carmélites de Pau, dont faisait partie sœur Marie de Jésus Crucifié. C'est à cette époque que remontent ses rapports spirituels avec la Servante de Dieu. On a déjà dit la providentielle assistance que sœur Marie de Jésus Crucifié trouva auprès du Père Lazare dans les difficiles épreuves qu'elle eut alors à traverser. Le bon Père la soutint contre le démon, contre les hommes, contre elle-même avec une fermeté et une constance héroïques, qui ne pouvaient venir que de l'Esprit de Dieu. A son tour, le Père Lazare reçut maintes fois de l'humble sœur converse lumière et conseil, spécialement dans les épreuves auxquelles il fut lui-même sujet.

Au printemps de 1873, le Père Lazare rentrait définitivement en France. Sa vie, dès lors, se passa à Montpellier dans la pratique des vertus monastiques et l'exercice du zèle le plus ardent. « Sa douceur constante, écrivait encore récemment Son Éminence Mgr de Cabrières, son inépuisable bonté, sa charité toujours en éveil, son zèle pour la confession et le soin des malades attirèrent auprès de lui une foule, qui, aux époques des solennités religieuses, telles que Noël, l'Assomption et surtout Pâques, absorbait son temps, pendant des journées entières. Et, tandis que le commun des fidèles admirait en lui ces signes extérieurs d'une universelle et continuelle bienveillance, les âmes plus familières avec les hauteurs mystiques appréciaient dans le Père Lazare le goût et l'expérience de la contemplation. Des hommes tels que le Père Jean, de Fonfroide, et le P. Doussot, de Prouille, étaient à l'aise avec le fils de saint Jean de la Croix et de sainte Térèse. Ensemble, ils s'entretenaient des choses divines, non comme des philosophes spéculatifs, mais comme les héritiers et les possesseurs légitimes de cette « science des saints », trop souvent dédaignée ou négligée par ceux-là même qui devraient en apprendre et en enseigner les leçons. »

Au mois d'août 1875, époque du départ des carmélites de Pau, le Père Lazare avait eu la consolation de revoir sœur Marie de Jésus Crucifié. Il vint lui-même à Bethléem, en septembre 1906, vénérer ses restes mortels. Fortifié et consolé par cette dernière visite, il retourna à Montpellier, où il s'éteignit peu de temps après, le 4 janvier 1907. C'est ainsi qu'il alla enfin rejoindre au ciel, nous en avons la douce conviction, celle qu'il n'avait cessé ici-bas de regarder comme une grande Servante de Dieu.

TABLE DES MATIÈRES

	Pages
Approbation de Son Excellence Monseigneur le Patriarche de Jérusalem...	VII
Lettre du Très Révérend Père Paillas, supérieur général des Prêtres du Sacré-Cœur de Jésus.............................	VIII
Préface..	XI

CHAPITRE PREMIER

Naissance et premières années de la sœur Marie de Jésus Crucifié (1846-1858)... 1

CHAPITRE II

Marie refuse de se marier. — Persécutions qu'elle endure. — Son martyre. — Sa guérison miraculeuse. — Elle visite les Saints-Lieux. — Elle se fait servante......................... 9

CHAPITRE III

Marie arrive en France. — Elle entre dans l'Institut des Sœurs de Saint-Joseph de l'Apparition. — Elle est renvoyée au moment de sa prise d'habit (1866-1867)........................ 23

CHAPITRE IV

Marie entre au Carmel de Pau : on lui donne le nom de sœur Marie de Jésus Crucifié. — Son postulat. — Sa prise d'habit. — Événements prodigieux. — Ses épreuves (1867-1868)....... 39

CHAPITRE V

Sœur Marie de Jésus Crucifié pendant le Carême de 1868 et jusqu'à l'époque de la possession.................................. 67

CHAPITRE VI

La possession, 26 juillet — 3 septembre 1868.................. 84

CHAPITRE VII

Derniers jours de la possession, 3 et 4 septembre 1868.......... 105

CHAPITRE VIII

La délivrance. — Possession par l'ange pendant quatre jours.. 124

CHAPITRE IX

Depuis le départ de l'ange. — Série continuelle d'épreuves et de grâces. — Jésus et la « Petite »................................ 146

CHAPITRE X

Le divin Jardinier. — Ses enseignements à la sœur Marie de Jésus Crucifié (1869-1870)..................................... 180

CHAPITRE XI

Sœur Marie de Jésus Crucifié à l'époque du Concile et pendant la guerre de 1870... 193

CHAPITRE XII

Sœur Marie de Jésus Crucifié depuis la fondation de Mangalore jusqu'à sa retraite de profession (août 1870 — 3 novembre 1871)... 199

CHAPITRE XIII

Retraite de la sœur Marie de Jésus Crucifié avant sa profession (3-21 novembre 1871)... 213

TABLE DES MATIÈRES.

CHAPITRE XIV

Sœur Marie de Jésus Crucifié depuis sa profession jusqu'à son retour au Carmel de Pau 227

CHAPITRE XV

Depuis le retour de sœur Marie de Jésus Crucifié au Carmel de Pau jusqu'à son départ pour Bethléem 249

CHAPITRE XVI

Départ de sœur Marie de Jésus Crucifié pour Bethléem. — Fondation du Carmel de Bethléem. — « La bague de l'alliance. » 274

CHAPITRE XVII

Vertus de sœur Marie de Jésus Crucifié 301

CHAPITRE XVIII

Révélations. — Mort de Pie IX. — Élection de Léon XIII. — Mort de sœur Marie de Jésus Crucifié 320

CHAPITRE XIX

Après sa mort 345

APPENDICE

Opinion de plusieurs personnes remarquables sur la servante de Dieu 365
Lettres de sœur Marie de Jésus Crucifié 373
Paroles et conseils recueillis pendant ses extases 383
Chants pendant ses extases (1873-1875) 396
Notice sur le R. P. Estrate, prêtre du Sacré-Cœur (1840-1910) 399
Notice sur le Père Lazare de la Croix (1828-1907) 402

Typographie Firmin-Didot et Cie. — Paris.

ERRATA

P. 16, l. 17, *lire* miens *au lieu de* mies.
P. 73, l. 31, *lire* leurs père et mère *au lieu de* leur pères et mère.
P. 100, l. 30, *lire* prochain *au lieu de* porchain.
P. 204, l. 20, *lire* voir mourir.

www.ingramcontent.com/pod-product-compliance
Lightning Source LLC
Chambersburg PA
CBHW060927230426
43665CB00015B/1862